KB056389

언론과 친일

친일 언론의 역사와 잔재

이 저서는 정부(교육부)의 재원으로 한국연구재단의 지원을 받아 수행된 연구임
(NRF-2016S1A6A4A01017592)

언론과 친일
친일 언론의 역사와 잔재

초판 1쇄 발행 2021년 4월 20일

지은이 | 박용규
펴낸이 | 윤관백
펴낸곳 | 도서출판 선인

등 록 | 제5-77호(1998.11.4)
주 소 | 서울시 마포구 마포대로 4다길 4(마포동 324-1) 곳마루 B/D 1층
전 화 | 02) 718-6252 / 6257
팩 스 | 02) 718-6253
E-mail | sunin72@chol.com

정가 34,000원
ISBN 979-11-6068-472-8 93070

· 잘못된 책은 바꿔 드립니다.

언론과 친일

친일 언론의 역사와 잔재

박용규

도서출판 선인

▌책머리에 ▌

　한국 근현대 언론을 연구하면서 친일 언론이 끼친 부정적 영향을 주목하지 않을 수 없었다. 한국 언론이 개화기나 식민지 시기 민족적 계몽과 저항을 위해 나름의 역할을 했고, 해방 이후 권위주의 정권 시기 민주화 운동에 기여했던 것은 사실이다. 그러나 한국 언론이 식민지 지배 권력이나 권위주의 정권의 탄압에 굴복하고 기업으로서 이윤추구에 집착해 반민족적이거나 반민주적인 논조를 보였던 것도 또한 사실이다. 한국 언론의 부정적 유산인 친일 언론의 영향이 해방 이후 아주 오랫동안 계속되었고, 반민주 언론으로 이어지기도 했다.

　그럼에도 친일 언론이나 친일 언론인에 관한 연구는 활발하지 못했다. 반민특위의 활동이 좌절된 후 오랫동안 친일파에 관한 사회적 논의가 금기시되었던 탓이 컸다. 친일 혐의로부터 자유롭지 못했던 언론과 언론인이 한국 언론계에서 주도적인 역할을 했던 것도 영향을 주었다. 친일 언론의 영향력이 작용하는 언론 구조가 형성되면서, 친일 언론인이 모두 세상을 떠난 이후에도 계속 언론이 친일 문제에 관해 적극적으로 보도하지 못했다.

　친일 언론에 대한 비판이 다시 나오기 시작한 것은 1970년대 후반 『동아일보』와 『조선일보』가 박정희 정권에 굴복해 자유언론실천운동을 하던 기자들을 내몰고 반민주적인 논조를 보이던 때였다. 권력에 굴복해 유신 정권을 찬양하던 두 신문의 뿌리가 일제 말기 총독부의

탄압에 무릎 꿇고 황민화 정책을 선전하며 전쟁 협력을 독려하던 과거
에 있다는 인식이 생겼다. 이런 인식은 1980년대 말 이후 민주화가 진
전되면서 더욱 확산되었다. 두 신문은 친일의 지면이 그대로 남아 있
음에도 한동안 계속 친일 혐의 자체를 부정했다. 친일 언론에 관한 관
심이 주로 『동아일보』와 『조선일보』에 집중되었던 것은, 두 신문이 현
존하며 큰 사회적 영향력을 행사하고 있었기 때문이다.

  2000년대 중반 이후 『친일인명사전』 발간 움직임이 활발해지고, 친
일반민족행위진상규명위원회의 활동이 시작되면서 친일 언론에 관한
관심도 확대되었다. 그동안 관심의 사각지대에 놓여 있던 총독부 기관
지나 친일 언론들에 관해 연구되기 시작했다. 특히 그동안 실물이 남
아 있지 않은 것으로 알려졌던 대표적 친일 신문 『국민신보』와 『시사
신문』도 일부나마 발견되었고, 친일 잡지의 영인본 간행도 활발해졌
다. 친일파의 실상을 구체적으로 파악하기 위해 새로운 자료를 발굴하
고 쉽게 활용할 수 있도록 해주려는 노력의 산물이었다.

  저자는 2000년대 접어들면서 친일 언론에 관해 본격적인 연구를 해
야겠다고 생각했지만, 그 실행은 계속 미루어졌다. 1990년대 말부터 이미
『조선일보』와 『동아일보』의 일제 말기 친일 지면은 널리 알려졌지만
정작 친일의 논리를 구체적으로 분석한 논문은 거의 없었다. 2000년대
초부터 두 신문의 중일전쟁 발발 이후의 친일 사설을 모아 읽기 시작
했다. 지금은 네이버 뉴스 라이브러리에서 쉽게 볼 수 있지만, 2000년
대 초에 두 신문을 보기가 편하진 않았다. 두 신문의 사설에 나타난 친
일 논리를 정리해 2005년에 논문을 발표했고, 그 논문을 수정·보완해
서 이 책의 4장에 실었다.

  2008년에는 실물을 보기 어려웠던 『국민신보』 4개월 치와 『시사신문』
10일 치를 구할 수 있었다. 비록 적은 분량이지만 신문 실물을 보면서

다른 자료들로 보완해서 논문을 작성해야겠다고 생각했다. 2012년에 대한제국 시기의 대표적 친일 단체인 일진회 기관지『국민신보』4개월 치와 다양한 자료를 활용한 논문을 작성해 발표했고, 이 논문을 수정·보완해서 이 책의 1장에 실었다. 2015년에는 일제강점기 최대 친일 단체인 국민협회 기관지『시사신문』10일 치와 관련 자료를 이용한 논문을 작성해 발표했고, 이 논문을 수정·보완해서 이 책의 2장에 실었다.

이후에도 계속 친일 언론에 관해 관심을 두고 연구를 시도했던 결과가 이 책이다. 이 책은 1부와 2부로 나누어, 1부에서는 친일 언론의 역사를 정리했다. 1장과 2장에서는 대표적인 친일 신문인『국민신보』와『시사신문』을 살펴보았고, 3장에서는 기존 연구 성과들을 활용해 총독부 기관지『매일신보』에 관해 정리했다. 4장에서는『동아일보』와『조선일보』의 일제 말기의 친일 사설을 분석했다. 5장에서는 친일 잡지에 관해 살펴보았고, 6장에서는 일제강점기 방송의 친일 행적에 관해 정리했다. 각 장마다 매체의 특성과 함께 이런 매체에서 활동했던 언론인에 관해서도 정리했다. 1부에서는 친일 언론의 실상을 파악하고, 친일 언론인의 구성을 파악해 보고자 했던 것이다.

2부에서는 친일 언론의 잔재와 영향에 관한 내용을 다루었다. 7장에서는 해방 직후부터 반민특위 때까지의 친일 언론 청산의 실패 과정을 살펴보았다. 8장에서는 친일 언론인들의 침묵과 고백에 관한 내용을 정리했다. 9장에서는『조선일보』와『동아일보』가 일제강점기 활동을 미화하는 데 동원했던 '민족지 신화'의 형성과 균열 과정을 분석했고, 10장에서는 친일 언론 청산 움직임이 다시 활발해지면서 두 신문의 친일 행적이 드러났던 과정을 살펴보았다. 11장에서는 해방 이후부터 1990년대 말까지 '친일파'에 관한 신문 담론의 변화를 정리했고, 12장에서는 2000년대 이후 친일파 청산에 관한 중요한 사건을 계기로 신문들

이 사설을 통해 어떻게 대립하며 논쟁을 벌였는가를 분석했다. 2부에
서는 친일 언론 청산이 실패했던 과정을 살펴보고, 친일 언론의 영향
이 여전히 계속되고 있는 현실을 분석했다.

　해방되고 76년이 지난 지금까지도 친일파 청산이 필요하다는 주장
이 계속 나오게 만든 요인 중 하나는 친일 언론이 청산되지 않았다는
점이다. 한 번도 과거의 잘못을 제대로 고백하거나 반성하지 않았던
친일 언론(인)이 줄곧 친일파 청산을 방해하고 왜곡해 왔기 때문이다.
오늘날의 친일파 청산은 과거의 잘못된 의식과 가치를 바로잡기 위한
역사적 청산일 수밖에 없다. 친일파들의 행적을 찾아내고 정리하는 것
에서 그치지 않고, 일제의 군국주의적이고 인종주의적인 지배와 이런
지배에 협력했던 친일파들의 기회주의적 행태가 남겨놓은 반민주적이
고 반인권적인 요소들을 말끔히 일소해야 한다. 일제강점기에 생존권
이 위협받고 전쟁으로 내몰리던 한국인의 비참한 삶을 호도하고 식민
지 지배를 미화하기까지 하는 언론이 있는 한 친일파 청산은 현재진행
형일 수밖에 없다.

　2020년 100주년을 맞았던 『조선일보』와 『동아일보』가 기념 사설에
서 친일 행적에 대해 진정으로 반성하는 자세를 보이지 않았다는 사실
은 친일 언론의 청산이 여전히 필요한 현실을 잘 보여준다. 『조선일보
100년사』의 일제 말기에 관한 서술은 '90년사'에서 보였던 내용보다도
퇴보했다. 『친일인명사전』과 『친일반민족행위진상규명보고서』처럼 친
일파 청산에 획기적인 의미를 지닌 성과가 나왔지만, 이제는 오히려
친일파를 변명하는 것을 넘어서서 친일 행위를 적극적으로 옹호하는
다양한 매체들까지 등장했다. 친일 언론의 실상뿐만 아니라 친일 언론
의 잔재와 영향을 계속 살펴봐야 하는 이유가 바로 여기에 있다.

　친일 언론에 관해 연구를 시작한 지 15년이나 지나서야 부족하나마

일단 책을 내게 되었다. 논문을 쓰고 책을 내는 과정에서 여러분의 도움을 받았다. 친일 신문 자료를 제공해 주었던 장신 선생님에게 감사드린다. 언론학에서 이제는 몇 명 안 되는 언론사 연구자들인 김영희 선생님, 차재영 선생님, 채백 선생님, 그리고 윤상길 선생에게도 고맙다는 말씀을 드린다. 이분들과 함께 고민하고 연구해 온 것들이 큰 도움이 되었다. 장영민 선생님을 비롯한 상지대 미디어영상광고학과 교수님들에게도 감사함을 전한다. 도서출판 선인의 윤관백 사장님과 편집부 여러분 덕분에 늦지 않게 책이 발간된 것에 대해서도 감사드린다.

2021년 4월
저자

❙ 출전목록 ....

이 책의 1장·2장·4장은 아래 논문을 토대로 수정, 보완했다.

1장. 「일제의 지배정책에 대한 신문들의 논조 변화」, 『한국언론정보학보』 28,
    2005.

2장. 「대한제국 말기 『국민신보』의 특성과 역할」, 『한국언론학보』 56(2), 2012.

4장. 「1920년대 초 『시사신문』의 창간과 특성」, 『한국언론학보』 59(5), 2015.

▌차 례▐

제2부 친일 언론의 잔재와 영향

제1부

친일 언론의 역사

최초의 친일 신문
– 일진회 기관지 『국민신보』

1. 친일파와 언론

　일제는 조선에 대한 지배의 야욕을 드러내면서 조선 내 일본인의 언론 활동을 지원했다. 이미 19세기 말부터 서울과 지방에서 일본인이 발행했던 신문들은 일부 지면에 조선어 기사를 실었다. 서울에서 조선어 신문이 하나도 발행되지 않던 1895년 2월에 일본 외무성의 지원으로 구마모토 국권당(熊本國權黨)이 창간했던 『한성신보』는 4면 중 1~2면을 조선어로 발행하며 침략을 정당화하는 역할을 했다(박용규, 1998; 문일웅, 2020). 이후 서울에서 일본인이 발행한 신문들도 조선어로 발행하거나 일부 지면을 조선어 기사로 채웠다. 1906년 9월 1일에 통감부는 일본인이 발행하던 『한성신보』와 『대동신보』를 인수해 그 시설로 기관지 『경성일보』를 창간했는데, 이 신문도 일본어판과 조선어판을 각각 발행하다가 조선어판은 1907년 4월 21일에 폐간했다. 일본인이

발행하던 조선어 신문에는 친일파 조선인이나 조선어에 능통한 일본
인이 기자로 활동했다(최준, 1976, 300~303쪽; 정진석, 1990, 198~214쪽).

일본인이 발행하는 조선어 신문의 역할에는 한계가 있었기 때문에
친일파 조선인들이 직접 발행하는 신문들이 등장했다. 1906년 1월 6일
에 창간된 일진회 기관지『국민신보』와 1907년 7월 18일에 창간된 이
완용 내각의 기관지『대한신문』은 '친일지의 괴수(魁首)'라는 평을 들
을 정도로 대표적인 친일 신문이었다(이해창, 1971, 323~324쪽). 이외에
도 친일 신문으로 1909년 10월 19일에는『대동신문』, 1910년 1월 1일에
는『시사신문』이 창간되었다.『시사신문』은 일진회 회원이었던 민원식
이 사장이었는데, 이완용과 조중응이 주도한 정우회의 기관지 역할을
했다. 친일파들이 발행한 신문들은 통감부의 통치정책을 지지하며 '강
제 병합'을 찬성하는 논조를 보였다(민족문제연구소, 2004, 176~187쪽).
이런 친일파 신문에 재직했던 언론인들은 일제의 강점 이후에도 계속
언론계에서 활동했다.

일본인이 발행한 조선어 신문이나 친일파가 발행한 신문은 일제의
강제 병합을 정당화하며『대한매일신보』같은 '민족지'들과 논전을 벌
였다. 친일 언론의 뿌리인 이런 신문들에 관한 연구는 그동안 언론사
연구에서 사각지대로 남아 있었다. 연구의 필요성에 대한 인식이 부족
했고, 자료 접근도 어려웠기 때문이다. 우선 연구의 필요성에 대한 인
식의 부족은 제국주의의 억압과 민족주의적 저항에만 중점을 두어왔
던 기존 근대사 연구의 전통과 무관하지 않다(김종준, 2010, 15~19쪽).
당연히 기존의 언론사 연구들도 주로 일제의 언론 탄압과 조선인 발행
신문의 저항적 언론 활동에만 관심을 기울여왔고, 친일 신문에 대해서
는 별로 관심을 두지 않았다.

친일 문제에 대해 새로운 인식이 생기고 관심이 확대되면서 친일 신

문에 관해서도 연구가 이루어지기 시작했다. 단순히 친일 여부를 따지
는 것을 넘어서서 친일의 논리를 밝히려는 시도들도 나타나면서, 친일
논리를 살피는 데 필요한 친일 신문에 관해서도 관심이 생겼다(서영희,
2008). 그럼에도 정작 친일 신문에 관한 연구가 크게 진척되지 못했던
가장 큰 이유는 바로 자료를 찾기가 대단히 어렵다는 점이다. 거의 모
든 친일 신문들이 전혀 남아 있지 않거나, 일부 남아 있다 하더라도 국
내에서는 거의 볼 수 없었기 때문이다.[1]

특히 그중에서도 일진회 기관지로서 일제의 조선 강점을 앞장서 주
장했던『국민신보』에 대해서는 연구의 필요성이 높았지만, 오랫동안
신문 실물을 찾지 못해 연구할 수 없었다. 1990년대 말에 1909년 12월
부터 1910년 3월까지 4달 치 신문을 찾아내고, 2000년대 중반 이후 국
내에서도 이를 접할 수 있게 되면서『국민신보』의 실체에 대해 어느
정도 접근이 가능해졌다. 과거에는 주로『대한매일신보』나『황성신문』
등의 민족지에 나타난 내용을 통해 간접적으로『국민신보』나『대한신
문』에 대해 파악할 수 있었지만, 이제 일부나마 직접『국민신보』를 볼
수 있게 되면서 연구가 진일보하게 되었다.

그동안 실물이 없었기 때문에 오랫동안『국민신보』에 대한 연구는
전혀 이루어지지 않았다. 1990년대 이후에 나타난 다지리 히로유끼(1996)
의 연구와 서영희(2008)의 연구는『국민신보』를 활용한 연구로서 의미
가 매우 크다. 다지리 히로유끼(田尻浩幸)의 연구는 당시 한국 내에 전

---

[1] 『국민신보』는 1909년 12월 1일(1069호)부터 1910년 3월 31일(1163호)까지의 총 95호가
남아 있다. 이 기간 동안 결호는 없었지만, 월요일에 신문이 발행되지 않았고, 신정과
구정 기간에도 3일씩 휴간을 해서 4개월 동안의 총 발행호수가 95호밖에 안 된다.
2016년에 청운출판사에서 영인본이 간행되어 이제는 누구나『국민신보』를 쉽게 이용
할 수 있다.『대한신문』의 경우 현재 신문 실물은 없고, 단지 1907년 7월부터 1909년
12월까지의 신문에서 주요 내용을 옮겨 적어놓은 필사본만 볼 수 있는데, 이 자료는
국사편찬위원회에서 복사본을 이용할 수 있다.

해지지 않고 있던『국민신보』를 다케다 한시(武田範之)가 남긴 문서에서 찾아내 이를 최초로 활용해 소설과 연극 기사를 분석했다. 서영희의 연구는 국내에 들어 온 위의 자료에 나타난 일진회의 합방론과 합방정국의 동향을 분석했다. 이외에 김종준(2008)의 연구나 김윤희(2009, 2013)의 연구처럼『국민신보』를 자료로 활용한 연구들이 계속 나왔다.『대한신문』에 대한 연구로는 이상경(2014)의 논문을 들 수 있을 뿐이다. 이렇듯 자료를 활용할 수 있게 된 이후에도 여전히『국민신보』나『대한신문』에 관한 구체적인 연구가 별로 이루어지지 않았는데, 이것은 여전히 친일 언론에 관한 관심이 부족했기 때문이다.

『국민신보』의 기사들은 일본이 조선을 강점하는 과정에서 조선인 스스로도 '합방'의 필요성을 주장했다고 하는 근거로서 제시되었다.『국민신보』가 일진회 기관지로서 이른바 '정합방(政合邦)'이라고 하는 그들의 주장을 실천하는 대표적 수단이었다는 점에서 일진회의 활동을 이해하기 위해서는 반드시『국민신보』에 대한 연구가 필요하다. 또한『국민신보』가 조선인에 의해 발행된 최초의 친일 신문으로서 이후의 친일 신문에 큰 영향을 주었다는 점에서도『국민신보』에 대한 깊이 있는 연구가 필요하다.

1장에서는 대한제국 말기에 발행된 최초의 친일 신문『국민신보』의 특성과 역할을 살펴보려고 한다. 먼저『국민신보』의 특성을 밝히기 위해『국민신보』의 창간과 운영과정, 편집체재와 문체의 특성, 운영과 편집의 관여 인물 등 세 가지를 살펴보려고 한다. 다음으로『국민신보』의 역할을 밝히기 위해,『국민신보』가 어떤 내용을 중심으로 민족지나 다른 친일지와 대립했는가를 살펴볼 것이다.『국민신보』가 창간된 1906년 1월부터 일제에 의해 강점된 1910년 8월까지의 시기를 1909년 12월의 일진회의 '합방' 성명서 발표를 계기로 두 시기로 나누어 살펴보고자 한다. 일진회의 활동 기간은 더 세분화해 시기를 구분하지만,[2] 『국민신보』를 분석대상으로 하는 이글에서는 1909년 12월의 '합방' 성명서 발표가 가장 중요한 변화의 계기였고, 또 이때부터 신문 실물이 남아 있다는 점을 고려해 1909년 12월을 계기로 두 시기로 나누어 살펴보려고 한다. 또한 논의가 필요할 경우에 『대한신문』 등 다른 친일 신문에 대해서도 함께 간략히 살펴보려고 한다.

『국민신보』는 1906년 1월 6일에 창간되어 거의 5년에 가까운 세월 동안 발행되었지만, 신문 실물은 불과 4개월 치만 남아 있다. 신문의 편집 체재나 문체의 특성, 그리고 신문의 구체적인 내용 등을 파악하기 위해서는 이런 4개월 치 신문만을 활용할 수밖에 없었다. 따라서 본 연구에서는 자료의 부족을 극복하기 위해 『국민신보』와 관련된 각종 문헌 자료들을 적극적으로 활용하려고 한다. 우선 『국민신보』의 특성을 파악하기 위해 일진회가 강점 직후에 정리한 『원한국일진회역사』, 대륙낭인단체가 정리한 『일한합방비사』, 통감부 시대 각종 자료를 모아 놓은 『통감부 문서』, 개인문집인 『매천야록』과 『대한계년사』 등 다양한 자료들을 이용할 것이다.[3] 또한 당시 발행된 신문들인 『대한매일신보』,[4] 『황성신문』, 『제국신문』, 『만세보』, 『대한민보』, 『대한신문』 등도 활용하고자 한다.

---

2) 일진회가 창립된 1904년 8월부터 해산된 1910년 8월까지의 활동 기간에 대한 시기 구분에 대해서는 김종준(2010, 24~26쪽)을 참조할 수 있다.

3) 『원한국일진회역사』, 『일한합방비사』, 『통감부 문서』를 인용할 경우 권수와 쪽수만을 밝히고자 한다.

4) 『대한매일신보』를 인용할 경우 별도의 표시가 없는 것은 국문판이고, 국한문판의 경우에는 별도로 국한문판임을 밝힐 것이다.

2. 일진회와 제 정치세력, 그리고 신문

일진회에 대한 그동안의 평가는 대체로 '일제 침략 세력의 앞잡이'라는 평가가 지배적이었다(박찬승, 1992, 30쪽). 일진회는 마치 대한제국 시기의 친일 세력을 대표하는 상징적 존재 같은 것이었다. 그러나 1990년대 이후 일진회를 '급진적인 문명화 지향' 단체로 평가하는 새로운 경향의 연구들이 나타나기 시작했다(김종준, 2010, 16쪽). 일진회를 단순히 친일 단체로 규정하는 것에서 벗어난 연구들은 대체로 일진회가 근대화 지상주의에 내재한 사회진화론적 인식과 일본 의존의 논리가 동양평화론 등과 결합해 '합방'에 대한 주장으로 나아갔다는 견해를 밝히고 있다(이태훈, 2010, 347~349쪽). 이런 연구들은 일진회의 친일 활동에 내재된 "그들의 논리는 무엇이며, 이것이 어떤 구조에서 나오게 되었는가를 밝히려는 것"으로부터 출발했다(김도형, 1992, 2~3쪽).

일진회는 1904년 8월 20일 구 독립협회 계열 인사들이 주축이 되어 만든 단체인데, 러일전쟁 발발 후 일본군 통역으로 온 송병준을 통해 일본인들과 연결되었다. 한편 9월 말경부터 각 지방에서 동학교도들이 진보회의 이름으로 민회를 열기 시작했다. 이때 진보회는 일본에 있던 손병희의 지시를 받은 이용구의 주도 아래 '문명개화'를 표방하며 조직되고 있었다. 일진회와 진보회는 황실 존중, 인민의 생명재산 보호, 일본군에 대한 협조 등 강령이 대동소이했고, 결국 12월 2일 통합하면서 단체명을 다시 일진회로 하기로 결정했다(김종준, 2010, 39~40쪽). 결국 일진회는 구 독립협회 세력의 일부와 동학교도 중 진보회에 참여했던 세력들이 결합해 만들어진 것이었다. 일진회는 1906년 10월 대륙낭인 계열의 인물로 통감부 촉탁을 맡고 있던 우치다 료헤이(內田良平)를 고문으로 맞이하면서 본격적인 친일 활동에 나섰다(강창일, 2002, 228~235쪽).

〈표 1〉 대한제국 시기의 주요 신문

제호	창간일	종간일	특기사항
황성신문	1898. 3. 2	1910. 9. 14	개신 유학자의 입장을 대변
제국신문	1898. 8. 10	1910. 3. 31	신학문을 수학한 인물들 참여
대한매일신보	1904. 7. 18	1910. 8. 28	신민회의 기관지 역할
국민신보	1906. 1. 6	1910. 10. 11	일진회의 기관지
만세보	1906. 6. 17	1907. 6. 30	천도교의 기관지
대한신문	1907. 7. 18	1910. 8. 31	이완용 내각의 기관지
대한민보	1909. 6. 2	1910. 8.31	대한협회의 기관지
시사신문	1910. 1. 1	1910. 5. 8	정우회의 기관지 역할

대한제국 시기 민족운동 세력은 크게 애국계몽운동 세력과 의병운동 세력으로 나눌 수 있다. 애국계몽운동 세력은 신문을 민족운동의 중요한 수단으로 삼았다. 박찬승은 '애국계몽운동론'이라는 용어 대신 '자강운동론'이라는 용어를 사용하며 크게 네 가지 계열로 나누었다(1992, 29~107쪽). 첫째, 보호정치하에서의 실력양성을 주장하면서 궁극적으로 정치권력에 참여하는 것을 목적으로 했던 권력 지향적인 '대한협회 계열,' 둘째, 유교개혁을 주장하면서 점진적인 문명개화를 통한 실력양성을 주장했던 '황성신문 계열', 셋째, 실력양성만이 아니라 민족의식의 고취, 독립전쟁의 모색 등을 주장하던 '대한매일신보 계열', 실력양성을 통한 국권회복운동과 민족 각 개인의 인격수양과 단체생활의 훈련을 주장한 '청년학우회계열' 등이다. 대한협회는 기관지로 『대한민보』를 발행했고, 『대한매일신보』는 신민회의 기관지 역할을 했다(신용하, 2004, 167~239쪽). 『황성신문』은 특정 정치세력을 배경으로 하지는 않았지만, 나름의 정치적 입장을 보여주었고, 청년학우회 계열은 잡지 『소년』을 기관지로 삼았다.

애국계몽운동 세력이 발행한 신문 중에도 『대한민보』와 『황성신문』

은『대한매일신보』와 논조에서 차이가 있었다. 김윤희는『대한민보』와
『황성신문』은 "기존의 정치구조를 용인하고 정부의 인적 쇄신을 통해
정부를 개혁할 수 있다고 주장하는 한편 이를 통해 실력을 양성하면
보호국에서 독립국으로의 자연스러운 진입이 가능하다"고 보았던 반면
에『대한매일신보』는 "보호국 체제와 기존의 정치구조를 전면적으로
부정하고, 민족의 정신 속에 내장된 국가정신을 통해 새로운 정치구조
를 창출해야 한다"고 주장했다고 평가했다(2013, 83~84쪽).『만세보』는
손병희가 일진회를 장악하려던 계획을 버리고 1906년 9월 천도교에서
일진회 세력을 축출했음에도5) 이후에도 큰 변화 없이 일제에 타협적
태도를 보였다(최기영, 1991, 66~113쪽).『제국신문』은 대체로 독립협
회가 지향하던 목표를 이어가고자 했지만 하나의 일관된 논조를 보이
지 못했고, 1907년 6월에 정운복이 주필을 맡은 이후에는 친일적 논조
를 보이기도 했다(심철기, 2018; 최기영, 1991, 11~65쪽).

친일세력들도 사회진화론에 근거해 문명개화와 실력양성을 주장했
다는 점에서 애국계몽운동세력과 다소 유사한 점이 있기는 했지만, 이
들은 독립을 궁극적 목적으로 설정하지 않았다는 점에서는 명백한 차
이가 있었다. 친일세력들도 크게 "귀족단체의 세력을 배경으로 하는
이완용파와 일진회의 세력을 배경으로 하는 송병준파로 갈라져서" 치
열한 다툼을 했다(조항래, 1984, 128~131쪽). "일진회가 구래의 양반 지
배질서의 철저한 해체를 지향한 데 비해 이완용을 비롯한 대관들은 일
진회를 하층 무뢰배 출신이라 냉소"하면서 대립이 심화되었다(서영희,
2003, 378~379쪽). 일진회는 기관지로『국민신보』를 발행했고, 이완용
내각은 사실상의 기관지로『대한신문』을 발행했다.『만세보』가 재정난

---

5) 천도교로부터 배제된 일진회원들은 시천교를 만들어 활동했다(김정인, 2009, 69~74쪽).

과 사원들의 분열로 발행이 중단되자 이완용의 후원을 얻어 이인직이 『만세보』의 시설을 인수해 1907년 7월 18일부터 『대한신문』을 발행했다(다지리 히로유끼, 2006, 33~34쪽). 『시사신문』은 일진회원이었던 민원식이 발행했지만, 민원식이 이완용 주도의 정우회에 참여하면서 정우회의 기관지 역할을 했다(정진석, 1990, 213쪽).

　이렇듯 대한제국 말기의 다양한 신문들은 특정 정치세력을 배경으로 하거나, 아니면 최소한 특정 정치적 입장을 일관되게 견지하는 경향을 보였다. 이런 상황에서 일진회 기관지 『국민신보』는 다양한 계기들을 통해 민족지들과 대립했고, 때로는 『대한신문』 같은 친일지와도 갈등을 겪었다. 1장에서는 최초의 친일지 『국민신보』의 특성과 역할을 다른 신문들과의 대립 관계 속에서 살펴보려고 한다. 일진회가 '정치권력을 추구하고 정치활동을 행한 정치단체'였다는 점에서(김종준, 2010, 18쪽), 다른 정치세력의 입장을 대변하던 신문들과의 관계 속에서 바라보는 것이 일진회 기관지 『국민신보』의 성격과 활동을 파악하는 데 도움이 된다고 보았기 때문이다. 즉 1장에서는 먼저 『국민신보』의 특성을 살펴보고, 이런 특성을 지닌 『국민신보』가 민족지들은 물론 친일지와도 어떻게 대립하며 활동했는가를 살펴볼 것이다.

3. 국민신보의 운영과 편집체제

1) 국민신보의 창간과 운영

『국민신보』는 1906년 1월 16일 일진회의 기관지로 창간되었다. 『국민신보』는 이인직이 1904년 9월에 서병길, 이윤종과 함께 창간하려고 했던[6] 신문의 명칭을 그대로 이어받았던 것이다. 이인직은 주식 모집에 실패하자 일진회의 자금을 끌어들여 『국민신보』를 창간하려고 했고(전봉관, 2010, 16쪽), 일진회는 1904년 말에 창간되어 7호까지 발행된 잡지 『일진회 회보』대신 신문을 발행하려고 시도하면서 『국민신보』가 창간될 수 있었다(한명근, 2002, 116쪽). 일진회가 『국민신보』를 창간했던 시기는 1905년 말 러일전쟁이 끝나고 1906년 초에 통감부가 설치되어 일진회의 효용가치가 떨어지고 있던 때였다(김종준, 2010, 46~47쪽). 일진회는 자신들의 존재가치를 알리고 조직을 강화하기 위해서 서둘러 『국민신보』를 발행하려고 했다. 창간 초기 『국민신보』의 재정은 관찰사를 지낸 김세기[7]가 충당했다(최준, 1960, 120~121쪽).

그러나 『국민신보』는 충분한 준비 없이 창간했기 때문인지 "5일을 발행하다가 물품을 구비치 못하여 일주일 정간"을 했다(『제국신문』, 1906.1.13, 3면, 『한국언론연표』, 77쪽 재인용). 불과 몇 달 뒤에 『국민신보』는 다시 재정상의 이유로 휴간을 했다. 일본인 발행신문인 『대한일보』는 "국민보가 창설한 지 4삭(朔)에 강제적으로 각도 각군 각면에 발달하여 엽수(葉數) 7천여에 달하는 기가(基價)에 수입은 오유(烏有)하고 해사(該社)에 전재(錢財)를 주무하는 김세기 씨가 매삭 경비로 만 원씩 지불(支撥)하여 3, 4삭 내에 가산이 탕진한 고로 부득이 정간하기로 결의하였다"고 보도했다[8](『대한일보』, 1906.6.3, 2면, 이해창, 1971,

---

6) 자본금 3만 원으로 『국민신보』를 창간한다는 내용의 광고를 1904년 9월 6일부터 9일까지, 그리고 다시 9월 19일 등 총 5회에 걸쳐 『황성신문』에 게재했다(전봉관, 2010, 15쪽; 정진석, 1983, 52쪽). 『대한매일신보』에는 『국민신문』이라고 나와 있고, 이 신문이 "국민을 개명, 진보하기 위하여" 창간하려고 한다고 나와 있다(『대한매일신보』, 1904.9.8, 3면).

7) 김세기는 전남 관찰사로 재직하다가 1905년 2월에 전남 순찰사의 탄핵을 받아 파면되었고, 1908년에 사망했다(http://people.aks.ac.kr/front/tabCon/ppl/pplView.aks?pplId=PPL_6JOc_A1852_1_0001894). 그가 어느 시기에 일진회에 관여했는지에 관해서는 알려져 있지 않다.

323쪽 재인용).

당시 대부분의 신문이 경영난을 겪었지만(채백, 2000),『국민신보』의 경우에는 일진회 기관지라는 이유 때문에 일반 독자들로부터 배척당해 더 큰 어려움을 겪었다. 황현은『국민신보』에 대해 "당시 사람들은 기관신문이라고 말했고, 민간인들은 그 신문을 미워하며 구독하는 사람이 없었다. 이에 관리에게 억지로 맡겨 신문값을 강제로 받아들였다"고 주장했다(2008, 15~16쪽). 이렇듯『국민신보』는 자본이 부족했던 데다가 독자들도 많지 않아 경영상 더 큰 어려움을 겪을 수밖에 없었다.

1906년 말에 후원자였던 우치다의 도움으로 일진회는 이토 히로부미(伊藤博文) 통감에게 이용가치를 인정받고 지원을 받게 되었다(김종준, 2010, 232쪽). 통감부는 1907년 1월부터 반년간 일진회에 대해 매월 2천 원의 교부금을 지원하기로 했고, 8월에는 일진회 구제에 관한 자금 50만 원을 결정하고 1차 지불금으로 26만 원을 지불하기도 했으며, 일본 육군성도 5월에 10만 원의 거금을 지원했다(강창일, 2002, 262~265쪽; 조항래, 1984, 83쪽). 여기에는 일진회 기관지『국민신보』의 '정책선전기관'으로서의 역할도 어느 정도 고려되었다(이태훈, 2010, 357쪽). 일진회에 대한 통감부나 군부의 지원이『국민신보』의 운영에 큰 도움이 되었다. 통감부나 군부의 지원을 받았다는 것은『국민신보』가 일제의 강점을 돕는 수단으로 활동했다는 것을 잘 보여준다.

통감부나 군부가 지원했음에도 발행부수가 많지 않아『국민신보』의 경영이 근본적으로 개선될 수는 없었다. 통감부가 1908년에 조사한 자료를 정리한 〈표 2〉를 보면,『국민신보』의 발행부수는『제국신문』과

---

8) 다른 자료에는 전 관찰사 김세기가 "경비를 궁출(肯出)치 아니함으로 필지(必至) 정간이라더라"고 나와 있다(『황성신문』, 1906.6.6, 2면). 즉 김세기가 가산이 탕진해서가 아니라 어떤 이유에서인지 일부러 경비를 부담하지 않았다는 것이다.

비슷한 것으로 나타났다(이현종, 1966, 103~104쪽). 다른 신문에 비해 지방 독자의 비율이 더 높았던 것은 "일진회에 의한 지방관아의 강제 구독과 지방회원의 구독이 있었기 때문"이었다(최기영, 1991, 240쪽). 1910년 일진회원이 14만 명 정도였던 점을 고려하면(김종준, 2010, 61쪽), 일진회원 중에서도 『국민신보』를 구독하지 않는 사람들이 많았다는 것을 알 수 있다.

이렇듯 발행부수가 많지 않기도 했지만, 그나마도 구독료[9]가 제대로 걷히지 않아 어려움을 겪으면서 『국민신보』는 "적체대금을 보내줄 것을 간절히 바란다"는 사고를 계속 내기도 했다.[10] 다른 친일지 중에 『대한신문』도 이완용 내각의 관료에 대한 구독 강요로 비판을 받기도 했고(이상경, 2014, 345~346쪽), 『시사신문』은 독자들이 "이 신문을 외면해서 '시사신문 거절'이라는 딱지가 서울 시내 여러 집 문앞에 붙어 있었다"고 한다(정진석, 1990, 213쪽). 친일지들은 강요를 통해 판매를 늘리려고 했지만 한계가 있었고, 그나마 일진회원들을 독자로 확보할 수 있었던 『국민신보』만이 어느 정도의 부수를 확보할 수 있었다.

1909년 2월에 송병준이 실각해 내부대신을 사임하고 일본에 건너가는 것을 계기로 『국민신보』에 1년간의 경비를 제공했다는 설이 있었다(『통감부문서』, 6권, 16쪽). 송병준이 물러나면서 『국민신보』의 재정이 어려워질 것을 대비해 1년간의 발행 경비를 확보하려는 시도가 있었던

---

9) 1909년 12월 현재 『국민신보』는 1부 2전, 1개월 30전, 3개월 선금 85전이었다. 같은 시기 『황성신문』은 1부 2전, 1개월 35전, 3개월 선금 1원이었고, 『대한매일신보』는 1부 2전 5리, 1개월 선납 25전, 3개월 선납 75전, 『대한민보』는 1부 2전, 1개월 35전, 3개월 선금 1원이었다. 『국민신보』의 구독료는 『대한매일신보』보다는 약간 비쌌지만, 『황성신문』이나 『대한민보』보다는 다소 저렴한 편이었다.

10) 현재 남아 있는 신문 지면에서 최초로 이런 사고가 실려 있는 것은 1910년 1월 5일자이다(『국민신보』 1910.1.5, 3면). 이후에도 계속 이와 같은 사고가 실렸다. 당시에 이렇게 구독료 납부를 재촉하는 사고를 실은 것이 비단 『국민신보』만은 아니었다(채백, 2000, 39~40쪽).

〈표 2〉 1908년도 각 신문의 부수

신문명	서울	지방	외국	총계
제국신문	589	1,390	78	2,057
황성신문	692	2,564	44	3,300
국민신보	238	1,843	19	2,100
대한신문	369	641	17	1,027
대한매일신보(국한문)	1,685	3,838		5,523
대한매일신보(한글)	1,563	997		2,560

출처: 이현종, 1966, 103~104쪽.

것으로 보인다. 그러나 송병준이 일본으로 떠난 이후인 5월경에 일진
회나 시천교는 모두 심각한 재정난에 빠져 대책회의를 하며 송병준의
귀국만을 기다리는 상황이 되었다(『통감부문서』, 10권, 343쪽).

송병준이 일본으로 떠나면서 실제로 신문발행 경비를 제대로 제공
하지 않았는지, "국민신보는 송병준의 주장으로 재정을 전담하여 여러
사원의 월봉을 으레히 주더니 송병준의 세력이 감한 이후로 그 신보를
사보는 자가 점점 떨어져서 불과 몇백 장이 못 되는지라 각종 경비를
지불할 수 없어서 곤란하다더라"는 얘기까지 나왔다(『대한매일신보』,
1909.3.31, 2면). 다시 한 달 뒤에는 "국민신보사에서 재정이 곤란함을
인함인지 어떠한 일본인에게 넘겨주기로 의논하는 중이라는 말이 있
다더라"라는 주장도 나왔다(『대한매일신보』, 1909.4.29, 2면). 이를 보면
송병준이 떠나고 난 뒤 한동안 재정적으로 대단히 어려웠다는 것을 알
수 있다.

그러나 1909년 7월 말에 지면을 확대하고 다른 언론사 관계자들을
불러 자축연까지 열었다는 것을 보면, 이 시기에 경영상의 어려움이
어느 정도 극복되었던 것으로 보인다(『황성신문』, 1909.7.28, 2면; 1909.
7.29, 2면). 또한 1910년 2월 초에『국민신보』사장 최영년은 역시 친일

파였던 민원식이 발행하던 『시사신문』을 매수하려고 시도했다가 실
패했다. 『시사신문』이 일진회의 합방 성명을 지지하고 일진회의 입장
을 대변해주면 모든 경비를 대주겠다고 했지만, 민원식은 이를 거절했
다(『대한매일신보』, 1910.2.5, 1면; 『황성신문』, 1910.2.5, 2면). 『국민신
보』가 『시사신문』을 매수하려고 했던 것은, 이 시기에 일진회가 "친일
단체 및 외곽단체를 매수하기 위하여 약 10만 원의 정치자금"을 지출
할 수 있었기 때문이었다(조항래, 1984, 82쪽).

　　1910년 5월에는 임금 체불로 인해 기자였던 신재정이 사장 최영년을
고소하는 일이 벌어졌다(『대한매일신보』, 1910.5.7, 3면; 『황성신문』,
1910.5.7, 2면). 1910년 8월경에는 "국민신보사에서는 근일에 재정이 곤
궁하여 여러 사원들의 거월(去月) 월봉을 주지 못함으로 곤란이 막심
하다더라"는 말이 나오기도 했다(『대한매일신보』, 1910.8.5, 3면). 이런
사실들은 통감부나 군부의 지원에도 『국민신보』가 근본적으로 재정적
어려움을 극복하기 어려웠다는 것을 보여준다. 일제는 강점 이후인
1910년 9월 12일에 1주일 기한을 주며 일진회의 해산을 명령했고(임종
국, 1991, 78~79쪽), 『국민신보』도 1910년 10월 11일 폐간시켰다(『경성
신보』, 1910.10.11, 2면; 계훈모, 1979, 214쪽 재인용).

2) 국민신보의 편집 체재와 문체의 특성

　　『국민신보』는 당시 대부분의 신문들처럼 4면으로 발행되었다. 당시
모든 신문들이 한 면을 6단 내지 7단으로 편집했던 것처럼, 『국민신보』
도 한 면을 7단으로 편집했다. 현재 남아 있는 신문의 편집체재는 아래
와 같다.

1면 : 외보, 관보, 문전촬요(文典撮要)-박물부, 연재소설, 동서기문, 사
　　　조(詞藻), 연구화
2면 : 전보, 잡보, 공사(公私) 소식
3면 : 잡보, 지방잡사, 독자구락부, 상황, 광고
4면 : 광고

　1면의 경우 상단에 있는 '외보'가 가장 많은 지면을 차지하고 있었는
데, 외보란에서는 세계 각국의 중요한 사건들을 다루었다. 관보란에서
는 관리의 임면이나 법령의 공포 등을 다루었다. '문전촬요-박물부'에
서는 문헌에서 자료를 뽑아 생물학 용어들을 설명하고 있다. 연재소설
로는 사장을 맡고 있던 최영년이 '매하산인(梅下山人)'이라는 이름으로
쓴 '금세계'가 실려 있는데, 현토한문체로 쓰여진 일종의 '동학소설'이었
다.11) '동서기문'은 세계 곳곳의 신기하고 재미있는 이야기들을 소개하
고 있다. '사조(詞藻)'는 매번 실리지 않았고, 때로는 '평림(評林)'이라는
제목으로 실리기도 했는데 주로 짧은 문학적 글들이 실렸다.
　『국민신보』는 만화를 '연구화(硏究畵)'라는 이름으로 1면에 매일 게
재했다. 최영년이 사장이 된 후 지면을 대폭 개편하며 '삽화'를 싣기로
했던 것을 보면(『황성신문』, 1909.7.28, 2면) 시기적으로 볼 때 1909년
6월에 창간된 『대한민보』의 '삽화' 게재가 영향을 주어 『국민신보』도
'연구화'를 게재하기 시작했다는 것을 알 수 있다.12) 『대한민보』의 삽
화는 이도영이 혼자 그렸지만, 『국민신보』의 연구화는 여러 사람이 그

---

11) 이 소설에 대한 자세한 소개와 현토한문체로 된 소설의 번역본은 다지리 히로유끼
　　(2006, 125~156쪽, 395~491쪽)를 참조할 수 있다.
12) 『대한민보』의 경우 신문만화를 '삽화'라고 불렀는데, 22회까지만 이 용어가 사용되었
　　고, 이후에는 아무런 용어도 붙이지 않았다. 반면 『국민신보』는 실물이 남아 있는 4달
　　치 모두 '연구화'라는 용어를 사용했다. 12월 1일자 연구화가 85회인데, 한 달에 약 25
　　회 정도가 실린 것을 고려하면, 대략 8월 중순경부터 '연구화'가 실렸다는 것을 알 수
　　있다.

렸으며, 때로는 현상공모를 하기도 했다(『국민신보』, 1910.2.17, 3면; 1910.3.16, 3면).『대한민보』의 만화가 비판이나 풍자뿐 아니라 계몽이나 보도의 역할도 했던 반면(정희정, 2000, 53~63쪽)『국민신보』의 만화는 철저히 정치적 내용으로 자신들과 대립되는 세력들을 비판하는 것으로 일관했다.

2면의 '전보'는 1면의 외보와 마찬가지로 외국 소식을 다루고 있지만, 외보가 미국과 유럽의 국가들을 주로 다루고 비교적 긴 편이라면, 전보는 일본에 관한 내용이 많고 비교적 짧은 편이다. 그래서 전보의 많은 내용이 '동경전보'이다. 그러나 이러한 외보와 전보의 지역적 구분이 절대적인 것은 아니었다. 일진회 측은 조선 내 여론이나 이완용 내각 및 통감부 측 반응보다는 일본 정부의 대한 정책 결정의 추이나 일본 언론의 보도에 더욱 민감하게 반응했는데, 일진회는『국민신보』외보란 및 전보란을 통해 일본 측 여론의 동향을 즉각 국내에 전달해 이를 자신들의 입지 강화와 정당화의 배경으로 삼았다(서영희, 2008, 32쪽). 잡보는 오늘 날의 사회면 기사로 2면과 3면에 걸쳐 전체적으로 가장 많은 지면을 차지했고, 다양한 내용의 기사들이 잡보란에 실렸다. 일진회의 활동을 지지하는 단체의 활동소식이나 성명서가 잡보에서 가장 큰 비중을 차지했고, 각종 단체 및 기관의 동향에 관한 소식이 뒤를 이었다. '공사소식'은 오늘날의 동정란에 해당했다.

3면의 상단은 '잡보'가 차지했고, 바로 밑에는 '지방잡사'가 위치했다. 지방소식의 취재는 일진회 지부를 적극적으로 활용했다(『황성신문』, 1909.7.28, 2면). 3면의 '독자구락부'는 독자투고를 싣는 지면으로, 중간에 잠시 '독자의 성(聲)'이라는 이름으로 바뀐 적이 있었지만 4달 동안 줄곧 일진회나『국민신보』를 지지하고 다른 세력이나 신문을 비판하는 투고들이 실렸다. '상황(商況)'은 매일 실리지는 않았는데, 특정 품목의 구체적인 판매 정보를 제공하기도 하는 등 독특한 면모를 보였다. 3면 하단과 4면에는 당시의 다른 신문과 유사하게 의약품, 서적, 양복, 구두, 사진관 광고 등을 게재했다.

실물이 남아 있는 시절의 『국민신보』 편집 체재의 가장 큰 특징은 논설란이 없었다는 점이다.[13] 『황성신문』, 『제국신문』, 『대한매일신보』가 모두 논설란을 두고 있었고, 『대한민보』도 필요한 경우에는 부정기적으로 '사론(社論)'을 실었던 것과 달리 1909년 12월부터 1910년 3월까지의 『국민신보』는 논설을 아예 싣지 않았다. 대신에 부정기적으로 실리는 '뇌성전목(雷聲電目)' 같은 단평란이나 '고짐일대백(高斟一大白)' 같은 가십난을 통해 자신들의 입장을 강조하고 다른 세력을 비판했다. 또한 독자투고란이나 일진회를 지지하는 세력의 성명, 편지, 기서를 활용해 다른 신문이나 세력을 비판하며 자신들의 활동을 정당화했다.

한편 『국민신보』는 '문전찰요 – 박물부' 같이 과학지식을 전달하는 기사 등으로 문명개화를 위한 역할을 하기도 했다. 1910년 2월 24일부터 1면에 실린 '지리문답'은 동초생이라는 필명으로, 최영년의 장남인 최찬식이 집필한 것으로 3월 31일까지 매일 연재되었다(다지리 히로유끼, 1996, 88쪽). 1910년 1월 28일부터는 일본의 주요 법률을 번역해 소개한 '법률문제집'을 연재했는데, 중간에 잠시 휴재하기도 했지만 다시 게재하기 시작해 3월 31일까지 게재되었다. 그러나 다른 신문에 비해서는 계몽적 내용이 부족했고, 정치적 목적의식을 강하게 드러내는 기사가 많았다. 일진회가 '합방' 성명서를 발표해 정치적으로 대립과 투쟁이 본격화되었던 시기의 신문 4개월 치만 남아 있기 때문에 신문의

13) 현재 남아 있는 4개월치 신문 중에 논설이 실려 있는 것은 1910년 1월 1일 단 하루이다. '논설'이란 표제 아래 '고아국민동포(告我國民同胞)'라는 제목의 논설이 실려 있다. 다음의 기사에 『국민신보』 논설이 언급되어 있는 것을 보면, 과거에는 논설을 게재했다는 것을 알 수 있다(『황성신문』, 1907.2.11, 2면; 『대한매일신보』, 1908.4.21, 1면).

내용도 그런 상황의 영향을 받을 수밖에 없었다는 점을 고려해야 한다. 『국민신보』는 국한문혼용을 했는데, 일부는 순한문이나 한글로 토만 달아놓은 현토한문체를 사용했다. 유생들의 편지나 상서(上書)는 모두 순한문체이고, '금세계' 같은 연재소설은 현토한문체를 사용했다. 나머지 기사들도 대부분이 한문통사구의 흔적이 많이 남아 있는 국한문혼용을 사용해 한문에 익숙하지 않은 독자들이 『국민신보』를 읽기가 쉽지 않았을 것이다. 이것은 『대한민보』가 비교적 한문통사구가 해체된 국한문혼용을 하고, 소설의 경우 순한글만으로 표기하기도 했다는 것과 차이가 있는 것이었다(김재영, 2010). 『국민신보』의 이 같은 문체 사용은 독자층의 확대를 어렵게 만들었다고 볼 수도 있지만, 한편으로는 1907년 이후 일진회원이 "정치적, 경제적 이권을 모도하거나 관직에 진출할 수 있을 정도의 기득권을 가진 '부민층' 중심으로 재편"되었다는 것을 의미하기도 했다(김종준, 2010, 230~231쪽).

3) 국민신보의 관여 인물

창간 당시 『국민신보』 사장은 일진회장을 맡고 있던 이용구였다(『대한일보』, 1906.1.1, 13면, 『한국언론연표』, 77쪽 재인용). 이용구가 직접 사장을 맡았다는 것은 그만큼 일진회가 『국민신보』를 중요시했다는 것을 보여준다. 또한 이인직이 창간 다음 달인 1906년 2월에 『국민신보』의 주필이 된 것으로 알려져 있다.[14] 일본의 『미야꼬신문(都新聞)』

---

14) 이인직의 자필 이력서에는 그가 1906년 2월에 『국민신보』의 주필이 된 것으로 나와 있다(다지리 히로유끼, 2006, 31쪽). 그러나 애초에 이인직이 창간하려고 했던 『국민신보』라는 제호로 일진회에 의해 신문이 창간되었고, 또 그가 일본에서 신문사에 근무했던 경험이 있었다는 점을 고려하면, 이인직은 창간 때부터 『국민신보』에 참여했던 것으로 보아야 할 것이다. 따라서 그의 자필 이력서 내용은 창간 때부터 참여했다가 2월부터 주필을 맡았다는 뜻으로 해석할 수 있다.

에서 근무한 바 있고, 1904년 2월 일본군의 통역으로 귀국할 만큼 친일
성향을 지녔던 그가『국민신보』주필이 된 것은 당연한 일이었다. 그러
나 이인직은『국민신보』가 창간된 지 불과 4달 만인 5월 10일에 자신
의 이름으로 천도교 기관지『만세보』의 발간 허가를 받고, 6월 17일 창
간과 함께 이 신문의 주필을 맡으며 옮겨갔다(다지리 히로유끼, 2006,
30~31쪽).[15] 선우일도 1906년 1월 창간 당시『국민신보』에서 근무했지
만, 1906년 9월에 통감부 기관지『경성일보』기자로 옮겼고, 1908년부
터는『제국신문』기자로 활동했다(민족문제연구소, 2009, 288쪽).[16]

　창간 당시『국민신보』에 관여했던 다른 인물로는 구로사키 미치오
(黑崎美智雄), 오태환, 심의승 등이 있었다. 구로사키는『오사카아사히
(大阪朝日)신문』에서 근무하다 사직하고 한국으로 건너와 창간 때『국
민신보』주간이 되었고, 1907년 12월에 궁내부 사무관이 되며 신문을
떠났다(http://db.history.go.kr/url.jsp?ID=im_215_23938). 구로사키는 일
본에서 기자로 활동했던 경험이 있고, 또한 동경외국어학교 조선어학
과를 졸업했기 때문에 창간 초기『국민신보』에 도움이 되었을 것이다.[17]

---

[15] 이인직은 일진회원이 아니었을 뿐만 아니라 천도교나 시천교 교인도 아니었던 것으로
　　보인다. 오히려 그의 사상은 천리교와 높은 친연성을 보였다고 한다(박선영, 2011).

[16] 정진석은, 선우일이 "1906년 9월 1일에 창간된 통감부 기관지 경성일보의 기자로 언론
　　계에 처음 들어와서 친일지 국민신보를 거쳐서 1908년경 제국신문에 들어갔다"고 주
　　장했다(1995, 150쪽). 정진석은『경성일보』에 먼저 들어갔다가『국민신보』로 옮긴 것
　　으로 파악했다. 그러나『경성일보』에 있다가 정운복과 함께『제국신문』으로 옮겼다고
　　보는 것이 타당하다면, 선우일은『국민신보』에서 먼저 활동하다가『경성일보』로 옮겼
　　다고 보아야 할 것이다. 최준도 선우일이『국민신보』기자로 활동했다고 주장했다
　　(1960, 121쪽). 최기영은 선우일이『경성일보』에 있다가『제국신문』으로 옮겼다고만
　　언급하고 있다(1991, 46쪽).

[17] 구로사키 미치오의 직위가『국민신보』'보좌원'이었다는 기록도 있다(『제국신문』,
　　1907.3.12, 1면,『한국언론연표』, 98쪽 재인용). 그러나 이 기사가 기자 간친회에 관한
　　기사로서 그가 기자로 참여했던 것이 분명하고, 또 그의 경력을 감안할 때 그가 단순
　　히 보좌하는 역할만 했다고 보기는 어렵다. 여기서 보좌원의 의미는 사장을 보좌한다
　　는 의미에 가까웠던 것으로 보인다. 그가 궁내부 사무관이 되었다는 것을 알리는 기
　　사에도 '국민신보사 고문'이라고 나와 있다(『대한매일신보』, 1908.1.7, 2면).

오태환은 인쇄기술자로 인쇄소인 박문사와 보문관에 근무했던 경력이 있고, 『국민신보』 총무를 맡았다가, 1906년 12월에 농상공부 기사로 전직했다(http://db.history.go.kr/url.jsp?ID=im_108_00799; 『황성신문』, 1906. 12.10, 2면). 심의승은 한성관립영어학교 출신으로 일본유학을 다녀와 궁내부 전화과 주사로 근무했었고, 창간 때 입사했다 1906년 6월에 사직했다(http://db.history.go.kr/url.jsp?ID=im_107_01391). 이외에 창간 당시 편집진에 누가 있었는지를 알려주는 자료는 전혀 없고, 단지 1908년 말의 자료만이 남아 있을 뿐이다(이현종, 1966, 100~101쪽).

> 사장 : 한석진, 주필 : 황의필, 회계 · 발행 겸 편집 : 이인섭
> 기자 : 김규형, 신태휘, 번역 : 임정순, 분전장 : 한진영

한석진은 이용구, 송병준에 이어서 1907년 5월 27일에 사장으로 선임되었다. 송병준이 5월 26일에 농상공부 대신으로 발령이 나면서, 다음 날에 일진회 총무원이던 한석진이 사장으로 선임되었다(『일진회역사』 권4, 41~42쪽). 한석진은 독립협회에 참여했었고, 이후 일진회에 참여해 적극적으로 활동했었다(『통감부문서』 8권, 47쪽). 한석진은 1909년 7월 20일에 그만두고 최영년이 뒤를 이어 사장이 되었다(『일진회역사』 권7, 19쪽). 이미 1909년 3월에 일진회에서 한석진을 사장에서 물러나게 하고 전 관찰사 양재익을 사장으로 선임했다는 기사도 있었고(『대한매일신보』, 1909.3.28, 2면), 1909년 4월에는 한석진이 송병준의 민영환 부인에 관한 기사 게재 요구를 거부해서 사장에서 물러났다는 기사가 게재되기도 했다(『대한매일신보』 국한문판, 1909.4.9, 2면). 황현도, 송병준이 민영환의 부인을 모함하기 위한 기사 게재를 요구하자, 이를 거부하다가 사장에서 물러났다고 했다(2008, 577~588쪽). 그러나 어쩐

일인지 한석진은 이런 보도가 있고도 3개월 정도 지난 7월까지 사장으로 계속 근무하다가 최영년에게 자리를 물려주었다. 정교는 황현과는 달리 한석진의 사임 이유를 관직에 임명되지 않아 불만이 생기면서 송병준과 뜻이 맞지 않게 되자 송병준이 물러나게 한 것이라고 주장했다(정교, 2008, 95쪽).

민영환 부인에 관한 기사 게재 강요와 관직을 얻지 못한 것에 대한 불만 중 어떤 것이 원인이었든, 한석진이 송병준과의 갈등으로 사장에서 물러난 것만은 분명했다. 한석진은 한동안 계속 일진회에서 활동했지만, 1909년 12월 4일 일진회가 합방성명서를 발표한 이후 이완용에 의해 매수되어 일진회를 탈퇴했다. 한석진은 사장 자리에서 밀려난 것에 대해 앙심을 품고 있었던 데다가 이완용이 6백 원을 주며 종용하자 탈퇴를 결행했다(정교, 2008, 95쪽).

주필 황의필은 1909년 2월 3일 경북 문경군수가 되면서 『국민신보』를 떠났다(『황성신문』, 1909.1.27, 2면; 『관보』 제4298호, 1909.2.11). 당시 일진회원들의 다수가 관직에 진출하기를 희망해 일진회에 참여했다는 점에서(김종준, 2010, 217~231쪽), 황의필의 군수로의 전직은 본인의 적극적인 요구가 반영되었던 것으로 보인다. 이인섭은 이미 1907년부터 발행 겸 편집인을 맡고 있었고, 회계도 담당하고 있었다. 그는 1907년 11월에 법관에 대한 명예훼손 사건으로 재판을 받아 2개월 금고형을 선고받았고, 함께 재판을 받은 기자 조두식은 '태(笞) 50'에 처해졌다(『황성신문』, 1907.3.8, 2면; 『대한매일신보』, 1907.11.16, 2면). 이인섭은 1910년까지 계속 발행 겸 편집인을 맡았고, 해산 이후 일진회의 역사 정리 작업을 주도했다.[18]

---

[18] 이인섭은 1911년에 일진회의 역사를 전체적으로 정리한 『원한국일진회역사』를 저술했다. 그러나 정작 이 책에 일진회 기관지인 『국민신보』에 관한 내용은 거의 없다.

일진회 부회장 홍긍섭은 당시 『국민신보』 사장 한석진에게 최영년을 주필로 추천했다. 홍긍섭은 "귀사 주필이 지금 유궐하나 다른 사람을 고빙치 아니함으로써 막중 공보에 논설이 여러 날 게재치 못함이 가석"하다고 하며, 일진회 총무 최영년이 문장이 뛰어나고 경력이 많으니 주필로 뽑아달라고 요구했다(『대한매일신보』, 1909.2.24, 2면). 1909년 2월에 일진회의 공식 추천으로 주필이 되었던 최영년은 1909년 7월에는 한석진에 이어 사장이 되었다. 최영년은 1894년 전주 감영에서 군사마(軍司馬)로 재직하며 동학 토벌에 나섰다가, 1896년부터 1898년까지는 독립협회에 참여했으며, 1904년에는 다시 원능참봉(原陵參奉)이 되었다(다지리 히로유끼, 1996, 88~89쪽; 최원식, 1998, 68~73쪽). 그는 1905년에 잠시 일본인 발행 조선어 신문인 『대한일보』에서 기자로 근무했고(최준, 1976, 300쪽), 1906년경에는 한성한어학교 교관으로 있으며 『만세보』에도 관여했다(최기영, 1991, 84~85쪽). 그는 1907년 7월 18일에 일진회 총무원이 되었고, 10월 12일에는 일진회가 낸 '경고 지방폭도문'을 저술해 의병을 비난하는 데 앞장섰다(『원한국일진회역사』 권5, 20쪽, 29쪽). 최영년은 신문사 근무 경력과 일진회에서의 적극적 활동 덕분에 『국민신보』 사장이 될 수 있었다.

나머지 인물들인 기자 김규형과 신태휘, 번역 임정순, 분전장 한진영 등의 신상에 대해서는 구체적인 정보를 전혀 찾아볼 수 없다. 번역은 주로 일본어 기사의 번역을 담당했고, 분전장은 오늘날의 판매국장에 가까웠다고 할 수 있다. 기자로는 1907년 11월에 발행인 이인섭과 함께 구속되어 처벌을 받았던 조두식이 있었는데, 위의 명단에 없는 것을 보면 1908년 이전 그만둔 것으로 보인다.

1909년 이후 입사한 것으로 보이는 기자 김환은 『제국신문』 사장 정운복과 함께 이토 히로부미 장례식 방문을 위해 일본에 다녀왔다(『대한민보』, 1909.11.2, 2면). 김환은 이미 일진회원으로서 1909년 10월 19일에 정견 협정위원으로 활동하기도 했다(민족문제연구소, 2004, 9쪽). 그는 1910년 5월 30일에 이용구와 송병준에 대한 성토문을 준비했다는 이유로 일진회에서 출회(黜會)당하며 『국민신보』를 떠났는데(『대한매일신보』, 1910.6.1, 2면), 이 같은 김환의 행동은 이완용의 매수에 의한 것이었다(『대한매일신보』, 1910.6.8, 2면). 결국 김환은 송병준과 이용구를 비판하는 장문의 성명서를 발표했다(『황성신문』, 1910.7.3, 1면; 1910.7.5, 1면; 1910.7.6, 1면; 1910.7.8, 1면).

또한 『국민신보』 기자이자 일진회 평의원이었던 신재정은 체불을 이유로 사장 최영년을 고소하고 일진회를 퇴회했다(『황성신문』, 1910.5.8, 2면). 1910년경에는 회식 자리에서 사장 최영년과 일진회장 이용구에게 욕을 하며 대든 것으로 알려진 명건동이 기자로 있었고(『황성신문』, 1910.4.1, 2면), 한성 내 원로대신들에게 신문 무료 구독을 권유했다 거절당했던 한창회도 사원으로 있었다(『대한매일신보』, 1910.3.29, 2면). 최영년의 장남 최찬식도 『국민신보』에 '지리문답'(1910.2.24~1910.3.31)을 연재했던 것을 보면, 사원으로 근무했을 가능성이 있다.

강점 이후 총독부가 '일진회 해산비'를 분배해 주었는데, 『국민신보』에는 3천 원을 지불했다. 이 돈은 종사자 전체에게 배분되었을 것이다. 『국민신보』 관여자 중에 개인적으로 해산비를 받은 사람도 있었는데, 사장 최영년은 5백 원을 받았고, 발행인 겸 편집인이었던 이인섭은 50원을 받았으며, 물의를 일으킨 바 있던 기자 명건동도 50원을 받았다 (『일한합방비사』 하, 726~733쪽). 일제의 강점 과정에서 『국민신보』가 수행했던 역할에 대한 보상이었다. 즉 비록 내부에 갈등이 없진 않았지만, 모두가 일진회원으로서 일제의 강점에 적극적으로 협력하는 역할을 했었기 때문이었다.

이완용 내각 기관지 『대한신문』은 『만세보』 때부터 근무했던 이인 직과 신광희가 중심 역할을 했는데 이인직은 사장을, 신광희는 총무 · 발행 · 편집인을 맡았다. 이외 주필 최영수, 기자 김길연, 신상학, 신태 범 등이 활동했고(정진석, 1995, 113쪽), 차상학과 오현근도 근무했다 (최기영, 1991, 85쪽). 이인직은 사장으로 재직하고 소설을 연재하는 등 『대한민보』를 이끌었다(이상경, 2013, 337~338쪽). 이인직은 일진회 기 관지 『국민신보』 창간 무렵 주필을 맡은 적이 있었지만, 『대한신문』 사장을 맡으며 이완용의 측근으로 『국민신보』와 맞서는 역할을 했다 (다지리 히로유끼, 2006, 31~38쪽).

『제국신문』은 정운복이 1907년 6월에 주필을 맡고, 10월에 사장이 된 후 친일적 색채를 드러냈는데, 기자로는 이해조, 박승옥, 장환선, 선 우일 등이 있었다. 선우일은 일진회 기관지 『국민신보』, 통감부 기관지 『경성일보』를 거쳐 『제국신문』으로 옮겨왔다(최기영, 1991, 44~46쪽). 『경성일보』 조선어판이 1907년 4월 21일에 폐간되자 정운복은 이토 히 로부미 통감을 만나 『제국신문』을 통감부 기관지로 만들어 달라고 부 탁했으나 실패했다(細井肇, 1910, 213~214쪽). 정운복의 시도는 친일 언 론인들이 강제병합 과정에서 일제에 적극적으로 협력하고 있었다는 것을 잘 보여준다. 『경성일보』 출신인 정운복과 선우일이 주도하던 시 기의 『제국신문』은 『대한신문』과는 달리 『국민신보』와 협조적 관계를 보였다.

4. 『국민신보』의 내용과 민족지와의 대립

1) '합방' 성명서 발표 이전의 『국민신보』와 민족지

러일전쟁 과정에서 일본에 적극적으로 협조했던 일진회는 러일 간에 강화조약이 맺어져서 자신들의 이용 가치가 낮아지던 상황에서 1905년 11월 5일 일본의 보호조치를 찬성하는 '선언서'를 발표했다. 이런 선언서의 발표로 일진회에는 '매국노'라는 수식어가 붙기 시작했다(강창일, 2002, 226~227쪽). 일본에 대한 호의적 인식을 기반으로 하는 '동양주의'가 일진회에게 이런 선언을 하도록 만들었다(한명근, 2002, 122~124쪽). 일진회는 자신들의 조직을 유지하고 존재가치를 알리기 위해 『국민신보』를 창간했는데, 창간 당시만 해도 다른 신문의 『국민신보』에 대한 직접적 비난은 없었던 듯하다.

『제국신문』은 "우리나라에 신문이라고 다만 제국, 황성 두 가지뿐이다가 황성신문은 지금 사장 장지연씨가 수금 중에 있고 신문은 정간이 되어 오직 우리 신문 한 가지만 이름이 있더니 이제 일진회에서 국민신보라 이름하여 금일부터 창간한다 하니 우리는 그 신문이 흥왕하여 전국 민지를 개발하기 축원하는 바오 또 그 신문 창간함에 대하여 대단 감사히 여기는 바로다"라고 하며 『국민신보』의 창간을 환영했다(『제국신문』, 1906.1.6, 3면, 『한국언론연표』, 77쪽 재인용). 이 기사는 새로운 신문의 창간에 대한 의례적인 언급일 수도 있었지만, 한편으로는 당시 언론들의 일진회나 그 기관지인 『국민신보』에 대한 비판적 인식이 부족했다는 점을 드러내는 것이기도 했다.

창립 이후 일진회에 대해 꾸준히 비판한 신문으로는 『대한매일신보』를 들 수 있다(김종준, 2010, 121~135쪽). 『대한매일신보』도 초기에는 『국민신보』에 대해 큰 관심을 기울이지 않았는지 일진회를 비판하는 기사는 자주 게재하면서도 그 기관지 『국민신보』를 직접 언급하는 일은 별로 없었다.[19] 『대한매일신보』는 '일진회'라는 제목의 논설에서 "차회(此會)의 조직한 국민신문[20]이 자수일전(自數日前) 발간인 바 별

무 정치적 성질이오`단 국민개량의 요점"을 보여주고 있다고 하며, 창
간 초기『국민신보』의 정치적 성격을 별로 비판하지 않는 관점을 보여
주었다(『대한매일신보』국한문판, 1906.1.18, 1면).

　창간 초기에도『국민신보』의 논조는 친일적이었다. 천도교 기관지
인『만세보』는 '국민보 기서비평'이라는 기사에서『국민신보』가『만세
보』의 자본, 역할, 구독료 등에 대해 '무례한 욕설'을 퍼부었다고 비판
했다(『만세보』, 1906.9.1, 3면). 최준은 '궁문파엄'(宮門把嚴)이라는 제목
의 1906년 9월 2일자 2면의 기사 일부를 인용하며,『국민신보』가 "일본
군의 궁궐 침입을 옹호"하는 친일적 논조를 보였다고 주장하기도 했다
(1960, 120~121쪽). 그럼에도 "일진회가 1906년 말까지는 나름대로 '개
혁'과 '문명화'를 표방하는 활동을 펼쳤고, 1907년 이후처럼 철저하게
'매국적'으로 인식되지는 않았"기 때문에(김종준, 2010, 34쪽)『국민신보』
에 대한 다른 신문들의 비판이 별로 많지는 않았다.

　1907년 2월에『국민신보』는『제국신문』의 정간을 문제 삼는 논설을
실었다가 정간을 당했다.『제국신문』은 "국민신문은 일전 논설에 제국
신문이 정간된 일에 대하여 과격히 논란한지라 검열을 받을 때에 발간
치 말라고 효수하였는데 그 논설판을 검열 전에 다 박혔는 고로 다시
글자를 뒤집어 박혔더니 그 먼저 박힌 자획이 능히 사실을 알게 되었
다 하여 정간을 시켰다더라"라고 보도했다(『제국신문』, 1907.2.16, 1면,
『한국언론연표』, 97쪽 재인용).『황성신문』도 "국민신보에서 자유언권
(言權)이라 제(題)하고 검열 시에 말살됨을 자체를 노출하여 사람들로
하여금 알게" 해 정간을 당했다고 보도했다(『황성신문』, 1907.2.11, 2면).

---

19) 1904년 8월부터 1909년 11월까지『대한매일신보』가 일진회를 다룬 논설 중에서『국민
　　신보』를 본격적으로 다룬 논설은 1907년 9월 이후부터 나타났다(김종준, 2010, 325~
　　327쪽).
20) 당시 신문들은 '국민신보'를 '국민신문' 또는 '국민보'라고 표기하기도 했다.

이렇듯『국민신보』가『제국신문』의 정간을 비판하는 기사를 게재해
정간을 당했다고 알려졌지만, 여기에는 통감 이토 히로부미의 전임 '풍
설'을 보도한『국민신보』에 대한 경고의 의미도 담겨 있었다(『일한합
방비사』상, 140쪽).

　『국민신보』가 본격적으로 비난의 대상이 되기 시작한 것은 고종 퇴
위의 전위대 역할을 하고 난 뒤부터였다. 국민신보사는 1907년 7월 19일
에 '고종황제'의 퇴위에 반대하는 시위대에 의해 공격을 받아 사옥과
기기가 모두 파괴되었다(『고종시대사』6집, 640~641쪽). 유광렬은 당시
현장에 있었다고 하며, '대한문' 앞에서 "연설을 듣던 시민들은 격분한
끝에 국민신보사로 함성을 지르고 몰려가서 습격"했다고 회고했다
(1969, 41~42쪽). 이때부터『대한매일신보』의『국민신보』에 대한 비판
이 본격화되었고, 이에 맞선『국민신보』의『대한매일신보』에 대한 비
난도 거세졌다.『대한매일신보』는 "국민신보는 일진회의 기관으로 본
보를 대하여 이따금 원망과 능욕을 많이 하는지라 저같이 무리한 말을
족히 변론할 게 없는고로 한 번 웃고 말"았다고 했다(『대한매일신보』,
1907.8.31, 2면). 이 내용을 보면 그동안 일진회를 비판하던『대한매일
신보』에 대해『국민신보』가 계속 비난해 왔다는 것을 알 수 있다.

　『대한매일신보』는 1907년 9월 11일부터 14일까지 4회에 걸쳐 '국민
신보를 토죄(討罪)'라는 제목의 논설을 연재했다.『대한매일신보』는
"소위 국민신보라는 것이 연일 마귀의 붓을 들어 본보를 매일 황보(謊
報)라고 지목"하고 있다고 하고는,『국민신보』가 자신들에 대해 "지방
적당의 주동자가 되어 적당을 의병이라 한다"고 하였으나 "의병이라 하
는 두 글자가 의병이 자칭하는 이름이냐 우리 신문에서 지어낸 이름이
냐. 대한 사람들이 의병이라 칭명하는데 우리도 의병이라 하는 것"일
뿐이며 "한국 안에 의병을 일으킨 자는 제일은 정부당이오 제이는 일

진회오 그 다음에는 국민신보가 나라 파는 자의 기관신문이 되어 간특한 말과 악독한 붓대로 백성의 분을 돋우어 이것이 또 의병을 일으킨 자"라고 비판했다(『대한매일신보』, 1907.9.11, 1면). 의병의 공격으로 많은 일진회원들이 살해당하고 있었고(김종준, 2010, 219~220쪽), 유독 『대한매일신보』만이 의병에 대해 비교적 호의적인 보도를 했기 때문에(박찬승, 1992, 93~94쪽) 『국민신보』가 『대한매일신보』를 공격했던 것이다.[21] 또한 『대한매일신보』는 『국민신보』가 "폭도가 일어나면 일병이 스스로 오거늘 이제 폭도는 일어나게 하고 일병은 오지 말라 하는 것이 사약을 먹이고 살기를 바라는 것" 같다고 비판하자, '일병의 포악한 행동'으로 의병이 아닌 자들까지 피해를 보고 오히려 의병이 더 확산된다고 비판했다(『대한매일신보』, 1907.9.12, 1면). 이를 통해 『국민신보』가 일제의 정책을 옹호하는 논조를 보였다는 것을 알 수 있다.

『대한매일신보』가 『국민신보』를 비판하며 이완용 내각까지 비난하자 『대한신문』도 『국민신보』를 거들어 『대한매일신보』를 비판하고 나섰다. 『대한신문』은 '책대한매일보무례(責大韓每日報無禮)'라는 제목의 논설에서 '국민신보를 토죄'한다는 논설을 읽고 쓴다고 하며, 『대한매일신보』가 "전국 인민의 안녕, 행복을 제조하는 기관된 내각"을 '적(賊)'이라 지칭해 "인심을 선동"하고 있다고 비판했다(『대한신문』, 1907.9.12). 『대한매일신보』가 일진회뿐만 아니라 이완용 내각도 논설에서 계속 거론하며 비판하자 『대한신문』은 '대화태매일보(大禍胎每日報)'라는 논설에서 이완용 내각은 '정치개혁당'이라고 하며, 『대한매일신보』가 이완용 내각을 비판하는 것은 '망발'이라고 비판했다(『대한신문』, 1907.

---

21) 일제도 의병들이 『대한매일신보』 보도에 영향을 받고 있다는 사실을 알고 있었다. 한 의병이 "일본의 대한 정책에 불만을 품고 있을 때, 마침 『대한매일신보』를 읽고 아울러 그 기사를 전해들은 바에 따라 격분한 나머지 폭도로 가담하기로 결의했습니다"라고 진술했다고 한다(『통감부문서』 2권, 58쪽).

12.15). 당시에『국민신보』와『대한신문』을 '형제신문' 또는 '내외신문'
이라고 부를 만큼 민족진영과의 대립에서는 두 신문이 공동보조를 맞
추기도 했다(『대한매일신보』, 1907.9.13, 2면; 1907.12.22, 2면). 1907년
9월부터 1908년 1월까지『대한신문』도『대한매일신보』와 자주 논전을
벌였다(이상경, 2014, 341~342쪽).

이후에도『대한매일신보』의『국민신보』에 대한 비판은 계속되었다.
『대한매일신보』에는 평양에 사는 18세 소년이 보내온 기서가 게재되었
는데, 이 소년은 기서에서 "국민신보라 하는 신문은 그 이름은 좋으나
그 신문지를 볼진대 그 심장은 또한 망국귀라 할 만하도다"라고 하고
는 '의병'을 '폭도'로 몰아세우는『국민신보』에 대해 "국민신보여 타국
을 존중히 여기고 자기나라는 망함을 축원함은 무슨 심장인가"라고 비
판했다(『대한매일신보』, 1907.12.3, 1면).『대한매일신보』는 이 기서가
게재된 직후 "국민신보에서는 대마두(大魔頭) 매일보라 제목하고 대한
신문에서는 대화태(大禍胎) 매일보라 제목"하며 비판을 해왔다고 하며,
두 신문에 대해 "단군 기자(箕子)의 자손으로서 어느 곳에서 마귀가 들
려 이같이 미쳤느냐. 혼아 혼아 어서 돌아오너라"라고 주장했다(『대한
매일신보』, 1907.12.17, 1면; 1907.12.19, 1면).

『대한매일신보』는 이후에도『국민신보』를 계속 "마귀의 류대로 행
하는 자"라거나 "마귀의 말을 할 따름"이라고 비판했고(『대한매일신보』,
1908.2.7, 1면), "국민신보와 대한신문의 두 마귀신문"이라고 표현하기
도 했다(『대한매일신보』, 1908.4.21, 1면). 또한 "대한 세계에서 국민신
보를 신문으로 대접하는 자 있는가. 저희가 본보를 공박하는 것은 일본
에 아첨하고자 하는 계교"에서 나온 것이라고도 주장했다(『대한매일신
보』, 1908.10.9, 1면).『국민신보』가 배설의 죽음을 축하하는 논조를 보
이자,『대한매일신보』는 '국민마보 기자야'라는 제목의 논설에서 "마귀

신문 기자여 너도 또한 인류어늘 너의 불의함이 어찌 이같이 극진하뇨"
라고 하며 죽음조차 정치적으로 이용하는『국민신보』를 비판했다(『대
한매일신보』, 1909.5.21, 1면). 『대한매일신보』는『국민신보』가 자신들
을 계속 공격하고 있지만, 자신들은 "간활한 마귀를 토멸하고 요괴로운
것을 쓰러뜨"리는 역할을 계속하겠다고 하며『국민신보』를 '마귀'와 '요
괴'라고 비판했다(『대한매일신보』, 1909.8.31, 1면).

   일진회와『국민신보』비판에 앞장섰던『대한매일신보』가『국민신보』
의 주된 공격의 대상이 되었던 것은 당연한 일이었다. 다만『국민신보』
는 간혹『황성신문』이나『제국신문』에 대해서도 "논란하고 배척하는
패습"을 보였다고 한다(『대한매일신보』, 1908.10.9, 1면). 그러나 두 신
문이 모두 보호정치를 인정하며 실력양성론에 주력했고, 『대한매일신
보』와 달리 의병에 대해 비판적으로 보도했으며, 일진회나『국민신보』
에 대해서는 직접적 비판을 거의 하지 않았다는 점에서(김종준, 2010,
125~126쪽; 안종묵, 1997, 195~202쪽; 최기영, 1991, 48~63쪽), 『국민신보』
의 두 신문에 대한 비판의 강도는 현저히 낮았다. 물론『제국신문』과
『황성신문』이『대한매일신보』와는 달리 일제의 검열하에 놓여 있었다
는 점도 작용했다.『대한매일신보』는 영국인 배설이 발행해서 검열을
피해 항일 논조를 보일 수 있었다(정진석, 1990, 228~229쪽). 결국 일진
회의 '합방' 성명서 발표 이전까지는『국민신보』와『대한매일신보』가
'의병'이나 '일본에 대한 협력' 문제를 둘러싸고 대립했다.

2) '합방' 성명서 발표 이후의『국민신보』와 다른 신문들과의 대립

   1909년 9월부터 대한협회, 서북학회와 연합해 이완용 내각을 타도하
고 새 정권을 창출하겠다고 활동하던 일진회는 '합방' 성명서 발표에

대한 합의가 이루어지지 않자, 12월 4일에 단독으로 '합방' 성명서를 발
표했다(한명근, 2002, 156~172쪽). 일진회는 고종과 통감에게 제출한
'상소와 장서'를 게재하는 등『국민신보』를 통해 적극적으로 자신들의
주장을 알리기 시작했다(『국민신보』, 1909.12.5, 2면). 일진회가 주장한
이른바 '정합방'이란 대외 주권을 갖지는 못하지만 내정에서는 독자적
내각과 의회를 갖는 것을 의미했다(『국민신보』, 1909.12.5, 3면; 1909.
12.8, 3면). 그러나 이런 성명서 발표는 일제에 의해 입안되고, 양해된
것으로 '한국인의 청원'이라는 형식을 빌려 병합을 하는 것이 필요하다
는 판단의 결과였을 뿐, 실제로 그대로 추진될 가능성은 없는 것이었
다(강창일, 2002, 270~273쪽).

　『국민신보』 지면의 대부분은 자신들의 '합방' 주장을 정당화하는 내
용으로 채워져 있었다. 1면의 외보에도 일본 신문 등에서 자신들에게
유리한 기사를 찾아내 번역해 게재했다. 2면과 3면의 잡보란에는 일진
회가 주장했던 '정합방'을 자세히 설명하는 기사나(서영희, 2008, 37~
42쪽), 이러한 정합방에 대해 찬성하는 사람들의 명단과 주장을 담은
기사를 주로 게재했다(김종준, 2010, 265~266쪽). 이런 기사들의 내용
중에는 일진회나『국민신보』를 비판하는 정치세력이나 신문에 대한 비
판도 적지 않은 부분을 차지했다. 결국 이런 지면 구성은『국민신보』
가 철저하게 일진회의 정치적 목적 달성을 위한 수단이었다는 것을 보
여준다.

　이렇듯 일진회가 '합방' 성명서 발표를 하고『국민신보』가 이를 지지
하는 보도를 하자, 지금까지 일진회나『국민신보』에 대해 직접적인 비
판을 하지 않던『대한신문』,『대한민보』,『황성신문』 등이 모두 일진회
와『국민신보』를 비판하기 시작했다. 그중에서도 일진회의 합방 청원
서 제출에 대해 가장 먼저 조직적인 반대운동을 시작한 것은 이완용

내각 세력이었다. 이완용 세력은 합방 과정에서 자신들이 주도권을 잡고 양반으로서의 기득권을 보장받으려고 했기 때문이었다(전봉관, 2010, 26~30쪽). 이완용 세력이 주도해 열린 '국민대연설회'에서는 『국민신보』를 구독하지 않기로 결의까지 했다(『황성신문』, 1909.12.9, 2면). 『대한신문』은 "일진회의 합방 청원과 그것을 비판하는 국민연설회의 연설문"을 보도했다(이상경, 2014, 341~342쪽). 『대한신문』은 일진회가 합방성명서를 발표하며 회원이 백만 명이라고 했지만, 실제로는 그 회원이 140명에 불과하다고 보도하기도 했다(『국민신보』, 1910.2.19, 3면). 또한 이완용은 일진회가 또 다른 기관지로 인수하려고 접근했던 『시사신문』을 매수해 오히려 자신이 주도해 조직한 정우회의 기관지로 삼았다(정진석, 1990, 213쪽). 이완용 세력과 『대한신문』은 '합방' 성명서 발표의 영향을 축소하는 데 주력하는 활동을 했던 것이다.

『대한신문』이 일진회나 『국민신보』를 비판하자, 『국민신보』는 다시 이완용 세력과 『대한신문』을 비판했다. 『국민신보』는 이완용이 일진회 회원이나 유력 인물들을 매수했다고 비판하는 보도를 했고(김종준, 2010, 268쪽), 또한 『대한신문』이 시천교인이 일진회를 공격했다는 무리한 보도를 했다고 하며 "일반의 공안을 미혹케 하니 차(此)는 신문계의 일대 사마(邪魔)로 인정"해야 한다고 비판했다(『국민신보』, 1909.12.8, 3면). 또 『국민신보』는 자신들이 '정합방'의 개념을 아무리 설명해도 이해하지 못하는 사람이 있다고 하며, 『대한신문』에 '공분자'라는 필자가 쓴 글은 자신들이 주장하는 '정합방'과 '합병'도 구분하지 못한다고 하며 '우이송경(牛耳誦經)'이라고 비판했다(『국민신보』, 1909.12.12, 3면). 또한 『국민신보』는 일진회원이 불과 140명이라고 보도했던 "대한신문의 불공정성을 변박"하는 북간도 거주 일진회원 7,502인의 성명서를 게재했다(『국민신보』, 1910.1.8, 3면). 『국민신보』는 일진회를 비판하는

『대한신문』기사를 '풍견배(瘋犬輩: 미친 개의 무리-인용자)의 광폐(狂吠)'라고 비판하기도 했다(『국민신보』, 1910.2.1, 2면).『국민신보』는『대한신문』의 논조가 수준이 낮고, 단지 이완용 내각의 입장을 강변할 뿐이라는 점을 주로 지적했다.

'합방' 성명서 발표 이전까지 일진회나『국민신보』를 별로 비판하지 않던『황성신문』도 이제 본격적 비판에 나섰다. 비록『황성신문』이 실력양성론에 기초한 논조를 보였지만, 적어도 종속적 합병만은 안 된다는 인식을 지니고 있었기 때문이다(박찬승, 1992, 72~74쪽).『황성신문』은 논설을 통해 아예 "일진회를 대한국민으로 인정하지 않겠다"고 선언하고(『황성신문』, 1909.12.7, 1면), 일진회는 국민의 의를 포기하고 흉역(凶逆)의 죄를 저질렀기 때문에 죽어야 한다고까지 주장했다(『황성신문』, 1909.12.17, 1면).『황성신문』은 논설에서『국민신보』를 흉적(凶賊)의 '후설(喉舌)'이자 '응견(鷹犬)'이라고 했고(『황성신문』, 1909.12.12, 1면), 또 '역적보(逆賊報)'라고도 했다(『황성신문』, 1909.12.15, 3면).『황성신문』은『국민신보』가 자신들이 이완용에게 매월 삼백 원을 받는다고 보도하자,『국민신보』를 '흉적 일진회의 광견'이라고 하며, 이런 광견은 때려잡아야 한다고까지 보도했다(『황성신문』, 1909.12.23, 2면). 또한『황성신문』은『국민신보』 사장 최영년의 아들 최영식이 일본식 이름으로 바꾸어 보성소학교에서 출학당한 것을 자세히 보도하며,『국민신보』를 사회에서 인정치 아니하는 신문이라고 언급하기도 했다(『황성신문』, 1910.2.13, 3면; 1910.2.16, 3면).『황성신문』의 비판은『국민신보』가 국가에 대해 '역적'의 역할을 한다는 데 집중되어 있었다.

『국민신보』도 이런 비판에 맞서『황성신문』이 자신들에 관해 근거 없는 이야기를 싣고 있고, 어리석은 의견으로 독자를 농단하는 거짓말 신문이라고 비판했다(『국민신보』, 1909.12.14, 3면).『국민신보』는『황

성신문』이 이완용에게 매월 300원을 받아 '정권의 주구'가 되었다고 주
장하기도 했다(『국민신보』, 1909.12.22, 2면). 『국민신보』는 『황성신문』
을 황당하고 망령된 소리를 하는 '황성(謊聲)신문[22]'이라고 부르기 시
작했고(『국민신보』, 1910.1.12, 3면), 다시 신문이란 정직하고 확실해야
하는데 『황성신문』은 정직과 확실함이 없기 때문에 '황성(謊聲)신문이
라고 불러야 한다'고 주장했다(『국민신보』, 1910.2.15, 3면). 『국민신보』
는 최영년의 아들 최영식의 출교에 관한 『황성신문』 보도에 민감하게
반응해, 이를 '패악한 악행'이라고 비판했다(『국민신보』, 1910.2.15, 3면;
1910.2.16, 2면). 또한 『국민신보』는 『황성신문』이 "합방을 합병이라고
게재"해 합방의 진의를 왜곡하고 있다고 비판했다(『국민신보』, 1910.3.4,
3면). 『국민신보』는 『황성신문』이 자신을 무조건 비판한다고 하며, 계
속 황당한 소리를 하는 신문이라고 비난했다.

대한협회는 배일적 성향을 지녔으면서도 이완용 내각에 대한 반대
와 권력 지향적 성향 때문에 일진회와 연합했었지만, 일진회의 합방성
명서 발표로 인해 적대적 관계로 돌아섰다. 대한협회 기관지 『대한민
보』는 합방성명서 발표 다음 날 바로 '대한 일진 분립'이라는 기사를
통해 자신들이 일진회의 합방성명서 발표와는 무관하다는 입장을 밝
혔고(『대한민보』, 1909.12.5, 2면), 사론을 통해 일진회의 합방성명서 발
표는 소수의 '극악극란(極惡極亂)'한 일진회가 국민의 동의도 없이 저
지른 '망동'이라고 비판했다(『대한민보』, 1909.12.7, 1면). 이후 『대한민
보』는 일진회뿐만 아니라 『국민신보』에 대해서도 비판을 해 『국민신
보』를 '마설(魔說)'을 하는 '마보(魔報)'로 규정하고(『대한민보』, 1909.12.

---

22) 『황성(皇城)신문』을 『황성(謊聲)신문』이라고 불렀는데, '謊'은 짬꼬대할 '황'자로 '謊聲'
   이란 결국 짬꼬대 같은 소리라는 뜻으로서 『황성신문』이 정확하지 않은 보도를 한다
   는 것을 비난하기 위해 사용한 것이었다.

14, 1면; 1910.2.4, 2면) "자국을 타방에 합병해야 국리민복이 된다는 말"
을 하는 신문이 세상에 어디 있느냐고 비판했다(『대한민보』, 1909.12.19,
3면). 『대한민보』는『국민신보』가 사실상 합병을 주장하고 있다는 데
중점을 두고 비판을 하고 있다.

　〈그림 1〉은『국민신보』를 '마보'(魔報)라고 부르며, "흉론패설(凶論悖
說)을 제창"한다고 펜으로 때리고 있는 내용이다. 〈그림 2〉에서는『황
성신문』을 "황성에서 선진되는 정필"이라고 하고, 『국민신보』는 "국민
이라 자칭하는 악마"라고 표현하고 있다. 〈그림 3〉은 일진회 고문인 우
치다 료헤이가 운영하는 '일한통신'을(『통감부문서』 6권, 87쪽) 그대로
받아 적는『국민신보』를 풍자하고 있다.

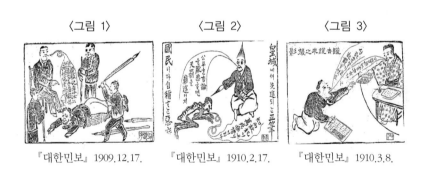

〈그림 1〉	〈그림 2〉	〈그림 3〉
『대한민보』 1909.12.17.	『대한민보』 1910.2.17.	『대한민보』 1910.3.8.

　『국민신보』는 〈그림 1〉이 실린 것을 보고 "마보는 어떤 신문을 지칭"
하는 것이냐고 반문하며『대한민보』에 대해 불쾌한 감정을 드러내고
는(『국민신보』, 1909.12.18, 3면), 『대한민보』를 거짓말하는 '대한민보(懟
悍愍報)'23)라고 비난했다(『국민신보』, 1909.12.21, 3면). 『국민신보』는

---

23) 『대한민보(大韓民報)』를『대한민보(懟悍愍報)』라고 부르고 있는데, '懟'는 원망할 '대',
'悍'은 사나울 '한', '愍'은 근심할 '민'이다. 이후『국민신보』는『대한민보』를 줄여서 '愍
報'라고 부르곤 했다. '愍'자를 선택한 이유는 단순히 '민'자 중에서 좋지 않은 뜻의 글

『대한민보』가 '합방'을 '합병'이라고 오해하며 편협한 의견을 드러냈다
고 비판했다(『국민신보』, 1910.1.21, 3면). 『국민신보』는 〈그림 2〉를 보
고는 『대한민보』와 『황성신문』의 관계를 '동악상애(同惡相愛)'라고 비
판했다(『국민신보』, 1910.2.18, 3면). 『국민신보』는 "민보자(愍報子)야
폭조(暴操)한 자멸심(自滅心) 치성(熾盛)한 배일심 광망(狂妄)한 함인
심(陷人心)으로 너무 애쓰지 말지어다. 도로혀 측은심이 발생하는구나"
라고 하며, 『대한민보』에 대해 비아냥거렸다(『국민신보』, 1910.3.24, 3면).
일진회와 마찬가지로 권력지향성을 드러냈던 대한협회의 기관지로서
배일적 논조를 보였다가는 『대한민보』가 자칫하면 자멸하고 말 것이
라는 점을 비판한 것이었다.

　〈그림 4〉는 『대한민보』와 『황성신문』이 함께 무리한 행보를 하고
있다는 것을 풍자한 것이다. 〈그림 5〉는 『황성신문』이 이완용으로부터
매월 300원을 받으며 배일 선동을 하고 있다는 내용을 담고 있다. 〈그

〈그림 4〉	〈그림 5〉	〈그림 6〉
『국민신보』 1909.12.25.	『국민신보』 1910.1.12.	『국민신보』 1910.1.28

자를 찾은 것이거나, 또는 근심이 많은 신문이라는 부정적 뜻을 함축할 것일 수도 있
다. 또 『국민신보』는 때로는 민망할 '민'자인 '憫'을 써서 『대한민보』를 '憫報'라고 부르
기도 했다.

림 6)은 대한협회의 기관지『대한민보』가 합방 반대를 하며 배일적 활
동을 하고 있다는 뜻이다.

『국민신보』가 만화에서『황성신문』과『대한민보』를 다루었던 것처
럼, 실제로도 두 신문에 대해 가장 많은 비판을 했다. 원래부터 강력한
비판을 해왔던『대한매일신보』보다 오히려 갑자기 자신들에게 비판을
가하기 시작한 신문들에 대해 더 강력하게 대응한 것이었다(김종준,
2010, 268~269쪽). 그러나『대한매일신보』에 대한 비판이 전혀 없었던
것은 아니어서, 유생이 보낸 글을 통해 "매일신보는 이민족의 기관이오
비도의 창괴(倡魁)로서 동양의 평화를 저해하고 황인의 멸절(滅絶)을
암축(暗祝)하고 있음은 세인이 모두 알고 있다"고 비판하며 동시에 "황
성과 대한민보는 없어져야 할 악종으로 금력에 매수되어 정부 간세배
에게 아부하고 또한 신문을 널리 팔기 위해 맹목적인 애국자에게 부화
뇌동 하고 있다. 따라서 두 신문은 사마(邪魔)"라고 비판했다(『국민신
보』, 1910.1.26, 3면).『대한매일신보』는 동양의 평화를 저해하는 것으
로,『황성신문』과『대한민보』는 이완용 내각에 아부하는 것으로 규정
해,『국민신보』는 자신들의 활동을 정당화하려고 했다. 이렇듯『국민
신보』는 '민족지'와 대립했고,[24] 또 같은 친일지인『대한신문』과도 다
투며 일진회가 주장하는 '합방'을 실현하기 위한 역할을 했다.

『대한매일신보』는 '일본관광단' 보도 문제로『시사신문』도 비판했다.
『대한매일신보』는 "일본통감 증미황조씨의 써서 준 충실복업 네 글자
를 제1호 제1면에 크게 박혀 기재하고 스스로 이름하기를 실업기관보
라 하는 시사신문"이 '일본관광단'을 실업 개발에 도움이 된다고 주장

---

[24] 대한제국 시기의 이른바 '민족지'라고 할 때『제국신문』도 포함시키지만, 일진회의 합
방성명서 발표 이후에『제국신문』은 전혀 일진회나『국민신보』를 비판하는 기사를
게재하지 않았다. 이것은 정운복을 포함한 친일 성향의 인물들이 운영권을 장악한 것
과 관련이 깊었다(최기영, 1991, 59~60쪽).

한 것에 대해 일본관광은 돈을 낭비하게 만드는 것에 불과하다고 반박했다(『대한매일신보』, 1910.3.30, 1면). 이런 비판에 대한 『시사신문』의 반박이 나오자 『대한매일신보』는 이를 '발악'이라고 하며, "이완용은 5조약 7협약을 체결하고도 충신이라고 자처하며 송병준은 선언서를 발표하고도 독립 기초를 공고하게 함이라 자칭하더니 이제 일본관광단을 찬성하면서 실업을 개발하라는 취지라 하는 신문기자가 또 낳도다. 슬프다"라고 하며 『시사신문』을 발행하는 민원식이 이완용이나 송병준과 같은 차원의 친일파라고 비판했던 것이다(『대한매일신보』, 1910.4.1, 1면).

5. 친일 신문과 일제의 강점

대한제국 시기부터 이미 친일 신문이 등장해 일제의 강제 병합을 지지하고 선동하는 역할을 했다. 일진회 기관지 『국민신보』, 이완용 내각 기관지 『대한신문』, 민원식 발행의 『시사신문』 등이 대표적인 친일 신문이었고, 『제국신문』도 1907년 6월 이후 친일 논조를 보였다. 친일 신문들은 대부분이 실물 지면이 남아 있지 않다. 그나마 『국민신보』만이 4개월 분량의 신문이 남아 있어서 친일 신문의 논조를 구체적으로 파악할 수 있다.

『국민신보』는 일제의 보호통치가 시작되어 일진회의 역할이 위축되던 상황에서, 일진회가 자신들의 존재가치를 알리고 조직을 강화하고자 창간했다. 『국민신보』는 대중들로부터 환영받지 못해 구독료 수입에 의지해서는 제대로 운영될 수 없었고, 일진회가 통감부와 군부로부터 지원받던 돈의 일부로 운영될 수밖에 없었다. 참여 인물들도 이인직, 선우일 같은 예외적인 경우를 제외하고는 거의 모두 일진회원이었다. 실물이 남아 있는 신문만 놓고 보면 『국민신보』는 당시 다른 신문에 비해 상대적으로 계몽적 역할은 별로 하지 않고, 정치적 투쟁의 수단 같은 역할을 주로 했다. 물론 여기에는 신문 실물이 남아 있는 시기의 특성이 어느 정도 반영되어 있을 것이다.

　『국민신보』는 1909년 '합방성명서' 발표 이전까지는 주로 『대한매일신보』와만 대립적 관계를 보였다. 다른 신문들이 모두 보호통치의 현실을 인정하고 실력양성론을 주장하면서 직접 일진회나 『국민신보』를 비판하지는 않았기 때문이다. 『대한매일신보』도 1907년 7월의 고종 퇴위 전까지는 일진회는 비난하면서도 그 기관지인 『국민신보』까지 비판하지는 않았다. 그러나 1907년 7월 이후 『국민신보』와 『대한매일신보』는 '의병'이나 '일본에 대한 협력' 문제를 둘러싸고 치열한 다툼을 벌였다. 서로를 비난하는 가운데 상대편을 악마로 규정해 '마보(魔報)'로까지 불렀다.

　1909년 12월 4일에 일진회가 합방성명서를 발표하면서, 이제 『국민신보』는 '민족지'는 물론 같은 친일지인 『대한신문』과도 대립했다. 『국민신보』는 이완용 내각 기관지 『대한신문』과는 합방 과정에서의 주도권 문제를 두고 대립하는 경향을 보였고, 『황성신문』과는 합방에 관한 보도의 진실성을 둘러싸고 다투는 양상을 보였으며, 『대한민보』와는 정치적 이해관계를 염두에 두며 대립하는 모습을 보였다. 또한 『국민신보』는, 『대한매일신보』는 동양평화를 저해하고 있고, 『황성신문』과 『대한민보』는 이완용 내각에 매수된 것처럼 보도하기도 했다. 『국민신보』는 이렇듯 다양한 신문들과의 대립 속에서, 의병을 비판하고 합방을 주장하며 일진회의 의도를 관철시키고자 하는 역할을 했다.

　『국민신보』와 민족지들 사이의 논전은 민족이 처한 현실에 대한 인식과 이런 현실의 극복 방안을 둘러싼 대립양상을 잘 드러내 주었다.

비록 '민족지'를 발행했던 애국계몽운동 세력이 사회진화론에 입각한 '실력양성론'을 주장하고 있었더라도 궁극적으로는 '독립'을 지향하고 있었던 반면에 『국민신보』를 발행한 일진회는 아예 일본과의 '합방'을 주장하며 오로지 자신들의 권력 확보에만 혈안이 되어 있었다는 것을 보여준다. 『국민신보』는 일진회의 '합방' 주장을 자세히 알리고, 이를 지지하는 세력이 다수인 양 일관되게 보도했는데, '민족지'의 비판으로 그 영향력이 컸다고 보기는 어려웠다. 그럼에도 이런 『국민신보』나 『대한신문』 같은 친일 신문들의 적극적 활동은 마치 조선인 스스로도 '합방'을 원했던 것처럼 보이게 만든 중요한 요인이 되었다. 한편 『국민신보』나 『대한신문』에 맞선 '민족지'의 비판적 논조는 친일 세력에 대한 조선인의 인식을 새롭게 하는 계기가 되기도 했다.

　『국민신보』, 『대한신문』, 『시사신문』 등의 친일 신문과 1907년 6월 이후 친일 색채를 보이던 『제국신문』에서 근무했던 친일 언론인들은 1910년 강점 이후 총독부 기관지 『매일신보』나 일본인 발행 『조선신문』 조선어판에서 활동했다. 이들 중 일부는 1920년에 창간된 조선어 신문인 『시사신문』과 『조선일보』에서 활동하기도 했다. 일제의 강제 병합에 앞장섰던 친일 언론인들이 일제 강점 초기 조선의 언론을 주도했던 셈이다. 따라서 대한제국 시기 친일 신문과 친일 언론인을 살펴보는 것은, 한국 언론의 친일 문제를 분석하는 출발점이라고 할 수 있다.

2장

강점 이후 친일 신문의 등장
- 국민협회 기관지 『시사신문』

1. 3·1운동 후 친일 세력의 조직화와 언론

1910년 8월에 일제가 조선을 강점하면서 모든 조선어 신문을 없애고 『대한매일신보』를 매수해 '대한'을 떼고 『매일신보』로 만들어 총독부 기관지로 삼았다. 1910년대에 『매일신보』 외의 조선어 신문으로는 경남 진주에서 발행되던 지방지 『경남일보』(1909.10.15~1915.1)와 일본인 발행 『조선신문』의 조선어판 부록(1910.10.3~1916.4.30)이 있었을 뿐이다. 1919년의 3·1운동으로 거족적 저항에 부딪힌 일제는 조선인의 민심을 누그러뜨리고 여론을 파악할 필요가 있다고 판단하고 신문 창간을 허용했다. 총독부는 1920년에 대정친목회의 『조선일보』, 이상협과 김성수 등의 『동아일보』, 국민협회의 『시사신문』을 허가했다.

1920년대 최대 친일 단체인 '국민협회' 기관지로 창간된 『시사신문』은 여전히 관심의 사각지대에 놓여 있다. 『시사신문』은 친일 언론의 역사를 이해하기 위해 반드시 살펴보아야 하지만 발행 기간이 짧았고 신문 실물을 볼 수 없어서 연구가 전혀 이루어지지 않았다. 2000년대 중반 친일 청산을 위한 자료 수집 과정에서 비록 적은 분량이지만 신문 실물에 대한 접근이 가능해졌기 때문에 『시사신문』에 관해 구체적으로 살펴볼 수 있게 되었다.[1]

2장에서는 바로 일제강점기 대표적 친일 단체인 국민협회의 기관지로 창간되어 1년 남짓 발행되다가 사라진 『시사신문』의 특성과 여기에서 활동했던 언론인에 대해 밝히려고 한다. 『시사신문』에 관한 연구는 친일 여론 형성 과정에서의 일제의 언론정책과 친일 언론의 역할을 이해하기 위해 반드시 필요한 작업이다. 남아 있는 신문 실물이 많지 않은 점을 고려하면서, 『시사신문』의 창간 배경과 과정, 신문사의 재정과 참여 인물, 논조의 특성을 종합적으로 살펴보고자 한다.

2장은 친일파를 일제의 '일방적인 정책의 산물'로 보지 않고, '친일 세력의 운동의 논리 및 운동의 구체적인 전개, 그리고 다른 운동 세력과의 상호관계'를 고려하며 파악할 것이다(김동명, 2006). 2장에서는 '일제의 친일세력 육성 정책'과 '친일세력의 협력적 정치활동' 사이의 관계를 고려하며, 국민협회 기관지 『시사신문』의 특성과 역할을 살펴보고자 한다. 총독부가 『시사신문』의 창간과 운영에 대해 어떤 지원을 했으며, 국민협회는 어떤 목적으로 창간하여 어떻게 운영해 나갔는지를 살펴보려고 한다. 남아 있는 신문 실물이 많지 않아 논조를 파악하는 데 분명히 한계가 있기는 하겠지만, 독립운동과 참정권 운동에 관

---

1) 현재 『시사신문』은 10일 치 신문만 남아 있다. 남아 있는 신문의 발행일자는, 1920년 10월의 8일, 14일(2일), 11월의 7일, 9일, 12일, 13일, 16일, 20일(6일), 12월의 5일, 9일(2일) 등이다. 1920년대의 『시사신문』의 원본은 일본의 사이토 마코토(齊藤實) 기념관에 약 10일 치가 소장되어 있고 마이크로필름으로 제작되었는데, 국사편찬위원회가 이 마이크로필름을 복제해 소장 중이다(박용규 · 김영희 · 장신 · 우형진, 2008, 30쪽).

한 보도를 분석하여『시사신문』이 실제 어떤 역할을 했는가를 밝혀볼
것이다.

『시사신문』이 총독부 기관지인『매일신보』나 다른 조선인 발행신문
인『동아일보』,『조선일보』와 논조에서 어떤 차이가 있었는지도 간단
히 언급할 것이다.[2]『시사신문』이 민족주의 신문을 표방했던『동아일
보』나 경쟁을 위해 저항적 색채를 띠기도 한『조선일보』와 같을 수 없
었고, 그렇다고 총독부 기관지로서 식민지 지배정책을 무조건 옹호하
던『매일신보』와도 차이가 있었을 것이라는 점을 고려할 것이다. 조선
인 발행신문으로서 3·1운동 직후의 사회적 분위기를 완전히 무시할
수도 없었을 것이기 때문이다.

현존하는『시사신문』의 양이 많지 않기 때문에 국민협회나『시사신
문』에 관한 다양한 자료를 최대한 찾아서 활용하고자 했다. 일제강점
기에 나온 국민협회의 자료와 총독부의 문서는 물론 당시 신문이나 잡
지의 기사가 매우 유용했다. 특히, 국민협회 본부가 1921년에 발행한
『國民協會史』와 국민협회선전부가 1931년 간행한『國民協會運動史』는
국민협회의 활동을 파악하는 데 큰 도움이 되었다.[3]

---

[2] 『시사신문』의 실물이 남아있는 시기(1920.10.8~1920.12.9)가『동아일보』의 1차 정간
(1920.9.25~1921.1.10) 시기와 완전히 겹치고,『조선일보』의 2차 정간(1920.9.5~1920.
11.5) 시기와는 부분적으로 겹친다. 그러나『조선일보』는 정간 해제 이후에도 경영난
으로 계속 속간되지 못하다가 12월 1일에 가서야 속간호를 내놓았다. 따라서 특정 사
건에 대한 같은 시기 세 신문의 보도 경향을 직접 비교하는 것은 불가능했다.

[3] 이 두 책은 모두 일본어로 쓰여 있다. 동화주의의 실현을 위해 활동하는 단체로서 국
민협회는 아예 일본어로 단체의 역사에 관한 책을 발행한 것으로 보인다. 국민협회
회원들의 일본어 독해 능력에 대한 자신감보다는 일제 당국자들이 읽어주기를 바라
는 기대감이 더 크게 작용했을 것이다.

2. 국민협회의 결성과 『시사신문』의 창간

1) 국민협회의 결성과 활동

1919년의 3·1운동으로 인해 일제는 지배정책을 '무단통치'에서 '문화정치'로 바꾸었다. 문화정치의 실시는 일제가 식민지 지배정책을 근본적으로 바꾼 것이라기보다는 단지 좀 더 효율적인 지배방식을 선택한 것에 불과했다. 무엇보다도 문화정치는 내지연장주의를 토대로 하여 "3·1운동으로 표출된 독립, 혹은 정치적 분리 요구를 제도적으로 흡수하기보다는 일제의 지배 논리를 더 강하게 침투시키는 방식을 선택한 것"이었고, 이런 전략의 핵심적 수단으로 '친일 단체의 육성'이 추진되었다(이태훈, 2010, 95~109쪽). 이러한 현실은 친일 세력에게도 새로운 대응방식을 요구했다. 문화정치로 인해 다양한 조선인단체들이 등장하면서 이들 사이에 치열한 각축전이 벌어지기 시작했다.

　1910년대에 비해 상대적으로 개방된 정치공간에서 누가 조선사회에 대한 영향력을 확보하는가의 문제는 각각의 세력들이 향후 얼마만 한 힘을 발휘할 수 있느냐의 문제였기에, 그 각축의 양상은 더욱 치열했다. 일제와 대립점에 서 있든 혹은 일제 측에 서 있든, 국가권력에 대한 접근이 차단된 조선인 정치세력에게는 조선사회에 대한 영향력이야말로 실질적인 힘의 근거였기 때문이었다. 친일 세력에게도 이 문제는 마찬가지였다. 식민지지배 아래였지만 '친일'의 입장이 곧바로 이들의 정치적 입지와 영향력을 확보해주는 것은 아니기 때문이었다. 비록 3·1 운동으로 인해 일제의 지배에 협력할 조선인 협력자의 필요성이 지배 권력에 확인되었지만 여기에는 중요한 단서가 붙었다. 그들이 조선 사회에서 영향력을 확보할 능력이 있어야 한다는 점이었다. 지배의 파트너가 되기 위해서는 그럴 만한 능력이 있음을 입증해야 했다. … 바야흐로 1920년대 초반은 친일파에게 지배의 파트너로 성장할 수 있는 기회와 아무런 힘도 없는 정치협잡배로 전락할 위기가 교차하는 순간이었다(이태훈, 2007, 240~241쪽).

3·1운동 직후 조선인의 정치활동은 크게 보면 "독립운동론, 자치론, 참정권론"으로 구분할 수 있다. 일제로부터의 분리를 원하는 독립운동을 빼고 나면, 일제시기 대표적인 '정치 참여'로는 '자치운동'과 '참정권 청원운동'을 꼽을 수 있다. 자치론은 조선에 독자적인 식민지 의회를 설치하여 내정 문제는 조선인에게 맡길 것을 주장하는 것이고, 참정권 청원운동은 조선인도 일본의회에 참여할 수 있는 선거권과 피선거권을 달라고 하는 것이었다. 이런 운동들은 처음부터 독립운동세력으로부터 '타협적'이고 '친일적'인 것으로 평가되어 비난받았다(변은진, 2007, 37~38쪽). 자치론이 '식민주의'를 표방한 것이라면, 참정권론은 '동화주의'의 입장이었다. 자치론이 조선이 독립국가가 아님을 인정하면서도 일본과 다르다는 점을 분명히 한 것이라면, 참정권론은 식민지와 본국 간 동화를 통해 식민지의 완전한 소멸을 표방한 것이었다(이나미, 2007, 196~197쪽).

친일 단체 중에서 유민회 같은 단체는 "공평한 지위를 부여하더라도 지력과 부력이 불평등한 조선인으로서는 영원한 열등 신세를 벗어날 수 없다"고 주장하며, 조선인이 조선의 정치를 담당하는 자치를 청원했다. 반면에 국민협회는 3·1운동을 "내지연장의 원칙이 지켜지지 않는 데서 비롯된 것"이라고 주장하며 일본 국민과 마찬가지의 참정권을 요구하는 참정권 운동을 펼쳤다(이태훈, 2001, 87~88쪽; 2003, 47~48쪽). 자치파가 상대적으로 친일 부르주아계급에 많이 분포되어 있었다면, 동화파는 상대적으로 직업적 친일분자에 가까웠다.[4] 3·1운동 직후 유

─────

[4] 강동진은 "직업적 친일 분자란 관리 중의 친일 분자와는 따로이 기밀비 등 급여나 특

민회와 국민협회 외에도 다양한 친일단체들이 등장했는데, 이들은 모두 총독부에게 자신들이 가장 유력한 협력자라는 것을 보이기 위해 치열한 경쟁을 벌였다.

동화파, 즉 내지연장주의를 주도했던 인물은 민원식이었다.[5] 경기도 고양군 군수였던 민원식은 3·1운동 발발 직후 많은 글을 신문과 잡지에 발표했다. 3월 11일부터 19일까지 『매일신보』에 '선각자의 분려(奮勵)를 망(望)함'이라는 글을 실었고, 4월 9일부터 18일까지는 '소요의 원인과 광구(匡救)의 예안(例案)'을 『경성일보』와 『매일신보』에 게재하기도 했다. 그 뒤에도 계속 여러 곳에 글을 게재하여 참정권론을 주장했다(松田利彦, 1995/2004, 132쪽). 이런 글들을 통해 그는 "한일병합을 정당하다고 인정해 조선인이 그것에 의해서 창출된 새로운 일본제국의 국민으로서의 자각을 가질 것을 주장하고, 3·1운동의 민족적 운동 또는 독립운동의 성격을 완전히 부정"했다(김동명, 2006, 122~124쪽). 조선인들이 '한일 병합'을 잘못 이해해 소요사태가 발생했다는 것이 그의 주장이었다.

민원식은 1919년 8월 1일에 '협성구락부'를 결성했는데, 이 단체는 총독부 기관지인 『경성일보』(1919.4.11)와 『매일신보』(1919.4.12)가 사설로 결성을 축하해주었을 정도로 총독부와 밀접한 관계 속에 출범했다.[6] 이 단체 결성 당시의 '창립보고서'나 '취지서'에는 참정권 등의 정치적

수이권 또는 사명을 받고 전업적으로 혹은 반직업적으로 당국의 앞잡이로 친일 활동을 한 반민족적 대일협력자를 가리킨다"고 주장했다(1980, 191쪽).

[5] 민원식은 1887년 경기도 양평군에서 태어났다. 1898년에 일본에 건너가 8년 동안 있으며 일본의 유력자들과 알게 되었고, 1906년에 귀국해 일본인들의 추천으로 대한제국의 관리가 되었다. 일진회의 회원으로 활동했고, 뒤에는 이완용 계열의 정우회 회원으로도 활동했다. 일제의 조선 강점 이후에는 지방 관료로 등용되어 여러 곳의 군수를 지냈다(『친일인명사전』 1, 835~837쪽).

[6] 강동진은 협성구락부가 총독부 경무국 사무관 마루야마 쓰루키치(丸山鶴吉)의 지원과 지도로 결성되었다고 주장했다(1980, 221쪽).

인 주장은 없었다. 일제가 조선에 소위 문화정치를 시행한다고 국내외
에 공식으로 선전한 시기는 3·1운동이 발발한 뒤 거의 6개월이 다 되
어가는 그해 8월 19일이었다(윤병석, 2004, 174~188쪽). 이런 변화로 인
해 일제가 조선인의 정치활동을 부분적으로 인정하는 분위기가 형성
되자 비정치단체를 표방하던 협성구락부는 즉각 정치적 문제를 제기
하며 정치활동에 나섰다. 민원식은 1919년 10월에 이른바 '신일본주의'
를 내세우며, "한일병합에 의해서 새롭게 창설된 대일본제국=신일본"
이 오히려 조선인의 권리를 제대로 보장할 수 있는 길이라고 주장했다
(김동명, 2006, 122~127쪽).

1920년 1월 18일 협성구락부를 개조해 국민협회가 결성되었다. 국민
협회는 창립 취지서에서 "일본과 조선 양국의 병립은 과거의 사실이다.
지금은 합체해 하나의 국가를 이루었다"고 하며, 이제 "우리는 자치 관
념을 함양하여 참정권의 행사와 지방제도의 개혁을 촉진"해야 한다고
주장했다(국민협회 본부, 1921, 21~22쪽). 민원식을 회장으로 출범한 국
민협회는 1920년대 초 최대 친일 단체였다. 상해임시정부가 발행하던
『독립신문』은 국민협회 출범 직후 '매국적(賣國賊)을 가살(可殺)'이라
는 제목하에 민원식을 처단해야 할 '흉적(凶賊)'이라고 비판했다(『독립
신문』, 1920.2.5, 1면).

국민협회 결성 이후 민원식 등 주요 인물들은 일본 국회에 '중의원
선거를 조선에 시행할 건'을 제출하는 등 참정권 청원 운동을 계속했다
(이태훈, 2010, 144~152쪽). 국민협회가 총독부의 신임을 받기는 했지
만, 그들이 벌인 참정권 요구가 바로 받아들여질 수 있는 것은 아니었
다. 일제로서는 '민도'를 이유로 참정권 허용을 제시하지 않았고, 조선
내부에서는 동화주의가 곧 조선인의 생존을 위협하는 것이라는 반발
이 있었기 때문이었다(김동명, 2006, 134~136쪽). 이런 상황에서 국민협

회는 일본 국회를 상대로 하는 참정권 청원 운동을 하는 한편 조선인들을 대상으로 하는 동화주의의 선전 활동도 강화하려고 했다.

2) 『시사신문』의 창간 과정

협성구락부 시절부터 민원식은 동화주의를 선전하기 위한 매체의 필요성을 절감하고 있었다. 이미 그가 대한제국 시기에 『시사신문』 등의 신문을 발행했던 경험이 있었다는 요인도 작용했다.[7] 또한 민원식은 다른 친일 단체들이 일본에 건너가 청원 운동만 하던 것과는 달리 대중연설 등을 통해 자신들에 유리한 조선 내 여론 조성을 할 필요가 있다고 판단했고, 같은 맥락에서 신문 발행의 필요성도 느끼고 있었다(이태훈, 2010, 117쪽). 민원식은 신임 총독 사이토가 부임도 하기 전에 다른 신청자들보다 먼저 "주의 선전, 사회 선도를 위해 기관신문"이 필요하다고 판단하고, 1919년 8월 26일에 신문 발행 허가를 출원했다(국민협회본부, 1921, 11쪽). 이렇듯 친일단체들이 서둘러 신문 발행을 출원하자 일제는 신문 허가 과정에서 여러 가지 정치적 고려를 하지 않을 수 없었다.

일제는 1920년 1월 6일 『시사신문』, 『조선일보』, 『동아일보』의 발행을 허가했다.[8] 일제는 문화정치의 상징인 양 내세우며 조선인의 신문 발행을 허용했지만, 그 발행주체를 보면 대단히 고심한 흔적이 역력했

---

7) 민원식은 1907년 9월에 내부(內部) 위생과장으로 있으며 『위생신문』을 창간한 일이 있었고, 1910년 1월에는 『시사신문』을 창간하여 사장으로 활동한 적도 있었다(정진석, 1990, 213쪽).

8) 1919년 12월 4일에 『시사신문』에 대해 가장 먼저 내부 인가를 했으나, 친일계 신문 허가에 대한 조선 민중의 반발을 피하기 위해 공표를 보류한 채, 다음 해인 1920년 1월 6일 『조선일보』, 『동아일보』와 함께 허가증을 교부했다는 주장도 있다(박인식, 2006, 46쪽).

다. 국민협회 기관지『시사신문』, 대정친목회의『조선일보』, 이상협 명
의와 김성수 자금 지원으로 창간된『동아일보』등 세 신문의 발행 허
가는 여러 가지 정치적 고려를 한 결과였다(박용규, 2018). 총독과 밀접
한 관계를 맺고 있었고,『동아일보』창간에 참여했던 진학문이 "당시
총독부는 신문 허가를 신청한 조선인들을 내지연장주의자, 자치주의
자, 민족주의자로 구분하여, 각각 하나씩의 신문을 허락했다"고 하며,
"시사신문은 내지연장주의, 조선일보는 자치주의, 동아일보는 민족주
의 세력에게 창간이 허락된 것이었다"고 주장했다(순성추모문집 발간
위원회 편, 1975, 76~77쪽). 1919년 10월에 작성된 경무국 보고서에서도
"조선인의 정치 활동을 독립파, 자치파, 동화파"로 구분했던 것을 보면
(마츠다 도시히코, 1995/2004, 136쪽), 진학문의 주장에 어느 정도 일리
가 있기는 했다. 다만 대정친목회가 귀족과 상공인이 참여했던 친일
단체로서 특정한 정치적 지향을 보이지는 않았기 때문에 자치파를 대
표한다고 볼 수는 없었다.

　총독부는 친일 세력에게 두 개의 신문을 허가하고, 나머지 하나는
친일적 성향을 보이지는 않았지만, 그렇다고 저항적이라고 볼 수도 없
던 세력에게 신문을 허가했다.[9] 다양한 세력이 신문 발행 허가를 신청
했는데, 그 가운데『시사신문』이 허가를 받았다는 것은 당시에 그만큼
국민협회의 역할에 대한 총독부의 기대가 컸다는 것을 의미했다. 국민
협회 기관지인『시사신문』에 대해 발행을 허가했던 것은 조선총독부
가 조선에 대해 내지연장주의를 지배정책으로 확립했다는 것을 의미
하는 것이기도 했다(이태훈, 2010, 142쪽).

[9] 한 비평가는『동아일보』에 대해 "그 역시 후작 박영효씨를 사장으로 하고 매일신보의
각 기자들이 편집에 앉았으니 표면으로야 온건, 착실한 편이었지"라고 평가했다(무명
거사, 1931, 77쪽).

일제가 조선인의 신문 발행을 허용한 데는 조선인의 불만을 누그러 뜨리는 동시에 조선인의 민심도 파악해보려는 의도가 작용했다. 즉 일 제강점기에 한 비평가도 "너무 조선 사람의 소리를 덮어 누르니까 이런 폭동이 생겼다고 해서 우선 민성(民聲)을 좀 들어보아야 한다는 의미 에서 신문을 몇 개 내어준 것"이라고 주장했다(무명거사, 1931, 77쪽). 민원식도 "종래에 민간신문 하나라도 있었으면 민족자결운동 같은 것 도 소요발발 전, 불령(不逞)사상의 유입을 알 수 있는 어떠한 소식을 지상에서 발견할 수 있었을지 모른다"고 주장하며 신문 발행을 요구했 다(김규환, 1978, 208쪽). 조선인의 신문 발행을 염려하는 의견이 일본 인 사이에 있었음에도 "총독부로서는 민간신문을 허가하더라도 치안에 대한 자신이 있어서" 허가했을 것이다(이연, 2013, 278쪽).

특히 친일 정치세력의 신문 발행에는 '친일 여론 조성'이라는 명확한 목적이 내재되어 있었다. 일제는 "친일 여론을 퍼뜨리기 위해 이용"하 려고 『시사신문』에 대해 재정 지원을 했고, '관헌을 이용해서 강매'를 하기도 했다(강동진, 1980, 195쪽, 221쪽). 총독부 기관지인 『매일신보』 가 있었음에도 친일 신문에 대해 지원까지 하며 이용하려고 했던 것은, 조선인 스스로도 일제의 식민지 지배를 정당한 것으로 여기고 있다는 것을 보여주고자 했기 때문이다. 국민협회 같은 친일 단체들은 조선 민중을 상대로 일제의 지배를 정당화하는 역할을 하기 위해서는 물론 식민지 지배자에게 자신들이 가장 유력한 협력 세력으로 보이기 위해 서도 신문을 발행하려고 했다. 일진회를 이끌었던 "이용구, 송병준이 한말의 대표적 친일파라면, 민원식은 20년대 최대의 직업적 친일분자" 였다(임종국, 1982, 84쪽). 대한제국 시기에 대표적인 친일파 이용구와 송병준에게 『국민신보』를 허용했듯이 1920년대 최고 친일파 민원식에 게 『시사신문』을 허가했던 것이다.

3.『시사신문』의 재정과 참여 인물

1)『시사신문』의 재정

『시사신문』은 비슷한 시기에 창간된『동아일보』나『조선일보』가 주식회사를 만들어 자본을 유치하려고 했던 것과는 달리 민원식 개인의 출자에 의해 운영되었다. 국민협회 측의 주장에 따르면 민원식이 개인적으로『시사신문』에 20여만 원의 사재를 출자했다고 한다(국민협회 선전부, 1931, 73쪽). 민원식의 재력이 어느 정도였는지는 알 수 없지만, 한 개인의 출자만으로 신문을 계속 운영해 나가기는 쉽지 않았을 것이다.[10]

『시사신문』구독료는 하루 3전, 한 달 60전으로서(『시사신문』1920. 10.8, 1면)『동아일보』나『조선일보』의 구독료와 같았다.『시사신문』의 지국망은 초기에 제대로 구축되어 있지 않았던 듯하다. 현재 남아 있는 신문에 나타나는 지국으로는 신의주지국, 인천지국, 평남총지국, 대구지국 등이 있을 뿐이다. 이 중에서도 인천지국과 평남총지국은 1920년 11월 초에야 비로소 개설되었다(『시사신문』1920.11.7, 2면). 물론 남아 있는 신문 실물이 많지 않아, 신문에 나타난 것만으로 지국망을 파악하기는 어렵지만, 다른 신문에 비해 상대적으로 지국망 구축이 늦어졌던 것만은 분명하다. 국민협회의 지부망을 이용하려는 의도가 있었겠지만,[11] 아직 지부 조직이 제대로 구축되어 있지 않았기 때문인지 신문

---

10) 1920년 6월 8일에 사이토 총독에게 제출한 탄원서에서 민원식은 스스로 '10만 원이 넘는 재산'을『시사신문』에 투자했다고 밝혔지만(『친일반민족행위관계사료집』Ⅵ, 39쪽), 1931년에 간행된 국민협회 자료는 민원식이 '20여만 원의 사재'를『시사신문』에 출자했다고 기록하고 있다(국민협회 선전부, 1931, 73쪽).

11)『시사신문』사옥 내에 국민협회 본부가 있었으니(국민협회본부, 1921), 당연히 신문사

의 지국망 구축도 늦어져 신문 보급에 어려움이 많았을 것이다.

그러나 3·1운동 직후 민족주의가 고조된 사회 분위기 속에 대중들이 친일 신문으로 알려진『시사신문』을 구독하지 않으려 했다는 점이 경영난의 근본 원인이었다. 당시 "시사신문은 신일본주의를 제창하고 조선인의 참정권을 요구함으로 일부 독자인 국민협회 회원을 제하고는 모두 구독을 거절하여 문미에 시사신문 불견(不見)이라 특서한 지편을 첨부하는 기현상을 정(呈)하며 현명한 당국자도 이를 탁상에 치(置)할뿐이오. 태(殆)히 불원하여 '불견신문'이라는 독특한 명칭을 여(與)했다"는 평가까지 나왔다(신철, 1923, 45쪽). 대중들로부터 역시 친일신문이라고 인식되던『조선일보』가 신문판매를 위해 불가피하게 일제에 대해 비판적 논조를 보였던 것을 보면, 당시에 친일적 논조로 대중들에게 다가가기는 불가능했다는 것을 알 수 있다.

국민협회는『시사신문』을 수만 부 발행하여 전국에 배포했다고 주장했다(국민협회본부, 1921, 40쪽). 그러나 총독부가 조사한 자료에서 발행부수가 1929년에도『동아일보』37,802부,『조선일보』23,486부에 불과했다는 점에서(정진석, 1990, 553쪽) 1920년에『시사신문』이 수만 부를 발행했다는 주장은 터무니없는 것이었다.『시사신문』의 주 독자층은 국민협회 회원들이었을 텐데, 1921년 1월의 회원 수가 1,694명이었던 점을 감안하면(松田利彦, 1995/2004, 137쪽)『시사신문』초기 독자 수는 아무리 많아도 몇천 정도에 머물렀을 것이다.[12] 창간 초기『시사

지국망으로 국민협회 지부를 활용하려고 했을 것이다.

[12] 1920년 6월에 총독부에 탄원서를 제출하면서 함께 제출한 사업경영정산서에는 "제반 설비를 정돈하여 일간 부수 2만 부를 발행할 예정"이라고 나와 있다(『친일반민족행위관계사료집』Ⅵ, 40쪽). 2만 부를 목표로 한다고 했던 것을 통해, 국민협회가 "수만 부를 발행"했다고 주장했던 것이 사실이 아니고, 단지 대외적으로 부수 부풀리기를 통해 자신들의 영향력을 과시하려고 했던 것이라는 점을 알 수 있다.

신문』보다 비교적 독자가 많았을 『동아일보』나 『조선일보』도 재정적으로 어려움을 겪었다는 점을 감안하면(정진석, 1990, 402~412쪽) 『시사신문』 초기 경영상태가 대단히 좋지 않았을 것이라는 점을 쉽게 짐작할 수 있다.

이런 상황 속에 『시사신문』은 총독부의 지원을 받으려 적극적인 시도를 했다. 강동진은 당시 총독이었던 사이토와 관련된 문서들을 토대로 "민원식 등은 당국의 협조로 세워진 시사신문을 관헌을 이용해서 강매하기도 하고, 총독부에서 매달 수천 엔의 지급을 받아" 활동했다고 주장했다(1980, 195쪽). 1920년 6월에 민원식이 총독에게 '운동자금'을 지원해달라고 하자 총독부 당국은 민원식의 "운동에 원조할 것을 약속" 했다고 한다(松田利彦, 1995/2004, 137쪽). 1920년 6월 8일에 민원식은 사이토 총독에게 탄원서를 제출했는데, 여기에는 다음과 같이 『시사신문』에 대한 지원을 요구하는 내용이 들어 있었다.

제가 그동안 국민협회와 시사신문을 위해 실로 10만 원이 넘는 재산을 투자했습니다. 지금은 모든 재원이 고갈되어 협회의 활동과 신문의 경영도 아주 큰 어려움에 빠졌습니다. 특히 신문은 정말로 비참하여 빈사상태에 있습니다. 필경 저의 부덕불명(不德不明)의 소치라는 것을 깊이 반성하고 있습니다. 하지만 작년 소요사건이 발발하자 반도의 장래에 심히 우려를 금하지 않을 수 없었습니다. 전 조선 2천만 민중 가운데 그 누구 한 사람도 일어나 국사에 분주하는 자가 없어 형세는 점점 험악해졌습니다. 저는 일편단심으로 아무런 거리낌 없이 앞뒤를 생각하지 않고 온몸을 바쳐 오늘날에 이르렀습니다. 저의 애정(哀情)과 성의를 부디 잘 살펴주시리라 믿습니다. 오직 이런 경우엔 협회와 신문 양자 모두 어느 정도의 기초를 확고히 하여 먼저 1개년을 유지하고, 이후 적어도 신문은 자립, 자영의 계획을 세우고자 합니다. 이를 위해서는 우선 약 35~36만 원의 자금이 필요합니다. 저희들은 도저히 미력하여 이를 마련할 수 없습니다. 아무튼 별지

의 사업경영 정산서를 참조하시어 특별하고 현명한 고려를 바라마지 않습
니다. 여기에 진심을 피력하여 엎드려 탄원합니다(『친일반민족행위관계사
료집』 VI, 39쪽).

이 탄원서와 함께 제출한 사업경영정산서에는 창간 당시 '제반 설비
비'로 100,000원이 쓰였고, 이후에는 '제반 경비 및 원료 대금 등 월액
금'이 15,000원인데 반해 '신문대금 및 광고료 월액금'은 5,000원에 불과
해, 한 달에 10,000원씩 1년에 총 120,000원이 부족액으로 예상된다고
밝혔다(『친일반민족행위관계사료집』 VI, 41쪽). 민원식은 이렇게 요구
해 총독부로부터 받은 돈으로 『시사신문』을 운영했던 것으로 보이는
데, 지원된 자금을 개인적으로 챙겨 "사복을 채웠다"거나 그 활동이 "자
그마한 실효도 없다"는 평가를 듣기도 했다(강동진, 1980, 195쪽; 마츠
다 도시히코, 1995/2004, 154쪽).

3·1운동의 열기가 남아 있던 1920년에 일제는 친일 여론 조성을 위
한 언론의 역할을 중시하며 적극적으로 지원하려 했고, 민원식은 이를
최대한 활용하려고 했다. 친일단체인 대정친목회에 의해 발행되고 있
던 『조선일보』가 비판적 논조를 보이고 있던 현실에서 총독부가 『시사
신문』만큼은 친일 여론 조성을 위한 역할을 제대로 하기를 바라며 적
극적으로 지원했을 가능성이 크다.[13]

총독부의 지원 덕택으로 『시사신문』은 창간 이후 중단 없이 꾸준히
발행되었다. 현존하는 신문의 마지막 호인 1920년 12월 9일자가 208호
인 것을 보면, 1920년 4월 1일에 창간된 이후 주 6일 발행을 꾸준히 해

---

[13] 윤치호는 1920년 10월 2일 일기에서 "조선일보가 당국의 기관으로 소생할 거"라는 얘
기를 들었다고 적고 있다(김상태, 2001, 195쪽). 『조선일보』가 비판적 논조로 2차 정간
을 받아 발행되지 못하고 있던 시점이었다. 이런 얘기가 나왔던 것은, 총독부가 친일
여론 조성을 위한 언론의 역할에 민감했다는 것을 보여준다. 『조선일보』는 1921년 4월
"이완용에 버금가는 친일파 송병준"에 의해 인수되었다.

왔다는 것을 알 수 있다. 『시사신문』은 1920년 말까지 대략 227호 정도
를 발행했을 텐데,『동아일보』와『조선일보』가 일제의 언론 탄압과 재
정 부족으로 인해 1920년 한 해 동안 각각 176회와 144회를 발행했던
것에 비하면 훨씬 더 많이 발행되었던 것이다.

2)『시사신문』의 참여 인물

『시사신문』 경영진이나 편집진 중에 알려진 사람은 많지 않다. 우선
1920년 4월 창간 당시에는 사장 민원식, 부사장 김명준, 주간 이동우,
편집국 주임 김환으로 구성되어 있었다. 김명준과 이동우는 언론계 경
험이 전혀 없는 인물로 단지 국민협회 간부라는 이유만으로 직책을 맡
았던 것이다. 김명준은 국민협회 창립 당시 총무였고, 1921년 1월에 부
회장이 되었다(『친일인명사전』 1, 346~348쪽). 이동우는 국민협회 창립
당시 평의원이었고, 1920년 12월 황해도 은율 군수가 되면서『시사신
문』을 떠났다(『친일인명사전』 2, 820~821쪽). 이 같은 인적 구성은『시
사신문』이 국민협회의 기관지라는 사실을 단적으로 보여준다.
『시사신문』에는 대한제국 시기에 신문을 창간했던 경험이 있던 민
원식 외에 언론계 경력이 있던 인물로는 김환이 있을 뿐이었다. 김환
은 1909년 일진회 기관지『국민신보』기자로 활동을 시작하여, 일제의
강점 이후에는 총독부 기관지『매일신보』에 입사하여 1917년에는 '경
파주임'이 되었고, 1919년에는 선우일이 창간한『만주일보』경성 주재
특파원이 되었던 인물이다(정진석, 1990, 432쪽). 그는 철두철미 친일 언
론인으로서의 길을 걸어왔던 셈이다. 특히 그는 대한제국 시기에 민원
식과 마찬가지로 일진회원이면서도 송병준이나 이용구 같은 주류 세
력에 맞서 이완용 계열의 정우회와 가까운 관계를 보여주었고, 그 결

과 민원식과 김환은 함께 일진회로부터 '출회'(黜會)를 당하기도 했다
(조항래, 1984, 186~187쪽, 193~195쪽). 이때의 인연 때문인지 김환은 민
원식이 주도하던 협성구락부 결성과 『시사신문』 창간 과정에 적극적으
로 참여했다. 한때 함께 『만주일보』에 근무했던 유광렬은 김환이 당시
에 협성구락부 활동에 매우 적극적이었다고 주장했다(1969, 94~96쪽).

　김환 다음으로 1920년 10월에 편집국장을 맡은 인물이 바로 윤백남
이었다.[14] 연극인, 소설가, 영화인, 방송인으로도 널리 알려진 그도 김
환과 마찬가지로 『매일신보』를 거쳤고(『매일신보』, 1919.7.5, 1면), 김
환의 뒤를 이어 『시사신문』 편집국장이 되었다. 그는 『시사신문』에 입
사하기에 앞서서 '신극사(新劇史) 최초의 연극론'인 '연극과 사회'라는
논문을 『동아일보』에 1920년 5월 4일부터 5월 16일까지 10회에 걸쳐
연재하기도 했다.[15] 그는 『시사신문』 입사 전에 주로 연극 활동을 하
거나 『매일신보』에서 근무했을 뿐이지, 김환처럼 협성구락부나 국민협
회 같은 단체에서 활동하지는 않았다.

　그가 『시사신문』에 참여하게 된 데는 『매일신보』에 함께 근무했던

---

[14] 『시사신문』 1920년 11월 13일자에 학음(鶴蔭)생이라는 필자가 쓴 '북행 잡감'이라는 글
　이 실려 있는데, 이글에 윤백남에게 '편집의 임'을 넘겼다는 내용이 나온다. 편집국 주
　임이 김환이었기 때문에 학음생은 김환이 분명하다. 이 글에서 김환은 윤백남에게 편
　집 업무를 넘기고 자신은 국민협회 일로 지방을 돌아다니고 있다고 썼다. 학음(鶴蔭)
　이라는 필자는 1909년 말과 1910년 초에 『국민신보』에 이토 히로부미의 장례식 참관
　기 등 여러 기사를 게재했다(다지리 히로유끼, 2006, 152~155쪽). 김환이 『국민신보』에
　근무하고 있었고, 이토 히로부미의 장례식 참관기를 썼다는 기존 연구를 보아도(정진
　석, 2005, 443쪽) 학음은 김환이 틀림없다.
[15] 이런 활동 때문인지 '송진우 선생의 권고'로 『동아일보』에 입사했다고 주장하는 글도
　있다(곽근, 1996, 406쪽). 그러나 이는 명백히 사실이 아니다. 윤백남에 관한 글들은,
　그가 친일 신문인 『시사신문』 편집국장을 지낸 사실은 아예 언급하지 않고 있다. 이
　미 안종화가 1962년에 윤백남이 "당시 국민협회가 발행하던 시사신문 편집을 담당"했
　다고 밝혔음에도(1962, 57쪽), 이후 나온 주요 연구들은 이 사실을 언급조차 하지 않고
　있다(강옥희 외, 2006, 215~21쪽; 유민영, 2006, 179~199쪽). 최근에 나온 윤백남에 관한
　본격적인 연구는 『시사신문』 편집국장을 지낸 사실을 간단히 언급했다(백두산, 2013,
　477쪽).

김환의 권유가 작용했을 것이다. 또한 그가 일찍부터 교류했던 이인직
과의 관계도(백두산, 2013, 466쪽) 어느 정도 영향을 주었을 것이다. 이
인직이 이완용의 최측근이었고, 민원식과 김환도 이완용 계열의 정우
회에 참여했었기 때문에 이인직을 매개로 민원식이나 김환과의 교류
가 과거부터 있었을 가능성이 크다. 친일파였던 부친 윤시병 때문에
직접 정치적 활동에 나서는 것을 꺼렸던(정혜영, 2014, 334~338쪽) 윤백
남이 상해임시정부에서 '매국적(賣國賊)'으로 처단해야 할 대표적인 인
물로 꼽은 민원식이 발행하는『시사신문』에 참여했던 것을 정치적 선
택이었다고 단정하기는 어렵다. 그보다는 인간적 관계나 경제적 어려
움이 작용한 결과였을 것이다. 다만 그가 이미 이 시기에 "일제의 식민
주의 이데올로기를 내면화하고 제국주의 내셔널리즘에 적극적으로 공
조하는 논리를 가지고" 있었기 때문에(이민영, 2012, 373~374쪽)『시사
신문』에 입사할 수 있었다는 점만은 분명하다.

　윤백남과 함께 연극운동을 하던 이기세도『시사신문』에 기자로 들
어가 활동했다. 이기세는 1916년 윤백남과 함께 '예성좌'라는 극단을 만
들어 활동했고, 1920년 4월에는 여러 종류의 연쇄극을 만들어 공연했
으나 실패하고 말았다. 그 뒤 바로『시사신문』에 들어가 활동하게 되었
다(강옥희 외, 2006, 243~246쪽). 이기세는 "민원식씨가 시사신문을 창
설하자 민(원식-인용자)씨와의 교분상 그의 청을 거절할 수 없어" 입
사했다고 밝혔다(『매일신보』, 1933.7.4, 6면). 그가 언제부터 민원식과
만났는지 알 수 없지만, 이 글을 통해 상당히 오래전부터 알고 있었음
을 짐작할 수 있다. 윤백남과 달리 이기세는『시사신문』폐간 뒤에도
국민협회 기관 잡지『시사평론』에 남아 잠시 활동했고, 그 뒤에는『매
일신보』로 옮겨가 오랫동안 간부로 활동했다(『친일인명사전』 2, 788~
789쪽). 1920년 10월에 경리국장으로 입사했던 김상회도 이기세와 마찬

가지로『시사신문』폐간 후『시사평론』을 거쳐『매일신보』의 간부로
오랫동안 활동했다(정진석, 1990, 433쪽).

　윤백남, 이기세, 김상회는『시사신문』입사 이후 국민협회에도 참여
했던 것으로 보이는데, 이는 1921년 1월 18일 현재 국민협회 평의원으
로 나와 있는 것을 통해 알 수 있다(국민협회본부, 1921, 52쪽).『시사
신문』이 국민협회 기관지였기 때문에『시사신문』의 간부가 되면 당연
히 국민협회에 참여할 수밖에 없었을 것이다.『시사신문』과 국민협회
에서 활동했던 이기세와 김상회는 이후 총독부 기관지『매일신보』에
서 각각 사회부장과 편집국장까지 맡았다.

　이외에『시사신문』에서 어떤 기자들이 활동했는지를 밝혀줄 수 있
는 자료들이 전혀 없다. 신문 지면에 나타나는 인물들의 경우 필명을
사용한 경우가 많고, 본명이라 하더라도 그들이 기자였는지 아니면 단
순 기고자였는지를 알 수 없다. 우선 사고에 "본사 기자 최택현 씨는
자기 일신상 사정으로 전월 30일로써 퇴사하게" 되었다고 나와 있는
것으로 보아, 최택현이라는 기자가 근무했던 것을 알 수 있다(『시사신
문』, 1920.10.8, 3면). 잡지『신천지』사원으로 1923년 9월의 필화사건으
로 옥고를 치른 뒤 사망한 박제호도『시사신문』1920년 11월 7일자에
인도 타고르의 시를 번역해 연재했었다(장신, 2004, 323쪽).

　가장 확실하게『시사신문』에 근무했던 사람으로 동경 특파원을 지
낸 김창섭을 들 수 있다.[16] 동경미술학교에 입학하며 퇴사한 그는 "본
사를 사(辭)함에 임하여 일언으로써 고함"이라는 글에서 다음과 같이
주장했다.

---

[16] 1920년에 김창섭과 함께 동경관립미술학교의 '보결생선발 입학시험'에 합격한 사람으
　로는 장발, 김복진, 공종형 등이 있다. 장발은 국무총리 장면의 동생이었고, 김복진은
　소설가 김기진의 형이었다.

과격한 사상을 포유한 혈기 팽창한 유학생 등은 나의 정신과 마음이며 행하는 사실은 상세히 알지도 못하고 나를 일본의 탐정(探偵)이라고도 운(云)하며 혹은 친일파라고 지목하는 자가 허다하다는 말이 나의 이막(耳膜)을 경촉(驚觸)하는 사(事)가 빈번했다. 그러나 나는 나의 양심을 고(叩)하여 마음 가운데 부끄러운 사(事)가 무(無)하면 외인이 천언만사로 떠든 데도 조금도 관계가 무(無)하다고 사(思)했다. (중략) 우리는 아무쪼록 실력을 양성하지 않으면 이 사회에서 능히 부지(扶支)치 못할 뿐 아니라 따라서 장차 낙오자됨을 불면하리라고 사(思)하여 틈 있는 대로 자초(自初)의 목적한 미술을 연구하여 금반 관립미술학교 입학선발시험에 응하여 다행히 합격됨에 나의 마음은 얼마나 기쁘며 만족했으리요(『시사신문』, 1920.10.14, 4면).

김창섭의 글을 통해 친일 신문에 근무하던 조선인 기자의 고민을 읽을 수 있다. 김창섭은 1919년 11월에 안석주, 이승만 등과 '고려화회' 결성에 참여했고, 1927년 8월에는 김복진, 김은호 등과 '창광회' 설립에 참여하기도 했다(최열, 2006, 134쪽, 212~217쪽). 김창섭의 예를 통해 『시사신문』에 근무하던 모든 기자들이 국민협회의 조직적 활동에 참여했던 것은 아니었고, 또 이들이 철저한 친일파였다고 단정하기도 어렵다는 것을 알 수 있다. 『시사신문』은 당연히 민원식이나 김환 같은 친일 언론인들이 주도했다고 보아야 하겠지만, 일부 언론인들은 친일에 대한 확신보다는 생계를 위한 수단 또는 활동의 공간 확보라는 차원에서 『시사신문』에서 근무했다고 볼 수 있다.

4. 『시사신문』의 논조의 특성

1) 『시사신문』의 지면 구성

『시사신문』은 당시 신문들과 마찬가지로 4면을 발행했다. 1면에는 '언론'이라는 제목으로 사설에 해당하는 글이나 다양한 국내외의 정치 관련 기사들이 실렸고, 하단에는 이기세가 번역한 '소설 야성의 소리'가 게재되었다. 2면에는 '일미관계', '구미시사', '지나정세' 등의 고정란과 기타 국제기사들과 일본 정가소식 등이 실렸고, 하단에는 각종 경제기사들과 함께 상황(商況)이 게재되었다. 3면은 사회면으로서 국내의 각종 사건·사고 기사가 실렸는데, 특히 독립군에 대한 각종 기사가 게재되었다. 4면은 학예면으로서 연재소설, 번역작품, 연극계 소식, 지방통신 등이 게재되었다. 국민협회 자료에는 '일선양문(日鮮兩文) 병용'이라고 나와 있지만(국민협회본부, 1921, 38쪽), 남아 있는 신문 실물에 일본어는 사용되지 않았다.

『시사신문』에서 가장 특징적인 것은 학예면이다. 윤백남의 참여는 특히 학예면 구성에 큰 도움이 되었다. 그가 다른 인물들을 끌어들였고, 그에게 부치는 편지 형식의 글들이 자주 실리기도 했기 때문이다. 특히 윤백남은 '배모공'이라는 소설을 연재하기도 했다. 이기세는 '미태(微蛻)'라는 필명으로 연극계 소식을 알리는 글을 연재했다. 이외에도 외국의 작품을 번역해 싣기도 하는 등 학예면이 상당히 충실한 편이었다. 또한 『시사신문』의 이기세와 『개벽』의 현철이 양쪽 지면을 이용해 논전을 벌이기도 했다. 『개벽』에서 여백이 생긴 곳에 편집의 차원에서 간단히 외국책에 나온 '시의 정의'에 관한 내용을 실었던 것을 두고 논전이 벌어진 것이었다.[17]

또한『시사신문』은 1920년 11월에는 독자투고를 위해 '기고 환영'이
라는 사고를 내보내기도 했다(『시사신문』, 1920.11.16, 4면). 독자들의
참여를 통해 다양한 의견을 반영하려고 했다기보다는 부족한 기사를
채우기 위한 시도였다고 할 수 있다. 이미 1920년 5월부터『동아일보』
등에 독자투고란이 있었다는 점에서『시사신문』이 독자들의 기고를
받았던 것이 큰 의미를 갖는 것은 아니었다.[18]

학예면을 통해 대중들의 관심을 끌려는 전략은『시사신문』만 사용
했던 것은 아니었다. 총독부 기관지『매일신보』조차도 "민심을 달래고
회유하기 위해 여러 가지 방법"을 사용하려고 했고, 그 결과 오락과 흥
미 위주의 소설을 자주 실었다(이희정, 2011, 357~363쪽). 식민지 현실
을 왜곡하거나 외면했던 친일 신문일수록 학예면에서는 더욱 대중적
인 성격을 보였던 것이다.『시사신문』이 윤백남이나 이기세를 영입했
던 것은 바로 이들을 통해 신문의 대중적인 성격을 강화하려고 했던
시도의 일환이었다.

한편『시사신문』에 잡지『개벽』의 광고가 실리기도 했고, 이상재가
종로중앙청년회관에서 강연하는 것을 안내하는 기사가 실리기도 했다
(『시사신문』, 1920.11.7, 2면). 이 같은 내용이『매일신보』에 실리기도
했기 때문에, 이런 내용만 보고 판단하기는 어렵지만『시사신문』이 총
독부 기관지와의 차별화를 위해 어느 정도 고민했으리라는 점은 짐작
할 수 있다. 이런 점은 다음과 같은 글을 통해 명확히 확인된다.

---

[17] 이기세와 현철은 바로 뒤에 신파극을 둘러싸고 치열한 논전을 벌이기도 했다(유민영,
2006, 172~175쪽).

[18] 『동아일보』는 1920년 5월부터 6월까지 '독자의 성(聲)'이라는 제목으로 독자투고를 연
재하다가, 1920년 7월 11일부터는 고정란인 '자유종'을 두어서 본격적으로 독자들의 글
을 투고받았다(이기훈, 2009, 3~5쪽).

　　만세 소요가 있는 이후로는 경찰의 기민이 날로 발전되어 이제는 사척
의 경비가 매우 엄밀하고 기민하여졌다고 하겠는데 이 엄밀하고 기민하다
고 하는 가운데는 때때로 도리어 과민한 점이 없지 아니하다. 이제는 어
떠한 경위에서든지 조선 사람으로서는 축하장 같은 곳에서라도 만세라고
목 부르게 되어 어떠한 축하의 의미로 만세를 부르려면 신고 같은 것을
한 후에 불러야 경관의 취조를 당하지 아니하겠다. 요사이의 순사들은 조
금만 하여도 놀라는 판이니까…(『시사신문』, 1920.10.8, 3면).

　　『시사신문』조차도 3·1운동 이후 조선인의 모든 활동에 대해 지나치
게 과민하게 반응하는 일제의 정책에 대해 냉소적인 반응을 보였다.
비록 친일 신문이었지만 조선인이 발행하는 신문이었기 때문에 총독
부 기관지인『매일신보』와 똑같은 논조를 보일 수는 없다는 고민이 나
타났다고 할 수 있다. 이런 기사는 조선인 독자들에게『시사신문』도
조선인의 입장에서 현실을 바라보고 있다는 사실을 어느 정도 보여주
려 했던 것이다.

2)『시사신문』의 독립운동 보도

　　『시사신문』 3면인 사회면에 실린 독립운동 관련 기사들만 보면『매
일신보』와 크게 다르지 않다는 것을 알 수 있다.[19]『시사신문』은 일제
의 식민지 지배정책에 동조하여 독립군의 활동을 축소하거나 왜곡하
는 보도를 했다. 즉,『매일신보』와 마찬가지로 일본군이 독립군과의
교전에서 패배한 사실을 숨기거나 승리한 것처럼 왜곡하는 기사를 게
재했고, 독립운동가들이 "독립을 표방하며 금전을 강탈"한다는 내용으

---

[19]『매일신보』의 독립운동에 대한 보도는 황민호(2007)를 참조할 수 있다

로 독립운동의 정당성을 훼손시키는 기사를 게재하기도 했다.

일제는 1920년 10월에 만주지역 독립군에 대한 '토벌' 계획을 세우고 마적단을 매수해 혼춘을 공격하도록 했던 '혼춘사건'을 조작하고, 이를 빌미로 만주지역에 대한 대대적인 공격을 감행했다.『시사신문』은 '출동명령 강하'라는 제목의 기사에서 국경 방면에 "노국 과격파와 조선인과 지나 군병이 혼입"된 마적단의 세력이 커지자 일본인 거류민을 보호하기 위해 군대를 파견했다고 보도했다(『시사신문』, 1920.10.8, 3면). 『매일신보』도 10월 8일에 일본군 토벌대의 간도 출병을 정당화하는 내용의 기사를 게재했다(황민호, 2007, 48~49쪽). 또한『시사신문』은 일본 대의사 빈전(濱田)이 부산에 와서 '간도 점령'의 불가피성을 강조하며, "음모선인(陰謀鮮人)에 대하여 익익(益益) 취체(取締)를 엄히 할" 필요가 있다고 주장한 내용을 게재했다(『시사신문』, 1920.10.14, 1면).

『시사신문』은 "잠입한 음모선인과 무산군에서 교전, 그중 4명은 사살하고 권총 탄환을 다수 압수"했다거나 "평북 삭주군에서 수색대와 충돌, 불의에 총을 놓음으로써 응전하여 삼명은 사살, 이명은 추격중"이라는 기사에서 일본군이 독립군과의 교전에서 승리했음을 강조했다(『시사신문』, 1920.10.14, 3면).『시사신문』은 "청산리 천험(天險)한 요새처에 7백여평의 연병장, 김좌진은 산악이 험준함을 믿고 영원히 근거지를 삼고자 하다가 토벌을 당했다"고 보도했다(『시사신문』, 1920.11.2, 3면).『매일신보』도 1920년 10월 말부터 계속해서 김좌진 부대와의 교전 상황을 보도했는데(황민호, 2007, 49~52쪽),『시사신문』도 비슷한 내용의 기사를 실었다.

『시사신문』이 일본군과 독립군의 교전에 관해『매일신보』와 비슷한 보도를 했던 것은 '조선군 사령부'의 발표를 거의 그대로 보도했기 때문이었다. "삼림 중의 횡사, 간도 군대의 토벌로 둔피(遁避)한 음모선인

(陰謀鮮人)이 깊고 깊은 곳으로만 찾아 들어가 나머지 목숨을 구할까 하다가 먹을 것이 없어 기한(飢寒)의 습격을 중수(重受)하고 황천으로" 라는 기사도 조선군사령부가 발표한 내용을 보도한 것으로, 일본군의 토벌에 밀려 독립군이 궤멸되고 있다고 보도했다(『시사신문』, 1920.11. 20, 3면).

『시사신문』은 '독립자금을 제공하라고 사일환 씨를 협박'이라는 기사에서 "두 사람의 강도가 침입하여 독립자금을 제공하라고 주인을 무수히 공박한 결과 현금으로 504원을 강탈하여 갔다"고 보도했다(『시사신문』, 1920.11.9, 3면). 사일환이 친일 단체인 대정친목회에 참여하고 있던 인물이었기 때문에 그를 상대로 한 독립자금 모금 활동은 사람들의 관심을 끌 만한 기사였다. 『매일신보』도 "동숭동에 강도 2명, 사일환 씨 집에 돌입하여 510원 강탈"이라는 제목으로 "강도 2명이 들어가서 독립자금을 제공하라고 협박하고 현금 510원을 강탈, 도주"했다고 보도했다(『매일신보』, 1920.11.9, 3면). 『매일신보』가 제목에서 단순히 '강도'라고만 표현하고 9단에서 다루었던 반면에 『시사신문』은 제목에서부터 '독립자금 강탈'을 강조하며 1단에서 다루었다.

독립군의 군자금 강탈에 관한 기사는 그 뒤에도 계속 실렸다. '군자금 4천 5백 원을 위협 강청'이라는 기사에서 "총을 가진 음모선인이 들어와 군자금 4천 5백 원을 제공하라고 협박"하다가 뜻을 이루지 못하고 돌아갔다고 보도했다(『시사신문』, 1920.11.13, 3면). '화순군 부농에게 군자금 1만 원을 강청'이라는 기사는 "다섯 명의 불온선인이 들어와서 독립군자금으로 1만 원을 제공하라고 협박"하다가 집주인이 도망쳐 신고를 하려 하자 총을 쏘고 달아났다가 그중 일부가 체포되었다고 보도했다(『시사신문』, 1920.11.16, 3면). 또한 '각처에서 군자금을 강청하는 가(假)정부원 2명 체포'라는 기사는 임시정부 요원임을 자처하며 전

국 곳곳에서 군자금을 요구하며 협박을 일삼던 2명을 체포했다고 보도
했다(『시사신문』, 1920.11.16, 3면). "군자금 모집원 체포"라는 기사에서
도 다시 "상해 가정부원의 권유를 받아서 두 사람이 공모하여" 독립군
자금 모집행위를 하다가 모두 체포되었다고 보도했다(『시사신문』, 1920.
11.20, 3면). 다만『매일신보』가 홍범도나 김좌진을 괴수나 두령으로
표현한 것과 달리 별다른 표현을 사용하지 않아 다소나마 차이를 보이
기도 했다.

　1920년 12월 초의『조선일보』기사를 보면『시사신문』과 명확한 차
이를 보였다. 우선 '음모선인'이 아니라 '독립단' 또는 '독립당'으로 표기
하고 있고, '일본군의 공격'을 그대로 '일본군의 습격'으로 쓰고 있다
(『조선일보』, 1920.12.2, 3면). "신의주 경찰서는 군자금 모집과 암살을
목적으로 한 조선독립단 김승학 외 세명의 암살단 체포 상보(詳報)하
다"라는 제목에서 보는 것처럼(『조선일보』, 1920.12.9, 3면)『시사신문』
과는 사용하는 용어도 다르고, 협박이나 위협 같은 단어를 사용하여
굳이 독립운동의 정당성을 훼손하려 하지도 않았다.『동아일보』의 경
우에도 마찬가지로 '독립단' 또는 '독립당'이라는 용어를 사용했고(『동
아일보』, 1920.9.2, 3면) 독립단원들의 군자금 모집활동에 대해 상대적
으로 부정적인 보도를 하지 않으려는 경향을 보였다(『동아일보』, 1920.
5.3, 3면).

　『동아일보』는 물론『조선일보』도 주로 '독립단'이라는 단어를 사용
했던 반면에『시사신문』은『매일신보』처럼 주로 '음모선인'으로 표현
해 독립운동에 대해 부정적인 인식을 확산시키려는 경향을 보였다. '참
정권'을 주장하는 동화주의적 성향의『시사신문』이 '독립'을 주장하는
민족주의적 활동에 대해 비판적인 것은 당연한 일이었다. 동화주의를
표방하던 국민협회의 기관지로서『시사신문』은 독립운동에 관한 보도

에서는 총독부 기관지 『매일신보』와 유사한 논조를 보였던 것이다.

3) 참정권과 동화주의 실현의 주장

『시사신문』의 1면에 실린 글들은 대개 참정권론을 주장한 일본인이
나 조선인의 글을 실어놓았다. '내지인이 견(見)한 조선, 계자(繼子)교
육과 대조선관'이라는 글에서는 "일본과 조선의 통합관계는 원래 개인
의 가정에 재(在)한 계모와 계자"의 관계와 유사한데, 일본이 조선통치
를 제대로 하지 못하면 계자인 조선이 타락할 수도 있다고 주장했다
(『시사신문』, 1920.10.8, 1면). 이런 주장은 일본의 조선 통치에 대한 조
선인의 불만이 없도록 해야 한다는 것이었는데, 이와 유사한 주장들이
빈번히 실려 있었다. 국민협회 회장이자 『시사신문』 사장이었던 민원
식은 '순회강연록'에서 조선인은 조선인의 불만을 없애고 '완전 국민의
자격'을 얻기 위해 참정권을 획득해야만 한다고 주장했다.

> 본인은 일한 병합이 되기 10년 전부터 구조선의 군주전제정치를 입헌
> 정치로 개혁하고자 하는 포부가 있었나니 그러한 심지(心地)하에 일한 병
> 합을 부동의(不同意)하지 아니한 일인이로다. 그 이유는 오직 병합으로 인
> 하여 입헌 정치하에 입(立)할 수 있다는 연고이었도다. 그러나 과연 우리
> 는 일한 병합 이후 일본 국민이 되어 완전한 국민의 자격을 얻었느냐 하
> 면 우리는 입헌국의 민중 일반이 수(受)하는 민권을 향득(享得)치 못했다
> 하노니 차(此)를 본인이 항상 유감으로 사(思)하는 바로다. 경언(更言)하면
> 조선 산하와 조선 인민은 그 조선인 됨과 내지인 됨을 불문하고 완전 국
> 민의 자격을 얻지 못했다 함이다(『시사신문』, 1920.11.16, 1면).

이런 주장에는 일본에 대한 선망과 조선에 대한 자조가 깔려 있었다.
윤백남도 '배모공'이라는 연재소설 속의 대화에서 일본인이 사는 신마

치를 '밤이 없는 세상'이며 '별유천지'라고 묘사하고 있다(『시사신문』, 1920.10.8, 4면). 한편 김환은 "물화(物貨)의 생산에 역(力)을 용(用)치 아니하는 민족은 격렬한 경제전에 능히 저항치 못하고 패배, 쇠멸(衰滅)을 면치 못할 것이어늘 유리(遺利)가 다함에 불구하고 산업개발에는 착안치 아니하고 오직 공리망상에 열중코저 함은 성하니 아 조선 민족의 전도를 위하여 우려치 아니치 못하겠다"고 하며 조선의 현실에 대해 비관적인 입장을 보였다(『시사신문』, 1920.11.16, 1면). 또한 김의용도 "무의식 상태에 방황하는 자 실로 우리 동포의 대다수를 점하는 것을 목격하는 오인은 너무 실망, 고탄(誥嘆)"하고 있다고 조선의 현실을 비판하기도 했다(『시사신문』, 1920.11.20, 1면). 김의용은 다시 조선의 가족제도를 "추악, 잔인의 행습과 연민, 가긍할 고통, 비애의 형상"을 드러내고 있다고 비판했다(『시사신문』, 1920.12.5, 1면).

'불원 실현될 선인(鮮人) 우편소장'이라는 제목의 기사에서는 "제등 총독이 부임된 후 일시동인의 성지를 받들어 조선 통치는 문화정치를 베푸는데 우선 내선인 차별 문제를 철폐하여야 할 필요가" 있다고 하며, '죽내(竹內) 체신국장'이 조만간 조선인도 우편소장으로 등용할 것이라고 말했다고 보도했다(『시사신문』, 1920.10.8, 3면). "일선 민족융화키 위하여 신인의 신계획, 경성엔 박물관 건설"이라는 기사에서도 경성에 박물관을 건설하려는 시도를 민족융화라는 관점에서 보도하고 있다(『시사신문』, 1920.12.9, 2면). 조선인과 일본인의 차별을 철폐하여 동화주의를 실현해야 한다는 주장을 계속 펼쳤던 것이다.

반면『매일신보』는 민족차별이 아예 없다는 관점을 내세우고 있어서『시사신문』과 차이를 보였다.『매일신보』는 "조선인 중에는 정부는 내지인과 조선인에 대하여 차별대우를 여(與)한다 하여 불평을 창도(唱導)한다는 자가 유(有)함과 여(如)하나 일본과 여(如)히 무차별로 취급하는 국가는 세계에 유례가 무(無)"하다고 주장했다(『매일신보』, 1920.
10.18, 2면). 동화주의를 표방했던 만큼 총독부는 적어도 공개적으로는
민족차별이 없다는 입장을 보였고, 당연히 총독부 기관지 『매일신보』
도 같은 논조를 보였다. 한편『시사신문』은 동화주의의 실현을 주장하
면서 현실에 존재하는 민족차별을 거론했다.

반면 『동아일보』와『조선일보』는 민족차별에 대해 매우 비판적인
입장을 보였다. 『동아일보』는 일본인을 삼남지방에 이주시키는 반면
조선인은 만주로 몰아내는 정책을 비판하며, 이런 민족차별 정책은 '조
선인의 불만과 불평을' 낳고 있고, 결국 "조선인으로 하여금 배일사상
을 조성케 함에" 다름 아니라고 주장했다(『동아일보』, 1920.5.25, 4면).
또한『동아일보』는 섣부른 동화주의 정책을 비판하며, "조선인의 교육
은 조선 민족성을 파괴치 아니하는 방법으로써 힘을 요할 것"이라고
주장했다(『동아일보』, 1921.2.21, 3면). 『조선일보』도 "무차별을 제창하
는 평등주의의 모순"이라고 하며, 경찰서 내에 존재하는 일본인과 조선
인의 차별을 지적하고 개혁을 요구했다(『조선일보』, 1920.6.15, 3면).

『시사신문』은 참정권을 주장하면서도 자치권의 일환인 부협의원 선
거 등에 대해서도 적극적으로 보도했다. "경성 축록전(逐鹿戰) 부협의
원 선거상황"이라는 기사에서 "경성부협의회 선거는 우리 조선의 지방
자치의 근거가 될 만한 소질이 있은 즉 우리 조선 사람의 일반은 금번
선거에 대하여 크게 주목하고 또한 선거권자 간에도 암중의 활약이 적
지 아니할 것인데 일반은 이에 대하여 극히 냉담한 태도가 있음은 유
감이라 할 수 있"다고 보도했다(『시사신문』, 1920.11.12, 3면). 선거를
앞두고 『시사신문』은 다시 "특별히 조선인 유권자는 가보아야 할 것"
이라는 기사에서 "이번 협의회 선거는 조선에서 처음 되는 일인 고로
여러 가지 절차에 대하여 아무리 익숙한 사람이라 할지라도 충분히 주

의를 하지 아니하고는 안 될 것은 더 말할 필요도 없는 바"라고 주장했
다(『시사신문』, 1920.11.16, 3면).

『매일신보』가 단순히 부협의회 선거의 절차에 대해서만 주로 보도
했던(『매일신보』, 1920.11.12, 2면; 1920.11.14, 2면) 반면에『시사신문』
은 주로 부협의회 의원 선거의 의의를 강조하는 보도를 했다. 이렇듯
『시사신문』이 부협의회 선거 보도에 적극적이었던 것은, 민원식이 "참
정권의 전제조건으로서 지방자치제를 실시했으니 성적 여하에 의하여
참정권을 허여함이 무방"하다고 인식하고 있었기 때문이다(『시사신문』,
1920.11.20, 1면). 자신들이 주장하고 있는 '참정권의 전제조건'이라는
명분 때문에 적극적인 보도를 했다.

『동아일보』는 부협의회 선거 실시에 대해 "지방의 정권은 의연히 관
료의 수중에 있고 오직 명목상으로 민의를 참조하는 태도"에서 나온
것에 불과하고, 결국 "아무런 진효(眞効)가 없는 기만적 형식에 지나지
않"는다고 비판했다(『동아일보』, 1920.8.1, 1면).『동아일보』의 이런 보
도는 '실질적인 국가통치의 독립성'이 보장되지 않는 자치제도에 대해
비판적인 입장을 어느 정도 보여준 것이었다(강명숙, 2001).『조선일보』
는 부협의원 선거 당선자들에게 "일언을 고한다"고 하며 형식적인 역할
에 그치지 않기를 바란다는 요구를 했다(『조선일보』, 1920.12.4, 1면).
『동아일보』나『조선일보』의 부정적인 보도는 부협의회가 단순한 자문
기관으로 별다른 역할을 하지 못할 것이라는 비판적인 의식의 산물이
었다.

동화주의나 참정권에 대한 보도에서는『시사신문』의 입장이『동아
일보』나『조선일보』와 다를 뿐만 아니라『매일신보』와도 다소 차이가
있었다. 총독부와 국민협회 사이에 독립운동에 관한 비판적 견해는 완
전히 일치했던 반면에 민족차별에 대해서는 어느 정도의 입장 차이가

있었던 것이 『매일신보』와 『시사신문』의 논조 차이로 나타났다. 총독부가 1920년 당시 "정치운동 색채를 띤 국민협회를 의심스런 시각으로" 보았고, 국민협회는 이런 총독부의 정책에 불만을 가졌다. 특히 총독부는 "참정권 문제 같은 노골적 정치 이슈를 제기하는 것도 환영하지는 않았다"고 한다(이태훈, 2008, 111쪽). 즉 동화주의나 참정권 문제를 둘러싸고 총독부와 국민협회의 입장이 반드시 일치하지는 않았다.

5. 친일 신문의 한계와 총독부의 정책 변화

1920년대 초의 친일파들은 일제에게 자신들이 유능한 협력자라는 것을 입증해야만 했다. 민원식이 주도한 국민협회도 바로 그러한 정치세력 중 하나였고, 한때는 최대 규모의 친일 단체였다. 일본 국회에 대해서는 참정권 청원 운동을 벌여야 했고, 조선 내에서는 총독부의 눈치를 보며 친일 여론을 조성하는 데 앞장서야 했다. 국민협회는 바로 이런 활동을 위한 수단으로서 『시사신문』을 창간했다. 물론 일제도 『시사신문』과 같이 친일파들이 발행하는 신문들에 대해 총독부 기관지들과는 다른 역할을 기대하고 있었기 때문에 재정적 지원을 하기도 했던 것이다.

『시사신문』에는 민원식이나 김환 같은 직업적 친일 분자도 있었지만, 윤백남이나 이기세 같이 다소 다른 특성을 보인 인물들도 일부 있었다. 『친일인명사전』이 친일 단체나 친일 언론의 간부들을 모두 포함했기 때문에 민원식, 김명준, 이동우, 김환, 김상회, 이기세 등 『시사신문』의 참여자들은 거의 모두 이 사전에 이름이 올라 있다. 다만 『시사신문』 편집국장은 물론 『매일신보』 간부와 경성방송국 제2 방송과장을 지내,『친일인명사전』의 기준으로 보면 포함되었을 법한 윤백남만 빠져 있다.

윤백남이 실제로『시사신문』의 다른 인물처럼 친일 정치활동에 적극적으로 나서지 않았던 것만은 분명하다.[20] 또한 이기세도『매일신보』에서의 활동 때문에『친일인명사전』에 포함되었지만, 다른 인물들과 달리 친일 정치단체에서는 별로 활동하지 않았다. 윤백남은 다양한 대중문화 영역에서 계몽성과 대중성을 결합한 작품활동을 했고, 이기세도 1930년대 이후 국악의 발전을 위해 적극적으로 활동했다는 점에서[21]『시사신문』의 다른 인물들과는 다소나마 차이가 있었다. 민원식이나 김환 같은 인물들이 '조선(적인 것)'의 완전한 말살을 통한 동화주의의 실현을 목표로 활동했던 것과는 달리 윤백남이나 이기세는 일본에 기댄 근대화에 경도되어 있으면서도 '조선적인 것의 대중화'에 대한 관심을 버리지 않았다.

『시사신문』이 친일 여론을 조성할 목적으로 발행되었다고 하더라도 일단 조선인들에게 읽혀야 하는 신문을 만들 필요가 있었기 때문에 윤백남이나 이기세 같은 인물의 참여가 이루어졌을 것이다. 실제 지면을 보아도 노골적인 친일 기사만으로 전체 지면이 구성된 것은 아니라는 점을 알 수 있다. 특히 학예면에는 대중들의 흥미를 끌 만한 다양한 기사들이 실리기도 했다. 그럼에도 가장 중요한 내용은 역시 '민족운동의

---

[20] 문화체육부는 1993년 12월의 문화인물로 윤백남을 선정했다. 이것을 기념하기 위해 간행한 책에 실린 한 글에서 필자는 "우리는 그의 평생을 줄기차게 용솟음쳐 온 애국정신을 주목하지 않을 수 없다"고 주장했다(오청원, 1993, 18쪽). 그를 친일파로 단정하기는 어렵지만, 그렇다고 이렇게 평가하는 것에도 분명히 무리가 따른다.

[21] 1933년에 경성방송국에 들어갔던 이혜구는 제2 방송과장이었던 윤백남의 소개로 이기세를 만나서 국악에 관해 배웠다고 한다. 이혜구는, "그때까지 국악에 등을 돌렸던 나는 장단을 짚을 줄 안 뒤부터 국악에 관심을 갖게 되었다"고 하며, 이기세의 영향이 국악에 관심을 갖게 된 결정적인 요인이었다고 회고했다(2007, 61쪽). 이혜구는 해방 이후 서울대학교에 국악과 설치를 주도했다.

정당성을 '훼손'하고 '동화주의의 실현을 강조'하는 것들이었다. 독립군
의 활동에 대해 왜곡하는 보도를 일삼았고, 참정권 실현 등 민족차별
철폐의 가능성을 과장하는 보도를 지속했다. "일제가 지배하는 현재의
질서를 수긍하고 그에 협력해야 한다는 논리를 확산시켜야" 했던(이태
훈, 2012, 214쪽) 친일 세력의 입장을 그대로 드러냈다.

　그럼에도 『시사신문』은 별로 성과를 거두지는 못했다. 3·1운동의
열기가 남아 있는 현실에서 동화주의를 주장하는 『시사신문』이 조선인
독자들에게 환영받기는 어려웠을 것이다. 어떤 전략을 구사해도 동화
주의를 내세우는 친일 신문이 아직까지는 성공하기 어려운 시절이었
기 때문이다.[22] 그러나 만약 1921년 2월 16일에 민원식이 양근환에게
살해당하지 않았다면, 『시사신문』의 독자가 늘어났을 가능성이 없지
않았다. 민원식이 사망하고 『시사신문』이 폐간된 이후에 국민협회의
회원이 계속 늘어나 1925년 2월에 약 10만 명에 이르렀다는 기록도 있
기 때문이다(松田利彦, 1995/2004, 137~138쪽). 그러나 『시사신문』의 후
신인 『시사평론』과 『민중신문』의 독자가 매우 적었다는 것을 보면, 국
민협회 회원 중에도 이런 매체들을 읽지 않는 사람이 많았다는 것을
알 수 있다.[23]

　이런 이유 때문인지 일제는 국민협회와 같은 직업적인 친일 정치세

---

[22] 윤치호는 조선인에 의한 신문 발행이 허용된 지 한 달쯤 지난 1920년 4월 30일자 일기
에서 "독립을 추구하는 동아일보, 동화정책을 선도하는 시사신문, 중도적인 견해를 대
변하는 조선일보" 중에서 『동아일보』가 "조선인 독자들 사이에서 인기가 가장 높다"고
기록했다(김상태, 2001, 173쪽).

[23] 국민협회는 『시사신문』을 복간하지 못하고, 그 판권으로 1922년 4월에 잡지 『시사평
론』을 창간해 1928년 1월까지 발행했다. 1930년 2월 1일 다시 『민중신문』을 창간했고,
1934년 무렵에는 주간으로 변경해 1930년대 말까지 계속 발행했다(정진석, 1990, 433~
434쪽). 『민중신문』은 국민협회 기관지로서 일반 독자들은 전혀 없었고, 국민협회 회
원 중에서도 일부만이 보았다. 『민중신문』이 일간으로 발행되던 1931년의 독자는 134명,
주간으로 발행되던 1934년의 독자는 462명으로 나타났다(『한국언론연표』, 602쪽, 702쪽).

력에게 신문 발행을 허가하던 정책을 변경했다. 친일 정치세력이 조선 사회에 미칠 수 있는 영향력에 대해 크게 신뢰하지 않게 되었기 때문이다. 『경성일보』 사장이었던 아베 미쓰이에(阿部充家)는 1921년 11월 29일에 총독에게 보낸 편지에서 "오늘날의 형세로 보아 민원식, 선우순 따위의 운동으로는 도저히 일대 세력을 이룩하기에는 어렵"고, 이제는 "조선인 사이에 열망이라든가 신용 있는 인사"를 활용할 필요가 있다고 하며 이광수와 최린을 거론했다(강동진, 1980, 394쪽 재인용). 결국 최남선이 잡지 『동명』이나 『시대일보』를 발행할 수 있었던 것은, 친일파보다는 민족개량주의 세력을 활용하려던 총독부의 이런 인식 변화의 덕택이었다. 그러나 『시대일보』의 뒤를 이어 발행된 『중외일보』의 이상협이나 『중앙일보』의 노정일은 일찍부터 친일 행적을 보인 인물이었다는 점에서 총독부의 정책이 반드시 일관성을 지녔던 것은 아니었다(박용규, 2015a, 173~211쪽; 장신, 2021, 119~152쪽).

비록 1년 정도밖에 발행되지는 않았지만, 1920년대 초의 대표적 친일 단체인 국민협회가 발행한 『시사신문』을 살펴봄으로써 친일 여론 형성을 둘러싼 총독부의 정책과 친일 단체의 활동을 이해할 수 있었다. 또한 대한제국 시기부터 친일 언론활동을 했던 민원식과 김환 외에 이기세나 김상회 같은 새로운 친일 언론인이 등장했다는 사실도 확인할 수 있었다. 이기세나 김상회가 총독부 기관지 『매일신보』로 옮겨가 편집 간부로 활동했다는 것은, 친일 언론과 총독부의 협력 관계가 뿌리 깊다는 것을 단적으로 보여주었다. 총독부는 식민지 지배기간 내내 『매일신보』 같은 기관지뿐만 아니라 『시사신문』 같은 조선인 발행의 친일 매체를 시기에 따라 적절히 동원하고 활용하는 정책을 실시했다. 이런 정책의 실시를 통해 친일 언론인들이 등장하고 활동할 수 있었다.

3장

총독부 기관지와 언론인

1. 총독부 기관지의 친일 언론인

일제는 식민지 지배 기간 내내 신문과 방송을 통제하거나 활용하는 정책을 펼쳤다. 조선인은 물론 일본인에게도 민간신문은 제한적으로 허용했고, 민간에게 허용한 신문에 대해서는 철저히 통제하는 정책을 실행했다. 한편 자신들이 실질적으로 운영하는 관영적 성격의 신문과 방송은 식민지 지배를 위한 도구로 철저히 활용하는 정책을 실행했다. 총독부는 언어별로 3개의 신문을 발행해, 조선어 기관지『매일신보』, 일본어 기관지『경성일보』, 영어 기관지『서울 프레스』가 있었다. 방송의 경우 경성방송국(뒤의 조선방송협회)을 설립해 처음에는 한 채널에 조선어와 일본어를 섞어서 방송하다가 1933년 4월부터는 조선어와 일본어 채널을 분리해 2개의 채널을 운영했다.

일제가 3·1운동의 여파로 1920년에 조선인에게 신문발행을 허용하

기 전까지 서울에는 총독부 기관지만 존재했기 때문에 언론인이 되고자
하는 사람은 『매일신보』에 들어갈 수밖에 없었다. 1910년대의 『매일신
보』에는 대한제국 시기부터 활동했던 친일 언론인과 새로 입사한 언론
인이 함께 근무했다. 1920년에 일제가 조선인의 신문발행을 허용함으
로써 『조선일보』, 『동아일보』, 『시사신문』 등 세 신문이 창간되었다.
1910년대에 『매일신보』에서 활동했던 사람 중 상당수가 1920년에 새로
창간된 민간지에 참여했다.

　1920년대 이후에도 총독부 기관지 『매일신보』와 조선인 발행 민간지
사이에 인적 교류는 계속되었다. 조선인 발행 민간지에 있다가 더 높
은 임금을 받기 위해 『매일신보』로 옮기는 경우가 많았다. 일부는 『매
일신보』의 역할을 강화하기 위해 민간지에서 발탁되어 가기도 했다.
특히 1940년에 『동아일보』와 『조선일보』가 폐간된 이후에는 많은 기자
가 『매일신보』로 옮겨갔다. 1930년대 말부터는 총독부 일본어 기관지
인 『경성일보』에도 많은 조선인이 기자로 입사했다. 『매일신보』와 『경
성일보』 같은 총독부 기관지가 친일 언론인의 주된 활동 공간이자 생
계 수단이 되었다.

　『매일신보』나 『경성일보』 같은 기관지들은 단순히 총독부의 정책을
선전하는 수준을 넘어서서 큰 틀에서 식민지 지배를 정당화하고 유지
하는 역할을 했다. 『매일신보』와 『경성일보』 경영진은 총독의 자문역
을 하며, 조선인 지식인을 회유해 『매일신보』에 입사시키거나 기고하
도록 하는 역할을 하기도 했다. 많은 언론인이 총독부 기관지에서의
활동으로 인해 친일파라는 비난을 듣게 되었다. 총독부 기관지에 재직
한 모든 언론인을 친일파라고 단정하기는 무리가 있지만, 적어도 이들
을 항일적 언론 활동을 한 언론인이었다고 볼 수는 없다(정운현, 1993,
36~37쪽). 특히 『매일신보』 경영진이나 편집 간부로 활동했던 인물은

친일 혐의로부터 자유롭지는 못했다.

총독부 기관지는 식민지 지배의 매우 중요한 수단이었다는 점에서 일제의 '조선통치 정책과 홍보·선전 정책'을 이해하기 위해 반드시 살펴보아야 한다. 또한 총독부 기관지에서 활동했던 언론인들이 광복 이후 한국 언론을 주도했다는 점에서 친일 언론을 연구하기 위해서도 반드시 살펴볼 필요가 있다(정진석, 2005, 9~11쪽). 특히 친일 언론인의 역사적 특성을 파악하기 위해 총독부 기관지에 근무했던 언론인을 구체적으로 살펴보는 것은 매우 중요하다.

3장에서는 시기에 따라 『매일신보』에서 활동했던 언론인들의 특성이 다소 다르다는 점을 고려해서 네 시기로 나누어 살펴볼 것이다. 크게 『경성일보』 종속기, 『경성일보』로부터의 편집국 분화기, 편집국 독립기, 신문사 독립기 등 네 시기로 나누어 총독부 기관지로서의 『매일신보』의 변화와 여기에 근무했던 언론인들의 특성을 정리해 보려고 한다. 3장에서는 정진석(2005)의 저서를 포함한 기존 연구, 『매일신보』 등의 당시 매체, 언론인의 회고 등을 활용하려고 한다.

2. 총독부 기관지의 특성과 역할

1) 총독부의 정책과 『매일신보』의 특성

통감부는 강제 병합 직전에 『대한매일신보』를 인수하여 1910년 6월 14일에 이장훈을 발행인으로 내세웠다. 일제는 1910년 8월 29일 조선을 강제 병합하고, 바로 다음 날인 30일부터 『매일신보』라는 제호로 바꾸어 신문을 발행했다. 『매일신보』는 "대한의 국호를 조선이라 개칭한 후

에는 대한으로 그제 두는 것이 사세에 그렇지 아니함으로 본보 명호
중 '대한' 이자를 제하여 없애노라"라고 하며 '대한' 두 글자를 제호에서
떼고 발행하기로 했음을 밝혔다(『매일신보』, 1910.8.30, 4면). 『매일신
보』는 이완용 내각 기관지였던 『대한신문』의 후신인 『한양신문』을 통
합해 국한문판과 한글판 2가지 신문을 발행했다. 진주의 『경남일보』와
인천의 일본인 발행 『조선신문』의 조선어판이 있었지만, 둘 다 지방
에서 발행되었고 오래 지속되지 못했기 때문에 『매일신보』는 사실상
1910년대 국내 유일 조선어 신문이었다. 1910년 10월 1일에 조선총독부
가 출범하면서 『매일신보』의 총독부 기관지로서의 성격이 더욱 분명
해졌다(장신 · 임동근, 2017, 325쪽).

　『매일신보』를 통합한 『경성일보』의 책임자로는 일본 언론계의 유력
인사이며 『국민신문』 사장이었던 도쿠토미 소호(德富蘇峰)가 임명되었
다. 그는 신문 경영을 맡기려는 총독부에게 "일체의 신문을 일어판 『경
성일보』에 집중시키는 것이 좋겠다"는 의견을 제시해 『매일신보』가
『경성일보』에 통합되게 만들었다(德富蘇峰, 1982, 259쪽; 황민호, 2005,
11쪽 재인용). 1910년 12월 말에는 총독부 일본어 기관지 『경성일보』
사옥으로 들어감으로써 『매일신보』는 『경성일보』 산하의 편집국이 되
고 말았다(『경성일보사지』, 1920년판, 15쪽). 편집국장을 맡았던 나카
무라 겐타로(中村健太郎)는 경영상의 이유와 떨어져 있기 때문에 생기
는 불편함 때문에 "경성일보 사옥으로 합사"했다고 회고했다(『매일신
보』, 1938.5.5, 1면).

　감독으로 취임하며 도쿠도미는 1910년 10월 1일에 데라우치 마사타
케(寺內正毅) 총독과 '신문정리에 관한 취극서(取極書)'라는 약정서를
교환하였는데, 그 내용은 다음과 같다(김진두, 1996, 27~28쪽 재인용).

첫째, 도쿠토미 소호를 감독으로 하는 『매일신보』와 『경성일보』는 총독
　과 총독부를 본위로 그 시정 목적을 달성하기 위해 노력할 것.
둘째, 당국자는 감독이 그 책임을 다하는 한 함부로 이것을 변경하지
　못함.
셋째, 『경성일보』는 당분간 매월 1,500원, 『매일신보』는 600원을 보조할
　것.
넷째, 『경성일보』 정리자금으로 40,000원 한도에서 지출할 것.

위의 내용은 『경성일보』와 『매일신보』가 총독부 기관지로서의 역할
을 충실히 할 테니 지원을 확실히 해달라는 것이었다. 도쿠토미는 『매
일신보』 직원들을 상대로 한 훈시에서 "매일신보가 신문지로서 존재하
는 이유는 우리가 천황 폐하의 인애(仁愛)하심과 일본인 일시동인(一
視同仁)하심을 받들어 조선에 선전함"에 있다고 주장했다(김규환, 1979,
136~137쪽 재인용). 도쿠토미의 이런 훈시 내용은 『매일신보』가 일제
의 식민지 지배를 위한 도구로서의 역할을 충실히 수행할 것을 요구한
것이었다.

도쿠토미는 서울에 계속 머무를 수 없었기 때문에 자신은 감독을 맡
고, 요시노 다자에몽(吉野太左衛門)을 사장으로 임명했다. 1914년 8월
1일에는 요시노의 후임으로 아베 미쓰이에(阿部充家)가 사장으로 부임
했다. 건강 악화와 총독부와의 갈등으로 인해 요시노가 물러나면서 도
쿠토미의 최측근 아베가 새로운 사장으로 왔던 것이다. 도쿠토미가 아
베를 사장으로 발탁한 이유로는 『국민신문』 시절부터 가장 신뢰하고
있었던 인물이라는 점뿐만 아니고 청일전쟁 때 종군기자로 활약한 적
이 있어 군 출신의 총독부 고위 관료들과 친분이 있었다는 점도 작용
했다. 특히 육군대장 출신의 데라우치 총독이 호감을 갖고 있었다는 점
이 아베가 총독부 기관지 사장이 되는 데 크게 작용했다(이형식, 2016,

157~161쪽).

도쿠토미는『경성일보』와『매일신보』가 총독 정치를 돕는 역할을 하면서도 일정한 자율성을 가지고 활동하는 것이 필요하다고 판단했다. 1916년 3월에 이런 입장을 담은 의견서를 데라우치 총독에게 제출했지만 받아들여지지 않았다. 데라우치에 이어 총독이 된 하세가와 요시미치(長谷川好道)도 도쿠토미의 의견을 받아들일 의사가 전혀 없었고 오히려 신문에 대한 통제를 더욱 강화했다. 결국 도쿠토미는 1918년 6월에『경성일보』와『매일신보』의 감독을 사임한다는 의사를 총독부에 밝혔고, 아베도 1918년 7월에 사장직을 사임했다(정진석, 2005, 79~86쪽). 민영화 실패와 언론통제 강화 등이 복합적으로 작용해 감독 도쿠토미와 사장 아베가 그만두었다. 총독은 도쿠토미의 총독부 기관지 독립 시도를 "부친을 배반하려는 반역의 행위"라고 비판하기도 했다(목춘상인, 1927, 44쪽). 아베는 신문 경영에 성공했다고 보기는 어렵지만,『매일신보』에 근무했던 심우섭, 방태영,『경성일보』에 근무했던 진학문 등 친일 언론인의 양성에 큰 역할을 했다(심원섭, 2017, 210~218쪽).

1918년 7월에 아베의 후임 사장으로 일본『산양신보(山陽新報)』주간 출신의 가토 후사조(加藤房藏)가 부임했고,『매일신보』의 발행 겸 편집인은 이상협으로 바뀌었다. 이미 민영화 시도가 좌절되었고 총독부의 통제가 더욱 강화되었기 때문에『경성일보』와『매일신보』는 철저히 총독부의 지배 도구가 되었다. 사장 가토 부임 이후인 1920년에 조선인의 신문 발행이 허용되면서『매일신보』는 새로 창간된 신문들과 경쟁하는 상황에 직면했고, 가토 사장은 조선인의 신문 창간을 앞두고『매일신보』편집국을 독립시키는 결정을 했다. 언론인 출신인 가토 사장은 편집국조차 분리되어 있지 않은『매일신보』로서는 조선인 민간지와 경쟁하기 어렵다고 보았기 때문이다.

가토 사장이 내분으로 1921년 2월에 사장직을 사임하자 외교관 출신
의 아키쓰키 사츠오(秋月左都夫)가 사장으로 부임했다. 이후에는 언론
인보다는 주로 외교관이나 관료들이 사장으로 부임했다. "이 같은 인사
는 경성일보와 매일신보가 처음에는 일제의 식민지 정책을 홍보하는
선전기구로 출발하여 언론인 출신들에게 신문 제작을 맡겼으나, 1920년
대 이후에는 경성일보를 식민지 통치의 정치적 권력기구로 보았던 정
책이 반영된 것"이었다(정진석, 2005, 109쪽).

아키쓰키가 총독부의 기대에 부응하지 못하고 물러나자 1924년 7월
에 소에지마 미치마사(副島道正)가 사장으로 취임했다, 귀족 출신인 소
에지마는 취임 이후 "문화정치의 취지에 적극 부합하는 방향으로 신문
을 제작"하도록 하겠다고 밝혔다. 자치론을 주장하며 어느 정도의 독립
성을 추구했던 소에지마 사장 시절의『경성일보』와『매일신보』는 조선
총독부 정책을 비판하는 기사도 간혹 실었다(목춘산인, 1927, 43~44쪽).
사이토 총독의 유럽 방문 중인 1927년 12월에 소에지마는 "총독부 관리
들의 압박으로 사임"하게 되었다(조성운, 2007, 17~18쪽). 소에지마의
퇴진 이후 총독부는 기관지에 대한 통제를 더욱 강화했다.

소에지마가 물러난 후 부사장이었던 마쓰오카 마사오(松岡正南)가
사장으로 승진했다. 언론계 경력이 있던 마쓰오카는 독립된 회사로 운
영되던 영어 기관지『서울 프레스』를『경성일보』에 통합시키고,『매일
신보』의 부사장과 편집국장으로 조선인을 임명하는 개혁을 시도했다.[1]
또한 창간 25주년을 맞이해『경성일보』의 자본금을 50만 엔으로 증액
했다(정진석, 2005, 132~133쪽). 마쓰오카는 만주사변이 발발한 다음 달

---

[1] 1930년 2월에 부사장을 맡은 박석윤도『경성일보』사장을 지낸 '아베의 측근'이었다
(심원섭, 2017, 218쪽). 아베는 사장을 그만두고도 사이토 총독의 고문으로서 계속 조
선을 방문하며 영향력을 행사했다(이형식, 2017, 472쪽).

인 1931년 10월에 사장직에서 물러났다.

마쓰오카가 물러난 이후 『경성일보』의 사장은 관료 출신들이 맡았다. 1931년 10월 부임한 사장 이케다 히데오(池田秀雄)는 내무관료 출신으로 총독부 식산국장과 홋카이도 장관을 지냈다. 이케다는 4개월 만에 사임하고 일본 중의원 선거에 출마해 당선되었다. 그의 후임으로 도키사네 아키호(時實秋穗)가 왔는데, 그는 충청남도와 경기도 도지사와 후쿠오카 시장을 지낸 정통 내무관료였다. 도키사네는 1936년 9월까지 4년 동안 사장으로 재직했다(정진석, 2005, 145~147쪽). 1931년 만주사변 발발 이후 총독부는 기관지에 대한 통제를 더욱 강화했다. 관료 출신이 사장이 된 『경성일보』나 『매일신보』는 과거보다 더욱 철저하게 총독부의 정책을 지지하는 논조를 보였다. 도키사네가 사장이던 1933년 10월에 이상협이 부사장으로 취임했다.[2] 박석윤이 부사장에서 물러난 1932년 9월 직후에 노정일이 사이토 총독의 "진력으로 『매일신보』 부사장에 취임한다는 풍문"이 있었지만(장신, 2021, 142~143쪽), 1년여 공석 끝에 이상협이 부사장이 되었던 것이다.

1938년 4월에는 『경성일보』에서 『매일신보』가 분리되어 최린이 최초의 사장이 되었다. 총독부의 권유를 받은 최린은 주저하다가 사장을 맡았는데, 부사장 이상협이 실무적인 문제를 담당한다는 조건으로 수락했다(정진석, 2005, 149쪽). 『매일신보』의 분리·독립은 중일전쟁이 발발한 이후 조선인을 상대로 하는 선전을 강화할 필요가 있다는 판단 때문이었다. 1940년 9월에 이상협이 감사역으로 물러나고 10월에 김동

---

[2] 김을한은 경기도 경찰부장 시절인 1927년 경에 이상협을 알게 된 하지 모리사다(土師盛貞)의 추천으로 『매일신보』 부사장으로 들어갈 수 있었다고 주장했다(1975, 240~244쪽). 하지는 경기도 경찰부장, 평안북도 도지사, 경상남도 도지사를 지내고 1937년에 조선방송협회 이사장을 맡았다(정진석, 1995, 318쪽). 김을한은 이상협의 『매일신보』 재입사 시기인 1933년에 하지가 조선방송협회 회장이라고 했지만, 이 시기에 하시는 평안북도 도지사를 맡고 있었다.

진이 상무로 취임했다(『삼천리』, 1940년 12월호, 15쪽; 정진석, 2005, 444~
453쪽). 1941년 6월에는 최린이 물러나고, 경찰 출신으로 충청남도 도
지사를 지낸 이성근이 사장으로 취임했다. 이성근은 취임하며 "보도보
국, 언론보국의 적성을 다하여 국론을 통일"하는 것이 『매일신보』의 사
명이라고 밝혔다(『매일신보』, 1941.6.17, 1면). 총독부는 1930년대 말 이
후 경영진이나 편집간부 인사에 적극 개입해 『매일신보』를 더욱 효과
적인 선전도구로 활용했다.

2) 『매일신보』의 소유와 경영

　『경성일보』는 1913년 11월 8일에 총독부와 자본금 7만 엔의 합자회
사를 설립했다. 자본금 7만 엔 가운데 6만 엔은 총독부가 출자하고, 1만
엔은 『경성일보』가 출자했다. 『경성일보』의 출자금에 해당하는 재산도
총독부의 소유였기 때문에 실질적으로는 전액을 총독부가 출자한 셈
이었다(정진석, 2005, 73쪽). 『경성일보』의 경영난이 심각해지자 도쿠토
미는 민영화를 시도했으나 총독부에 의해 받아들여지지 않자, 두 신문의
이익을 늘려서 부채를 상환하고 총독부로부터 보조금을 받지 않고 경
영이 가능한 구조를 만들려고 했었다(이형식, 2016, 176~177쪽).

〈표 3〉 1928년의 구독료와 광고수입

	구독료	광고수입
경성일보	202,132.26	374,549.51
매일신보	104,245.61	58,671.35
동아일보	226,315.80	139,251.91

출처: 정진석, 2005, 133쪽; 동아일보사, 1975, 409쪽.
* 『동아일보』는 1927년 10월~1928년 9월까지.

1921년 6월에 아키쓰키를 사장으로 임명하면서 '합자회사 경성일보에 관한 계약서'를 새로 체결했다. 이 계약서를 통해 16만 엔으로 자본금을 늘렸는데, 1만 엔은 『경성일보』가 출자했고, 15만 엔은 총독부 촉탁이었던 오하라 도시다케(大原利武)가 출자했다(정진석, 2005, 109~110쪽).[3] 합자회사였던 『경성일보』는 1930년 2월에는 다시 자본금을 16만 엔에서 50만 엔으로 증액하고, 별도로 운영되던 영문 기관지 『서울 프레스』를 합병해 경영하기로 결정했다(『신문총람』 1932년판, 453쪽).

〈표 3〉에 나타난 것처럼 『경성일보』의 경우 일본인 독자의 확장에는 한계가 있어서 구독료 수입이 『동아일보』와 비슷한 수준을 보였지만, 광고수입은 『동아일보』의 거의 3배 정도였다. 반면에 『매일신보』의 구독료 수입이나 광고 수입은 모두 『동아일보』의 반도 되지 않는 수준이었다. 1928년의 『동아일보』의 부수는 4만 868부였고, 『매일신보』의 부수는 2만 3,946부였다. 부수 차이보다 광고수입 차이가 더 큰 것은 광고매체로서의 가치에 큰 차이가 있었다는 것을 보여준다. 1929년 『경성일보』의 발행부수는 2만 6,352부였고, 『동아일보』는 3만 7,802부였으며, 『매일신보』는 2만 3,015부였다(『한국언론연표』, 504쪽, 539쪽). 『경성일보』가 부수에 비해 큰 광고수입을 올렸던 것과는 달리 『매일신보』는 대단히 적은 광고수입을 얻었을 뿐이다.

『매일신보』는 1938년 4월에 『경성일보』로부터 독립해 100만 엔의 주식회사로 새로 출발했다. 『경성일보』가 주식의 45%를, 총독부가 10%를 가지고 있었기 총독부의 통제하에 있었다는 사실은 이전과 마찬가지였지만 대규모 주식회사로 안정적인 운영을 할 수 있게 되었다는 것은

---

[3] 1920년 4월에 발행된 『신문총람』 1920년판에 이미 자본금이 16만 엔으로 나와 있는 것을 보면 아키쓰키가 부임한 1921년 6월 이전에 증자가 이루어졌을 가능성도 있다. 조선인의 신문 발행에 맞서서 총독부 기관지를 강화하기 위한 차원에서 증자했을 것이다.

큰 변화였다(정진석, 2005, 156~163쪽). 1930년대 말에 가면『매일신보』
의 발행부수도 늘어나『동아일보』나『조선일보』를 앞서기 시작했다.
1939년에『동아일보』는 55,997부,『조선일보』는 59,394부였지만,『매일
신보』는 95,939부수였다(정진석, 1990, 553쪽). 논조 면에서『동아일보』
와『조선일보』가『매일신보』와 큰 차이가 없어졌고(최준, 1960, 312쪽),
정책 선전을 위해 "방방곡곡에 의무구독으로 들어"갔기 때문이다(김소
운, 1973/1978, 74쪽).

〈표 4〉에 나와 있는 대로『동아일보』의 1938년(1937.10.1~1938.9.30)
매출액은 621,414원이고, 순익은 2,193원이었다(동아일보사, 1975, 405쪽).
1938년에『매일신보』의 매출액은 695,590원으로서 이미『동아일보』를
앞섰고, 순익에서도『매일신보』는 20,816원으로『동아일보』를 크게 앞
질렀다.

〈표 4〉 매일신보의 매출액과 당기순익

	1938	1939	1940	1941	1942	1943	1944
매출액	695,590	1,306,848	1,860,166	3,047,857	3,554,397	4,347,691	5,612,735
당기순익	20,816	26,868	28,289	73,877	99,053	150,847	373,813

출처: 정진석, 2005, 405쪽.

총독부는 1930년대 말부터 신문사 통폐합을 추진했다. 이런 신문사
통폐합의 중요한 목적 중 하나가 바로 총독부 기관지를 강화하고자 하
는 것이었다. 따라서 일제는 신문사 통폐합 계획을 수립할 때부터『매
일신보』와『경성일보』를 중심으로 하는 통폐합 방안뿐만 아니라 통폐
합 이후 두 신문의 발전 방안도 미리 강구해 놓았다. 즉 일제는 이런
정책을 통해 총독부 기관지를 중심으로 하는 선전활동을 강화하고자
했다. 1940년 8월에『동아일보』와『조선일보』를 폐간해 사실상『매일

신보』로 통폐합하는 결과를 가져왔고, 『경성일보』도 경기도 내 일본어 신문인 『조선신문』, 『조선매일신문』, 『경성일일신문』의 폐간으로 입지가 강화되었다(박용규, 2015a, 272~273쪽).

총독부는 『매일신보』나 『경성일보』의 자매지를 발행하여 선전활동을 더욱 강화하고자 했다. 『매일신보』의 경우 이미 1939년부터 일본어 주간지 『국민신보』, 지방의 『매일신보 호외』, 『사진순보』 등을 발행하기 시작했다. 이후 1942년 7월에 『국민신보』를 『국어교실』로 개제해 발행하기 시작했고, 1945년 5월에는 『새소식』이라는 타블로이드 일간지를 창간했다(임종국, 1983, 51쪽; 최준, 1960, 332~333쪽). 『경성일보』는 1938년에 창간된 『소국민신문』을 1942년 4월에 『소학생신문』으로 개제해 발행했으며, 같은 해 6월에는 『황민일보』를 창간했다. 또한 1943년 12월에는 『월간소국민』과 『연성(鍊成)화보』를 창간했다(김규환, 1978, 332~333쪽; 최준, 1960, 334~335쪽).

또한 일제는 총독부 기관지에 반드시 등기공고를 하도록 하여 광고 수입을 늘릴 수 있게 만들었고(정진석, 1991, 362~363쪽), 지방판을 확충하고 지방의 판매망도 강화해 발행부수도 늘리도록 했다(『신문총람』 1943년판, 156~161쪽). 다만 『매일신보』가 통폐합 이후 증자하여 자본금이 150만 원이 되었던 반면에 『경성일보』는 애초의 계획과 달리 증자하지는 않았다.

신문사 통폐합과 다양한 지원책을 통해 총독부 기관지 발행부수는 대폭 늘어났다. 『매일신보』는 『동아일보』와 『조선일보』가 폐간된 직후부터 바로 부수가 증가하기 시작하여,[4] 〈표 5〉에 나타난 대로 1944년

---

[4] 일제는 1940년 말 현재 『매일신보』의 발행부수가 34,786부 늘어났다고 했다(『朝鮮出版警察概要』 1940년판, 733쪽). 다른 자료에는 『동아일보』와 『조선일보』가 폐간된 지 1개월 반 정도 지나 『매일신보』의 발행부수가 기존에 비해 약 80%가 늘어난 것으로 나타났다(『삼천리』, 1940년 10월호, 14쪽).

<표 5> 통폐합 이후 신문의 발행부수 변화

지역		통폐합 전 부수	통폐합 후 신문명	통폐합 후 부수
경기도	조선어	211,310	매일신보	388,337
	일본어	104,124	경성일보	373,158
			조선상공신문	20,658

자료: 『朝鮮出版警察槪要』 1939년판, 280~285쪽; 宮田節子, 1985/1997, 4쪽.
* 통폐합 전 부수는 해당 지역 발행 신문의 1939년 부수를 모두 합친 것임.
** 통폐합 후 부수는 1944년 9월 말 현재 발행 부수임.

9월에는 388,337부가 되었다. 이 같은 발행부수는 1939년 말 현재 『매일신보』의 부수인 95,939부의 네 배쯤 되는 것이고, 1939년 말 현재 『동아일보』와 『조선일보』를 포함한 조선어 신문 전체 부수인 211,310부의 거의 두 배에 도달한 것이다. 이후 『매일신보』의 부수는 더 늘어나 1945년 6월에는 50만 부에 이르게 되었다(최준, 1960, 332쪽). 이 같은 급격한 발행부수 증가는 "불안한 전국(戰局)을 조금이라도 더 많이 알기 위해"(정비석, 1976/1978, 456쪽) 조선인들이 불가피하게 『매일신보』를 읽게 되었기 때문이다.[5] 『매일신보』는 부수 증가 등으로 인해 1939년에 비해 1944년에는 총수입이 4배 이상으로 대폭 늘어났다(정진석, 1991, 354~355쪽).

또한 통폐합 이후 『경성일보』의 발행부수도 크게 늘어나 1941년 말에는 18만 부를 발행하게 되었다(김규환, 1978, 332쪽). 이 같은 부수는 불과 2년 전인 1939년 말 『경성일보』 발행부수 61,976부의 세 배쯤 되는 것이었고, 경기도 내 일본어 신문의 총 부수인 104,124부의 두 배 가까운 것이었다. <표 5>에 나타난 것처럼 『경성일보』의 발행부수는

---

[5] 이 점은 1940년대에 조선인 라디오 청취자 수가 늘어난 것과 마찬가지 현상이라고 이해할 수 있다(宮田節子, 1985/1997, 3쪽).

1944년 9월에는 다시 373,158부로 늘어났다. 『경성일보』가 이 같이 발
행부수를 늘릴 수 있었던 것은 조선인 독자들을 확대할 수 있었기 때
문이었다.[6] 총독부 기관지들은 비록 전시 총동원 체제 속에 용지 부족
으로 감면을 하면서도 재정적으로 큰 어려움을 겪지는 않았다.

3) 『매일신보』의 역할과 내용

1910년대에 유일한 조선어 신문이었던 『매일신보』는 "식민지 통치의
'정당성'과 성과를 널리 선전"하는 역할을 했다(임경석, 2008, 49쪽). 『매
일신보』 스스로 "한일병합에 반(伴)하여 우후죽순적 신문은 종(終)을
접하여 폐간되고 어시(於是) 조선 유일의 신문이 발생하여 2천만 동포
에 복음을 전하였으니 매일신보가 시(是)야라"라고 주장했다(『매일신
보』, 1916.3.4, 1면). 자신들이 조선인에게 '복음'을 전한다고까지 했으
니, 『매일신보』가 식민지 지배를 위해 어떤 역할을 해야 한다고 생각
했으리라는 점은 쉽게 짐작할 수 있다.

1910년대에 『매일신보』는 식민지 정책에 관한 각종 법령과 제도를
조선총독부의 입장에서 설명하는 내용과 사회의 각 부문에서 식민주
의적 관점을 관철시키려는 내용을 주로 실었다. 특히 체제의 우월성이
나 동화정책의 정당성을 선전하는 기사들이 많았다. 총독부는 『매일신
보』를 통해 식민지 체제가 확고하게 자리 잡았고, 조선인들이 총독부
의 통치정책에 순응하고 있음을 강조했다(황민호, 2005, 16~17쪽).

『매일신보』 강점 직후부터 계속 국한문판과 한글판을 따로 발행하

[6] "시국의 변천과 더불어 민간 지식 계층에서는 국문판 매일신보보다도 오히려 '경일(京
日)'을 보는 경향과 풍조가 생겼다"고 한다. 대체로 『경성일보』의 독자 중 40%가 일본
인이라면 조선인은 60% 정도를 차지했다고 한다(최준, 1960, 335쪽).

다가, 1912년 3월 1일에는 국한문판과 한글판을 하나로 합쳐 "통합된 1면과 2면에는 '경파기사'인 정치와 경제를 국한문으로 싣고, 3면과 4면에는 '연파기사'인 사회와 문화를 한글로" 썼다(장신·임동근, 2017, 327~328쪽). 『매일신보』는 국한문과 한글로 지면을 나누어 구성하면서 지면별 대상 독자에 따른 효과적인 선전 전략을 구사할 수 있었다(윤상길, 2011). 국한문 지면이 전통적 지식인 독자를 대상으로 했다면, 한글 지면은 중류 이하의 계층과 여성을 대상으로 한 것이었다. 선전을 위해서도 읽히는 신문을 만들어야 했기 때문에 한글 지면에서는 오락적이고 흥미 위주의 내용으로 대중성을 강화하고자 했다(이희정, 2011, 357~363쪽).

『매일신보』가 체제 안정화를 위해 가장 적극적인 활동을 보인 시기 중 하나가 3·1운동 때였다. 『매일신보』는 3·1운동이 시작되고 한동안 보도하지 않다가 3월 7일에서야 첫 보도를 했다. 총독부는 실상을 숨기려고 하다가 시위가 전국적으로 확산되자 이제는 은폐 시도가 실효가 없음을 깨닫고 제한적으로 보도를 허용했다. 『매일신보』는 시위 사실에 관한 부정확하고 악의적인 보도를 일삼았고, 3·1운동을 비판하는 이완용이나 민원식 등 친일파의 글을 게재하기도 했다(임경석, 2008). 『매일신보』는 단순히 3·1운동을 비판하는 것을 넘어서서 친일 세력의 조직화를 위한 기반을 제공하는 역할도 수행했다. 3·1운동 시기에 발행된 항일 지하신문인 『자유민보』 15호(1919.4.17 수집)는 '신문기자를 통매(痛罵)함'이라는 사설에서 『매일일보』와 『경성일보』가 "언론이 간휼(奸譎)하여 유를 무라 하고, 정(正)을 위(僞)라 하여 독자의 이목을 현탈(眩脫)케" 한다고 비판했다. 『자유민보』 25호(1919.4.25 수집)도 '사기요 위조인 신보'라는 기사에서는 『매일신보』가 "동은 서라, 정(正)은 가(假)라, 유는 무라 하여 계급 동포의 의심과 반감"을 일으킨다고 비판했다(박용규, 2019, 263쪽).

『매일신보』는 "독립군 단체의 동향이나 독립군과 일본군의 교전 상황을 왜곡 보도"하는 일이 잦았다. 청산리 전투 같은 독립운동에 대해서는 실상을 왜곡하거나 폄하하는 보도를 했고, 일본군이 저지른 만행을 호도하는 다양한 기사들을 실었다. 『매일신보』는 독립군을 주로 '음모단'으로, 김좌진이나 홍범도를 두목으로 부르며 범죄집단처럼 취급했고, 일본군은 토벌대라고 부르며 자신들의 행위를 정당화했다(황민호, 2007). 민족운동에 관한 『매일신보』의 보도는 총독부 기관지로서의 특성을 잘 드러내 주었다.

『매일신보』는 1920년대에 『동아일보』 등 조선인 발행 민간지들과 논전을 벌이기도 했다. 중요한 시사 문제에 대해 민간지들과 상반된 입장에서 보도하고, 때로는 민간지에 대해 공격을 하거나 비난을 퍼붓기도 했다. 1924년 각파유지연맹이란 친일 단체를 비판하는 『동아일보』와 『조선일보』의 보도에 맞서 『매일신보』는 각파유지연맹을 옹호하며 두 신문을 비판하는 보도를 했다(정진석, 2005, 112~121쪽). 『매일신보』는 '동아일보의 죄과를 수(數)함'(1)이라는 사설에서 『동아일보』가 "일한병합에 의하여 일본통치하에서 조선민족의 영원한 복리를 개척하며 동양의 항구평화를 보장하려는 양민족의 공영동창(同昌)하려는 대의를 저주하는 불온한 언사를 농(弄)"해 왔다고 하며, 자신들은 "동아일보와 항상 반대되는 입장에서 사물을 논의, 비평"해 왔다고 주장하기도 했다(『매일신보』, 1924.4.17, 1면). 1920년대까지는 『매일신보』는 식민지 지배를 정당화하며 민족운동을 비판하는 역할을 하면서도 아주 드물게 총독부의 정책을 비판하며 갈등을 겪기도 했다(목춘산인, 1927, 43~44쪽).

그러나 1930년대에 들어서서는 철저하게 총독부의 정책에 순응하며 선전도구로서의 역할을 수행하기 시작했다. 1930년대 이후 지면 확장을 통해 적극적으로 독자를 확대하고 사세를 확장하려는 전략을 펼쳤다(이희정, 2017). 1931년 이후 『매일신보』는 선전도구로서의 역할을 강화하다가, 1937년 이후에는 전시 체제하 총력전의 도구로서 '사상 동원의 매체'가 되었다. 1941년 태평양전쟁이 벌어지면서 『매일신보』는 "군국 일본의 언론정책을 그대로 답습하여 소위 '귀축(鬼畜) 미·영을 격멸하라'는 슬로건을 내세워 문자 그대로 충실한 기관지 역할"을 수행했다(최준, 1960, 331쪽). 1940년대에는 총독부가 주도해서 『매일신보』에 사회 저명인사의 기고나 대담을 자주 게재해 황민화와 전쟁 협력을 이끌어 내려고 했다.[7]

『동아일보』와 『조선일보』가 폐간된 이후인 1940년대에는 안정적인 재정 기반까지 확보한 총독부 기관지가 완전히 지배하는 언론구조가 만들어졌다. 일제 말기에 『매일신보』나 『경성일보』가 수십만 부 발행되었기 때문에 총독부 기관지의 영향력은 매우 커졌다고 할 수 있다. 하지만 조선인의 매스미디어에 대한 불신이 컸기 때문에 총독부 기관지의 영향력이 절대적이었다고 단정하기는 어렵다(변은진, 2013, 89~90쪽). 다만 "반대 선전에 접하는 기회가 거의 봉쇄되어" 있던 당시 현실에서 지배적인 언론매체로서 총독부 기관지들이 조선인들에게 미친 영향이 작지는 않았을 것이다(김규환, 1978, 348쪽).

[7] 『매일신보』 정치부장이던 이원영은 1944년에 조선총독부 정무총감과 경무국장으로부터 지시를 받고 저명인사들의 기고 요청을 했다고 회고했다(이원영, 1974/1978, 95~95쪽). 이렇게 『매일신보』가 유력 인사로부터 받아 낸 기고나 인터뷰 내용이 "적당히 가필, 수정"되는 경우도 있었다고 한다(김진섭, 1992, 130쪽).

3. 『매일신보』의 변화와 언론인

1) 경성일보 종속기(1910.8~1920.3)

일제의 강점 이전에 『대한매일신보』에서 박은식과 신채호는 이미 떠났고, 양기탁도 1910년 6월 통감부가 인수한 직후에 신문사에서 물러났다. 『대한매일신보』가 『매일신보』로 바뀐 이후 기존 언론인 중에 이장훈 등 친일적 성향의 사람들은 그대로 남아서 활동했고, 『매일신보』로 출범할 때 대한제국 시기의 친일 언론인인 선우일 등이 합류해 함께 근무했다.

〈표 6〉 대한제국 시기 친일 언론인의 『매일신보』 참여

	1905	1906	1907	1908	1909	1010	매일신보
최영년	대한일보	만세보			국민신보		조선신문 입사
이인직		국민신보 만세보	대한신문	------	------	------〉	소설 게재 (1912.3.1.)
선우일		국민신보 경성일보		제국신문	------	------〉	기자, 발행 겸 편집인 (1915.1.30.)
정운복		경성일보	제국신문	------	------	------〉	주필
변 일			제국신문	대한매일	대동일보		발행 겸 편집인 (1910.10.22)
이해조			제국신문	------	------	------〉	기자
이장훈			대한매일	------〉	한성신보	대한매일	발행 겸 편집인
김 환					국민신보	------〉	기자(1916)

대한제국 시기의 친일 언론인 중에 1910년대에 『매일신보』와 무관하게 활동했던 사람으로는 『국민신보』 사장을 지낸 최영년을 들 수 있다. 최영년은 인천의 일본인 발행 신문 『조선신문』 조선어판(1911.8.12~

1916.4.30) 주필을 지냈고, 그의 아들 중에 최찬식은 이 신문에 소설을 연재했으며 최원식은 편집 주임을 맡았다. 최원식은 1920년『조선일보』 창간 당시 사회부장을 맡았다(장신, 2018).『대한신문』사장을 지낸 이 인직은『매일신보』에 입사하지는 않았고 소설을 연재했을 뿐이다.

이장훈은『대한매일신보』에 근무하다가 일본인 발행의『한성신보』 를 거쳐 다시『대한매일신보』로 돌아왔고 통감부가 인수한 후 발행인 으로 내세웠던 친일 언론인이었다. 그는 1910년 6월 14일부터 1910년 8월 28일까지『대한매일신보』의 발행인 겸 편집인을 지냈고, 강점 이 후인 1910년 8월 30일『매일신보』로 제호를 바꾸어 출발할 때도 계속 발행인 겸 편집인을 맡았다가 1910년 10월 22일에 물러났다(『친일반민 족행위진상규명보고서』 Ⅳ-13, 865~875쪽).

친일적 색채를 보이던 시절의『제국신문』에 근무했던 사람 중에 정 운복, 변일, 선우일, 이해조 등이『매일신보』에 입사했다. 변일은『제 국신문』,『대한매일신보』,『가정잡지』를 거쳐 1909년 친일 성향의『대 동일보』에서 근무했고 잠시 언론계를 떠났다가『매일신보』에 들어와8) 1910년 10월 22일에 이장훈에 이어 발행인 겸 편집인을 맡았다(『친일 반민족행위진상규명보고서』 Ⅳ-8, 103~110쪽). 선우일은 일진회 기관지 『국민신보』와 통감부 기관지『경성일보』를 거쳐 정운복 체제의『제국신 문』에서 근무했고 일제의 강점 이후『매일신보』에 입사했다. 선우일은 변일에 이어 1915년 1월 30일부터 발행인 겸 편집인이 되어 1918년 9월 17일까지 근무했다(『친일반민족행위진상규명보고서』 Ⅳ-8, 398~409쪽). 1910년대『매일신보』의 발행인 겸 편집인은 대한제국 시기부터 활동했 던 친일 언론인인 이장훈, 변일, 선우일 등이 이어 맡았는데, 이를 통해

---

8) 변일은 나중의 회고에서 본인이 1910년 10월 1일에『매일신보』주필이 되었다고 했다 (『매일신보』, 1940.10.1, 8면).

대한제국 시기 친일 언론의 전통이『매일신보』를 통해 이어졌다는 것
을 알 수 있다.

변일은 1910년에 정운복이 "나와 같이 매일신보에 들어갔지요"라고
회고했고(『매일신보』, 1938.5.5, 1면), 당시 정운복이 '사장 겸 주필'로
입사했다는 보도가 나오기도 했다(『경성신보』, 1910.10.12, 2면;『한국
언론연표』, 214쪽 재인용). 정운복이 사장이 되었던 것은 아니었지만
『매일신보』에 근무했던 것만은 분명하다. 이해조도 강점 직후『매일신
보』에 입사해 기자로 활동하며 1910년 10월부터 1913년 5월까지 계속
소설을 연재했다(송민호, 2009, 196~197쪽).

인력이 부족했기 때문에『매일신보』는 신문 제작을 위해 1910년대 초
반부터 계속해서 기자 충원을 해야만 했다. 1910년대 전반기에는 이상
협, 방태영, 정우택, 윤백남, 민태원, 심우섭, 조중환이 입사했고, 1916년
에는 김환, 1917년에는 남상일과 김기전, 1918년에는 홍승구, 홍난파,
유지영이 들어왔다. 이후에도 백대진, 김형원, 서승효, 유광렬 등이 입
사해서 활동했다(유광렬, 1969, 252~256쪽; 정진석, 2005, 89~94쪽, 106~
107쪽). 이들 중 대한제국 시기의 언론계 경력이 있는 인물로는 일진회
기관지『국민신보』출신의 김환과『대한매일신보』에서 활동한 바 있
던 정우택이 있었다.

1910년대에 조선어 신문으로『매일신보』가 유일했기 때문에 기자가
되고자 하는 사람은『매일신보』에 입사할 수밖에 없었다. 그래서 당시
에『매일신보』입사도 쉬운 일은 아니었고, 입사를 위해 청탁을 하는
일이 많았다. 심우섭은 1914년에 나카무라 겐타로(中村健太郎)에게 부
탁했다가 안 되고, 다시 변호사 이기찬 명의 소개장과 몇 편의 글을 편
집국장 마쓰오 모키치(松尾茂吉)에게 보내 청탁해 입사했다고 밝혔다
(『매일신보』, 1938.5.5, 1면). 1917년에 남상일은 친지인 민태원에게 "기

자 되기를 지망하고 천인(薦引)하기를 요청"했고, 민태원이 써오라고 해
서 제출한 글이 인정되어 입사했다고 밝혔다(남상일, 1975/1978, 227쪽).
기존 기자들과의 연고를 통해 충원되는 일이 빈번했음을 보여준다. 또
한 『경성일보』와 『매일신보』 사장을 맡고 있던 아베 미쓰이에는 재직
기간(1914.8~1918.6)에 직접 조선인 신지식층과 교류하며 이들을 발탁
했는데, 이 시기에 아베 미쓰이에의 추천으로 진학문은 『경성일보』에
입사할 수 있었다(이형식, 2016, 185~191쪽).

이 시기에는 『경성일보』 편집국장이 『매일신보』 편집국장을 겸해서
조선인은 편집장이라는 편집의 실무 책임자를 맡는 정도에 그쳤다.
1915년 초에 편집장은 선우일, 경파주임은 조중환, 연파주임은 이상협
이었다. 경파 주임은 정치·경제를 담당하고, 연파 주임은 사회·문화
를 담당했다(정진석, 1995, 401쪽). 1917년에는 김환이 경파주임을 맡았
고, 이상협은 1918년 9월부터 편집장을 맡기도 했다. 선우일이나 김환
처럼 대한제국 시기부터 활동했던 친일 언론인이 주로 편집간부를 맡
다가, 1910년대 말부터 이상협처럼 일제의 강점 이후 입사한 인물도 편
집간부를 맡기 시작했다(정진석, 2005, 89~94쪽).

이 시기 기자 중에 다수가 작가를 겸했다. 유광렬은 "황성신문이나
대한매일신보 때의 기자들이 기자인 동시에 평론가요 사학자이던 것
과는 달리 매일신보 하나만 있을 때에는 신문기자가 소설작가를 겸한
것은 기이한 일"이었다고 하며, "정치나 사회를 논란할 수 없던 그때
기자들은 소설 쓰기를 겸하며 그 앰비션을 발산시킨 것"이라고 주장했
다(1969, 255~256쪽). 이해조, 조중환, 심우섭, 이상협, 민태원 등의 기
자들이 직접 나서서 독자들을 확대하기 위한 수단으로 외국 소설을 번
안해 게재해서 "기관지가 된 이후로는 전력을 소설에" 바쳤다는 평가까
지 나왔다(간당학인, 1923, 55쪽).

2) 『경성일보』로부터의 편집국 분화기(1920.3~1929.9)

3·1운동이 일어나면서 『매일신보』에 근무하던 기자들도 고민에 빠졌다. 총독부 기관지에 있으며 3·1운동을 바라보는 마음이 편치 않았을 것이기 때문이다. 조선인 민간지 발행의 가능성이 엿보이던 시기에 『매일신보』에 근무하던 언론인 중에 민간지 입사를 위해 떠난 사람들이 있었다. 백대진이 백설원이라는 필명으로 쓴 "두 형님을 보냄―이상협, 윤교중 양형"(『매일신보』 1919.7.5, 1면)이란 기사를 통해 이상협과 윤백남이 『매일신보』를 1919년 7월 초에 떠났다는 사실을 알 수 있다. 윤백남은 『시사신문』으로 갔고, 이상협은 『동아일보』 창간에 참여했다. 윤백남은 『매일신보』 근무 기간을, 1912년 1년간, 1918년부터 2년간, 1922년부터 3년간 등 총 6년이며, 두 번째는 경제부장, 세 번째는 편집장을 맡았다고 주장했다(『매일신보』 1930.5.10, 2면). 정진석은 윤백남이 1913년 입사해 1년, 1918년 12월 28일부터 2년간 경제과장, 1922년부터 3년간 근무했다고 정리했다(정진석, 2005, 451쪽). 이상협은 1933년 10월에 다시 『매일신보』에 입사해 1940년 9월까지 부사장을 지냈다.

이상협과 윤백남 이외에도 1920년에 창간된 민간지로 이동한 사람들이 더 있었다. 민태원, 김형원, 유광렬, 서승효, 정우택, 남상일 등이 『동아일보』로 옮겼고, 선우일, 유지영 등이 『조선일보』로 옮겼다(박용규, 1994, 118~119쪽). 새로 창간한 민간지들은 경력을 가진 기자들이 필요했고, 『매일신보』 기자 중에는 총독부 기관지로부터 떠나고 싶었던 사람들이 있었기 때문이다. 1919년에 『매일신보』에 입사했던 홍승구는 3·1운동이 일어나고 『동아일보』가 창간되자 "매일신보는 인기가 없어서 매일신보 기자들도 경성일보 기자 행세"를 했다고 회고했다

(『매일신보』, 1938.5.5, 1면). 이를 통해 『매일신보』에 근무하던 기자들이 민간지로 옮기려고 했던 심리를 이해할 수 있다.

『매일신보』도 조선인의 민간지 발행에 대비해 1920년 3월에 사칙을 변경해 『경성일보』와 편집국을 분리시키고, 편집국에는 논설부·편집부·외사부·사회부·지방부 등 5부를 두었다. 1920년 9월의 『매일신보』 편집국 소속 사원은 다음과 같다(정진석, 2005, 101~102쪽).

고 문 : 나카무라 겐타로(이사), 국장심득(대우) : 방태영(이사)
논설부 : 김기전(이사), 서내석·고제원·송순기·최승준
편집부 : 부장 백대진(이사), 이재현·유완형·김선흠·김희상
외사부 : 부장 방태영(겸)
사회부 : 부장 정우택(사사), 박용환·유지영·서병업·김한규·신익균
지방부 : 부장 방태영(겸), 박용환(겸)

1920년대에는 『매일신보』와 민간지 사이에 기자의 이동은 별로 없었다. 고영한, 김기진, 김달진, 이서구, 정인익 등 소수에 불과했다(박용규, 1994, 155~156쪽). 이서구는 『동아일보』 창간 당시 입사해 기자로 활동하다가 1924년 5월에 퇴사해서 『매일신보』로 옮겼다가 신석우에 의해 혁신된 『조선일보』에 입사해 잠시 근무하다가 1926년 5월에는 다시 『매일신보』로 옮겨 1929년 5월까지 근무했다(이서구, 1958, 175쪽; 정진석, 2005, 453쪽). 이서구는 『동아일보』에서 나와 『매일신보』에 입사했던 것을 '샛길로 빠졌던 것'이라고 표현하며, 『조선일보』가 혁신된 후 "나로서는 후회도 나고, 부럽기도 하고, 마음을 걷잡지 못"하고 있다가 민태원의 권유로 『조선일보』로 옮겼다고 했다(이서구, 1958, 175쪽). 1920년대에 민간지에 입사하고자 했으나 성공하지 못하고 어쩔 수 없이 『매일신보』에 입사했던 사람도 있었다. 김기진은 1924년에 불가피

하게 『매일신보』에 입사했고, 『매일신보』에 근무하면서도 계속 민간지
로 옮기기 위한 시도를 하다가 1925년에 『시대일보』로 옮겼다(김기진,
1975/1978, 211~214쪽).

민간지에 입사하기 어려워 불가피하게 『매일신보』에 들어간 사람도
있었겠지만, 월급을 제대로 받기 위해 『매일신보』로 옮기거나 입사한
사람도 있었다. 1927년에 『조선일보』에 입사해 활동했던 윤성상은 경
영이 어려웠던 민간지에서 "마침내 이탈자가 생기고 대우 좋은 매신(每
申)으로 옮긴 분도 있었다"고 회고했다(윤성상, 1965/1978, 13쪽). 1925년
과 1928년의 『매일신보』 기자 명단을 보면, 『매일신보』와 민간지 사이
의 교류가 약간 늘어났음을 알 수 있다. 1925년에 조선인으로는 사회
부장 이기세, 통신부장 이능우, 기자 안필훈, 김선흠, 김기진, 황만교,
황병수, 최승준, 주윤, 송순기, 장희식, 이길득 등이 있었다. 1928년의
경우 조선인으로는 논설부 김상회, 이기세, 편집부 주무 남상일, 기자
이서구, 김달진, 취재부 기자 고영한, 방한승, 황병수, 이경진, 이유근,
교정계 주임 김선흠, 기자 황만교, 안필훈 등이 있었다(정진석, 2005,
356~357쪽). 1925년과 달리 1928년에는 이서구, 방한승, 고영한, 김달진
등 민간지에서 근무한 경력을 지닌 사람들이 약간 늘어났다.

3·1운동이 일어나고 조선인 민간지가 등장하면서 잠시 변화하는 듯
했던 『매일신보』는 곧 다시 '조선총독부 기관지'로서의 '본색'을 여실히
드러냈다(간당학인, 1923, 55쪽). 이에 따라 "근일에 와서는 민간지들에
게 툭하면 '어용지,' '어용기자'라는 창피한 소리도 듣게" 되어서(목춘산
인, 1927, 42쪽), 민간지에 근무하던 기자들이 『매일신보』로 옮기기는
쉽지 않았을 것이다. 또한 김상회나 이기세처럼 친일 단체인 국민협회
출신들이 주류를 형성하고 있었다는 점도 민간지 기자들이 『매일신보』
로 옮기는 것을 주저하게 만드는 데 작용했다.

3) 편집국 독립기(1929.9~1938.4)

1929년 9월에 김상회가 편집국장이 되면서, 『매일신보』는 완전히 독립된 편집국이 되었다. 또한 1930년 2월에는 『경성일보』가 대폭적인 증자와 조직개편을 하며, 조선인 부사장으로 박석윤이 취임했다. 박석윤은 사이토 총독이 직접 마쓰오카 사장에게 추천했던 인물이었기 때문에 부사장이 되면서 적극적으로 활동할 수 있었다(김을한, 1975, 236~238쪽). 박석윤은 우선 유능한 조선인 기자들을 대거 채용하기 시작했다. 김소운은 박석윤이 자신의 집에 조선인 기자들을 보내 데리고 가서 그날 바로 기자가 되었다고 밝혔다(김소운, 1973/1978, 69~70쪽). 박석윤이 부사장이 된 후 민간지에서 『매일신보』로 옮긴 인물로는 『동아일보』의 이익상, 『중외일보』의 정인익과 최상덕, 『조선일보』의 김을한 등을 들 수 있다(김을한, 1975, 238~239쪽). 박석윤이 사장이 되고 1년 반 정도 지난 시기의 『매일신보』 편집진은 아래와 같다(『동광』, 1931년 12월호, 85쪽).

편집국장 이익상
사회부 : 부장 정인익, 기자 유도순, 김을한, 김송은, 김성호, 이태운,
      김영보
정치부 : 주임 고영한, 기자 이유근
학예부 : 주임 최학송, 기자 이형우, 김원주, 이승만
경제부 : 주임 주 윤, 기자 안필훈
지방부 : 주임 황만교
논설부 : 주임 김상회
교정부 : 주임 이길득, 기자 최일준, 이보근

박석윤이 부사장이 된 이후 민간지에서 기자들을 데려오거나 유능한 새로운 기자들을 뽑으려고 했던 것은 『매일신보』의 변모를 일신하려고 했기 때문이다. 우선 편집국장을 국민협회에서 활동했던 김상회에서 『동아일보』 출신의 이익상으로 교체했는데, 그 과정에서 박석윤은 과거 『매일신보』를 주도하던 '김상회 일파'와 대립했다(만담자, 1932, 65쪽). 박석윤이 새로운 언론인들을 영입하면서 밀려난 기존 『매일신보』 언론인들이 반발하며 벌어진 일이었다.

박석윤이 부사장이 된 이후에도 여전히 『매일신보』 입사에 대해서는 부정적인 인식이 강했다. 카프에서 활동했던 최학송이 『매일신보』에 입사한 것에 대해 "지조를 깨뜨린 것"이라는 비판이 나오기도 했다(조풍연, 1975/1978, 282쪽). 그럼에도 경제적인 이유로 『매일신보』 입사를 희망하는 사람들이 1930년대에 들어서면서 늘어나기 시작했다. 박석윤이 부사장이 된 후 공개채용을 통해 『매일신보』에 입사했던 이명온은 다음과 같이 회고했다.

> 사실 그 당시 매신의 진용은 쟁쟁한 언론인으로 구성되어 있었다. 왜냐하면 철저한 민족주의의 신문으로 당국의 주목을 받던 조선일보와 동아일보는 자칫 빗나가면 정간을 당하였고 사설이나 논설 따위는 수시로 검열에 걸려 신문이 나와도 활자가 시커멓게 뭉개져 있는 예가 비일비재하였으며 역정 끝에 저항을 나타내면 일 년쯤 폐간의 고배를 마셔야 했고 경영난에 쪼들리어 직원들의 급료 지불을 수개월씩 못할 지경이니 산 입에 거미줄 늘일 수 없는 것이 현실이다. 뿐만 아니라 지성과 활동력을 가진 남성이 무위도식하는 병신 구실로 허송세월 할 수는 없는 일이다. 자금이 풍부한 매신은 봉급도 두둑했으며 새 진용과 더불어 신문활자는 9포 활자를 사용했고 내용기사야 어찌 되었든 간에 용지도 질이 향상되어 뛰어나게 선명한 신문으로 등장하게 된 것이다(이명온, 1978, 715쪽).

노정일이 사장이던 『중앙일보』에서 간부로 근무했던 한 언론인은 "경무국 도서과장의 소개장을 가지고" 부사장 박석윤과 편집국장 이익상의 집을 빈번하게 출입했으나 뜻을 이루지 못했다(만담자, 1932, 65쪽). 이렇듯 1932년에 『중앙일보』와 『조선일보』가 제대로 발행되지 못하던 상황에서 일부 기자들이 『매일신보』 입사를 시도하는 일이 생겼던 것이다.

그러나 『동아일보』나 『조선일보』에 근무하는 기자들의 『매일신보』에 대한 인식은 여전히 비판적이었는데, 김동인의 다음과 같은 주장은 이런 현실을 잘 보여준다.

> XXX(총독부 – 인용자) XXX(기관지 – 인용자)인 XX(매일 – 인용자)신보에 기고하는 문사들의 글은 XX(동아 – 인용자)일보와 XX(조선 – 인용자)일보에서는 받지 않는다. 그 이유에는 가로되 XX(매일 – 인용자)신보는 기관보니까 거기 기고하는 것은 X을 XX함이라 하는 것이다. (중략) 가난한 문사들이 생활의 약간의 보조라도 얻기 위하여 매일신보에 시와 소설을 쓰는 것을 XX(친일 – 인용자)행동으로 보는 체하는 그 신문들이 이면으로 행하는 추악한 행동은 어떤 것인가(김동인, 1933, 36쪽).

『매일신보』에 투고하는 것을 비판하는 정도이니, 『매일신보』에 입사하는 것에 대해서는 어떤 태도를 지녔을지 짐작할 수 있다. 이상협이 1933년 10월에 다시 『매일신보』에 들어가 부사장이 되면서 과거보다 민간지 출신들의 입사가 많아졌다. 이상협이 과거에 민간지에 근무할 때 인연을 맺었던 사람들이 경제적 이유로 『매일신보』에 입사하려고 했기 때문이다. 1935년경 유광렬이 편집국장 대리를 맡았고, 염상섭이 정치부장을, 김기진이 사회부장을 맡았다. 당시 김기진이 입사해 염상섭을 만났을 때의 상황은 여전히 『매일신보』에 입사한다는 것이 '꺼림직한' 일이었다는 것을 잘 보여준다(김기진, 1976/1981, 364~367쪽).

> 아래층 편집실로 내려왔더니 횡보(염상섭 – 인용자)가 있다가 은근한 미
> 소를 보이면서 내 손을 잡아주는 것이 아닌가. 그때 나는 반갑고도 착잡
> 한 심정이었다. 나는 그 전해 겨울에 경찰에 붙들려가서 제2차 '프로예맹'
> 사건으로 고생을 하다가 뜻밖에 석방되었기 때문에 당분간 은신한답시고
> 부형(父兄)의 강권도 있고 해서 매신(매일신보 – 인용자)에 들어왔지만 횡
> 보는 무슨 비운(悲運) 때문에 여기엘 들어왔을까 하는 안타까운 궁금증을
> 느끼기도 했다. (중략) 몇 달이 지났을 때 횡보가 나를 보고 자기는 이제
> 신문사를 그만두고 내일부터 안 나오겠다고 귀띔을 했다. 좀 더 일찍 그
> 만두었어야 할 텐데 그렇게 못돼서 마음이 꺼림직하다고 덧붙였다.

박석윤과 이상협이 부사장이 되면서 과거에 비해서는 많은 민간지
경력자들이 『매일신보』로 옮겨 왔지만, 『매일신보』 입사는 여전히 어
쩔 수 없는 상황에 놓인 사람들만이 선택하는 길이었다. 1930년대 중반
까지도 민간지로부터의 이동이 아주 많지는 않았고, 새로 충원하는 일
도 드물었다. 1937년에 2명의 기자 공채를 실시했는데 70여 명이 응시
해 높은 경쟁률을 보였다. 합격한 두 명 중에 『조선중앙일보』 출신의
조인상은 『경성일보』로, 최금동은 『매일신보』로 배치되었다(최금동,
1978, 738~739쪽). 대학 졸업자의 취업난이 매우 심각했기 때문에 『매
일신보』 입사에도 많은 사람이 몰릴 수밖에 없었다.

4) 신문사 독립기(1938.4~1945.8)

『매일신보』는 1938년 4월에 독립된 100만 원의 주식회사로 분사하여
『경성일보』와는 별개의 신문사로 운영하게 되었다. 국가총동원체제 속

에 『매일신보』를 더욱 적극적으로 활용하려는 의도에서 비롯된 것이었다. 최린이 사장을 맡았고, 이상협은 부사장 자리를 계속 지켰다. 『매일신보』는 독립하며 기자들을 대폭 충원했는데, 독립하고 1년 반 정도 지난 1939년 10월의 편집진은 아래와 같다(정진석, 2005, 167쪽).

    국 장 : 김형원
    논설부 : 부장 유광렬, 기자 이윤종, 김기진, 김인이, 조용만
    사회부 : 부장 김기진, 기자 이태운, 최문국, 이정순, 우승규, 서정억,
            배은수, 최금동, 김중원, 박중화, 한상직
    정치부 : 부장 김인이, 기자 이길상, 서강백, 정진섭, 안병주
    경제부 : 부장 이윤종, 기자 주련, 이우식
    통신부 : 부장 이창수, 기자 이문희, 마태영, 이형우, 남상억, 진종혁
    학예부 : 부장 조용만, 기자 이승만, 윤희순, 이윤희
    교정부 : 부장 서승효, 차장 최일준, 기자 김대봉, 유용대, 정진태,
            이복기, 백웅기, 장현익, 백용기

1939년 10월의 편집진 명단을 보면, 민간지에서 옮겨 온 사람이 크게 늘었다는 것을 알 수 있다. 『조선중앙일보』가 폐간되면서 옮겨 온 이정순이나 서강백, 『조선일보』 편집국장을 지내다 옮겨 와 다시 편집국장을 맡은 김형원, 역시 『조선일보』에서 옮겨 온 김인이 등이 있었다. 1940년 1월에 '김진섭 필화' 사건이 터지면서 편집국장 김형원이 책임을 지고 사퇴했으며, 사회부장 김기진도 그만두었다(정진석, 2007, 152~157쪽). 1940년 2월에 김형원에 이어 유광렬이 편집국장이 되었다가(『조선일보』, 1940.2.3, 석간 1면), 두 달 만에 다시 김인이로 바뀌었다(『조선일보』, 1940.4.28, 석간 1면).

민간지 기자들이 대거 『매일신보』로 옮겨 온 것은 『동아일보』와 『조선일보』 두 신문이 폐간되면서부터였다. 이런 상황에 대해 홍종인

은 다음과 같이 증언하고 있다.

> 그때 총독부에서 동아일보와 조선일보를 다 합해서 하나로 만드는 신
> 문으로 매일신보를 만든단 말이에요. 셋을 합해서 한 신문으로 만드는 것
> 같은 형식을 밟는단 말이에요. 그러면서 동아일보에서 기자 몇 사람, 조선
> 일보의 기자 몇 사람을 뽑아요. 그래 매일신보에 가서 같이 일하라 했습
> 니다. 거기에 내가 뽑혀서 매일신보에 가게 되었는데, 가고 싶지는 않았지
> 만 그러나 "에, 기왕이면 신문기자를 한 것이니 망하고 흥하고는 끝까지
> 신문에서 봐야지 어떻게 하겠는가" 하는 심정으로 매일신보에 가서 일을
> 좀 했습니다. 아, 그 서러운 이야기…(고명식 외, 1987, 499~500쪽).

홍종인의 주장처럼 몇 사람을 뽑았던 것은 아니었고, 두 신문의 폐
간 과정에서 회사 측이 퇴직 기자들의 취직을 요청했고 총독부가 희망
자들을 『매일신보』로 옮기도록 주선해 주었던 것이다. 방응모는 폐간
과정에서 총독부와 협상하며 '종업원의 취직·전직 알선'을 요구 조건의
하나로 내세웠고, 총독부도 "전직 희망자에 대해서 당국도 될 수 있는
한 이의 알선 등을 강구"한다는 입장을 밝혔다(장신, 2021, 221~222쪽).
『조선일보』사회부 부장이던 홍종인이 『매일신보』로 옮겼던 것과 달
리 차장 이종모는 『매일신보』로 이직하지 않았는데, 그는 "다른 기자들
은 총독부의 주선으로 어용지 매일신보나 경성일보 기자로 전직했다"
고 회고했다(이종모, 1978, 760쪽). 폐간 때까지 『조선일보』에 근무했던
이홍직도 "모두들 매일신보로 옮겨갔으나 나는 그런 태도를 도덕행동
기준이 없는 것으로 보았다. 신문기자에게서 절개를 뺀다면 기자에게
남는 것이 무엇이겠는가"라고 비판했다(계초전기간행회, 1980, 144쪽).
결국 퇴직으로 생계가 어려워진 기자 중에 일부 희망자가 총독부의 주
선으로 『매일신보』에 입사했던 것이다.

〈표 7〉 민간지 폐간 후 『매일신보』로 옮긴 기자들

이름		폐간 시 경력	매일신보 입사시기	매일신보 소속 부서	매일신보 근무경력
동아일보	고재환	정리부 기자	1944년경	교열부	
	곽복산	사회부 기자	1940년 폐간 직후	사회부	
	김완기	정리부 기자	1944년경	사업부	
	백운선	사진부 기자	1944년경	사진부	
	이강성	사회부 기자	1940년 폐간 직후	정치부	
	전홍진	경제부 기자	1940년 폐간 직후	경제부	논설부, 정경부, 정리부
	최형종	지방부 기자	1944년경	정리부	
	최순근	정리부 기자	1944년	지방부	
조선일보	김규택	조사부 기자	1940년 폐간 직후	정리부	
	김달진	사회부 기자	1942년경	사업부장	1926년 11월 지방부, 1938년 1월 사회부장
	김복경	사진부	1944년경	사진부	
	김영수	사회부 기자	1944년경	정리부	
	박종수	편집부 기자	1843년경	정경부	
	성인기	편집부 차장	1940년 폐간 직후	지방부 차장	논설부 기자
	심정섭	사회부 기자	1940년 폐간 직후	사회부	1943년 오사카 지사장
	이원창	인천주재 기자	1942년경(신문)	사회부(인천)	
	이유근	편집부 기자	1940년 폐간 직후	광고부	1927년 매일신보, 1945년 지방부
	이태연	사진부 기자	1944년경	사진부	
	이풍규	교정부 기자	1940년 폐간 직후	교열부	
	조경희	학예부 기자	1941년경	학예부	특수신문부
	주낙찬	함남 특파원	1944년경	사회부	
	최영덕	사진부	1944년경	잡지부	
	최영해	교정부	1940년 폐간 직후		
	홍종인	사회부 부장	1940년 폐간 직후	사회부장 겸 정치부장	편집국 차장(부국장)

출처: 정진석, 2005; 성주현, 2009, 191~192쪽.

『동아일보』와『조선일보』폐간 직후인 1940년 9월에 부사장 이상협
과 편집국장 김인이가 물러나고, 김동진이 상무 겸 총무국장, 서춘이
주필, 정인익이 편집국장이 되었다(정진석, 2005, 186~188쪽). 1940년
9월에 김동진이 상무가 되면서 김인이가 편집국장에서 물러나고, 정인
익이 이어서 편집국장이 되었다.[9] 김인이와 김동진은 모두 민간지에
재직할 때 출입 기자로 활동하며 총독부 인사들과 인연을 맺고, 그 덕
택으로『매일신보』에 간부로 들어왔던 사람들로서 사이가 좋지 않아
김동진이 입사하며 김인이가 밀려났다(김을한, 1973/1978, 33~34쪽; 백
철, 1976/1978, 359~360쪽). 김인이와 김동진의 관계를 통해 친일 언론
인이 총독부 권력과의 관계를 둘러싸고 다투기도 했다는 것을 알 수
있다. 서춘도『조선일보』에 근무하며 친일적 행태로 비판받다 퇴사했
고(京城鐘路警察署, 1938),[10] 『매일신보』에 입사 후 "신체제운동에 중
대한 역할을 맡아 실행할" 사람이라는 평가를 들을 만큼 친일적 색채
가 분명했던 인물이었다(『신시대』, 1941년 1월호, 128쪽).

『동아일보』와『조선일보』를 폐간하고 얼마 지나지 않은 1940년 10월
1일에『매일신보』에서는 인사이동이 있었다(『매일신보』, 1940.10.3, 1면).

홍종인 : 사회부장 겸 정치부장,	이창수(지방부장): 조사부장
서승효(교열주임): 교열부장,	김영보(광고부원): 지방부장
백 철(학예부원): 학예부장,	서정억(사회부원): 체육부 주임

---

9) 정인익은 '반민특위 피의자신문조서'에서 상무 김동진의 추천으로 편집국장이 되었다
고 하며 취임 시기를 1941년 9월이라고 했다(정진석, 2005, 440쪽). 그러나 김인이가
물러난 시기가 1940년 9월경이고, 정인익이 그 후임이니 1941년은 1940년의 착각이다.
1941년 5월 자료에 이미 정인익이 편집국장으로 나와 있는 것을 보아도, 그의 편집국
장 취임 시기는 1940년 9월이 맞다(정진석, 2005, 373쪽).

10) 이 자료는 「朝鮮日報社 ノ 非國民的行爲(조선일보사의 비국민적 행위」라는 제목으로
종로경찰서장이 경기도 경찰부장에게 보낸 것이다. 원 자료에는 쪽수가 없지만, 앞으
로의 인용에서는 자료에 쪽수를 매겨서 출처를 밝힐 것이다.

이정순(사회부원): 사회부 차장,　　　이길상(정치부원): 정치부 차장
최일준(교열부원): 교열부 차장,　　　이형우(교열부원): 교열부 차장
성인기　　　 : 지방부 차장

　이런 인사발령에서 눈에 띄는 것은『조선일보』폐간 후『매일신보』
로 이직했던 홍종인과 성인기가『조선일보』시절의 직위대로 부장과
차장이 되었다는 것이다. 민간지 폐간 후 간부급으로는 단 두 명만이
이직했는데, 이를 배려했던 결과일 것이다.

〈표 8〉『매일신보』편집진의 변동

	1939년 4월 1일	1941년 5월 1일	1945년 1월 이후
편집국장	김형원	서춘(주필), 정인익(국장)	정인익(국장), 홍종인(차장)
논설부	유광렬(부장), 이윤종, 김기진, 김인이, 조용만	×	이윤종(부장), 조용만(차장), 성인기, 이창수, 서강백, 전홍진, 주 련
정리부	×	×	이길상(부장), 서강백(차장), 미태영, 김규택, 신경순, 남용언, 최형종, 이동정, 장기태, 허 식, 여상현, 조창섭, 김영수, 오용순, 김영상, 전홍진
정경부	×	×	이창수, 전홍진, 주 련, 박종수, 김승수, 김용진
사회부	김기진(부장), 이태운, 최문국, 이정순, 우승규, 서정억, 배은수, 최금동, 김중원, 박중화, 한상직	홍종인(부장), 이정순, 최문국, 배은수, 마태영, 심정섭, 곽복산, 최금동, 김용진, 김중원, 유풍희, 정광현, 윤일모	이정순(부장), 김승수(차장), 이문희, 남상억, 곽복산, 최금동, 김용진, 한상직, 주낙찬, 윤한선, 윤일모, 정광현, 김원현, 정준수, 최영ㅇ, 인ㅇ현, 이선구, 이원창

정치부	김인이(부장), 이길상, 서강백, 정진섭, 안병수, 민재정	홍종인(부장), 이길상(차장), 서강백, 정진섭, 이강성, 민재정, 송정의, 서병곤	×
경제부	이윤종(부장), 주 련, 이우식	이윤종(부장), 주 련, 전홍진, 박종수, 윤명의	×
체육부	×	김창문, 윤한선, 한진희	×
조사부	×	이창수(부장), 박승원, 허남재, 피효진, 진용운	박윤석(부장), 이봉구, 김영록, 표문태, 피효진
통신부	이창수, 이문희, 마태영, 이형우, 남상억, 진종혁	×	×
지방부	×	김영보(부장), 성인기(차장), 우승규, 이문희, 안병주, 진종혁, 장현익	이태운(부장), 이유근, 권은상, 홍순준, 안병수, 진종혁, 엄흥섭, 김계○
학예부 (문화부)	조용만(부장), 이승만, 윤희순, 이윤희	백 철, 이승만, 윤희순, 홍순준, 정인택, 한상직	조용만(부장), 이승만, 윤희순, 고흥상, 노천명
교정부 (교열부)	서승효(주임), 최일준, 김대봉, 유용대, 정진태, 이복기, 백웅기, 장현익, 백용기	서승효(부장), 최일준(차장), 이형우(차장), 정진태, 고재환, 이복기, 이풍규, 이동정, 윤재구,	최일준(차장), 이형우(차장), 정진태, 김용기, 이풍규, 고재환, 윤재구, 이근창, 이재환
국민신보	백 철, 박성규	최천옥	×
사진순보		조용만(촉탁)	
출판국 잡지부	×	×	정인택(차장), 박성규, 조긍○, 이경식, 나귀영, 김완수, 최영덕, 서일석
특수 신문부	×	×	최동협, 서승효, 조풍연, 박원진, 조경희, 문병도, 이선구, 이승만

출처: 정진석, 2005, 362~389쪽.

〈표 8〉을 보면 일제 말기로 갈수록 『매일신보』의 기자 수가 늘어났다는 것을 알 수 있다. 편집국 인원이 1939년에 49명이었던 것이 1941년에는 75명으로 늘어났고, 1945년에는 잡지나 특수신문을 발행하기 위한 인력까지 대폭 증가했다. 1940년대 초에는 총독부 기관지의 역할을

강화하기 위해『매일신보』에서 기자를 대거 채용했는데, 취업이 어려운 현실에서 생계 유지와 징용 회피 등의 이유로 입사하려고 했던 조선인들도 대단히 많았다(이유형, 1978, 74쪽). 1941년 말에 재입사했던 조풍연이 "'미영격멸'과 '멸사봉공' 그리고 '호국충성'을 구가하는 말이 기사 속에 반드시 끼여 있었다"고 했을 정도로『매일신보』는 황민화와 전쟁 동원을 위한 수단이 되어 있었다(1975/1978, 287쪽).

　『매일신보』만이 아니고 일본어 기관지인『경성일보』에도 조선인 기자들이 대폭 늘어났다. 일본인 기자들이 징용이나 징병으로 떠난 자리를 조선인 기자들이 채웠기 때문이다. 강영수는 1938년에『경성일보』에 입사했을 때 조선인으로는 김영돈, 안종호, 전희복, 고재선 등 4명이 있었고, 자신과 동기로 강준원, 이명효 두 사람이 입사해 총 7명이 있었지만, 1945년에는 조선인과 일본인이 반반 정도가 되었을 정도로 조선인 기자들이 늘어났다고 했다(강영수, 1976/1978, 425쪽). 실제로 해방 직전의『경성일보』전체 사원의 3분의 1이 조선인이었을 정도로 그 수가 증가했다(정진석, 2005, 330쪽).

4. 총독부 기관지 출신 언론인과 한국 언론

　총독부 기관지『매일신보』와『경성일보』는 35년 동안 일제의 식민지 지배 도구로서 충실하게 그 역할을 수행했다. 시기에 따라 다소 차이가 있기는 했지만, 근본적으로 두 신문은 식민지 지배를 정당화하고, 민족운동을 비판하는 논조로 일관했다. 특히 일제 말기에는 황민화와 전쟁 동원을 위한 역할을 충실히 수행하기도 했다. 언론으로서 권력을 감시하고 견제하는 역할을 애초부터 기대할 수 없었다. 1940년대에는 사회 각 분야 인사들을 기고나 대담에 동원해서 친일 활동에 동참하게 만들기도 했다. 해방 직후 나온 『친일파 군상』에서는 『매일신보』에 대해 "어느날 치 할 것 없이 한 장만 들고 보아도 친일의 적성에 넘치는 논조이며, 그 편집방법"을 보였던 '부끄러운 반민족적 기관'이었다고 평가했다(『친일파 군상』,[11] 462쪽).

사장을 맡았던 최린과 이성근, 부사장 이상협, 전무 김동진, 주필 서춘, 편집국장을 지낸 유광렬 · 김인이 · 정인익, 부장을 맡았던 이원영 · 홍종인 · 백철 · 이창수 등은 『매일신보』에 재직하면 각종 친일 단체에 참여했다. 해방 후 친일파들을 다룬 책에서는 "초대 사장 최린과 그 다음의 사장 이성근은 파렴치를 다하여 일제에 충성했던 것은 물론이요, 주부(主婦)역이던 김동진의 탐정으로서의 모리배로서의 친일 · 반민족의 행위를 비롯하여, 서춘 주필, 정인익 편집국장 등의 언론 범죄란 실로 천인이 용서못할 사실이라 생각한다"고 『매일신보』에 대해 평가했다(『친일파 군상』, 462쪽).

총독부 기관지에 대한 조선인의 비판적 인식은 1920년에 민간지가 창간된 이후 더욱 강화되었다. 1940년에 조선인 발행 민간지의 폐간으로 불가피하게 『매일신보』를 읽는 독자들이 늘어났지만 동시에 『매일신보』에 대한 비판적 의식도 더욱 높아졌을 것이다. 해방될 때까지 『매일신보』와 『경성일보』가 계속 발행되었기 때문에 두 신문의 노골적인 내선일체와 전쟁 협력에 관한 논조를 조선인들이 모두 선명하게 기억하고 있었고, 그만큼 비판적 시선으로 바라볼 수밖에 없었다.

조선인이 총독부 기관지 『매일신보』에 입사하는 것이 결코 떳떳한

---

11) 『친일파 군상-예상 등장인물』(1948), 『민족정기의 심판』(1949), 『반민자 대공판기』(1949), 『반민자 죄상기』(1949) 등 4권의 책은 김학민 · 정운현(1993)이 엮은 『친일파 죄상기』에 묶어 있다. 이 책에서 『친일파 죄상기』에 포함된 4권의 책을 인용할 때는 책의 이름과 『친일파 죄상기』의 쪽수만을 밝힐 것이다.

일은 아니었다. 1910년대에야 조선어 신문이 『매일신보』 하나밖에 없었으니 입사가 사회적으로 어느 정도 용인되었겠지만, 1920년에 조선인이 민간지를 발행하면서 『매일신보』에 입사하는 것은 경멸의 대상이 되었다. 그럼에도 조선어 민간지 입사가 어렵고, 조선어 민간지보다 더 좋은 대우를 해주었기 때문에 1930년대 이후 민간지에서 『매일신보』로 옮기거나 새로 입사하는 사람들이 늘어났다. 일제 말기로 가면 총독부의 조선어 기관지 『매일신보』는 말할 것도 없고, 일본어 기관지 『경성일보』에도 많은 조선인 기자들이 근무했다. 친일파로서 정치적 의도를 가지고 입사한 인물들도 있었겠지만, 이들 중 대부분은 생계를 유지하고 징병과 징용을 피하기 위해 입사했을 것이다. 어떤 이유로 입사했든 총독부 기관지에 근무했던 기자들이 결코 떳떳할 수는 없었고, 특히 경영진이나 편집 간부였던 사람들은 모두 친일 혐의를 받을 수밖에 없었다.

가장 큰 문제는 광복 이후 대부분의 총독부 기관지 출신 기자들이 다시 언론계에서 활발한 활동을 이어갔다는 것이다. 심지어는 좌익계 언론에도 총독부 기관지 출신 기자들이 상당수가 있었다. 총독부 기관지 출신 언론인 중 진심으로 반성이나 참회를 했던 사람은 매우 드물었고, 그중에는 일제강점기의 언론 활동을 미화하는 사람조차 있었다. 이렇듯 총독부 기관지 출신들이 광복 이후에도 활발하게 활동했던 것이 언론계의 친일 청산을 제대로 하지 못하게 되는 데 큰 영향을 주었다.

4장

『동아일보』와 『조선일보』의
논조 변질과 언론인

1. 『동아일보』와 『조선일보』의 친일

『동아일보』와 『조선일보』가 2020년에 100주년을 맞이했다. 100주년을 맞이한 두 신문에 대해 다양한 역사적 평가가 나왔는데, 그중 가장 논쟁이 된 부분 중 하나가 일제강점기의 '친일' 문제였다. 일제강점기 『동아일보』와 『조선일보』의 논조에 관한 과거의 연구들은 대체로 '친일'에 대해 세 가지 경향을 보여주었다(김민환, 1993). 첫째는, 일제하의 두 신문을 '민족지'로 보고 민족운동을 위해 중요한 역할을 했다고 평가하는 관점이고, 둘째는 두 신문을 비판적으로 바라보며 친일 성향까지 보였다고 비판하는 입장이며, 셋째는, 두 신문이 당시 상황 때문에 한편으로 민족주의적이면서 다른 한편으로는 타협적이었던 양면성을 보여주었다고 평가하는 연구이다.[1] 이렇듯 일제강점기 『동아일보』와

---

[1] 이런 세 가지 입장을 대표하는 연구로는 정진석(1975), 최민지(1978), 김규환(1959/1978)

『조선일보』에 대한 기존 연구들은 상당히 큰 관점의 차이를 보여주었다. 일제강점기의 두 신문에 대한 역사적 평가는 관점에 따라 차이를 보일 뿐만 아니라 어느 시기를 주목하느냐에 따라서도 달라질 수 있다.

일제는 식민지지배 기간 줄곧 언론을 통제하고 이용하려는 정책을 실행했다. 다만 시기에 따라 지배방식이 부분적으로 바뀐 것과 마찬가지로 언론통제방식도 다소 변화되었을 뿐이다. 일제는 1920년대에는 문화정치를 표방하며 표면적으로나마 어느 정도 언론자유를 허용하는 듯했지만, 1930년대에 들어서서는 언론통제를 강화하기 시작했다. 특히 일제는 1937년에 중일전쟁이 발발하면서 전시동원체제 구축의 일환으로서 언론통제를 더욱 강화했다. 신문들은 1920년대에 '총독부의 통제'와 '민중의 기대' 사이에서 '일면 타협, 일면 항쟁'의 논조를 보이다가(김을한, 1960, 41쪽), 일제 말기로 가면서 '기업으로서의 생존과 이윤 창출'을 위해 '총독부의 요구를 수용'하며 본격적으로 친일 논조를 보이기 시작했다(장신, 2010, 15~16쪽).

『동아일보』와 『조선일보』는 창간부터 폐간에 이르기까지 다양한 이유로 타협적이거나 친일적이라는 비판을 들었다. 『조선일보』가 친일단체인 대정친목회에 의해 창간되었다는 점이 비판받는 첫 번째 이유가 되었다면,[2] 『동아일보』는 1924년 이광수가 쓴 '민족적 경륜'의 게재 이

<hr>

의 저서를 들 수 있다.

[2] 장신은 "창립부터 1930년대 후반까지 신문과 회고록, 경찰기록 등 당대의 자료들은 단 하나만 제외하고 대정친목회로 기록했다"고 주장했다. 즉 '대정실업친목회'는 흔히 알려진 것과 달리 정확한 명칭이 '대정친목회'였다는 것이다. 단 하나의 예외가 바로 1920년 8월 15일자 『조선일보』 사고였고, 뒤에 『조선일보』의 공식 역사서들이 '대정실업친목회'라는 단어를 사용하면서, 이 용어가 그대로 굳어지고 말았다. 대정친목회는 '실업단체'라기보다는 각계 유지가 참여한 '친일단체'였다(장신, 2007, 364~365쪽). 『조선일보』는 발기인 39명 중 대정친목회 회원이 11명에 불과해 『조선일보』를 대정친목회 기관지라고 볼 수 없다고 주장하지만, "확인 가능한 간부만 최소한 32명"으로 대정친목회 회원이 『조선일보』 발기인의 압도적인 다수를 차지했다(장신, 2021, 22~24쪽).

후 타협적 논조를 보였다고 질타를 받았다(김동현 외, 2020, 38~46쪽).
두 신문은 1920년대 말부터 민족운동에 관한 보도에서 타협적 논조를
보이다가 일제의 언론통제가 강화된 1930년대 초에는 독립운동을 매도
하는 논조를 보이기 시작했다. 1932년의 이봉창 의사나 윤봉길 의사의
의거에 대한 폄훼·왜곡 보도는 이런 경향을 단적으로 보여주었다(문
영희 외, 2014a, 166~184쪽; 2014b, 124~131쪽).

이렇듯 두 신문이 비록 1920년대부터 타협적인 자세를 보였고, 1930
년대 초부터는 친일 논조를 조금씩 보이기 시작했다 해도,3) 두 신문이
본격적으로 친일의 길에 들어선 것은 1930년대 말부터라고 보아야 한
다. 일장기 말소사건으로 『동아일보』가 1936년 8월 29일에 무기정간
당한 것이 일제의 언론통제가 대폭 강화되었음을 보여주는 서막이었
다면, 1937년 1월 1일자 『조선일보』에 일왕 부부 사진과 기사가 실린
것은 신문들이 언론통제에 완전히 순응하기 시작했음을 알려주는 출
발점이었다.4) 1937년 6월 2일에 『동아일보』는 270일 만에 정간 해제되
며 "대일본제국의 언론기관으로서 공정한 사명"을 다하겠다고 밝혔다
(문영희 외, 2014a, 214~215쪽).

1937년 7월 7일에 중일전쟁이 발발하며 총독부가 언론통제를 강화하
자 두 신문이 본격적으로 친일 논조를 보이기 시작했던 것은 당연한
결과였다. 중일전쟁 발발 이후 『조선일보』가 적극적으로 친일 논조를

---

3) 『동아일보』와 『조선일보』는 모두 1920년의 창간 이후 '타협 또는 친일' 혐의로 비판받
  을 만한 행위들을 했는데, 1985년 두 신문 사이에 벌어진 '민족지 논쟁' 과정에서 서로
  이런 '약점'을 공격하는 일이 벌어졌다. 이에 대해서는 이 책 9장에서 다룰 것이다.

4) 총독부 기관지 『매일신보』 신년호 1면에 일왕 부부 사진이 처음 실린 것은 1927년이
  었다. 10년 뒤인 1937년부터 『조선일보』도 신년호 1면에 일왕 부부 사진을 실었고, 다
  음 해인 1938년부터는 『동아일보』도 신년호 1면에 일왕 부부 사진을 실었다. 『조선일
  보』는 1940년에 "일왕과 일제에 특별한 의미를 가진 날"에 11번이나 제호 위에 "붉은
  색으로 일장기를 컬러 인쇄"해 발행하기도 했다(『뉴스타파』, 2020.3.13).

보이자 『매일신보』 부사장이던 이상협은 "요즘 새로운 충신이 나타나서 우리의 영역이 침범되어 곤란"하다고까지 얘기했다(京城鐘路警察署, 1938, 16쪽). 최준은 1930년대 말에 두 신문의 "논조와 색채는 총독부 기관지『매일신보』와 별다른 차이를 볼 수가 없게끔" 되었다고 했고 (1960, 312쪽), 당시 『조선일보』에 근무했던 유봉영조차도 일제 말기 두 신문이 "총독부 기관지인 『매일신보』와 다른 점을 찾아보기 어려웠다"고 회고했다(1973/1978, 56쪽).

최민지(1978)가 1920년대 『동아일보』와 『조선일보』의 타협적 자세를 비판하고, 1930년대 말의 친일 논조를 폭로한 이후에도 한동안 구체적인 연구가 나오지 않았다. 1990년대 말부터 『조선일보』와 『동아일보』두 신문의 친일 행적을 본격적으로 비판하는 성과들이 나오기 시작했다. 조선일보 허위·왜곡보도 대책위원회(1999)의 『조선일보를 해부한다』부터 문영희·김종철·김광원·강기석(2014a, 2014b)의 『동아일보 대해부』1과 『조선일보 대해부』1에 이르기까지 일제강점기 두 신문의 친일 행적을 정리한 다양한 성과들이 나왔다.

2000년대 중반 이후부터는 1930년대 두 신문의 논조를 체계적으로 분석해 친일 경향을 밝힌 논문들도 나오기 시작했다. 조규태(2009), 최혜주(2009), 홍종욱(2009), 최상욱·한혜경·송인덕(2016) 등의 연구는 특정 주제에 관한 논조 분석을 통해 일제 말기 두 신문의 친일 경향을 드러냈다. 이런 연구들은 두 신문의 친일 행적에 대한 역사적 평가를 위해서는 1930년대 말의 친일 논조에 대한 구체적이고 체계적인 분석이 필요하다고 보았다. 즉 일제 말기 두 신문에 실린 사진이나 기사 제목만 보아도 친일의 증거는 충분하지만, 두 신문에 대한 올바른 역사적 평가를 위해서는 사설이나 기사에 대한 분석을 통해 친일 논조의 내용과 논리를 구체적으로 살펴볼 필요가 있다는 것이다.

4장에서는 일제 말기의 친일 논리를 밝힌 기존 연구들에 힘입어 1937년 중일전쟁이 발발한 때부터 1940년 폐간할 때까지의 『동아일보』와 『조선일보』 두 신문의 친일 논조에 관한 구체적인 분석을 시도했다. 4장에서는 두 신문의 일제 말기의 친일 사설들을 세 가지 영역으로 나누어 주요 내용과 내적 논리를 구체적으로 살펴보았다. 일제 말기 총독부의 통제가 강화되면서 언론들은 전쟁을 정당화하고, 내선일체를 강조하며, 전쟁 협력을 요구하는 역할을 했다. 사설에서 이런 내용들이 어떻게 나타나고 있는가를 구체적으로 살펴봄으로써 일제강점기 두 신문의 활동에 대한 역사적 평가를 하려고 한다.

2. 친일 논리의 내면화와 『동아일보』·『조선일보』

중일전쟁 발발 직전인 1936년 8월 총독으로 부임했던 미나미 지로(南次郎)는 조선 지배정책의 기본 이념으로 "내선일체"(內鮮一體)를 내세웠는데, 이것은 전쟁 수행을 위하여 조선 전체를 '대륙전진병참기지'로 만드는 데 있어서 조선 내부로부터 분출될 수 있는 저항을 뿌리 채 뽑아버리기 위한 "정신적인 면에서의 정지작업"이었다. 즉 "내선일체론은 대륙전진병참기지라는 군사적·경제적 요구에 입각한 현실론적 명제"였다(최유리, 1997, 9~34쪽). 일제는 신사참배, 궁성요배, 황국신민의 서사 제창 등은 물론 1938년의 3차 조선교육령 개정, 육군특별지원병제도의 실시, 국민정신총동원운동, 1939년에 조선민사령 일부를 개정해 1940년 2월부터 시행한 창씨개명 등 각종 황민화 정책을 실시하며 내선일체라는 미명하에 조선인을 전쟁에 동원하려고 했다.

이러한 일제 말기의 황민화 정책과 그것이 조선인에게 미친 영향을 집중적으로 분석하기 시작했던 연구자로는 우선 미야다 세츠코(宮田節子)를 들 수 있다. 미야다는 중일전쟁 이후 조선에 대한 식민지 지배의 기본방침으로 표방된 내선일체가 "조선사람을 더욱 완전한 일본사람으로 만들려는 지배자의 황민화 요구의 극한화(極限化)와 조선사람의 황민화 정도 사이의 모순 · 괴리 속에 탄생"했으며, 동시에 "그것은 조선병합 이래 일본이 조선 지배의 기본방침으로 일관되게 채용해 온 동화정책의 필연적 귀결"이라고 주장했다(宮田節子, 1985/1997, 158쪽). 또한 미야다는 내선일체론은 일본인이 주장한 "동화의 논리로서의 내선일체론과 조선인이 주장한 차별로부터의 탈출이라는 논리의 내선일체론이라는 완전히 이율배반적인 논리를 포섭하고" 있었다고 밝혔다. 미야다는 일부 조선 지식인이 전쟁을 통해 "압도적으로 보였던 일본의 국위" 앞에 독립에의 전망을 잃어버리고, "차별로부터의 탈출"을 위해 내선일체에 나섰던 "조선 사람의 복잡하고도 굴절된 황민화되는 방법"을 구체적으로 연구할 필요를 제기했다.

미야다의 이런 문제 제기는 이후 여러 연구자에게 큰 영향을 주었다. 일제 말기의 황민화 정책에 관한 연구는 크게 황민화 정책의 내용 및 그 안에 담긴 내선일체의 논리를 밝히는 연구와 그런 황민화 정책이 조선인에게 어떤 영향을 주었는가를 밝히는 연구로 나눌 수 있다. 최유리는 징병제와 참정권 등에 관한 연구를 통해 "차별로부터의 탈출 논리로 내선일체론을 추종하던 많은 친일적인 조선인들이 등장하게 되었고, 이들은 다시 일제에 의해 교묘하게 포장된 차별을 내선일체라는 이름 아래 다시 유포시키고 있었다"는 점을 지적했다(최유리, 1997). 변은진은 일제 말기 조선 민중의 현실 인식을 살펴보며 "내선일체 논리에 입각한 황민화 정책의 일환으로 제시"된 '시국인식'의 내용이 조선 민중에게 전반적으로 큰 영향을 주었다고 보기는 어렵지만, "일부 지식인, 관료, 자본가, 지주" 등이 이런 인식을 갖게 되면서 친일에 나섰을 것이라는 점을 지적했다(변은진, 2013). 이런 연구들을 통해 일부 지식인들이 내선일체론을 자신의 신념으로 내면화해 친일에 나서게 되었던 과정을 어느 정도 이해할 수 있다.

2000년대에 들어서서 본격적으로 나타난 친일문학에 관한 새로운 연구들은 위에서 제기된 문제들을 더욱 구체적으로 살펴보았다. 이런 연구들은 친일문학의 성격을 어떻게 규정할 것인가, 또한 친일문학으로 나아가게 되었던 과정은 무엇인가 하는 문제로부터 출발했다. 즉 이런 연구들은 친일문학에 대한 기존의 소박한 이해를 넘어서서 친일문학의 계기와 논리를 밝히는 데 주력했다. 이런 변화는 친일문학 연구가 "민족주의라는 이데올로기적 자장에서 벗어나기 시작"했고, "친일 문제를 '순응이냐 저항이냐'는 이분법으로 단순화한 과거 연구의 한계를 극복하기 위해 식민주의를 나름의 내적 논리와 체계를 갖춘 헤게모니 담론으로 새롭게 규정"하기 시작했다는 것을 의미했다(하정일, 2003, 19쪽).

김재용(2002a)은 우선 친일문학을 올바로 규정하기 위해서는 일본어 작품의 집필, 친일적 사회단체 참여, 창씨개명 등을 기준으로 삼는 친일문학에 대한 소박한 이해를 넘어서야 한다고 주장했다. 그는 "대동아공영권의 전쟁 동원과 내선일체의 황국신민화라는 두 가지 입장을 글에 담아내면서 선전한 문학이 바로 친일문학"이라고 규정했다. 나아가 김재용은 친일문학은 '자발적'이어야 하며, '내적 논리'를 갖고 있어야 한다고 주장했다. 또한 그는 앞의 논리를 더욱 구체화해 친일문학의 내적 논리를 "내선일체의 황민화"와 "대동아공영론의 전쟁동원"이라고 정리하고, 전자는 중일전쟁에서 일제가 무한 3진을 함락시켰던 1938년 10월 이후에 나타나기 시작했고, 후자는 태평양전쟁 발발 직전인 1941년 9월 무렵부터 나타나기 시작했다고 주장했다(김재용, 2002b).

류보선은 친일문학에 관한 연구가 활발해지면서도 정작 친일문학에 대해 정확한 정의가 이루어지지 않고 있다는 점을 지적했다(류보선, 2003). 그는 친일문학론은 크게 세 단계로 나누어 전개된다고 주장했는데, 그 첫 단계로 "서구 중심의 근대성에 비판과 동양에의 관심", 둘째 "동양의 중심으로서의 일본의 제시", 셋째 "조선 민족의 일본 국민으로의 발전적 해소"를 들었다. 그는 두 번째, 세 번째 단계의 논의는 "반역사적인 동시에 반민족적이므로" 친일문학이라고 부를 수 있다고 주장했다. 특히 류보선은 내선일체와 전쟁 동원을 앞서서 주장했던 것이 세 번째 단계라고 규정했다. 세 번째 단계에 해당하는 경우를 크게 '철저일체론'과 '평행제휴론'으로 나눌 수 있다는 주장도 있다(장용경, 2003, 238~245쪽). 즉 "차별로부터의 탈출을 위한 일본인화"를 주장하는 경우와 내선일체론에 따른 "조선인에 대한 차별철폐"를 주장하는 입장으로 나눌 수 있다는 것이다(宮田節子, 1985/1997, 172~173쪽).

친일의 과정과 논리에 대한 기존 연구들을 검토해보면, 일부 조선인들이 중일전쟁의 전개과정에서 일본의 압도적인 군사적 힘을 보며 독립에의 희망을 상실하고, 차라리 차별로부터 벗어나기 위해 내선일체를 위해 나서야겠다고 판단한 것이 '친일의 내적 논리'였다는 것을 알 수 있다. 또한 친일의 내적 논리는 구체적으로 서구 중심의 근대성에 대한 비판과 동양에의 관심, 동양의 중심으로서의 일본의 제시, 조선 민족의 일본 국민으로의 발전적 해소 등의 단계로 나타난다는 점도 알 수 있다. 결국 이런 기존 연구들을 통해 단순히 친일 여부를 따지는 것을 넘어서서 친일의 과정과 논리를 밝힐 수 있는 토대를 마련할 수 있다.

4장에서는 중일전쟁 발발 이후 신문들이 일제의 지배정책에 대해 어떤 논조를 보였는가를 사설에 대한 분석을 통해 밝히려고 하는 것이

다. 이를 통해 두 신문의 사설에는 어떤 친일 논리가 내재되어 있었는
가를 밝힐 것이다. 4장에서는 제일 먼저 중일전쟁 발발 이후 『동아일
보』와 『조선일보』는 사설을 통해 중일전쟁의 성격과 목적을 어떻게 규
정했는가를 밝히려고 한다. 다음으로 중일전쟁 발발 이후 『동아일보』
와 『조선일보』는 사설을 통해 황민화 정책에 대해 어떻게 평가했는가
를 살펴볼 것이다. 마지막으로 중일전쟁 발발 이후 『동아일보』와 『조
선일보』는 사설을 통해 전쟁 동원 정책에 관해 무엇을 주장했는가를
분석할 것이다.

  4장에서는 먼저 중일전쟁의 성격과 목적을 다룬 사설에 대한 분석을
통해 전쟁을 어떻게 정당화하고 일본 중심주의를 주장했는가를 살펴
보려고 하는 것이다. 다음으로 일제 말기의 지배정책, 즉 내선일체론을
내세우며 황민화를 강행하고, 병참기지론에 입각해 전쟁 협력을 강요
하던 정책에 대해 두 신문이 어떤 논조를 보였는가를 살펴보고자 한다.
중일전쟁의 성격과 목적을 어떻게 파악했는가 하는 문제는 '황민화' 정
책이나 '전쟁 동원' 정책에 대한 인식과 긴밀한 관련이 있다. 따라서 세
가지 내용을 살펴봄으로써 일제 말기 『동아일보』와 『조선일보』의 논
조의 특성과 그 안에 내재된 친일 논리를 밝힐 수 있을 것이다.

  4장에서는 이런 분석을 위해 친일의 계기와 논리에 대해 좀 더 살펴
보고자 한다. 먼저 친일의 계기와 관련해서는 '저항'과 '협력'에 대한 결
정이 단순히 강제성에 의해서만 이루어지지는 않았을 것이라는 점을
감안해야 한다. 적어도 강제와 유인이 어느 정도 결합된 형태로 저항
과 협력의 문제를 결정했을 것이다. 특히 '유인된 자발성'이 많은 지식
인이 친일의 길로 들어서는 가장 유력한 경로였다고 보아야 한다(김승
환, 2004). 다만 유인이 '동의에 근거'한 것인지 또는 '무의식적으로 포
섭된' 것인지에 대해서는 논란의 여지가 있을 수 있다(하정일, 2003,

25~29쪽). 결국 '폭력을 이용한 강제'와 '자발적 인식 전환'이 모두 친일로 들어서는 계기였다고 할 수 있고, 때로는 여기에 집단 내에서의 '권력욕'이 작용하기도 했다.[5]

조선인들을 친일로 유인했던 대표적 논리는 "서구의 근대를 모방한 일본의 근대를 다시 닮고자 염원"했던 내선일체의 이념이었다(노용무, 2002, 455쪽). 물론 식민주의의 근대화 계획이 일차적으로 조선인을 유인하는데 기여했던 것만은 분명하다(Shin & Robinson, 1999, pp.1~18). 일제 말기에 많은 조선인들이 '동양주의'에 매료되어 반서구, 인종주의적 투쟁을 정당화하는 관점을 드러내기도 했지만, 이와 같은 입장도 결국은 '변형화된 근대화론'이었다고 볼 수 있다(한도연·김재용, 2003, 36~48쪽). 이들에게 중일전쟁은 "봉건에 대한 근대의 승리"이며 동시에 "동양의 서구에 대한 승리"이기도 했다. 즉 근대이든 근대의 초극으로서의 동양주의이든 일본 중심주의의 자장 안에 있어야만 했다. 그래서 조선인들은 일제가 만들어 낸 "질서 지어지는 위계를 전제로 하는 동일화의 수사학"에 넘어갈 수 있던 것이다(김성경, 2004, 127~128쪽).

한 개인이 생산하는 문학담론과 관련된 저항과 협력에 관한 논리를 미디어 담론에 대입하기 위해서는 몇 가지 고려가 필요하다. 미디어 담론은 "미디어와 수용자를 연결하는 사회 담론"의 하나이기 때문이다(Bell, 1998/2004, 27~83쪽). 즉 미디어 담론은 사회적 압력과 요구, 미디어 조직, 언론인의 개인적인 차원 모두를 아울러 해석해야만 한다는 것이다. 우선 일제 말기의 신문들은 더욱 강력해진 일제의 언론통제와 조선인 독자들의 민족적 욕구 사이에서 고민이 없지 않았을 것이다.[6]

5) '권력욕'은 "자신이 속한 분야·단체의 지도부"가 되고자 하는 것으로, 주로 종교·문예 단체에서 나타났다. 물론 '권력욕'과 마찬가지로 여러 분야에서 나타났을, 자신들의 이익을 보장받고자 했던 욕구들도 때로는 친일의 계기로 작용했을 것이다(이중연, 2003, 51~80쪽).

그럼에도 두 신문이 친일 논조를 보였던 것이 전적으로 강제의 결과였다고 볼 수만은 없다. 기업으로서의 이윤을 고려했던 신문사의 조직적 의사결정의 산물이며(장신, 2021, 153~195쪽), 언론인들 스스로의 의식 전환이 영향을 준 결과라고 보아야 하기 때문이다. 4장에서는 이런 점을 감안하며, 신문 사설에 나타난 친일 논조의 내적 논리를 밝히고, 그것이 지닌 언론사적 의미를 살펴보고자 한다.

3. 일제 말기 신문들의 논조

1) 전쟁의 정당화 - 서구로부터의 해방과 동양의 새로운 질서

『동아일보』와 『조선일보』가 사설에서 중일전쟁을 처음으로 언급한 것은 1937년 7월 16일이었는데, 한동안은 조선인의 자중을 요구하는 논조만 보이다가 곧 전쟁의 성격을 왜곡하기 위해 나섰다. 『동아일보』는 '거국일치의 요'라는 사설에서 "황군은 드디어 화평해결의 희망을 방기하고 전단(戰端)을 개시하였다.… 동아의 평화는 국민일체로 희구하는 바이지마는 지나의 태도가 저러한 한 어디까지 저를 각성시키는 것은 국가적 신념"이라고 주장했다(『동아일보』, 1937.8.20).[7] 『조선일보』도 '지나 응징과 국민의 각오'라는 사설에서 "지나의 영토에 대하여는 척십(尺十)도 제국의 욕(欲)하는 바가 아니다. 요는 피(彼)의 반성을 구하

---

6) 이와 같은 상황은 실제로 중일전쟁 발발 직후 『조선일보』 내부에서 친일적인 논조의 전환이 독자들의 감소를 가져오지 않을까 하는 논의가 있었다는 것을 통해서도 잘 알 수 있다(京城鐘路警察署, 1938, 9~10쪽).

7) 이 책에서 신문 기사의 인용에서는 면수를 밝히지만, 신문 사설의 인용에서는 면수를 밝히지 않을 것이다.

는데 있다"고 주장했다(『조선일보』, 1937.8.23). 전쟁의 성격을 처음으로 언급한 두 신문 사설의 내용은 전쟁의 일차적 책임은 중국에 있고, 일본은 동아의 평화를 위해 부득이하게 전쟁에 나서게 되었다는 것이었다. 이 같은 논조는 일제의 선전정책을 그대로 따른 것으로서,[8] 이후에도 사설에서 지속적으로 나타났다. 또한 두 신문은 일본의 승전 소식을 알리는 데 적극적으로 나섰다. 『동아일보』는 '전승 축하'라는 사설에서 다음과 같이 주장했다.

북방전선의 황군은 문자 그대로 승리에 승리, 또 전진의 도를 가하고 있는 지라 이로써 미루어 생각하면 중지(中支) 전선에 있어서의 승리의 쾌보도 멀지 아니하여 접하게 될 것이니 이 어찌 전 일본국민을 환희시키지 않을 수 있으리오. 기뻐할 것을 기뻐하고 축하할 것을 축하할 줄 아는 것은 사람의 상정인지라 오늘날까지 침묵하였다는 것이 오히려 기이(奇異)의 감을 줄 정도이다(『동아일보』, 1937.10.17).

『동아일보』는 '상해의 전첩(戰捷)'이라는 사설에서 '황군'이 "간난과 모험과 희생을 두려워하지 않고" 전진해 상해를 점령했다고 표현하고(『동아일보』, 1937.10.30), '남경 함락'이라는 사설에서도 "용맹과감한 진격으로 말미암아" 남경이 함락되었다고 표현했다(『동아일보』, 1937.12.12). 『조선일보』도 '남경 함락'이라는 사설에서 남경점령에 대해 '충용한 황군 장병' 덕택으로 "세계 전사 상에 희유(稀有)한" 성과를 거두었

---

[8] 총독부는 1937년 7월 17일 '지나사변에 대한 선전방책'을 결정했는데, 그 내용은 이후 『동아일보』와 『조선일보』의 중일전쟁 보도에 그대로 영향을 주었다. 위의 선전방책에 나와 있고 두 신문의 사설에 그대로 반영된, 중일전쟁이 '동아의 평화'를 위한 것이라는 주장은 "일본이 중국을 침략한 역사적 사실을 애써 합리화시키는 일에 지나지 않았던 것"이다. 이렇듯 일제는 전쟁 발발 후 보도 내용에 대한 규제를 더욱 강화했던 것은 물론 나아가 이제는 언론을 적극적으로 이용하려는 정책도 실시했다(김재용, 2002b, 61쪽; 변은진, 2013, 76~77쪽).

다고 평가했다(『조선일보』, 1937.12.12). 중국의 수도였던 남경 함락에 관해 『동아일보』는 3번, 『조선일보』는 2번씩이나 사설로 다루었다. 이후 두 신문은 일본의 승전 소식이 있을 때마다 사설로 다루며 그 의의를 대대적으로 선전했다.[9]

중일전쟁 발발 직후 한동안 『동아일보』와 『조선일보』의 사설은 위와 같이 중일전쟁에 대해 두 가지 경향을 보였다. 하나는 중일전쟁이 일본으로서는 동양의 평화를 위해 불가피한 선택이었다는 것이고, 또하나는 일본은 전쟁에서 우월한 군사력으로 압승을 거두고 있다는 것이다. 이와 같은 논조는 황민화 정책을 효율적으로 수행하며, 전쟁에 대한 조선인의 협력을 끌어내기 위해 반드시 필요한 것이었다. 1938년에 들어서서 『동아일보』는 '총후보국의 강조'라는 사설에서 중일전쟁에 대해 "동아평화를 확립하려는 성전(聖戰)"이라는 표현까지 사용하기 시작했다(『동아일보』, 1938.4.26).

전쟁이 장기화되면서 두 신문은 중국을 지원하는 나라들을 비판하는 사설들을 게재하기 시작했다. 『동아일보』는 '선전포고설'이라는 사설에서 "금번 사변은 대일 항전의 실력이 없는 장(장개석 – 인용자)정권만을 상대로 하는 것이 아니고 그 배후에 있는 제3국, 영불소(英佛蘇) 등과 싸우고 있는 것"이라고 주장했다(『동아일보』, 1938.6.25). 『조선일보』도 '전시 경제통제의 금후진로'라는 사설에서 "지나라는 곳은 소련의 공산주의와 영국의 자유주의적 자본주의의 경쟁장"이며 "단호 퇴치하여야 할 대사명 하에 성전"을 시작했다고 주장했다(『조선일보』, 1938.10.2).

---

[9] 1938년 이후 승전 소식을 다룬 사설로는 다음과 같은 것들이 있다. 『동아일보』의 사설로는 '서주 함락'(1938.5.21), '광동시 입성'(1938.10.23), '한구 함락'(1938.10.27), '해남도 공략'(1939.2.12) 등을 들 수 있다. 『조선일보』 사설로는 '서주 점령'(1938.5.20), '광동 함락'(1938.10.23), '무한 돌입'(1938.10.27), '무한 3진 완전 함락'(1938.10.29), '해남도 점거의 의미'(1939.2.13) 등을 들 수 있다.

이 같은 경향은 "동양의 마드리드"라고 불리던 무한 3진의 함락 후
더욱 강화되었다.[10] 『조선일보』는 '광동 공략의 의의'라는 사설에서 무
한 3진 함락의 의의를 "첫째 구미의존 지나인에게 동양인의 위력을 보
여줄 것이며, 둘째는 그 결과 동아를 동양인의 세력권 내로 환원코자
하는 제국의 이상이 점차 현실의 단계에 오르는 것"이라고 요약했다
(『조선일보』, 1938.10.19). 『동아일보』도 '한구 함락'이라는 사설에서 "외
국의 원장(援蔣: 장개석 지원-인용자) 정책에도 어떤 중대한 변화가
없지" 않을 것이라고 하며 영불소의 정책 변화를 예상했다(『동아일보』,
1938.10.27).

　『조선일보』는 '동아 신질서의 건설'이라는 사설에서 이제 전쟁의 목
적을 동아의 "정치적, 경제적, 문화적 신질서를 건설"하려는 것이라고
표현하기 시작했고(『조선일보』, 1938.11.4), '영미의 대장(對蔣) 차관'이
라는 사설에서는 1937년 11월에 이미 독일, 이탈리아와 방공(防共) 협
정을 맺었던 일본이 "방공의 두 맹방과 힘을 합하여 대업의 유시유종
을 위하여 일층 분발치 않아서는 안 된다"고 주장하기도 했다(『조선일
보』, 1938.12.22). 무한 3진 함락 이후 『동아일보』에 비해 『조선일보』는
훨씬 더 적극적인 논조를 보이기 시작했다.[11] 나아가 『조선일보』는 '체

10) 김재용은 1938년 10월의 무한 3진 함락이 조선의 지식인들을 친일로 들어서게 만드는
　중요한 계기였다고 주장했다. 상해, 남경에 이어 무한 3진마저 일본에게 무너지고 중
　국국민당이 중경으로 이동하자, 일본에 항거하는 중국의 노력은 더 이상 불가능하고
　이제 동아시아의 질서는 일본이 주도할 수밖에 없다고 판단했다는 것이다. 또한 1938년
　의 '동우회 사건'과 '흥업구락부 사건'도 조선의 지식인들이 친일로 돌아서는 데 영향
　을 주었을 것이다. 이런 요인들이 언론인들에도 영향을 주어 논조의 변화로 나타났다
　고 볼 수 있다. 또한 1938년 4월에 공포되어 5월부터는 조선에서도 시행되고 있던 국
　가총동원법도 이미 언론의 논조 변화에 큰 영향을 주었다(김재영, 2002b, 58~61쪽;
　이연, 2013, 444~448쪽; 이중연, 2003, 56~62쪽).
11) 총독부는 황민화 정책 등에 대해 『동아일보』가 『조선일보』에 비해 소극적으로 다루었
　고, "미국이 세계의 경시총감격"이라고 언급하기도 했다고 하면서 불만을 드러냈다(朝
　鮮總督府警務局, 1941, 7~16쪽). 실제로 『동아일보』는 '영 대외 관계 조정에 노력'이라

코슬로바키아국 해소'라는 사설에서 "독일, 우(又)는 이태리, 일본의 취해 온 온갖 행동은 모두 합리화되고 실재화 하였으니 세계는 정(正)히 신질서 건설의 과정에 있다"고 주장하기도 했다(『조선일보』, 1939.3.18). 이렇듯 방공협정을 맺었던 일본, 독일, 이탈리아와 중국 정부를 돕던 영국, 미국, 프랑스, 소련과의 대립이 불가피하다는 주장이 이후에도 사설에서 자주 나타났다.

  1939년에 두 신문 모두 일왕 생일인 천장절을 사설에서 다루었는데,[12] 『동아일보』는 '봉축 천장가절'이라는 사설에서 "전세계로 하여금 경이케 하는 전과는 천황 폐하의 어능위(御稜威)의 소연(所然)"이라고 표현했고(『동아일보』, 1939.4.29), 『조선일보』도 '봉축 천장절'이라는 사설에서 "제일선의 혁혁한 무훈과 현양되는 국위도 다 이 어능위의 소사(所賜)"라고 주장했다(『조선일보』, 1939.4.29). 이런 사설들은 중일전쟁의 전과를 '천황'의 덕택이라고 하며, '천황제 이데올로기'의 유포를 의도하는 것이었다(변은진, 2013, 428~429쪽). 『조선일보』는 '지나사변 2주년'이라는 사설에서 이제 중일전쟁을 서구의 식민지로부터 벗어나기 위한 성전으로 주장하기에 이르렀다.

  금번 사변의 목적은 정부의 성명에 명시된 바와 같이 지나로부터 항일·용공을 일삼는 장개석 정권을 완전히 타도하고 지나로 하여금 영불미(英佛美)의 반식민지적 박반(縛絆)으로부터 벗어나게 하여 동아 신질서를

는 사설에서 미국을 '세계 민주주의 지도국'이라고 표현한 적이 있었다(『동아일보』, 1938.11.19).

[12] 1938년에는 『조선일보』만 천장절을 사설에서 다루었지만, 1939년과 1940년에는 두 신문 모두 천장절을 사설로 다루었다. 1938년에 『조선일보』는 천장절을 사설에서 다루면서 일왕 부부의 사진을 함께 게재했다. 1939년의 경우 『조선일보』는 사진 없이 간단히 다루었지만, 오히려 『동아일보』는 1938년의 『조선일보』처럼 일왕 부부의 사진을 함께 실었다.

건설함으로써 일지(日支: 일본과 중국-인용자) 양 국민의 정신적·정치적·
경제적 결합을 완전히 하여 동양의 영구적 평화를 확립하려는데 있는 바
로 금번 성전의 진목적은 파괴에 있지 않고 그 반대인 건설에 있다(『조선
일보』, 1939.7.7).

이제 중일전쟁은 동양의 평화를 확립하기 위해 서구로부터 동양을
해방시키기 위한 전쟁이고, 일본은 그 해방자라고까지 주장했던 것이
다. 1940년에 『동아일보』는 '봉축 2천 6백년 기원절'이라는 사설에서
"황국 일본은 실로 이 탈취된 아세아의 천지를 그들의 질곡으로부터
해방하여 전 아세아를 문화의 성지가 되게" 해야 한다고 주장했고(『동
아일보』, 1940.2.11), 『조선일보』는 '육군기념일에 제하야'라는 사설에서
"장개석 정권의 뒤에 숨어 지나를 지배하고 동양을 백인의 철제(鐵蹄)
하에" 두려는 "백인 제국주의"와 맞서 싸워 동아의 신질서를 건설해
야 한다고 주장했다(『조선일보』, 1940.3.10). 이제 인종주의적 대립을
내세우는 주장까지 신문에서 찾아볼 수 있게 된 것이다.[13]
　1940년 3월에 국민당 정부로부터 이탈한 왕정위를 내세워 신남경 정
부가 수립된 이후 이런 논조는 더욱 빈번하게 나타났다.[14] 『조선일보』
는 '지나 중앙정부 수립'이라는 사설에서 신남경정부의 수립에 대해
"전동아 민족이 백색 제국주의의 박반(縛絆)에서 해방되는 여명은 왔
다"고 표현했고(『조선일보』, 1940.3.30), '동양 몬로주의'라는 사설에서

---

[13] 전쟁 직후 이미 『조선일보』는 '구주인의 위기론'이라는 사설에서 "만약 극동에서 대전
이 발발하면 전쟁 결과 여하에 따라서는 황인종의 정치적 지반의 전멸에 의하여 전
동양의 식민지 또는 반식민지화 될 수 있으므로 백인종의 세계적 지배는 확호불발(確
乎不拔)하게 될 것"이라고 주장한 적이 있었다(『조선일보』, 1937.7.26).
[14] 김재용은 친일 파시즘 문학의 두 계기로 무한 3진 함락과 신남경 정부의 수립을 들었
다. 그는 당시 지식인들이 신남경 정부의 수립을 "국민당의 핵심 인물이 일본 중심의
새로운 동북아 질서를 기꺼이 받아들이려고" 했던 것으로 인식하고, 그 영향을 받았
다고 주장했다(김재용, 2003, 398~399쪽).

"동양에서도 몬로주의를 실행하려면 미국이든지 또는 어떤 국가에서도 그 주의에 대하여 왈가왈부를 하지 못하게 할 실행력을 가져야 할 것"이라고 주장하기도 했다(『조선일보』, 1940.7.12). 『동아일보』도 '적성국가 격양 국민대회'라는 사설에서 "동아의 맹주"로서 일본이 "동아의 천지를 아등의 수(手)로서 수호하지 않으면 아니 된다"고 주장했다(『동아일보』, 1940.7.2).

한편 두 신문은 일본이 서구로부터 동양을 해방시켜 동양의 새로운 질서를 만들어 내는 일이 얼마나 어려운가를 강조하기도 했다. 『동아일보』는 '사변 제3주년'이라는 사설에서 영불(英佛)은 물론이고 미소(美蘇)까지 중국정부를 지원하기 때문에 "극동의 자주원칙, 즉 동아신질서 건설운동의 전도가 얼마나 용이치 않은가는 상상키에 불난(不難)한 바"라고 하며 그 어려움을 강조했다(『동아일보』, 1940.7.7). 『조선일보』도 '사변 3주년'이라는 사설에서 "제국이 동아의 맹주로서 세기적 위업인 그 신질서 건설을 위하여" 전쟁을 시작한 지 3년이 된 날을 맞아 "국민은 이 중대시기에 처하여 금후 더욱 더 긴장 일억일심으로써 유종의 미를 거두도록 노력"해야 한다고 주장했다(『조선일보』, 1940.7.7). 두 신문은 서구에 맞서 동양을 해방시키려는 일본의 노력이 큰 성과를 거두고 있다고 하면서도, 전쟁이 쉽게 끝나지 않을 것이라는 전망을 제시하며 조선인들을 계속 전쟁에 협력하도록 만들려는 논조를 보였다.

2) 내선일체 주장-지원병제도 찬동과 차별철폐 표방

일제는 조선인을 전쟁에 동원하기 위해 내선일체론에 근거한 황민화 정책을 실시했다. 신사참배는 이미 만주사변 직후부터 강요되어 왔던 일로서, 중일전쟁이 발발한 이후에 더욱 강력하게 실시되었다.[15]

중일전쟁 발발 2달 뒤쯤『동아일보』는 '기원절'이라는 사설에서 조선신
궁에서 개최된 기원제 행사를 사설로 다루었고(『동아일보』, 1937.9.4),
'애국일'이라는 사설에서는 '애국일' 제정을 맞아 조선신궁을 참배하고
학교에서는 동방요배식을 거행한 것을 들어 "실로 애국일에 맞는 성대
하고 의의 있는" 일이라고 주장했다(『동아일보』, 1937.9.7). 1937년 11월
에『동아일보』는 '국민정신작흥'이라는 사설에서 '국민정신작흥' 행사
중 하나인 신사참배나 동방요배를 일상화할 것을 요구하기도 했다(『동
아일보』, 1937.11.7).

『조선일보』는 '폐교 부활은 사회적 의무'라는 사설에서 신사참배 강
요에 반대해 폐교가 결정된 기독교계 학교에 대해 어차피 "폐교의 운
명에 있는 학교들"이었다고 하며 일제의 조치가 불가피했다는 입장을
밝혔다(『조선일보』, 1937.9.14). 또한 뒤에도『조선일보』는 '장로교계
제 학교 수(遂)총인퇴호(乎)'라는 사설에서 다시 "원래 당국에서는 신사
참배를 종교적 신앙으로는 보지 않는다. 이것은 어느 국민이나 어느
민족을 막론하고 모두 위하는 조상숭배요 위인숭배로 본다. 그러므로
총독부에서 사무를 취급할 때에도 종교에 관한 사무는 사회교육과에
서 취급하고 신사에 관한 사무는 지방과에서 취급하고 있다"고 주장하
여 신사참배 강요를 정당화하기도 했다(『동아일보』, 1938.6.5).

1937년 말부터 일제는 조선교육령 개정과 지원병제도의 도입을 계획
했다. 3차 조선교육령의 주요 내용은 내선일체를 내세우며 학제를 통
일한다는 것이었지만, 실제로는 황민화 교육을 실시하고 조선어를 폐
지하는 데 그 목적이 있었다. 교육령 개정안을 내놓기 전에 이미 일제는

---

15) 만주사변이 발발한 1931년 이후 기독교 학교들에 대해서도 신사참배 강요가 이루어졌
다. 이런 일제의 기독교 학교에 대한 신사참배 강요로 여러 곳에서 갈등이 빚어지다
가, 결국 중일전쟁 발발 이후에는 기독교 학교의 폐교로까지 이어졌다(김승태, 2000,
71~90쪽).

일본어 한자와 조선어 한자를 모두 배우는 것이 이중부담이라는 이유
로 조선어 한자 교육의 폐지를 발표했다. 이에 대해 두 신문은 조선어
한자를 배우지 않는다면 조선어를 제대로 사용할 수 없게 된다고 하며
반대 의견을 표명했지만, 조선어 한자 폐지는 그대로 시행되었다.16)

　3차 조선교육령 논의 과정에서 조선어과 폐지가 거론되는 것으로 알
려지자 신문들은 이에 대해 반대입장을 밝혔다. 『동아일보』는 '교육제
도 개혁에 대하여'라는 사설에서 "내용에 있어서 교육과목의 통일쇄신
은 원칙적으로는 물론 좋은 일이나 이 원칙의 적용이 공학에 있어서의
조선어과의 폐지와 같은 일을 혹시 결과하게 된다면 이점만은 오인의
크게 반대하는 바"라고 주장했다(『동아일보』, 1937.10.24). 『조선일보』
도 '임시교육심의위원회'라는 사설에서 "초등, 중등교 공학설에는 절대
로 반대하거니와 조선어 학대는 절대로 하지 않는다고 언명한 당국이
니 만치 공학설은 전연 무근한 풍설일 것을 믿고 의심치 않는다"라고
했다(『조선일보』, 1937.10.24). 얼마 뒤 조선어를 수의(선택-인용자)
과목으로 바꾸려고 하는 것이 알려지자 『동아일보』는 '다시 학제 개혁
에 대하여'라는 사설에서 "조선어과의 폐지 운운은 이미 논급한 일이
있는바 같이 조선의 지역적 특수성을 무시하는 것으로 그 불가함은 재
언을 요치 않는다"고 재차 반대 의사를 밝혔다(『동아일보』, 1937.11.10).
『조선일보』도 '조선문화와 조선어'라는 사설에서 조선어 선택이 줄어
들면 "조선어에 대한 조선인의 지식이 점점 더 얕아지고 따라서 조선
문화의 향상에도 지장이 되지 않을까" 우려된다는 입장을 밝혔다(『조
선일보』, 1937.11.11).

　소학교를 제외하고는 조선어 교육을 선택과목으로 전환하는 것이

16) 이와 관련된 사설로는 『동아일보』의 '조선식 한문의 폐지'(1937.9.1), 『조선일보』의 '조
　선어 한문과 폐지'(1937.8.31), '한문과 폐지와 그 선후책'(1937.10.6)을 들 수 있다.

확정되어가자 『동아일보』는 다시 '신학제와 조선어'라는 사설에서 "당
국자가 통일과 획일을 혼동하지 않는다면 적어도 조선어과를 조선인
학생에게나 일본 내지인 학생에게 일률적으로 교수치 않는 일은 없을
줄로 믿"는다는 입장을 보였다(『동아일보』, 1938.2.27). 『조선일보』도
'조선교육개정령'이라는 사설에서 "조선인을 내지인과 같은 수준으로
교육시키고자 함에 있어서는 만강(滿腔)의 사의를 표하지만 그렇다고
하여 조선인이 배울 특수적 교과목과 조선인이 누릴 시설을 없이 한다
는 것은 불가"하다고 주장했다(『조선일보』, 1938.2.24). 『조선일보』는
1938년 3월 3일 3차 조선교육령이 공포된 이후에도 '개정교육령과 조선
어과'라는 사설에서 다시 "당국의 국어(일본어 - 인용자)보급 정책상 국
어를 치중하는 점이나 교육제도를 획일화하려 하는 점"은 이해한다고
하면서도, "가정이나 사회생활상 잠시라도 불가결한 상용어에 대한 교
육을 등한시"해서는 안 된다고 주장했다(『조선일보』, 1938.3.5).
두 신문은 일본어가 널리 보급되어 있지 않은 조선의 현실을 감안해
조선어 교육을 폐지해서는 안 된다고 주장했지만, 일제는 바로 일본어
해독자가 크게 늘지 않는 현실을 타개하기 위해 조선어 교육의 폐지를
추진했던 것이다. 『조선일보』는 일부 소학교에서도 조선어를 선택과목
으로 돌리려고 하는 움직임이 생기자, '조선어 수의과 문제'라는 사설
에서 "조선어과의 수의과 문제는 자칫하면 민족의식 문제나 또는 그
유사 문제로 곡해되기" 쉽기 때문에 거론하기 어렵다고 하면서, 자신들
은 단지 "현실 조선의 특수사정을 참작"해 소학교만이라도 조선어를 필
수과목으로 두어야 한다는 입장일 뿐이라고 밝혔다(『조선일보』, 1938.
10.3). 또한 『조선일보』는 '소학교 교과서 통일문제'라는 사설에서 "조
선인이 전부 국어를 말하고 서(書)하기까지는 상당한 시일을 요할지니
그 이전에 교과서를 통일한다면 국어에 서투른 조선 아동은 자연 양호

한 성적을 나타낼 수가 없을" 것이라고 주장하기도 했다(『조선일보』, 1938.12.3). 그러나 두 신문은 모두 조선어 교육 폐지의 중요한 이유가 되었던 지원병제도에 대해서는 적극적인 찬성의 입장을 보였다.17) 『동아일보』는 '지원병제의 설립'이라는 사설에서 다음과 같이 주장하고 있다.

원래 문명된 국민에겐 세 가지 의무, 즉 조세, 병역, 교육의 의무가 있다는 것은 여기서 노노(呶呶, 구차한 말로 자꾸 지껄이다 - 인용자)할 필요도 없는 것이다. 그러므로 위정 당국자는 이 세 가지 의무를 국민에게 요구하는 동시에 국민이 이 의무를 완전히 수행함으로써 줄 바의 권리를 줄 것이오, 그리하여 완전한 국민이 되도록 지도하지 않으면 아니 될 것이며 또한 국민으로 말할지라도 그 국민적 자격을 완성하기 위하여 그 받아야 할 권리를 주장하는 동시에 그 의무 수행을 각오할 바이다(『동아일보』, 1938.1.19).

『동아일보』의 논조는 의무를 수행함으로써 '완전한 국민'이 되도록 노력해야 한다는 것으로서, '차별로부터의 탈출'이라는 논리로서 내선일체론을 주장한 것이었다. 『조선일보』도 '조선에 지원병제도 실시'라는 사설에서 "이제 조선인에게도 지원병제도를 실시한다는 것은 획시기적 중대문제로 내선일체의 일 현연(現顯)이라 볼 수 있다"라고 주장했다(『조선일보』, 1938.1.18). 『동아일보』는 '양 제도의 실시 축하'라는 사설에서 지원병 제도를 "조선민중도 나서 중대임무"를 지게 된 것이라고 했고(『동아일보』, 1938.4.3), 『조선일보』는 '양대 제도 실시 축하에

---

17) 일제로서는 조선인을 병력자원화 하기 위해 일본어 해독능력의 확대가 절실했고, 그런 이유도 작용한 결과로 조선어 교육의 폐지를 추진하게 되었다(최유리, 1997, 158~159쪽).

제하여'라는 사설에서 "국민으로서의 자격을 취득하게 된 것"이라고 주장했다(『조선일보』, 1938.4.3). 훈련소 개소식을 앞두고 지원병제도에 대해 다시 『동아일보』는 '육군지원병 개소식'이라는 사설에서 "조선통치 수뇌부의 영단(英斷)의 소산"이라고 표현했고(『동아일보』, 1938.6.15), 『조선일보』는 '지원병 훈련소 개소식에 제하여'라는 사설에서 "황국신민된 사람으로서 그 누가 감격치 아니하랴"고 주장하기도 했다(『조선일보』, 1938.6.15).

이렇듯 조선인을 전쟁에 동원하기 위한 지원병제도에는 적극적으로 찬성하면서도 조선어 교육 폐지에는 반대했던 것을 보면, 두 신문이 민족의식 때문에만 조선어 교육 폐지를 반대했다고 판단하기는 어렵다. 일차적으로는 조선어 신문으로서의 자신의 전망에 대한 불안감이 작용했을 것이다.[18] 어쨌든 뒤에도 『동아일보』는 '예술과 체육교육'이라는 사설에서 "조선은 찬란한 수천 년의 문화를 가졌다"고 했고(『동아일보』, 1938.6.12), '조선어 사전의 출래'라는 사설에서는 "오늘 날 조선에 있어서는 한편 조선어의 보급이 일대 필요사가 되어 있어 정확한 조선어의 지식에 대한 요구가 일층 커"지고 있다는 주장을 하기도 했다(『동아일보』, 1938.7.13). 또한 『조선일보』는 '문세영씨의 조선어사전'이라는 사설에서 "조선은 장구한 문화를 말하고 또 오 백여 년의 역사를 가지게 되는 세계 무비(無比)의 조선 문자를 자랑"한다고 주장하기도 했다(『조선일보』, 1938.7.13).

무한 3진 함락 이후인 1939년에 들어서서 조선어 교육 폐지에 대한

---

[18] 일제는 일본어 해독 인구의 증가가 조선인 발행 신문의 미래에 어떤 영향을 줄 지에 대해 상반된 견해가 있다고 밝혔다. 그러나 제한된 독자를 대상으로 하는 신문판매 시장에서 일본어 해독 인구가 늘어난다는 것은 장기적으로는 곧 조선어 신문의 독자 감소로 이어질 것이라고 보는 것이 타당할 것이다(『朝鮮出版警察槪要』 1940년판, 28~30쪽).

반대 주장이 사라진 것은 물론이고19) 이제 '일본 정신'을 강조하며 내선
일체를 적극적으로 내세우는 사설들이 나타나기 시작했다. 『동아일보』
는 '정신 발양 주간'이라는 사설에서 "신무 천황의 어(御)창업을 추봉하
여 팔굉일우(八紘一宇)의 정신 천명을 중심으로 국체의 존엄, 이상, 일
본 문화, 내선일체의 정신 발양에 노력"해야 한다고 주장했다(『동아일
보』, 1939.2.8). 『조선일보』도 마찬가지로 '일본정신 발양주간 실시'라는
사설에서 "일본 제국의 존엄한 국체, 굉원(宏遠)한 제국의 이상, 일본
문화의 발양에 노력"해야 한다고 주장했다(『조선일보』, 1939.2.8). 또한
『조선일보』는 '기원절'이라는 사설에서 "일본 고유의 민족정신"을 극찬
하는 장황한 설명을 하기도 했다.

　　무릇 일본 정신은 저 물질 중심의 자본주의, 개인주의와도 다르고 전체
　가 있은 후 개체가 있다는 파씨즘과도 다르다. 일본 정신은 일본 독특한
　국민성, 국민 기질에 의한 것으로서 타의 모방 우(又)는 추수를 불허하는
　바니 내선일체, 일만지(日滿支) 협조 등은 다 서양류의 식민지 사상과 다르
　다. 학제 개혁, 지원병 제도의 실시는 그 표현의 일례라 할 것이다(『조선
　일보』, 1939.2.11).

『조선일보』는 뒤이어 '신정세의 출현'이라는 사설에서 "학제의 통일,
지원병 제도의 실시 등은 아직 시험기에 지나지 못하나 내선일체, 상
언(詳言)하면 조선의 내지화를 전제로 하는 것으로서 종래의 내지연장

19) 1939년 이후 조선어 교육 문제를 직접 거론한 경우는 없고, 단지 『조선일보』가 경성제
　　대의 조선문학 강좌 존폐가 논란이 되자 '성대(城大)의 조선문학 강좌의 존속'이라는
　　사설에서 "조선문학이나 조선어의 필요를 말함으로써 민족적 편견으로 보는 사람도
　　없지 않은 것 같다'고 전제하면서, 그러나 이미 조선어와 일본어의 어원 연구를 통해
　　내선동근, 내선일체의 학적 근거가 확립되어 있는 현실에서 "편견과 오해에 괘념할
　　바"가 없다고 하며 조선문학 강좌의 존속을 주장한 사설 정도가 있을 뿐이다(『조선일
　　보』, 1939.2.9).

주의와는 다르다"고 주장하며 적극적으로 내선일체의 필요성을 주장했다(『조선일보』, 1939.5.8). 『동아일보』도 '지나사변 2주년'이라는 사설에서 "내선일체의 구현으로서 사변 목적 달성에 비위(非違)가 없기를 바란다"고 하며 내선일체의 중요성을 강조했다(『동아일보』, 1939.7.7).

그러나 이렇듯 내선일체의 필요성을 강조했던[20] 두 신문은 창씨개명을 포함하고 있던 조선민사령 개정에 대해서는 사설에서 거의 언급하지 않았다. 『조선일보』만이 '국민정신의 작흥'이라는 사설에서 조선민사령이 "내선일체의 진운에 박차를 가하기 위함"이라고 하더라도 "당국의 자문기관으로 항상 당국의 시정에 찬의를 표하는 중추원회의에서조차 이 신제도를 반대한 것은 주목할 현상이 아니었던가"라고 하며 우회적으로 반대 입장을 내비쳤고(『조선일보』, 1939.11.10), 『동아일보』는 사설로는 아예 조선민사령을 다루지 않았다.[21] 이것은 조선인들의 반발이 매우 크고 아직 강제성이 덜 하던 초기 단계에서 굳이 나설 필요가 없다고 판단했기 때문이었을 것이다.

1940년에 두 신문은 모두 기원절과 천장절을 사설에서 다루면서 이른바 '일본정신'을 기리고 일왕을 찬양하는 논조를 보였는데, 이 같은 논조는 내선일체를 정당화시키기 위한 것이었다. 다만 두 신문은 교육이나 참정권 문제와 관련해 차별 철폐를 주장하기도 했다. 『동아일보』는 '의무교육의 실시'라는 사설에서 "오늘 조선의 민도가 아무리 저열하다 한들 저 명치유신 때보다 못하다는 것을 말한다면 그 어찌 정곡을

---

20) 경무국 도서과는 1939년 6월에 지시한 "편집에 관한 희망 및 주의사항"에서 내선일체에 관한 기사를 "성의를 가지고" 다루고 양도 늘릴 것을 요구했다(최준, 1960, 308~310쪽).

21) 일제도 두 신문이 창씨개명에 대해 "당초에는 게재를 기피하고 싫어"했다고 평가했다. 경무국 보안과 촉탁으로 활동하던 조선인이 1939년 11월 18일에 창씨개명에 관한 '민심동향을 조사해 보고한 자료에도 두 신문의 이런 태도로 인해 "용이하게 소기의 효과를 거둘 수 없"다고 지적하고 있다(정주수, 2003, 96~98쪽; 『朝鮮出版警察槪要』 1940년판, 7~16쪽).

얻었다 하랴'라고 하며 차별 철폐 차원에서 의무교육을 서둘러 실시할 것을 요구했다(『동아일보』, 1940.3.20). 『조선일보』도 '부족한 중등학교'라는 사설에서 "인구가 내지의 3분의 1에 해당한 조선에 그 학교 수의 10분의 1인 270교쯤만이라도 급속히 설립하라 하는 것이 내선일체가 진행되는 금일 어찌 과분한 요구랴"라고 하며 학교 증설을 요구하기도 했다(『조선일보』, 1940.2.17). 또 『조선일보』는 '75회 의회와 조선'이라는 사설에서 "민도의 낮은 것을 이유로 장차 실시할 것을 언명"한 참정권의 확대가 "단시일 내에 실현되기를 바라는 바"라고 주장했다(『조선일보』, 1940.2.26). 이제 두 신문은 철저히 내선일체의 실현에 앞장서는 한편 아주 간혹 소극적으로 차별철폐를 주장하는 논조를 보이기도 했다.

3) 전쟁 협력 촉구 - 애국심 강조와 총력전 주장

두 신문이 모두 중일전쟁을 사설에서 처음으로 언급한 것은 1937년 7월 16일이었는데, 조선인에게 자중을 요구하는 내용이었다. 『동아일보』는 '비상시국과 우리의 자중'이라는 사설에서 "때는 바야흐로 비상시인지라 이런 시국이면 시국일수록 우리의 행동이 자중스럽지 않으면 아니 될 것"고 하며 유언비어 유포를 경계했다(『동아일보』, 1937.7.16). 『조선일보』도 '유언비어에 대하여'라는 사설에서 "비상시에 제하여 가장 무서운 것은 유언비어다. 그 일 사회에 끼치는 해독은 대개 막대한 바가 있다"고 유언비어 단속의 필요성을 강조했다(『조선일보』, 1937.7.16). 이후에도 7월과 8월 사이에 『동아일보』는 4번, 『조선일보』는 3번이나 더 유언비어를 경계할 것을 강조하는 사설을 게재했다.[22] 실제로 중일전쟁 발발 직후 각종 유언비어가 유포되었고, 일제는 이를 단속하기에 혈안이 되었다(宮田節子, 1985/1997, 5~8쪽).

자중을 요구하던 수준에서 벗어나 이제 두 신문은 적극적으로 전쟁
협력을 촉구하는 사설들을 싣기 시작했다. 먼저『조선일보』는 '총후의
임무'라는 사설에서 "총후(銃後)에 선 일반 국민의 정신·물질 양 방면"
의 후원이 필요하다고 주장하고(『조선일보』, 1937.8.2), '지나 응징과 국
민의 각오'라는 사설에서는 "견인지구(堅引持久)의 정신과 거국일치의
관념을 가지고 제반 사업의 진전을 도(睹)하여"야만 한다고 주장했다
(『조선일보』, 1937.8.23).『동아일보』도 '거국일치의 요(要)'라는 사설에
서 "총후 후원에 성의를 다하여 써 거국일치의 실적을 유루(遺漏)없이
내지 않으면 아니"되고(『동아일보』, 1937.8.20), 또한 '시국 신인식의
3요강'이라는 사설에서는 "거국일치적 성의로 당국을 지지"해야 한다고
주장했다(『동아일보』, 1937.8.22). 거국일치하고 견인지구하여 정신적,
물질적으로 전쟁에 협력해야 한다는 이런 내용은 이후에도 매우 자주
나타났다. 또한『조선일보』는 '현대전의 특징'이라는 사설에서 "국가의
대사에 적극적으로 협력치 아니하는 자는 이것을 비국민으로, 즉 차를
환언하면 적으로 간주하게 되는 것"이라고 하며 전쟁에 대한 절대적인
협조를 강요했고(『조선일보』, 1937.8.14)[23]『동아일보』는 '애국일'이라
는 사설에서 아래와 같이 일본에 대한 애국심까지 요구하였다.

어느 나라를 막론하고 그 나라의 흥망성쇠의 기본조건은 국민의 애국
심일 것이다. 국민의 애국심이 언제나 발로되고 있으면 그 나라는 언제나

[22]『동아일보』의 사설로는 '비상시국과 일상생활'(1937.7.22), '유언비어의 사회적 영향'
(1937.7.27), '전시체제하 우리의 태도'(1937.7.31), '말을 삼가라'(1937.8.8)를 들 수 있고,
『조선일보』의 사설로는 '시국과 그 인식'(1937.7.22), '전시체제 들어서의 각오'(1937.7.30),
'유언비어의 엄중 취체'(1937.8.9)를 들 수 있다.

[23] 이 사설은 서춘이 쓴 것이라고 한다. 서춘은 중일전쟁 초기『조선일보』의 친일 논조
를 주도하다 사내의 반발로 1937년 11월에 퇴사했다(京城鐘路警察署, 1938, 22쪽).

흥하고 성하는 것이며 일시라도 마비되고 있으면 그 때의 그 나라는 쇠하
고 망하는 것이다. (중략) 남녀노소 할 것 없이 직업을 구별할 것 없이 전
조선적으로 타오르는 애국의 열정은 이 국가 중대의 추(秋)에 당연한 발로
라 하겠지마는 그래도 보고 듣는 이로 하여금 감격하지 않을 수 없게 하
는 바이다(『동아일보』, 1937.9.7).

　두 신문은 곧 전쟁으로 인한 경제적 어려움을 감내할 것을 요구하는
논조를 보이기 시작했다. 『조선일보』는 '임시증세 실시와 그 의의'라는
사설에서 전쟁으로 인한 증세를 "요컨대 본 세(稅)는 세제에 투입된 거
국일치의 표현"이라고 했고(『조선일보』, 1937.8.13), 『동아일보』도 '자금
통제와 민중생활'이라는 사설에서 "이 비상시국에 있어서 국민생활은
최저수준까지 인내할 각오가 있지 않으면 아니 될 것"이라고 주장했다
(『동아일보』, 1937.9.10). 특히 총독의 유고(諭告)에서 이른바 '생업보국'
이라는 용어가 사용되자 신문들도 곧 이를 다루어, 『동아일보』는 '농어
산촌 보국일'이라는 사설에서 "완전한 거국일치적 견지 하에서 국가가
이용할 수 있는 인적·물적, 유형·무형 등의 일절 역량이 동원"되어야
한다고 했고(『동아일보』, 1937.9.23), 『조선일보』는 '농어산민 보국일'이
라는 사설에서 "농어산민으로 이 중대시국에 제하여 황국에 보답하는
방도는 무엇이냐 하면 그것은 오직 생산보국의 네 자의 실행에 있다"
고 주장했다(『조선일보』, 1937.9.23). 중일전쟁이 발발하면서 조선의 병
참기지로서의 역할이 강화된 것을 보여주는 것이었다. 이후 두 신문은
1937년 10월 13일부터 일주일 동안 있었던 '국민정신총동원운동'부터
시작해 전쟁 협력을 촉구하는 행사가 있을 때마다 이를 그대로 사설
주제로 다루었다.
　지원병제도의 실시에 관한 사설은 두 신문의 전쟁 협력에 대한 입장
이 가장 잘 드러난 예였다. 『동아일보』는 '지원병제의 실시'라는 사설

에서 "이 제도를 더욱 확충시키고 발전시킴으로써 장래에 일반 징병제에까지 미치도록" 해야 한다고 주장했다(『동아일보』, 1938.1.19). 『조선일보』는 '지원병 훈련소 개소식에 제하여'라는 사설에서 "장래 국가의 간성(干城)으로 황국에 대하여 갈충진성(竭忠盡誠)을 하지 않으면 안 된다. 그리하여서 국방상 완전히 신민(臣民)의 의무를 다하여야 할 것이다"라고 주장했다(『조선일보』, 1938.6.15). 이렇듯 두 신문은 징병제 실시를 요구하고, 국방상 완전한 신민의 의무를 다하라고 주장할 정도로 적극적으로 전쟁 협력을 촉구했다.

일제는 1938년에 들어서서 소비절약, 저축장려, 생활쇄신 등을 강조하며 4월에는 '총후보국 강조주간'을 실시했고, 6월에는 '물자동원계획'을 발표했고, 8월에는 '경제전 강조주간'을 실시했다. 그때마다 두 신문은 관련 내용을 사설로 다루어 국민들의 협력을 요구했다.[24] 『동아일보』는 '경제전 강조주간'이라는 사설에서 "경제전을 강화함에는 정부의 힘으로만 되는 것이 아니오 오직 국민 전반의 생활을 통하여서 실천하여야 할 것이므로 이 경제전에 참가하고 또 이 경제전에 선전하여야 할 것은 오늘의 전시하에 처한 과제가 되고 의무가 된다"고 주장했다(『동아일보』, 1939.8.21). 『조선일보』도 '경제전 강조주간에 임하여'라는 사설에서 "일반 국민이 철저히 각오치 아니하여서는 안 될 것은 장기전에 있어서 최후 승리를 용이하게 하기 위하여 경제력의 충실을 도(圖)할 뿐만 아니라 장래에 있어서의 일본 제국의 비약적 발전을 위하여서도 더욱더욱 경제력의 축적이 절대로 필요하다는 것이다"라는 입장을 밝

[24] 『동아일보』의 경우 '총후보국의 강조'(1938.4.26), '재경 정책의 대전환'(1938.6.24), '경제전 강조주간 실시'(1938.8.21) 등이 있고, 『조선일보』의 경우 '총후보국 강조주간'(1938.4.26), '물자동원계획'(1938.6.25), '경제전 강조주간에 임하여'(1938.8.22) 등이 있다. 이런 사설들의 게재는 언론기관을 적극적으로 선전도구화 하고자 했던 일제의 언론통제가 작용한 결과였다(이연, 2013, 444~455쪽).

혔다(『조선일보』, 1938.8.22). 나아가 『조선일보』는 '총후후원 강화주간
에 제하야'라는 사설에서 다음과 같이 주장하고 있다.

　지나사변의 발발 이래로 총후 국민의 적성은 여러 가지 형식으로 나타
났다고 할 수가 있다. 혹은 국방헌금으로 혹은 비행기의 헌납으로 혹은
위문품과 위문사절의 파송으로 혹은 백의용사들의 위안으로 혹은 출정 장
사 가족의 부호(扶護)와 위안으로 혹은 전몰장사 영령의 조의로 혹은 신사
불전에 기원으로 각양각색으로 다 이 적성의 표현이 아님이 없다. 그러나
아직도 시국에 대한 인식이 철저치 못하고 따라서 성심성의가 12분 실천
과 궁행으로 표현되지 못한 감도 없지 않다(『조선일보』, 1938.10.6).

　위의 주장처럼 조선인의 전쟁 협력이 다양한 방식으로 이루어졌음
에도 『조선일보』는 여전히 더욱 적극적인 협력을 요구했다. 『동아일보』
도 '무한 함락 후 경제계'라는 사설에서 무한 3진 함락 이후에도 이를
"일 계기로 하여 종래의 군사행동은 소모장기전에 대비하여 경제전으
로의 신등장을 보게 된 것"이라고 했을 정도로(『동아일보』, 1938.10.30)
'경제전'의 필요성이 높아졌기 때문이다.
　1939년에 들어서서 전쟁 협력에 대한 요구는 더욱 적극성을 띠게 된
다. 특히 "일본정신"을 기반으로 하여 적극적으로 전쟁에 협력해야 한
다는 주장들이 사설에 담겨 있었다.[25] 그 예로서 『조선일보』는 '일본정
신 발양주간 실시'라는 사설에서 "일본정신의 발양"이 필요하다고 전제
하며 "모름지기 일본국민은 이 기회에 일단의 정신 진작으로써 동아신
질서 건설에 매진할 각오를 굳게 하지 않으면 안 될 것"이라고 주장했

[25] 이런 사설로는 『동아일보』의 '정신발양주간'(1939.2.8), '육군기념일'(1939.3.10), '봉축 천
　　장가절'(1939.4.29) 등을 들 수 있고, 『조선일보』의 '일본정신 발양주간 실시'(1939.2.8),
　　'기원절'(1939.2.11), '육군기념일에 제하여'(1939.3.10), '봉축천장절'(1939.4.29) 등을 들
　　수 있다.

다(『조선일보』, 1939.2.8). 『동아일보』도 '봉축 천장가절'이라는 사설에서 "국민은 정신을 총휘(總揮)하고 국가의 총력을 겸발(兼發)하여서 일의매진(一意邁進), 사변 목적 달성을 필기(必期)하여야 할 것"이라고 주장했다(『동아일보』, 1939.4.29). 나아가 『조선일보』는 '사상전의 중대성'이라는 사설에서 "학교에 있어서의 스파르타 교육도 일종의 사상전의 연장으로서의 사상교육"인 만큼 학생들을 상대로 하는 사상적 통제를 실시할 필요가 있다는 입장을 보여주기도 했다(『조선일보』, 1939.6.24).

1939년 여름에 가뭄이 극심해 식량문제가 대두되는 등 경제적 어려움이 가중되자 일제는 연말에 '경제전 강조 월간'을 실시하였다. 이와 관련해 『동아일보』는 '경제전 강조운동'이라는 사설에서 "현대전의 특질이 경제전에 있고, 이 경제전을 수행함에는 물자동원이 철저"해야 하고, "사변 목적 달성"을 위해 "물자절약, 물자활용, 절미절약, 생활쇄신, 저축장려 등에 주력"해야 한다고 주장했다(『동아일보』, 1939.12.2). 『조선일보』도 '경제전 강조 월간'이라는 사설에서 "현대의 전쟁에 있어서 병력전보다 못지않게 중요한 역할을 하는 것은 경제전"이라고 하고, "국가경제를 위해서뿐만 아니라 가정경제를 위해서도 지극히 긴요한 항목"들이니 만큼 "국민이 항상 각기 실행"해야 한다고 주장했다(『조선일보』, 1939.12.1). 나아가 『조선일보』는 '전시통제하 경제계 회고'라는 사설에서 "시난(時難) 극복의 의식하에 그릇된 관념은 청산하고 경제전사(戰士)로서 승리를 기(期)코 국책에 협력"해야 한다고 주장하기도 했다(『조선일보』, 1939.12.30). 두 신문은 조선인들의 반발을 고려했기 때문인지 '경제전'을 위해 요구하는 항목들이 단순히 국가의 필요 때문만이 아니고 개인들에게도 유익하다는 점을 빼놓지 않고 언급했다.

1940년에 들어서서 『조선일보』는 '봉축 황기 이천 육백년 기원절'이라는 사설에서 "흥아성업(興亞聖業)이 중도에 있는 것을 명기하여 불퇴전, 불요절의 굳은 결심으로 용성 매진치 아니 하면 안 될 것"이라고 주장했다(『조선일보』, 1940.2.11). 또한 『동아일보』도 '육군기념일'이라는 사설에서 "현하 동아 신질서 운동은 제국 미증유의 대업으로 그 달성을 위하여는 전 국민의 이상한 결의와 국가 총력의 전면적 지구적 발양이 절대 필요"하다고 주장했다(『동아일보』, 1940.3.10). 3차 고노에 후미마로(近衛文麿) 내각이 출범한 직후 『조선일보』는 더욱 적극적으로 전쟁 협력을 촉구하며, '근위(近衛) 신 수상의 제일성'이라는 사설에서 "민주주의, 개인주의를 청산하고 국가주의, 전체주의의 정신을 주입"해야 한다고 주장했고(『조선일보』, 1940.7.25), 다시 '세계적 변동기에 제하여'라는 사설에서 "강력주의, 집단주의 이것이 전체주의요, 국가주의요 현대의 세계를 지배하는 세력이다. 조선 청년들도 시대적 사조에 눈을 떠야 할 것이다"라고 주장하기도 했다(『조선일보』, 1940.8.10). 전쟁에 대한 협력을 촉구하던 것에서 더 나아가 이제는 국가주의, 전체주의를 노골적으로 내세우고 정당화하는 논조로까지 나아가고 말았다.

4. 친일 논리와 친일 행위, 민간지 언론인의 변화

『조선일보』는 창간 주체가 친일 단체였다는 점에서, 『동아일보』는 타협적 논조를 보였다는 이유로 초기부터 비판을 받았다. 그래도 1920년대에 두 신문은 어느 정도 비판적 논조를 보이기도 했지만, 1931년의 만주사변 이후 일제의 탄압이 강화되면서 두 신문의 논조는 급격히 변질되기 시작했다. 특히 1937년의 중일전쟁이 발발한 이후에는 총독부의 검열기준이 강화되면서 두 신문의 논조는 총독부 기관지 『매일신보』와 큰 차이가 없을 정도가 되었다.

일제는 중일전쟁 발발 이후 내선일체론에 근거한 황민화 정책을 실시하고, 병참기지론에 기반하는 전쟁 동원 체제의 구축을 서둘렀다. 중일전쟁을 위해서는 조선인을 동원할 필요가 있었고, 그러기 위해서는 조선인의 황민화가 이루어져야만 했기 때문이다. 또한 일제는 황민화와 전쟁 동원을 위해서는 끊임없이 전쟁의 목적을 정당화하는 시도를 해야만 했다. 이런 일제의 지배정책에 대해 두 신문은 거의 그대로 순응하는 논조를 보였고, 지극히 일부분에 대해서만 소극적인 반대 또는 침묵을 했을 뿐이었다.

우선 전쟁의 목적에 관한 사설의 내용을 보면, 중일전쟁 발발 직후 한동안 『동아일보』와 『조선일보』는 전쟁의 책임을 중국에게 전가하고 일본은 부득이하게 동양의 평화를 위해 전쟁에 나섰다고 주장했다. 중국을 침략해 놓고는 동양의 평화를 내세워야 했던 일제의 입장을 그대로 반영한 것이었다. 또한 두 신문은 일본군의 승전 소식이 있을 때마다 이를 사설로 크게 다루었다. 조선인에게 전쟁의 승리를 확신시키고 나아가 일본의 국위에 압도되도록 하기 위한 것이었다. 무한 3진이 함락된 1938년 말 이후 두 신문은 중일전쟁은 서구로부터 동양을 해방시켜 동양의 평화를 확립하기 위한 전쟁이고, 일본은 그 해방자라고 주장하기 시작했다. 특히 1940년에 들어서면 『조선일보』는 중일전쟁이 '백인 제국주의'로부터의 해방을 쟁취하기 위한 전쟁이라는 표현까지 사용했다. 이제 일본 중심주의를 기반으로 하는 동양주의가 논조에서 확실하게 나타났다.

다음으로 황민화 정책에 관한 사설을 보면, 『동아일보』와 『조선일보』는 초기에는 주로 신사참배나 궁성요배에 대해 이를 권유하거나 정당화하는 논조를 보였다. 두 신문 모두 1938년 3월에 공포된 3차 조선교육령과 육군특별지원병 제도에 대해서는 엇갈리는 논조를 보였다. 두 신문은 모두 지원병제도에 대해서는 '완전한 국민'이 될 수 있는 기회를 얻었다고 하며 절대적인 찬성 입장을 보였던 반면에 3차 조선교육령에 대해서는 조선어 교육의 폐지를 염려하며 소극적이나마 반대 의사를 표명했다. 조선어 교육 폐지가 지원병제도 실시와 긴밀히 연관되어 있었음에도 두 신문이 반대할 수밖에 없었던 것은 무엇보다도 조선어 신문으로서의 불안한 미래가 염려되었기 때문이었다. 무한 3진 함락 이후인 1939년에 들어서서 조선어 교육 폐지에 대한 반대 주장이 사라진 것은 물론이고 이제 '일본 정신'을 강조하며 내선일체를 적극적으로 내세우는 사설들이 나타나기 시작했다. 다만 창씨개명에 대해 두 신문 모두 소극적이었던 것은 조선인들의 반발이 크고 아직 강제성이 덜 하던 초기 단계에 굳이 나설 필요가 없다고 판단했기 때문이었다.

마지막으로 전쟁 협력에 관한 사설에서 『동아일보』와 『조선일보』는 한동안 자중을 요구하는 논조만을 보이다가, 곧 여기에서 벗어나 적극적으로 전쟁 협력을 촉구하는 논조를 보이기 시작했다. 특히 두 신문은 '거국일치'하고 '견인지구'하여 정신적, 물질적으로 전쟁에 협력해야 한다는 내용을 매우 자주 주장했다. 1939년에 들어서서 전쟁 협력에 대한 요구는 더욱 적극성을 띠게 된다. 특히 일본 정신을 기반으로 하여 적극적으로 전쟁에 협력해야 한다는 주장들이 사설에 담겨 있었다. 또한 경제전에 이어서 사상전의 중요성을 강조하며 전쟁 동원을 위한 사상 교육의 필요성을 강조하기도 했다. 특히 『조선일보』는 1940년에 가서 이제 국가주의적이고 전체주의적인 동원 체제를 주장하기에 이르렀다.

결국 두 신문은 전쟁 발발 초기부터 전쟁의 성격을 왜곡하며 황민화 정책과 전쟁 동원 정책을 적극적으로 지지하는 논조를 보였다고 할 수 있다. 특히 1938년 말부터는 동양주의를 앞세우고 그 중심으로서의 일본을 강조하는 논조를 일관되게 보였다. 또한 그런 변화와 함께 일본

정신의 수용을 통해 철저히 황민화할 것을 요구하며, 적극적으로 전쟁
동원에 나설 것을 촉구했다. 그 결과 두 신문은 총독부 기관지인『매
일신보』와 별다른 차이가 없다는 평가를 듣기도 했다. 외부적, 내부적
요인이 결합된 결과로 나타난 이런 논조는 조선인들에게 황민화와 전
쟁 협력을 강요했다는 점에서 반민족일 뿐만 아니라 반인륜적인 것이
었다. 다만 두 신문이 조선어 교육 폐지와 창씨개명에 대해 소극적이
나마 반대를 했거나 아니면 침묵한 것은 '평행제휴론'적인 내선일체론
의 입장에서 적어도 완전한 '민족말살정책'에 대해서는 적극적으로 동
조하지 않았던 것으로 볼 수도 있다.

물론 두 신문만 내선일체를 주장하고 전쟁 협력을 촉구했던 것은 아
니었고, 당시 다른 매체들도 비슷한 내용을 주장했으며 더 수위 높은
친일 논조를 보였을 수도 있다. 그러나『동아일보』와『조선일보』의 친
일 논조는 총독부 기관지『매일신보』나 친일 잡지들보다 더 큰 영향력
을 발휘했을 것이다. 총독부 기관지나 친일 잡지에 비해서는 두 신문이
여전히 상대적으로 큰 기대를 받고 있었을 것이기 때문이다. 그래서
오히려 한동안 민간지의 친일 논조는 총독부의 정책 추진을 위해 필요
한 것이기도 했다. 일제 말기에『매일신보』와 비슷한 수준의 친일 논조
를 보였음에도 총독부는 통제의 효율성을 위해 두 신문을 1940년 8월
에 폐간시키고 말았다.

두 신문이 황민화 정책 실시와 전쟁 동원 체제 구축에 앞장설 수밖
에 없었던 데는 분명 총독부의 강력한 언론탄압이 작용했다. 일제의
언론통제가 과거에 비해 훨씬 더 강화되었을 뿐만 아니라 이제는 언론
을 적극적으로 선전도구화 하려는 단계로까지 나아갔기 때문이다. 총
독부는 중일전쟁 발발 이후 조선인 발행신문들이 논조를 '180도 전환'
했다고 평가하면서도 여전히 '민족적 편견'이 완전히 사라지지 않았다

고 하며 계속 통제의 강도를 높였었다(『朝鮮出版警察槪要』1940년판, 16~17쪽). 이런 현실에서 "사설의 논조는 일제에 순응하는 논리로 일원화"될 수밖에 없었다(한종민, 2019, 591쪽).

그러나 이런 외부적 요인만으로 두 신문의 논조 변화를 설명할 수는 없다. '폭력을 통한 강제'뿐만 아니라 경영진의 '현실적인 이익을 고려한 판단'과 언론인들의 '자발적 의식 전환' 등 내부적 요인도 동시에 작용했다. 또한 경영진이 신문사의 기업으로서의 생존을 위협받는 현실에서 총독부의 요구를 전적으로 받아들일 수밖에 없었고(장신, 2021, 193~194쪽), 이들이 독자들의 민족의식도 어느 정도 변화되었을 것이라 막연히 판단했던 점도 어느 정도 작용했을 것이다.[26] 동우회 사건이나 흥업구락부 사건을 통해 사회 분위기가 극도로 위축되어 있던 현실에서 일제가 무한 3진까지 함락시키자 언론인들의 의식에 큰 변화가 나타났다는 점도 지적할 수 있다.[27]

결국 두 신문이 일제 말기에 보여준 논조를 구체적으로 살펴보면 이것이 단순히 강요의 산물이었다고만 보기는 어렵고, 나름대로 시대 추세를 읽고 대응한 것이기도 했다는 점을 알 수 있다. 경영진만이 아니라 편집진 중에서도 적극적으로 친일 행위에 나선 인물들이 나타났다. 총독부는 『조선일보』 주필 서춘이 "북지사변(중일전쟁 – 인용자) 발발 당시부터 종래의 민족주의적 태도를 버리고 일본 국민의 태도로써 기

---

[26] 일제 말기 조선인들의 민족의식에 대해 구체적으로 밝히기는 어렵다. 변은진은 상당수의 조선인이 일제의 선전을 그대로 믿고 따랐던 것은 아니지만, 일부 지식인, 자본가, 관료 등의 경우 변화된 현실 속에 일제의 선전을 상당 부분 내면화했을 가능성이 있다고 지적했다(변은진, 2013). 일제강점기의 독자들이 높은 경제, 교육 수준을 지닌 사람들이었다는 점에서, 이런 독자들의 민족의식에도 어느 정도의 변화가 있었을 것이라고 짐작해볼 수는 있다(김영희, 2009, 81~113쪽).

[27] 무한 3진이 함락된 이후인 1938년 말부터는 문인이기도 했던 많은 언론인의 친일 단체 참여나 친일적 글쓰기가 본격적으로 나타났다.

사를 게재"하게 되었다고 평가했다(京城鐘路警察署, 1938, 2쪽). 『조선
일보』편집국장 김형원은 친일 논조를 강화해야 한다고 주장하던 주필
서춘에게 반대하는 입장을 가졌었다(京城鐘路警察署, 1938, 3~12쪽).
서춘과 김형원은 다툼 끝에 1937년 11월에 모두 퇴사했다.

김형원은 1938년 5월에『매일신보』편집국장으로 옮겨갔다가 1940년
1월에 퇴사했고, 서춘은 1940년 9월에『매일신보』주필로 입사했다. 친
일논조 강화를 주장하던 서춘을 비판했던 김형원이 먼저 총독부 기관
지로 옮겼던 것은 언론인의 의식변화를 보여주는 단적인 예였다. 서춘
이나 김형원의 변화는 비단 이 두 사람에게만 국한된 것은 아니었다.
이미『매일신보』와 크게 다르지 않은 논조를 보이던『동아일보』와『조
선일보』에 근무하던 기자들의 의식에 변화가 있었음을 짐작할 수 있
다. 두 신문 폐간 이후 많은 기자가『매일신보』로 옮겨간 것은 자연스
러운 귀결이었다.

두 신문 경영진이나 편집 간부는 1940년 8월의 폐간 전에도 이미 각
종 친일 단체에 참여했다(성주현, 2009, 193~196쪽).『동아일보』사장
백관수와 사주 김성수,『조선일보』사장 방응모는 중일전쟁 발발 이후
에 결성된 주요 친일 단체에 계속 이름을 올렸다. 1939년 7월에 결성된
'배영동지회'에는『조선일보』의 부사장 겸 주필 이훈구가 평의원으로,
편집국장 함상훈이 상무이사로 참여했고,『동아일보』의 편집국장 고재
욱도 상무이사로 참여했다(『일제협력단체사전』, 286~331쪽;『친일반민
족행위진상규명보고서』Ⅲ-3, 688-723쪽). 함상훈은 1937년 10월의『조
선일보』내 논쟁 과정에서 서춘에 대해 "이완용보다 더 심하다"고까지
비판했었는데(京城鐘路警察署, 1938, 39~43쪽) 이제 본인이 친일 단체
에 참여했고『조선일보』폐간 이후 여러 매체에 자주 친일기사를 기고
하기도 했다(『친일인명사전』3, 891~892쪽).

이들의 친일 단체 참여는 처음에는 개인적이고 자발적인 것이 아니라 신문사를 대표한 불가피한 것이었겠지만, 폐간 이후에도 계속 다양한 친일 단체에 참여해 적극적으로 활동했던 것을 보면 모든 활동이 강요의 산물이었다고만 볼 수도 없을 것이다. 위에서 거론된 인물 외에도 두 신문에서 폐간 때까지 근무했던 사람 중에 『매일신보』로 옮기지 않았음에도 친일매체 기고나 친일 단체 참여로 친일 행적을 남긴 사람들이 적지 않다. 『동아일보』와 『조선일보』 폐간 이후 두 신문에서 활동했던 언론인들이 보인 친일 활동은 일제 말기의 두 신문의 친일 논조가 단순히 강제의 결과만이 아니었음을 잘 보여준다.

5장

친일 잡지들의 특성과 주요 인물

1. 친일 잡지의 등장과 역할

일제강점기에 친일 세력은 자신들의 정치적 주장을 펼치거나 총독부의 지배정책을 선전하기 위해 잡지를 발행했다. 방송은 단 하나만 허용되었고, 신문은 총독부 기관지 1개와 민간지 3개만 허가되어 추가적인 신규 발행이 불가능했기 때문에 잡지 발간으로 눈을 돌렸다. 1920년에 친일 단체들은 신문 창간에도 참여해, 대정친목회는 『조선일보』를 발행했고, 국민협회는 『시사신문』을 창간했다. 그러나 『시사신문』은 민원식의 사망 이후 1921년에 폐간되었고, 『조선일보』는 1924년 9월에 신석우에 의해 인수되면서 친일 세력과의 관계가 끊어졌다.

이후 친일 단체는 주로 잡지 발행해 관심을 기울였다. 일제강점기의 잡지는 신문지법에 의해 발행되는 잡지와 출판법에 의해 발행되는 잡지로 나눌 수 있다. 신문지법으로 허가받지 못하고 출판법으로 발행되는 잡지는 '계속출판물'로 분류되었다. 신문지법으로 허가받지 못한 잡지들은 단행본처럼 매호 사전에 원고를 제출해 검열을 받아 발행 허가를 받아야 했다. 또한 출판법으로 발행되는 잡지는 원칙적으로 정치·시사 문제를 다룰 수 없도록 규정되어 있었다(최수일, 2008, 36~39쪽). 따라서 친일 잡지들도 가능하다면 신문지법으로 발행 허가를 받으려고 했다.

1920년대의 친일 잡지로는 대동동지회의『공영』과 국민협회의『시사평론』을 들 수 있다. 두 잡지는 친일 단체의 기관지로서 필자들도 거의 모두 조직 구성원들이었다. 발행부수가 많지 않아 사회적 영향력은 크지 않았지만, 친일 세력의 조직화와 선전을 위해 중요한 역할을 했다. 1920년대의 친일 잡지들은 민원식이나 선우순 같은 '직업적 친일분자'들이 조직한 국민협회나 대동동지회에 의해 발행되었다. 임종국은 민원식과 선우순을 "막상막하였던 1920년대 최대의 친일파"라고 평가했다(1991, 92쪽).

친일 잡지가 본격적으로 등장한 것은 1930년대 말부터였다. 1937년 중일전쟁이 발발하면서 기존 잡지들의 논조가 변질되기 시작했고, 새로운 친일 잡지들이 창간되기 시작했다. 기존에 발행되던 잡지 중에 친일 논조를 노골적으로 드러내면서도 계속 발행된 잡지로는『삼천리』와『조광』을 들 수 있고,『문장』과『인문평론』을 통폐합해 새로 출발한『국민문학』도 친일 잡지로 변화한 대표적 예라고 할 수 있다. 1930년대 말에『동양지광』을 필두로 창간되기 시작한 친일 잡지들도 크게 두 가지로 나눌 수 있다. 친일파 개인이 주도해 발행한 잡지와 특정 기관이 발행한 잡지로 나눌 수 있다.『동양지광』,『내선일체』,『태양』,『신시대』,『춘추』는 개인이 발행한 잡지였고,『총동원』과『半島の光』은 각각 국민정신총동원연맹과 조선금융조합연합회에서 발행했다.

〈표 9〉 주요 친일 잡지

잡지명	창간일	발행인	특성
유도	1921년 2월	윤필구	유도진흥회 기관지
시사평론	1922년 4월	김상회	국민협회 기관지
공영	1922년 7월	선우순	대동동지회 기관지
녹기	1936년 1월	野中正造	녹기연맹 기관지
동양지광	1939년 1월	박희도	
총동원	1939년 6월	鹽原時三	1940년 11월 『국민총력』으로 개제, 국민정신총동원연맹
내선일체	1940년 1월	박남규	
태양	1940년 1월	서 춘	
신시대	1941년 1월	노익형	출판사 박문서관의 발행
춘추	1941년 2월	양재하	
半島の光	1941년 4월	淸水正一	『家庭の友』개제, 조선금융조합연합회 발행
국민문학	1941년 11월	최재서	『인문평론』과 『문장』을 통폐합해 발행
대동아	1942년 3월	김동환	『삼천리』를 개제
放送之友	1943년 1월	조선방송협회	
일본부인 조선판	1944년 3월	藤江崎一	대일본부인회 조선본부

　『친일인명사전』 편찬과정이나 친일반민족행위자 선정과정에서 친일 잡지들은 매우 중요한 자료로 활용되기도 했다. 친일 잡지의 발행인이나 편집 간부뿐만 아니라 주요 기고자인 언론인이나 문인들의 친일 행위를 파악하는 데 매우 유용했기 때문이다. 특히 일제 말기의 친일 잡지들은 광복 이후에도 언론계에서 계속 활발하게 활동한 인물들의 글들을 많이 싣고 있었기 때문에 친일 언론인을 연구하기 위해서는 반드시 살펴볼 필요가 있다.

　친일 잡지에 관해서는 임종국이 이미 1966년에 『친일문학론』을 통해 밝힌 바가 있다. 『친일문학론』에서는 『동양지광』, 『녹기』, 『삼천리』(『대

동아』),『조광』,『춘추』,『신시대』,『국민문학』등의 친일 잡지의 특성
을 잘 정리했다. 이후 김근수(1980)의『한국잡지사』나 최덕교(2004c)의
『한국잡지백년』3권을 통해 친일 잡지들에 관한 자세한 소개가 이루어
졌다. 친일 잡지의 영인본이 나오고 친일 언론에 관한 관심이 높아지
면서 개별 친일 잡지에 관한 연구도 나오기 시작했다.

  1930년대 말부터 1940년대 초에 발행된 친일 잡지들은 거의 대부분
이 영인본으로 나와 있다.『삼천리』와 이를 개제한『대동아』(한빛, 1995),
『조광』(학연사, 1984; 깊은 샘 자료실, 1984)은 모두 영인본을 국립중앙
도서관에서 이용할 수 있다.『동양지광』(울타리, 2006)은 1939년부터
1945년까지,『신시대』(청운, 2006)는 1941년부터 1945년까지,『춘추』(역
락, 2012)는 1941년부터 1944년까지의 잡지를 국립중앙도서관에서 볼
수 있고,『내선일체』(청운, 2006)는 1940년부터 1942년까지,『半島の光』
(청운, 2005)는 1941년부터 1944년까지,『국민문학』(국학자료원, 1982)은
1942년부터 1945년까지의 잡지를 국회도서관에서 열람할 수 있다. 이
외에『신세기』,『총동원』,『국민총력』,『태양』등의 친일잡지들은 아단
문고 미공개 자료총서 1~9권(소명출판, 2011)으로 묶여 나왔는데 국립
중앙도서관에서 볼 수 있다.『방송지우』는 국립중앙도서관의 데이터베
이스에서 일부를 볼 수 있다. 영인본은 비록 완전하지는 않지만 손쉽
게 잡지를 볼 수 있다는 장점이 있다. 또한 일부 친일 잡지들은 국립중
앙도서관이나 국회도서관에서 데이터베이스로 구축된 자료를 활용할
수도 있다.

  5장에서는 1920년대와 1930년대 이후로 나누어 친일 잡지들의 특성
과 관여 인물에 대해 살펴보려고 한다. 친일 잡지들은 경쟁적으로 '내
선일체'와 '전쟁 협력'에 관한 글을 실었지만, 내용이나 필진에서 약간
차이를 보이기도 했다.『동아일보』와『조선일보』가 폐간된 이후인

1940년대에 친일 잡지는 친일 언론인과 문인의 주된 활동 공간이었다
는 점에서 친일 잡지의 특성과 관여 인물에 대해 반드시 살펴볼 필요
가 있다.

2. 1920년대 친일 잡지의 특성

1920년대에 가장 먼저 발행된 친일 잡지로는 유도진흥회의 기관지인
『유도(儒道)』를 들 수 있다. 친일 유생들의 단체인 유도진흥회는 1921년
2월에 기관지로『유도』를 창간했는데, 1925년 1월까지 발행했다(최덕교,
2004a, 474~479쪽).『유도』는 당시로서는 매우 드물게 신문지법에 의해
허가되었다. 신문지법에 의해 허가받은 잡지는 원고검열이 아닌 교정
쇄검열을 받았고, 정치·시사 문제를 다룰 수 있었다는 점에서『유도』
는 일종의 특혜를 받았다고 할 수 있다. 이렇듯『유도』는 총독부의 후
원 속에 활동했지만, 많은 유생의 지지를 받았던 것은 아니었다. 이 잡
지는 필자들의 범위가 좁았고, 다루는 주제도 한정되어 있었으며, 친일
잡지라는 비판 속에 폐간될 수밖에 없었다. 이 잡지를 이어받아 이각
종이『신민』을 발행했다.

1920년대의 대표적인 친일 잡지는 국민협회의 기관지『시사평론』과
대동동지회의 기관지『공영』이었다. 국민협회의 민원식과 대동동지회의
선우순은 "대표적인 직업적 친일 분자로 평가받던" 자들이었다(박종린,
2008, 79쪽). 국민협회나 대동동지회는 모두 대표적인 친일 단체로서
총독부의 지원을 받으며 활동했다. 이 두 잡지는 대중성이 있었다고
보기는 어려웠지만, 친일 단체에 의해 발행되어 일정한 영향력을 행사
했다.

국민협회는 1920년 4월에『시사신문』을 창간했지만, 사장 민원식이 죽으면서 1921년 2월에 폐간하고 말았다. 국민협회는 1922년 4월에『시사신문』의 후신으로 잡지인『시사평론』을 창간했다. 신문지법에 의해 창간된『시사신문』의 판권을 이어받았기 때문에『시사평론』도 신문지법을 적용받았다. 창간호 첫 부분에 총독의 '휘호'를 실을 정도로 노골적으로 식민지 권력과의 관계를 내세웠다(최덕교, 2004b, 442쪽).『시사평론』은 국민협회의 입장을 대변하여, '식민지 필연론'과 '참정권 청원론'을 주장했다(이태훈, 2008). 국민협회는『시사평론』을 1928년 1월까지 발행하고, 1930년 2월부터는『민중신문』을 발행했다.『민중신문』은 일간으로 발행하다가 1934년부터는 주간으로 발행했다(정진석, 1990, 378쪽).

『시사평론』에는『시사신문』시절부터 근무했던 김환, 김상회 등이 활동했다. 김환은 1909년 일진회 기관지『국민신보』, 1916년 총독부 기관지『매일신보』, 1920년 국민협회 기관지『시사신문』을 거쳐『시사평론』에서 활동했고, 뒤에『민중신문』주필까지 지낸 대표적인 친일 언론인이었다(정진석, 2005, 94쪽). 김상회는 1928년에『매일신보』로 옮겨 논설부에 있다가, 1929년 9월 조선인 최초의 편집국장이 되었고, 1932년부터 1936년까지는 이사 겸 주필로 근무했다(정진석, 2005, 444쪽). 국민협회 기관지인『시사신문』과『시사평론』에 근무했던 김상회가 총독부 기관지『매일신보』의 조선인 최초 편집국장이 되었다는 것은, 그만큼 국민협회가 총독부와 밀접한 관계를 맺고 있었다는 것을 잘 보여준다.

대동동지회는 1922년 7월에『공영』을 창간해 1923년 6월까지 총 10호를 발행했다.『공영』도『유도』처럼 신문지법에 따라 허가받았다, 대동동지회는『공영』을 개제해 1923년 8월 23일부터 주간『대동신문』을 창간해 1927년 1월 26일까지 발행했다(이태훈, 2007, 235쪽).『공영』은 제목에서 이미 드러내고 있듯이 일본과의 '공존공영'을 주장하며 '내선일체'론으로 나아가고 있었다(박종린, 2008). 이 잡지는 평양에서 발행되었고, 발행기간이 짧았기 때문에 사회적으로 큰 영향을 주지는 못했다.

1920년대의 친일 잡지들은 모두 친일 단체에서 발행한 것들로 대중성은 별로 없었다. 필자들도 친일 단체에 소속되어 활동한 인물들이 대부분이었고, 사회적으로 널리 알려진 인물들도 거의 없었다. 다만 『시사평론』에서 활동했고 나중에 『매일신보』 편집국장이 된 김상회 정도가 어느 정도 알려진 인물이었다. 『유도』, 『시사평론』, 『공영』 모두 신문지법에 따라 발행되는 특혜를 받았음에도 1920년대까지는 아직 친일 잡지가 활발하게 활동하기는 어려운 상황이어서 오랫동안 발행되지는 못했다. 총독부로서도 활용성을 높이 보지 않았기 때문에 1920년대까지 친일 잡지에 대해 별다른 지원을 하지도 않았다.

3. 1930년 이후 잡지의 친일화

1) 『삼천리』와 『조광』의 친일화

『삼천리』와 『조광』은 1930년대부터 1940년대 초까지 계속 발행되며 '정치성'보다는 '대중성'을 더 강하게 드러냈던 대표적인 잡지들이다. 『개벽』, 『신동아』, 『중앙』처럼 정치성을 강하게 드러내던 잡지들이 1930년대 중반에 모두 사라지고 나서도 이 두 잡지만은 계속 발행되었다. 『삼천리』의 발행인 김동환과 『조광』의 발행인 방응모의 수완과 타협 때문에 가능했겠지만, 이런 계속된 잡지 발행이 결국 두 사람에게 친일파라는 비판을 듣게 만드는 중요한 요인이 되었다.

김동환은 『조선일보』 기자로 재직하던 시절인 1929년 7월에 『삼천리』를 창간했다. 김동환이 시인이자 기자로서 맺은 넓은 인맥은『삼천리』의 필진 구성에 큰 도움이 되었다. 특히 그가『동아일보』,『시대일보』,『중외일보』,『조선일보』를 거치며 언론활동을 했던 것이『삼천리』를 운영하는 데 여러모로 도움이 되었다(정진석, 1996, 212~217쪽).『삼천리』 창간호 필진에는 당시의 문인이나 기자 중에 유명한 인물들이 대거 포함되어 있었다.

김동환은 시류에 발 빠르게 편승하며『삼천리』를 성공적으로 운영했다. 1930년대 중반 이후 일제의 언론탄압이 강화되자『삼천리』의 논조도 급격히 변질되었다. 1936년 8월 미나미 지로(南次郎) 총독이 부임하고 나온 첫 호(1936년 11월호)에서 총독의 시정방침을 편집자의 논설로 다루었고, 1937년 7월 중일전쟁이 발발한 후 나온 첫 호(1937년 10월호)에서는 총독의 훈시나 친일적인 기사들에 많은 지면을 할애했다(이지원, 2008, 139쪽). 중일전쟁 발발 이후 대부분의 매체가 친일 경향을 보였던 것과 마찬가지로『삼천리』도 급격히 친일적인 기사들을 많이 싣기 시작했다.

『삼천리』는 1940년 1월부터 더욱 노골적으로 친일로 바뀌어 "매호 일어를 우리글이라 강요했던 '국어판'을 고정란으로 하여 그 난은 일본어 글로 채웠던 것"이다(전영표, 2001, 41쪽). 1942년 3월에는 아예 제호를『대동아(大東亞)』로 바꾸어 발행했다.『대동아』는 1942년 3월 1일자로 '5월호'라 하여 창간했고, 그해 7월호, 1943년 3월호 등 통권 3호를 내고 자진 종간했다.『대동아』로 개제한 1943년 5월호 '편집후기'에서 "본지 깊이 성찰한 바 있어 제호를『대동아』로 개(改)하옵고, 이 대동아 건설의 성전에 사상전·문화전의 전사로서 진두에 서기를 기하나이다"라고 하며(최덕교, 2004c, 419쪽), 스스로 일제의 전쟁 수행의 도구가 되겠다고 나섰다.

조선일보사는 1935년 11월에『조광』을 창간했다. 동아일보사가 1931년 11월에『신동아』를, 조선중앙일보사가 1933년 11월에『중앙』을 창간해 발행하고 있던 것에 영향을 받았을 것이다. 그러나『조광』은 같은 '신문사 발행 잡지'인『신동아』나『중앙』에 비해 대중성이 더 강했던 잡지였다(정혜영, 2007).『신동아』와『중앙』이 일장기 말소사건의 여파로 1936년에 8월에 폐간되고 나서도『조광』은 계속 발행되었다.

1930년대 중반 이후 일제의 언론통제가 강화되면서『조광』도 친일 논조를 보이기 시작했다. 1937년 1월호에 일본 왕자의 사진과 일왕의 만수무강을 기원하는 글을 실으면서 노골적인 친일 기사들이 등장하기 시작했다(정혜영, 2007, 152쪽).『조선일보』가 1937년 1월 1일자 1면 머리기사로 일왕 부부의 초상과 함께 '원단 궁중의 어의(御儀)'를 크게 실었던 것과 보조를 맞추었던 것이다(최민지, 1978, 225쪽). 중일전쟁이 발발하고 나온 첫 호인 1937년 9월호에서 '북지사변과 우리의 태도'라는 권두언을 실었고, 이후 친일적인 글들을 계속 실었다(최수일, 2010, 381쪽).

『조광』은『조선일보』가 1940년 8월에 폐간된 이후에도 계속 발행되었고, 1941년 9월부터는 일본어 기사도 싣기 시작했다.『조선일보』가 폐간되기 3달 전인 1940년 5월에 조광사를 독립했고, 1940년 10월에 '신문지법을 통한 발행 같은 특혜'를 받았으며, 1945년 6월까지[1] 계속 발행될 수 있었던 것은 "일제와의 거래나 타협의 결과일 공산"이 컸다(최수일, 2014, 139~140쪽).『조광』이 종이 공급이 원활하지 않았던 일제 말기에 가장 늦게까지 발행된 친일 잡지였기 때문이다.

---

[1]『조광』은 그동안 1944년 12월까지 발행된 것으로 알려졌지만, 실제 발행된 잡지를 확인한 결과 1945년 6월까지 발행된 것으로 나타났다(최수일, 2012, 325~330쪽). 국회도서관 데이터베이스에서 1945년 6월호를 볼 수 있다.

『조광』을 경무국 도서과가 신문지법으로 새로 허가해 준 것은 『조선일보』의 폐간 과정에서 협조한 것에 대한 보상이었다. 방응모는 '폐간에 제하여'라는 글에서 "본보는 폐간이 되어도 본사에서 발행하던 조광·여성·소년의 세 잡지는 특히 신문지법에 의하여 계속 발행"한다고 밝혔다(『조선일보』, 1940.8.11, 석간 2면). 같은 날의 기사에서 "신문지법으로 발행하고자 총독부에 방금 허가 신청을 하고 있다"고 하며, "장차 허가가 나오게 되면 종래에 출판법으로 발행하던 것과는 여러 가지로 더 충실한 잡지를 발행하게 될 터이며 그 내용도 훨씬 더 좋아지게 될 것"이라고 주장했다(『조선일보』, 1940.8.11, 석간 1면). 방응모는 『조광』에 실린 '조광사 혁신의 사(辭)'에서 다시 다음과 같이 주장했다.

> 나는 미력이나마 '조선일보' 경영에는 전 성력을 다하여 왔습니다. 그리고 독자 제씨도 또한 조선일보에 대하여는 각별한 관심과 편달을 아끼지 않았습니다. 그 결과는 조선일보로 하여금 드디어 조선 신문계의 최고위(最高位)를 차지하게 하였습니다. 그러나 조선일보는 여러분의 커다란 촉망과 기대에도 불구하고 지난 8월 10일로써 마침내 최종호를 내고 말았습니다. 이때 나는 심사숙고하였습니다. 그 결과 조광사(朝光社)를 따로 남겨 '조광(朝光)', '여성(女性)', '소년(少年)'의 세 잡지 발행과 도서출판 사업을 존속키로 결의하였습니다. 존속시킬 뿐 아니라 이것을 기회로 하여 내용 쇄신과 기구의 대확장을 단행하였습니다. 첫째 종래로 본지는 원고 검열제이던 것을 이번에는 '신문지법'에 의하여 발행하도록 수속하고 있으므로 이것이 인가되면 여러 가지 점에서 매우 편의를 얻게 되었습니다(『조광』, 1940년 10월호, 18~19쪽).

방응모가 신문이 폐간되는 상황에서도 잡지를 살리며 굳이 신문지법으로 허가를 받으려고 했던 것은 '여러 가지 점에서 매우 편의'를 얻을 수 있었기 때문이었다. 총독부의 '자진 폐간' 압박에 대한 조선일보사

의 요구 조건 중 하나가 잡지의 계속 발행이었는데(장신, 2021, 219쪽),
이것이 받아들여지자 신문지법에 따른 허가까지 추가로 요구했다. 이
요구가 받아들여져 신문지법에 따른 허가가 이루어졌지만, 그 대상은
『조광』뿐이었다.[2] 『조광』은 1940년 말 이후 신문지법에 따른 허가를
받아 정치 · 시사 문제를 합법적으로 다룰 수 있는 사실상의 유일한 매
체였다. 신문지법에 따라 허가를 받고 정치 · 시사 문제까지 다룰 수
있었던 『조광』이 친일 기사 게재의 매우 주요한 공간이 되었던 것은
당연한 귀결이었다. 『조광』을 발행하던 조광사의 취체역(이사 – 인용
자)은 방응모 · 최용진 · 이갑섭 · 방종현, 감사역은 문동표 · 박치우였다
(장신, 2021, 232~233쪽). 특히 이갑섭은 『조선일보』 폐간 이후 『조광』
의 편집부장으로 활동했다.

『삼천리』와 『조광』은 각각 1943년, 1945년까지 발행되어 오랫동안
친일 잡지로서의 역할을 했을 뿐만 아니라 그 과정에서 전통이 있는
잡지로서의 권위를 이용해 더욱 광범위한 필자들을 친일 행위에 끌어
들였다는 점에서 1930년대 말 이후 창간된 친일 잡지들보다 더욱 큰
해악을 끼쳤다고 볼 수도 있다. 특히 두 잡지에 실린 친일 기사들의 필
자들로는 『동아일보』, 『조선일보』, 『매일신보』 등에 근무했던 언론인
들이 많았다. 이들 중 일부는 자신이 근무했던 신문에서 확인되는 기
명 친일 기사보다 『삼천리』와 『조광』에 실린 친일 기사들이 더 많았다
(박수현, 2006, 168~176쪽). 두 잡지의 발행인인 김동환과 방응모는 친
일 잡지의 운영뿐만 아니라 기고나 헌납, 그리고 친일단체 참여 등을
통해서도 적극적으로 친일 행위에 나섰다.

---

[2] 신문지법에 따라 허가받은 '신문 · 잡지 일람표'에는 『조광』만 나와 있고, 허가일자가
1940년 10월 25일로 나와 있다(『조선연감』, 1942년판, 583쪽). 그러나 다음 해의 연감
부터는 『조광』의 허가 일자가 1940년 10월 15일자로 나와 있다(『조선연감』, 1943년판,
570쪽).

2) 잡지의 통폐합과 『국민문학』의 등장

1930년대 말에 일제의 언론통제가 강화되면서 기존 잡지든 새로 창간된 잡지든 정도에 차이가 있을 뿐 모두 친일 논조를 보일 수밖에 없었다. 1939년 2월에 창간된 문학잡지 『문장』도 권두사에서 "이제 동아의 천지는 미증유(未曾有)의 대전환기에 들어 있다. 태양과 같은 일시동인(一視同仁)의 황국(皇國) 정신은 동아 대륙에서 긴 밤을 몰아내는 찬란한 아침에 있다"고 하며 "모름지기 필봉을 무기 삼아 시국에 동원하는 열의가 없어선 안 될 것"이라고 주장했다(최덕교, 2004c, 11쪽 재인용). 노골적인 친일 표현이나 주장을 하지는 않았지만 이런 내용을 통해 『문장』도 내선일체와 전쟁 협력 요구를 받아들이지 않을 수 없었다는 것을 알 수 있다.

『문장』은 창간호 다음 호인 1939년 3월호부터 전쟁 협력을 위한 '전선문학선'(戰線文學選)을 실었다. "편집진이 단독으로 기획한 것"이 아니고 "경무국의 의도에 따른 기획일 가능성"이 컸는데(박광현, 2008, 406~408쪽), 이를 통해 잡지들이 처한 현실을 이해할 수 있다. 그럼에도 『문장』은 당시 잡지 중에 친일적 색채가 아주 약한 편이어서 임종국은 '전선문학선'을 '눈가림삼아' 실었다고 하며, 일부 친일적인 글들에 대해서는 "주책없는 친구들이 이밥에 도토리같은 글들을 썼다"고 평가하기도 했다(1966, 55쪽).

1939년 10월에 창간된 『인문평론』은 권두언 '건설과 문학'에서 "동양은 동양으로서의 사태가 있고 동양 민족은 동양 민족으로서의 사명이 있다. 그것은 동양 신질서의 건설이다. 지나(중국－인용자)를 구라파의 질곡으로부터 해방하여 동양에 새로운 자주적인 질서를 건설함이다"라고 하고는, "이때를 당하여 문학자는 무엇을 하여야 할 것인가?"라고 하며 전쟁 협력을 위한 문학의 역할을 요구했다(최덕교, 2004c, 131쪽 재인용). 최재서가 주관한『인문평론』은『문장』보다는 짙은 친일 색채를 드러냈다.

다만『인문평론』은 친일 평론만 실려 있는 것은 아니었고 다양한 문학 작품이 게재되기도 한 '다소 복합적인 매체'로서 문인은 물론 '사회비평가, 역사철학자, 경제학자' 등이 폭넓게 참여했다(채호석, 2008, 398쪽).『인문평론』창간호부터 전쟁문학에 관한 글을 실었고, 1940년 이후 '내선일체'를 주장하는 평론들도 자주 게재했다(임종국, 1966, 54~55쪽). 고급독자를 대상으로 했던『인문평론』은 친일 잡지로 가는 길목에 놓여 있었다.

총독부는 1940년 8월에『동아일보』와『조선일보』를 폐간시킨 후에 잡지의 추가적인 폐간도 추진했다. 당시『문장』에 근무했던 조풍연은 "『인문평론』과 합치라는 총독부의 명령이 내렸고, 그리고 지면의 절반을 일본말로 채워야 한다"는 요구도 있어서, "『문장』은 드디어 스스로 폐간하고 말았다"고 당시 상황을 설명했다(1978, 286쪽). 최재서는『동아일보』와『조선일보』의 폐간 이후 '언문 문예잡지 통합의 문제'가 대두되었는데,『문장』과의 통합은 '경무당국'이 '주동'했던 것으로서 '용지절약'과 '조선문단의 혁신'을 의도한 것이었다고 설명했다(1943, 82~83쪽). 통합 과정에서『인문평론』은 "금일의 비상한 내외의 정세에 적응하며 국책의 문화적 협력을 꾀하기 위하여" 경영과 편집을 혁신했고(『매일신보』, 1941.6.29, 4면), "소위 임전체제에 부응"하기 위해 새로『국민문학』으로 출범하게 되었다고 밝혔다(『매일신보』, 1941.9.7, 4면).

경무국 도서과장 혼다 다케오(本多武夫)는 1941년 9월 29일『국민문학』좌담회에서『인문평론』과『문장』의 통폐합 배경에 관해 설명했다. 혼다는 "과거 검열 당국의 느낌에서 본다면, 과거『인문평론』혹은『문장』 같은 것은 신문으로 비유해보면 『조선일보』, 『동아일보』 같은 것"
이라고 하며, 두 신문이 없어지고 새로운 『매일신보』가 만들어진 것처
럼 『문장』과 『인문평론』을 통폐합해 '잡지에 있어서 『매일신보』'와 같은
『국민문학』을 창간하도록 했다고 설명했다(『국민문학』, 1942년 1월호,
110쪽; 장문석, 2020, 448쪽 재인용). 『문장』을 폐간하고 『인문평론』이
『국민문학』으로 새로 출발한 것을 『동아일보』와 『조선일보』를 폐간하
고 총독부 기관지 『매일신보』를 강화시킨 것에 비유한 것은 분명히 과
장된 것이었지만, 경무국 도서과가 그만큼 『국민문학』에 대해 큰 기대
를 갖고 있었다는 것만은 분명했다.

　『인문평론』은 『국민문학』으로 제호를 바꾸어 1941년 11월부터 발행
되기 시작했다. 최재서는 통합 과정에서 당국과의 '곤란한 절충'이 있었
다고 하며, 그런 과정을 통해 『국민문학』의 '편집요강'이 "국체관념의
명징, 국민의식의 앙양, 국민사기의 진흥, 국책의 협력, 지도적 문화이
론의 수립, 내선문화의 종합, 국민문화의 건설"로 정해졌다고 밝혔다
(1943, 83~84쪽). 이런 편집요강의 제시는 "규제 지향적이고 처벌 중심
적인 소극적 검열과는 다른, 말하자면 적극적인 검열로서, 미리 편집지
침을 제공하고 각종 좌담회를 통해 총력전 시대 문학이 어떠해야 함을
사전에 통지하는 검열방식"이었다(김인수, 2006, 530~531쪽). 이런 편집
요강은 비단 『국민문학』에만 국한되지 않고 사실상 전시파시즘 시기
모든 매체들에게 요구되는 것이었다.

　『국민문학』의 필진은 『인문평론』 시절에 비해 대폭 바뀌었다. 대부
분이 일본어 기사로 채워졌기 때문이었겠지만 필자의 상당수는 일본인
이었고, 조선인 작가의 경우 『인문평론』에 글을 실었던 문인보다 신인
작가들의 등장이 두드러졌다(채호석, 2008, 401~405쪽). 『국민문학』에
가장 많은 작품을 실은 사람으로는 발행을 주관한 최재서, 발행에 참

여한 김종한, 조선문인협회 창립에 앞장섰던 김용제와 이석훈 등이었
다(김형섭, 2008, 170~171쪽). 『국민문학』은 총독부 주도로 만들어져 문
인들의 친일 활동 공간이었던 친일 잡지였다고 할 수 있다. 『국민문학』
은, 『문장』은 물론 『인문평론』에 비해서도 훨씬 더 친일화된 경향을
보였고, 그것은 바로 통폐합을 통해 『국민문학』을 출범시킨 총독부가
의도했던 결과이기도 했다.

4. 친일 잡지의 창간

1) 개인 발행의 친일 잡지

개인이 발행하는 친일 잡지로 가장 먼저 창간된 것은 『동양지광』이
다. 3·1운동 당시 민족대표 33인 중 한 명이었던 박희도는 1939년 1월
에 『동양지광』을 창간했다. 박희도가 친일 잡지 『동양지광』을 창간한
것은, 3·1운동 당시 민족대표 33인 중 한 명이었던 최린이[3] 1938년
4월에 총독부 기관지 『매일신보』 최초의 조선인 사장이 되면서 본격적
인 친일 행보에 나선 것의 영향도 있었을 것이다(정진석, 2005, 161쪽).
박희도 이외에 발행에 참여했던 인정식과 김용제는 사회주의 운동에
관여했었는데, 이 두 사람은 '사상전향자'를 모아 1938년 6월에 결성한
'시국대응전선사상보국연맹'에서 함께 활동했었다(『친일반민족행위진
상규명보고서』 Ⅲ-3, 700~708쪽). 『동양지광』은 민족운동을 하던 '전향
자'들이 발행하는 친일 잡지로서 '조선 내의 전향자들의 교화'에도 관심

---

[3] 3·1운동 당시의 민족대표 33인 중에 변절하여 친일파가 된 것으로 확실하게 확인되
는 인물로는 최린, 박희도, 정춘수가 있다.

을 기울였고, '녹기연맹처럼 자발적인 내선일체 운동의 단체"로서 '자부심'을 드러내기도 했다(김승구, 2009, 64~65쪽).

이 잡지는 중일전쟁 이후 '조선인에 의해 조선에서 창간된 최초의 사상지'로 일문으로 발행되었다. 박희도는 1939년 1월의 창간호 권두언에서 "이번 기회에 반도 이천만 동포의 마음에 일본 정신을 투철히 하고, 황도 정신을 앙양하여 폐하의 적자로서 황국 일본의 공민으로서 예외 없이 국체의 존엄을 체득하고, 황국신민의 대사명을 받들어 황도의 선포, 국위의 선양에 정진하고, 이로써 동양의 평화는 물론 소위 팔굉일우(八紘一宇)의 일대 이상을 펼쳐, 세계 인류문화의 발달과 그 강령복지 증진에 공헌"해야 한다고 주장했다(『친일반민족행위관계사료집』 Ⅷ, 944~945쪽 재인용). 『동양지광』은 "의사 없는 인사까지 기고를 강권하여 친일과 전쟁 협력에 유도한 죄과는 용서할 수 없을 것"이라는 비판을 들을 정도로 다양한 인물들의 글을 강제로 받아서 게재하기도 했다(『친일파군상』, 364쪽).

『삼천리』나 『조광』이 아직 극히 일부 일문 기사를 게재하고, 노골적인 친일 기사를 부분적으로만 싣던 시기에 『동양지광』은 모두 일문으로 된 노골적인 친일 기사로 지면을 채웠다. 또한 박희도는 배영(排英)동지회, 국민총력조선연맹 등 각종 친일 단체에서 적극적으로 활동했다. 그럼에도 총독부는 이 잡지가 "종이 소비에 비하여 큰 수확이 없으니 그만 발간해 달라고" 발간 중단을 종용하여(『친일파군상』, 461쪽) 1940년 2월부터 1941년 11월까지 발간이 중단되었다(임종국, 1966, 63쪽). 그러나 박희도의 간청으로 1941년 12월부터 속간되었는데, 이후 더욱 노골적인 친일 논조를 보이며(류종렬, 2013, 486~487쪽) 1945년 5월까지 발행되었다.[4]

박희도가 발행인으로서 갖는 영향력 때문인지 『동양지광』의 필진으

로 참여하거나 좌담회 등에 참석한 인물들의 범위는 상당히 넓다. 최린
처럼 민족운동을 하다 변절한 인물부터 현영섭 같은 직업적인 친일파
까지 다양한 사람들이 참여했다. 박희도는 본인이 스스로 친일적인 글
을 자주『동양지광』에 실었다(『친일반민족행위진상규명보고서』Ⅲ-3,
177~179쪽). 일본어 잡지였던 만큼『동양지광』필자 중 거의 반 정도는
일본인이었다(사희영, 2018, 270쪽).『동양지광』은 1930년대 말에 창간
된 최초의 친일 일본어 잡지로서 '친일 일색의 반민족적' 잡지였다는 평
가를 들었다(김근수, 1980, 241쪽).『동양지광』의 창간은 기존에 발행되
던 잡지들인『삼천리』나『조광』의 친일화에도 상당한 영향을 주었다.

  『동양지광』다음으로 조선인 개인에 의해 창간된 친일 잡지는『내선
일체』였다.『내선일체』는 박남규가 1940년 1월에 창간한 일본어 친일
잡지로서 1944년 10월까지 발행되었다.『내선일체』1940년 1월의 창간
사에서 박남규는 '내선일체의 완성에 박차'가 가해지고 있는 현실에서
"불초 여기에 느끼는 바 있어, 내선일체실천사를 창설하여 기관지『내
선일체』를 발행하는 까닭도 총독의 뜻을 명심하여 내선일체의 결실을
구현하기 위해서이다. 내선일체의 구현은 동아 신질서를 신속하게 하
는 첨병이라고 생각한다"고 주장했다(『친일반민족행위관계사료집』Ⅷ,
900~901쪽 재인용). 김근수는『내선일체』가 황도정신의 발양, 내선일체
의 구현, 내선 풍속·관습의 이해 및 개선, 상의(上意)의 실천화, 하의
의 선도·하달, 내선 결혼 창도(唱導)·실천, 총후 후원의 강화, 보건기
관의 보급화, 독학·역행의 창도, 국어(일본어 – 인용자) 보급의 철저
등을 강령으로 삼았다고 정리했다(1980, 244쪽).『내선일체』는 일본어
기사를 싣기는 했지만, 내용은 대중적인 수준에서 '내선일체론'을 설명

---

4) 김근수(1980, 241쪽)와 최덕교(2004c, 400쪽)는 모두 1945년 5월에 폐간되었다고 하는
   데, 영인본에는 1945년 1월호까지만 실려 있다.

하려고 하는 것들이었다.

　박남규는[5] 우가키 가즈시게(宇垣一成) 총독과 친분이 있던 자인데, "대일본 제국의 진짜 신하"라는 의미에서 오오토모(大朝實臣)라고 창씨개명"을 하기도 했다. 그는 '내선일체는 일선통혼으로부터'라는 슬로건을 내걸고 '내선일체실천사'라는 회사까지 설립해 활동했다(정운현, 2011, 110쪽). 이 잡지에는 현영섭 같은 친일파는 물론 이광수 등의 문인이나 언론인들도 필자로 참여했다. 총독부의 지원을 받으며 가장 적극적으로 친일에 나섰던 잡지이다. 필진으로 총독부 관계자들이 자주 참여했던 것을 통해 『내선일체』가 총독부의 적극적 관심과 지원 속에 발행되었음을 알 수 있다(오오야 치히로, 2006, 8~9쪽).

　1940년 1월에 창간된 또 다른 친일 잡지는 『태양』이다. 『태양』은 『동아일보』와 『조선일보』에서 활동한 바 있던 서춘이 발행한 잡지인데, 『동양지광』이나 『내선일체』와는 달리 조선어와 일본어를 혼용했다. 서춘은 친일 논조의 강화를 주장하다 갈등을 빚고 『조선일보』를 퇴사하고 나서 『태양』을 창간했지만, 이 잡지는 1940년 2월호를 마지막으로 2호 만에 발행을 중단했다. 서춘은 『태양』 발행을 중단하고 얼마 지나지 않은 1940년 5월에 총독부 기관지 『매일신보』의 주필이 되었다(정진석, 2005, 186~188쪽). 서춘은 창간사에서 『태양』이 지향하는 목표로서, 신동아 건설 및 내선일체의 구현에 관한 신이론 체제의 창설·확립, 건전한 사상의 양성, 개인 위인의 배출 조성, 시비선악의 준별 등을 내세웠다(『태양』, 1940년 1월호, 12쪽).

---

5) 『친일인명사전』 1권에는 박남규를 단순히 일본의 오쿠라고등상업학교를 나와 목포에서 병원을 운영했다고만 나와 있는데, 정운현은 박남규를 '의사 출신'이라고 했다(2011, 110쪽). 『동양지광』 주필을 지낸 김용제는, 박남규가 해방 이후 자신에게 일본으로 가자고 제안했는데 자신이 거절하면서, "박선생은 부인도 일본인이요 자녀들도 있으니까 그렇게 하는 것이 오히려 당연하겠지요. 본업인 병원을 개업하는 데도 서울보다 동경이 나을 테니까요"라고 답변했다고 회고했다(1978, 274쪽).

『신시대』는 1941년 1월에 출판사 박문서관을 운영하던 노익형에 의해 창간되었다. 이 잡지는 노익형이 1941년 12월에 사망한 후 그의 아들 노성석이 발행을 이어갔다. 노성석은 이미 창간 작업부터 깊숙이 관여하고 있었다. 당시에 용지 사정이 좋지 않은데 친일 잡지를 발행하려는 사람들은 많았기 때문에 새로운 잡지의 발행은 쉽지 않았다. 박문서관에서 책을 출판한 바 있던 이광수는 노성석을 도쿠토미 소호에게 소개해 주었다. 도쿠토미는 1918년에 『경성일보』와 『매일신보』의 감독직에서 물러났지만, 일본에서 계속 언론인으로 활동하며 군부와 밀접한 인간관계를 맺고 있었다(최주한, 2016, 99~100쪽). 이광수는 도쿠토미에게 1940년 5월 31일에 쓴 편지에서 노성석을 "조선에서 가장 유력한 출판업자로 뜻도 실력도 도쿄의 이와나미(岩波)에 견줄 만한 사람"이라고 소개하고, 그가 "신시세(新時勢)에 대응하는 잡지 발행의 기획도 갖고" 있으니 배려해 달라고 썼다(최주한, 2016, 88쪽 재인용).

박문서관은 이미 자신들의 기관지적 성격을 갖는 수필잡지 『박문』을 발행하고 있었지만, 본격적인 종합잡지를 발행하려고 하며 도쿠토미의 힘을 빌리려고 했다. 이 편지가 '일말의 힘'을 발휘했는지, 『박문』을 통해 "시방 이 글을 쓰는 순간의 사정은 본지를 토대로 하여 새로운 대중종합잡지가 신년부터 발행되겠습니다. 관계 당국의 이해 깊은 내락을 얻고 용지의 준비도 대략 자신을 얻게 되었습니다. 다음 호에는 완전한 결정을 보아 여러분께 확실한 뉴스를 보내겠습니다"라고 밝혔다(『박문』, 1940년 10월호, 23쪽). 『박문』 2주년을 맞아 '새 잡지의 탄생'이라는 기사를 실었는데, 『신세대』의 성격을 다음과 같이 규정했다.

잡지 『신세대』의 성격은 여기서 규정되어 있다. 새로운 일본의 창건이라면 어폐있는 말이지만 신질서 하의 일본의 참된 자태를 구명(究明)하고

일본의 이상, 일본의 정신을 깨닫고 또 세우기 위하여 또 그것을 조선말을
통하여 조선말을 아는 동포에게 널리 전해드리고자 함이 그 최대한 목표
이다(『박문』, 1940년 10월호, 3쪽).

『신시대』는 창간사에서 "영광스런 새날에 함께 우렁찬 만세를 높이
높이 불러 황국의 대이상의 완성에 축배를 들 것"이라고 밝혔다(『신시
대』, 1941년 1월호, 319쪽). 친일 잡지 『신시대』의 창간 이후 박문서관
은 어려운 용지 사정 속에서도 출판사업을 계속해 나갈 수 있었다. 해
방 후에 나온 한 자료에서는 『신시대』를 "일 군부의 지시로 박문서관
주인이 주재하여 발행한 월간지, 창간부터 전쟁 협력, 전쟁교육열의 고
취에 열중하였다"고 평가했다(『친일파군상』, 464쪽). 임종국도 『신시대』
를 "최초부터 친일적 경향을 가지고서 출발한 종합지"였다고 주장했다
(1966, 58쪽).

박문서관이 다양한 서적을 출간했던 출판사였기 때문인지 이광수,
최정희, 윤석중 등 많은 문인들은 물론, 유광렬, 서춘, 차상찬 등의 언
론인도 필자로 참여했다. 『동아일보』와 『조선일보』가 폐간된 이후라
글을 쓸 공간이 부족했던 현실에서 많은 문인과 언론인이 필자로 참여
했다. 조선어와 일본어를 혼용했던 『신시대』는 1944년 2월 통권 54호
로 종간되었다(최덕교, 2004c, 408쪽).

『춘추』는 1941년 2월에 양재하에 의해 창간되어 1944년 10월 통권
39호까지 발행되었다. 양재하는 『조선일보』를 거쳐 『동아일보』에서 폐
간될 때까지 기자로 활동했다. 양재하는 『동아일보』가 폐간된 직후부
터 잡지 발간을 준비했던 듯하다.[6] 『춘추』는 창간호 앞부분에 총독의

---

6) 1941년 2월호인 창간호를 2권 1호로 발행했다. 아마 1940년 연말 전에 창간호를 내려
고 했는데, 원고가 검열에 걸려 발행되지 못하고, 1941년에 창간호를 내면서 2권 1호
로 표현했던 듯하다(김근수, 1980, 244~245쪽).

사진과 연두사를 내세우고, 다음에는 조선군 사령관의 '성전을 완수'라
는 메시지를 실었다. 이어서 실은 권두언에서 "2천 3백만 대중이 협심하
여서 국민정신 앙양과 국가총력 발휘에 그 소임을 다할 각오를 새롭게
하여야 하겠다"고 주장했다(『춘추』, 1941년 2월호, 17쪽).

　『춘추』의 초기 필자 중에는 『동아일보』 출신들이 다수를 차지했다.
초기의 필자 중에 김정실(1933년 3월~1940년 8월), 고영환(1933년 4월~
1940년 8월), 전홍진(1933년 5월~1940년 8월), 장현칠(1934년 4월~1940년
8월), 박승호(1934년 8월~1940년 8월), 이상돈(1939년 4월~1940년 8월),
김한주(1939년 4월~1940년 8월), 이하윤(1939년 9월~1940년 8월) 등이
모두 『동아일보』 폐간 때까지 함께 근무했던 언론인들이다. 『조선일보』
가 폐간된 이후에 조선일보사의 일부 언론인들이 『조광』에서 활동했
다면, 『동아일보』 폐간 이후 동아일보사 출신 언론인들은 『춘추』에서
활동했다고 할 수 있다. 해방 직후 한 자료에서도 『춘추』에 대해 "『동
아일보』와 『신동아』지가 폐간되자 그 전통을 간접적으로 이었다고 할
수 있게 『동아』의 건병(健兵)이던 양재하의 주재로 창간"되었다고 하며,
"적극적인 친일은 피한다고 노력하였으나, 결국은 전쟁 협력, 내선일체
화 운동의 잡지가 되고 말았다"고 평가했다(『친일파군상』, 464~465쪽).
　1940년대에 창간된 다른 잡지들이 아예 일문으로 발행하거나 아니면
일문기사를 다수 실었던 것과는 달리 『춘추』는 일본어 기사를 극히 일
부만 게재했다. 『춘추』는 종합잡지임에도 문예란이 상당 부분을 차지
했는데, "이 시기 다른 매체에 비해 상대적으로 대일 협력에 대한 유연
한 문학적 대응 방식을 보여주는 작품들이 이 매체에 다수 발표"되었
다(장성규, 2009, 69~70쪽). 뒤로 갈수록 "거의 일제에 충성하고 전쟁에
협력하는 시국적인 잡문으로 채워진 느낌"이라는 평을 들을 정도로(최
덕교, 2004c, 414쪽) "내선일체화 운동의 친일지로 전락"해버리고 말았

다(김근수, 1980, 235쪽). 일제가 국가총동원 체제를 구축해 언론을 통제하는 것을 넘어서서 전쟁 동원에 적극적으로 이용하던 시절에 발행된 잡지는 결국 친일로 치달을 수밖에 없었다.

2) 관변잡지 『총동원』과 『半島の光(반도지광)』

『녹기(綠旗)』는 일본인으로만 구성된 녹기연맹에서 1936년 1월에 창간해 1944년 2월까지 통권 96호가 발행되었다. 녹기연맹은 총독부의 적극적인 지원 속에 활동했던 극우 일본인 지식인들의 단체였다. 『녹기』는 처음에는 일본인만이 필진으로 참여했고, 1937년에 현영섭 등의 글이 실리기 시작한 이후에 서춘, 김용제, 김문집, 김소운, 이영근 등의 글이 게재되었지만, 끝까지 조선인 필진의 수는 얼마 되지 않았다(임종국, 1966, 52쪽).

총독부는 『녹기』나 조선인이 발행하는 친일 잡지들이 다수 있었음에도 관변 단체를 통해 잡지를 발행했다. 『총동원』은 1939년 6월에 국민정신총동원조선연맹에 의해 창간되어 1940년 8월 통권 15호로 종간되었다. 1940년 10월에 국민정신총동원조선연맹이 더욱 강력한 기구인 국민총력조선연맹으로 개편되면서, 1940년 11월에는 『총동원』의 후신이라고 할 수 있는 『국민총력』이 창간되었다. 『총동원』이나 『국민총력』 모두 황민화 정책의 수행을 목적으로 발행한 것이었다. 『총동원』은 창간호부터 가정과 주부의 역할을 강조하며, 국민정신총동원운동은 가정에서 주부들부터 자신의 역할을 다하는 것이어야 한다고 주장했다(전은경, 2008, 364~365쪽).

이 잡지들은 '창씨개명'이나 '총후봉공' 등 조선인을 상대로 하는 황민화 정책의 성공적 수행을 목적으로 하는 내용이 대부분이었다. 일본

어 잡지였지만 필자 중 상당수는 조선인이었다. 『총동원』 창간호만 해
도 윤치호, 김활란, 김용제 등이 필자로 참여했다. 국민총력조선연맹에
최린, 김성수, 윤치호 등의 조선인이 참여하고 있었던 만큼 그 기관지
『국민총력』에도 당연히 필자로 조선인이 포함되어 있었다. 『국민총력』
은 1945년 5월까지 발행되면서(임종국, 1966, 113쪽), 총독부의 황민화
정책의 가장 중요한 수단이 되었다.

　『半島の光』은 조선금융조합연합회가 1936년 12월에 창간해 1941년
3월까지 발행했던 『家庭の友』 등을 통폐합해 발행한 잡지이다. 『家庭
の友』는 일제강점기 농촌부인을 대상으로 발행한 유일한 관변 잡지로,
조선인 필자가 조선어로 기사를 작성했고, 독자는 금융조합 조합원의
부인들이었다(문영주, 2007, 179~180쪽). 1941년 4월부터 『半島の光』으
로 제호를 바꾸어 1944년 8월까지 발행되었다. 『半島の光』은 창간사에
서 "이 비상시국을 돌파하기 위해서는 개인, 단체 할 것 없이 모두 이
미 과거의 습관이라든가, 입장이라든가, 전통이라든가 하는 것에 사로
잡혀 있는 것은 허용되지 않는다. 신속하게 이것들의 모든 집착을 말
끔히 털어버리고 자진해서 국책에 순응하여 이른바 신체제의 확립을
향해서 돌진하지 않으면 안 된다"고 주장했다(『친일반민족행위관계사
료집』 Ⅷ, 968쪽 재인용). 『半島の光』은 조선어 기사가 대부분이며 일
본어 기사가 일부 섞여 있던 『家庭の友』와는 달리 아예 조선어판과 일
본어판으로 나누어 발행했다.

　『半島の光』은 내선일체와 황민화를 부추기고, '성전'의 연전연승을
거짓으로 꾸며냈다. 특히 농촌의 남녀노소 모두를 대상으로 하는 다양
한 내용으로 채웠고, 필자로 최정희, 채만식, 이원수, 이석훈, 김억, 김
동인, 정인택, 안회남, 주요한, 김동환, 이하윤, 이헌구, 박계주, 이기영,
이광수, 정비석, 장혁주, 차상찬 등이 참여했다(류종렬, 2016, 401~402쪽).

농촌 각 부락에 무료로 배포되어 10만 부나 발행했던 이 잡지는 농촌
에 거주하는 조선인들에게 상당히 큰 영향력을 발휘했다. 관변 잡지였
기 때문에 다른 잡지들보다 폭넓게 필자를 확보할 수 있었다.

『총동원』(그 후신『국민총력』포함)과『半島の光』모두 총독부의 정
책수행을 위해 발행했다는 점에서는 비슷한 면이 있었지만, 전자가 지
식인 등을 상대로 발행되었다면,『半島の光』은 농촌 주민을 상대로 발
행했다는 점에서 차이가 있었다. 두 잡지 모두 발행 주체는 조선인이
아니었지만, 발행부수나 지면구성 등을 볼 때 조선인에게 미친 영향은
조선인이 발행했던 친일 잡지보다 더 컸다.

『녹기』,『총동원』,『半島の光』외에도 단체가 발행한 친일 잡지들이
더 있었다. 그중 가장 특이한 잡지가 조선방송협회가 발행한『방송지
우』였다.『방송지우』는 제목에서 드러나듯이 방송잡지로서의 성격을 명
확히 하면서도 "일본제국주의와 조선총독부의 정책을 효율적으로 수행하
기 위한 대중계몽 및 선전잡지로서의 성격"을 가지고 있기도 했다(서재
길, 2011, 188쪽).『방송지우』는 1943년 1월의 창간호에 실린 '독자 여러
분께'라는 글에서 다음과 같이 잡지 발간의 취지를 밝히고 있다.

> 방송을 들으시는 분들로부터 어떤 방송을 한 번 더 듣고 싶다거나 글로
> 읽고 싶다는 이야기를 심심찮게 듣습니다. 전시하의 방송에서 우리 국민
> 이 어떻게 생활해야 하는지, 어떻게 하면 훌륭한 황국신민이 될 수 있는지
> 하는 문제에 대해 명사의 칼럼, 좌담회, 기타 연예 등 다양한 형태로 들을
> 수 있지만, 이를 다 듣지 못해 아쉽다는 것은 우리가 가장 많이 듣고 있는
> 이야기입니다. 이런 까닭에 방송된 것 중에서 특별히 몇 가지를 골라내어
> 흥미있게 읽을 수 있도록 하기 위해 여기『방송지우』를 출판하게 되었습
> 니다. 본지의 특색은 읽기 쉽다는 것입니다. 국어(일본어—인용자)도 언문
> 도 매우 쉽게 씌어져 있기 때문에 누구든지 읽을 수 있으며, 특히 부인과

청소년들에게는 아주 흥미있게 여겨질 것이라고 믿습니다. 반드시 이겨야
만 하는 대동아전쟁 하에서 세계에 그 유례가 없는 우리나라의 국체를 분
명히 하는 한편으로 징병제도의 준비와 기타 일반의 지식을 고양시키기
위해 본지가 여러분들이 찾고 있는 마음의 양식이자 좋은 벗이 될 수 있
다면 더 없는 기쁨이 될 것입니다(『방송지우』, 1943년 1월호, 13쪽).

『방송지우』는 위의 내용대로 방송된 내용을 그대로 싣는 경우가 많
았지만 방송되지 않은 내용을 게재하는 경우도 있었다. 이광수, 최남선,
모윤숙, 최정희, 임화, 이기영, 방인근, 김기진, 김동인, 조용만, 윤치호,
한상룡, 유진오 등 다양한 인물들의 글들이 게재되었다. 『방송지우』는
한때 2만 부까지 발행되었다고 하는데, 서재길은 "당시의 물자난과 출
판용지 할당제 속에서도 적지 않은 부수가 발간되었다는 사실은 그만
큼 총독부 측에서 이 잡지를 중요하게 여기고 있었다는 것을 의미한다"
고 주장했다(2011, 189쪽). 『방송지우』는 1945년 4·5월호를 마지막으
로 발행을 중단했다.[7]

대일본부인회 조선본부에서 1944년 4월에 창간한 『일본부인』 '조선
판'은 여성의 동원을 목적으로 창간된 선전계몽잡지로서 1945년 4월까
지 1년 정도 발행된 것으로 보인다.[8] 대일본부인회는 "전시하 문부성
계의 대일본연합부인회, 내무성계의 애국부인회(상류층으로 구성), 군
부계의 대일본국방부인회(서민층으로 구성)를 통합한 관제 단체로, 전
시하 성인 여성이 거의 대부분 참가한 최대의 여성조직"이었다. 이런
대일본부인회의 조선지부가 결성된 것은 1942년 3월의 일로 본부장은

---

7) 『방송지우』는 총 19호가 발행되었고, 서재길은 이 중 11권을 확인했다고 한다(2011,
   187쪽). 현재 국립중앙도서관 디지털도서관에서 5권(1권 1호와 2호, 2권 1호와 8호, 3권
   1호)을 볼 수 있다. 이 자료는 원래 아단문고에 있던 자료를 DB화한 것이다.
8) 『일본부인』 조선판은 『아단문고 미공개 자료 총서: 여성잡지』(2014) 29권에 6호(1권
   1호·4호·5호·8호, 2권 2호·4호)가 실려 있다.

총독의 부인, 부본부장은 군사령관과 정무총감의 부인이 맡았다(최주한, 2012, 542~543쪽).

대일본부인회 일본 본부에서 발행하는 기관지『일본부인』으로는 조선의 여성들에게 선전과 계몽의 효과를 기대하기는 어려워서 별도로 '조선판' 발행을 결정했던 것이다. "조선의 징병제 실시를 앞두고 일제는 조선의 여성들에게 명예로운 군인의 어머니이자 아내, 누이로서의 역할을 적극 선전하고 계몽할 필요"에 직면해『일본부인』'조선판'을 발행했다. "용지 부족으로 대개의 매체가 통합되거나 폐간되던 전쟁 말기에『일본부인』조선판을 창간한 것은 조선의 징병제 실시에 대한 관과 군 당국의 우려가 그만큼 짙었다"는 것을 보여주었다(최주하, 2012, 543~544쪽).『일본부인』조선판이 "어머니부터 의식화 교육을 시켰던 이유는 징병제 실시로 식민지인들에게 병영을 맡겨야 한다는 실질적 필요성 때문"이었다(박윤진, 2007, 207~211쪽).『방송지우』는 여성과 청소년,『일본부인』조선판은 여성들을 대상으로 했다는 점에서 다른 친일 잡지들과 차별성을 보였다.

5. 지식인의 친일 활동 공간으로서의 친일 잡지

1937년의 중일전쟁 발발 이후 잡지들도 친일 논조를 급격히 드러냈다. 기존에 발행되던『삼천리』나『조광』이 친일 경향을 보이기 시작했고, 새로 창간된 잡지들은 처음부터 노골적으로 친일 논조를 보였다. 친일 단체에서 발행한 관변잡지들은 말할 것도 없고, 개인이 발행한 잡지들도 경쟁적으로 친일적인 글들을 게재했다. 용지 사정이 좋지 않던 시기에 친일 잡지를 창간하기 위해서는 총독부의 신임을 얻어야만 했다. 일제 말기에 친일 잡지 발행에 참여했던 인물들의 친일 행적이 얼마나 심각했었는지를 짐작할 수 있다. 친일 잡지를 발행했던 사람들이 모두 일제 말기 친일 단체에서 적극적인 활동을 했던 것은 당연한 일이었다.

일제 말기에 많은 친일 잡지들이 발행되었던 것은 잡지마다 나름의 역할이 있었기 때문이었다. 모든 잡지가 친일 논조를 보였다는 점에서는 마찬가지였지만, 사용 언어·대상 독자의 수준·내용의 구성 등에서는 차이가 있어서 일종의 '역할 분담'을 했던 셈이었다. 또한 총독부는 내선일체와 전쟁 협력이라는 정책 수행을 위해 '충성경쟁'을 하도록 만들기도 위해서도 다양한 잡지 발행을 허용했던 것이다. 용지 배정과 보급 확대 등과 같은 특혜를 받기 위해서도 친일 잡지들은 더욱 노골적으로 일제에 협력하는 논조를 보였다.

일제 말기에 발간된 다양한 친일 잡지들은 언론인과 문인 같은 지식인들의 활동 공간으로서 적극적으로 활용되었다. 많은 지식인이 생계 유지를 위해서든 사회적 지위를 얻기 위해서든 이런 잡지에 다양한 친일적인 내용의 글들을 기고했다. 『매일신보』나 『경성일보』 같은 총독부 기관지에 근무했거나 근무하고 있던 언론인은 물론이고 과거에 『동아일보』나 『조선일보』에 근무했던 언론인들도 1940년대 이후 친일 잡지의 필자로 자주 등장했다.

일제 말기 친일 잡지의 내용은 '대부분 파시즘 체제와 침략전쟁을 찬양·선전하는 내용'이었다. 즉 "글의 형식과 표현 방식은 달랐지만, 그 목적과 지향하는 바는 어느 글이든 내선일체와 황민화의 정당성, 침략전쟁 미화와 전쟁 협력, 혹은 신체제 옹호 등에서 크게 벗어나지 않았다"고 할 수 있다(박수현, 2006, 168~176쪽). 당시 친일 잡지에 글을 자주 실었던 필자들은 아래와 같다.

<표 10> 친일 잡지의 주요 필자

분야	필자명
교육학술	구자국, 고승제, 고황경, 김두정, 김성수, 김효록, 김활란, 박인덕, 백남준, 손명현, 송금선, 신갑범, 신봉조, 안용백, 유억겸, 유진오, 윤치영, 이숙종, 이헌구, 이훈구, 인정식, 장덕수, 최순주, 최재서, 현영섭, 황신덕,
언론	김한경, 박남규, 박희도, 서강백, 서 춘, 여운홍, 유광렬, 이건혁, 이원영, 이창수, 차재정, 최순주, 함대훈, 함상훈
종교	갈홍기, 김인영, 신흥우, 심명섭, 양주삼, 유각경, 윤치호, 전필순, 정인과, 정춘수, 한석원(기독교), 권상로(불교), 이돈화, 이종린, 최린(천도교), 안인식(유교)
문학	계광순, 곽종원, 김기진, 김동인, 김동환, 김문집, 김소운, 김용제, 김해강, 노천명, 모윤숙, 박영희, 박종화, 박태원, 백 철, 서정주, 이광수, 이석훈, 이 찬, 장혁주, 정비석, 주요한, 채만식, 최남선, 최정희, 홍효민
예술	구본웅, 심형구(미술), 김관, 김제훈, 현제명(음악), 서광제(영화), 이서구(연극)
기타	강중인, 신태악(법조), 김성진, 오긍선, 윤일선, 이용설(의학)

출처: 박수현, 2006, 176쪽.

<표 10>에 언론 이외의 분야로 분류된 인물 중 상당수가 신문이나 잡지에서 언론인으로 활동했던 경험을 지닌 사람들이었다. 특히 문학 분야로 분류된 인물의 대부분이 언론인으로도 활동했었다. 친일 잡지는 일제 말기에 발행진과 기고자의 친일 행위의 공간으로서 '지식인의 무덤' 같은 것이었다. 생계를 유지하고 발표의 장을 확보하기 위해 친일 잡지에 실었던 글들이 친일의 흔적으로 그대로 남게 되었기 때문이다.

6장

일제강점기 방송과 방송인

1. 식민지 선전 도구로서의 한국 방송의 출발

한국의 방송은 일제의 식민지였던 1927년 2월 16일에 시작되었다. 일제가 일본 내의 도쿄, 나고야, 오사카에 이어 네 번째로 경성에 방송국(JODK)을 허가함으로써 조선의 방송은 시작되었다. 일제가 서둘러 조선에서 방송을 시작했던 것은 식민지지배를 위해 필요했기 때문이었다. 즉 일제는 새로운 매체인 방송의 특성을 이용하여 식민지를 더욱 효율적으로 지배하기 위해 서둘러 조선에서 방송을 시작했다.

이에 따라 기존의 일부 연구들은 일제강점기의 방송이 일본인이 주도하여 설립되었고, 식민지지배를 위한 수단으로 이용되었으며, 한국의 발전에 오히려 해가 되었다는 이유에서 한국방송의 역사에 포함시킬 수 없다고 주장하기도 했다(강현두, 1983; 김우룡, 1989). 반면에 다른 연구들은 치욕적이라고 해서 과거의 역사적 사실을 부인할 수는 없으며(이상철, 1983), 소유구조나 청취자의 구성 등에서 일본인들만의 방송은 아니었고, '단파방송 청취사건'에서 드러나듯이 조선인 방송인들이 나름대로 민족의식을 가지고 있었다는 점 등을 들어(유병은, 1991) 일제강점기 경성방송국을 한국 방송의 기점으로 보아야 한다는 견해를 밝혔다.

결국 일제강점기의 방송은 그 역할에 대해서는 비판적으로 인식하되 한국 방송의 전사로서 인정할 필요는 있을 것이다. 즉 일제강점기 방송의 식민지지배를 위한 선전기관으로서의 역할은 분명히 비판하되, 한국 방송을 역사적인 맥락에서 올바로 이해하기 위해서는 당연히 일제하의 방송을 한국방송사의 한 부분으로 인정할 필요가 있다. 특히 일제강점기의 방송은 긍정적이든 부정적이든 해방 이후의 한국방송에 매우 큰 영향을 주었기 때문이다. 일제강점기 방송의 시설과 인력으로 해방 이후의 한국 방송이 시작될 수 있었고, 친일 행적을 남긴 인물들도 그대로 남았다.

일제강점기의 방송은 총독부 체신국의 강력한 통제하에 놓여 있었지만, 적어도 형식적으로는 사단법인으로 운영되었다. 일제강점기의 방송이 사실상 총독부 소속 방송이었기 때문에 해방 이후 미군정은 손쉽게 방송을 점령정책의 효율적인 수단으로 활용할 수 있었다. 일제강점기에 형식적으로는 사단법인이었던 방송은 미군정기를 거치며 아예 국영화되고 말았다. 미군정이 방송을 점령정책의 효율적인 수단으로 활용하려고 하면서 일제강점기의 방송인들이 광복 이후에도 그대로 남아 활동하게 되었다(박용규, 2000; 장영민, 2020). 따라서 해방 이후 한국방송구조의 형성과정을 밝히는 데 있어서 일제강점기의 방송과 방송인에 대해 구체적으로 살펴보는 것은 매우 중요한 의미를 지닌다.

일제강점기 방송은 식민지지배를 위한 선전 도구로 출발했지만, 조선에 거주하던 일본인이나 조선인의 오락적 욕구를 충족시켜주는 역할을 하기도 했다. 일제 말기로 갈수록 선전도구로서의 방송의 역할이 더 중요해질 수밖에 없었고, 조선인 방송인들도 이런 역할의 일익을 담당해야만 했다. 그럼에도 일제강점기 방송과 방송인의 친일 문제에 관심을 둔 기존 연구는 거의 없다. 친일 신문·잡지와 총독부 기관지 『매일신보』는 물론 『동아일보』와 『조선일보』의 친일 행적에 관해서도 연구하면서 경성방송국(조선방송협회) 조선어방송의 친일 행위에 대해서는 관심을 기울이지 않아서 단지 방송소설집을 해설한 함태영(2002)의 성과만이 있을 뿐이다. 6장에서는 일제강점기 방송의 특성과 방송인의 역할을 살펴봄으로써 방송이 행한 친일 행위의 책임 문제를 생각해 보고자 한다.

2. 일제강점기 방송의 특성

1) 일제의 방송정책과 방송제도

일제는 3·1운동을 계기로 조선의 '문화적 개발'에 힘을 기울인다는 명분을 내세우면서 조선인을 회유하기도 하는 정책을 시행했다(박경식, 1986, 196~197쪽). 특히 일제는 '동화(同化)주의'를 내세우며 식민지지배의 정당화를 위한 선전 활동을 강화했다(강동진, 1987, 190쪽). 일제는 식민지지배를 위한 효율적인 수단의 하나로 서둘러 방송을 시작했다. 조선 내에 방송국 설립이 모색되기 시작한 것은, 일본 내의 활발한 방송국 설립 움직임에 영향을 받은 바가 컸다.

방송기술 도입 초기에는 조선 내에서도 방송국 설립 움직임이 활발해져 11단체가 영리를 목적으로 하는 방송국 설립을 출원했다.[1] 그러나 이런 움직임을 무시하고 총독부는 일본 국내의 정책을 그대로 받아들여 방송국을 비영리 공익법인 형태로 설립하고 청취료로 운영하도록 결정했다(『조선일보』, 1926.2.17, 석간 1면; 『동아일보』, 1926.3.6, 1면). 이렇듯 비영리 법인 형태로 방송국을 설립하겠다는 총독부의 결정에 따라 1926년 11월 30일에 사단법인 경성방송국이 설립되었고, 다음 해인 1927년 2월 16일에 첫 전파를 발사했다(조선방송공사, 1977, 18~19쪽).

일제강점기 방송제도의 가장 커다란 특징은 관영적인 성격을 지니는 사단법인으로 방송국이 설립되었다는 점이다. 일제는 총독부 기관지라 할지라도 신문의 경우에는 형식적으로는 합자회사(『경성일보』)나 주식회사(『매일신보』) 체제를 갖추도록 했던 것과는 달리 방송국은 사단법인 형태로 운영하도록 했다. 이렇듯 일제가 조선 내에서의 방송을 철저하게 총독부가 주도해 설립하도록 했던 것은 일본 내 방송국 설립과정의 영향 때문이었다(多菊和郎, 2009, 197쪽). 일제강점기의 방송은 비록 사단법인이라 하더라도 사실상 총독부 체신국의 철저한 감독과 통제하에 놓여 있었다는 점에서는 명백히 관영적 성격을 지니고 있었다.

이런 특성은 총독부가 추천한 사람들로 경성방송국의 운영을 맡은 이사회를 구성하였으며, 이런 이사 가운데 한 사람을 이사장으로 추천하여 총독부 체신국장의 승인을 받게 했다는 점에서 잘 드러난다(조선방송공사, 1977, 25~26쪽). 특히 개국 직후 자금을 지원했던 식산은행의 이사 모리 고이치(森悟一)가 잠시 이사장을 맡았다가 이후에는 체신국

---

[1] 당시의 11개 단체는 일본전보통신사 경성지국, 일본제국통신사 경성지국, 일본상업통신사, 경성방송전화주식회사, 경성무선전화방송주식회사, 조선방송전화주식회사, 조선무선방송주식회사, 대판경성무선전화주식회사 등인데(『조선일보』, 1925.2.15, 석간 1면), 이 중 조선방송전화주식회사만이 조선인 소유의 회사였다. 이 회사는 나중에 경성방송국의 이사가 된 이용문의 소유였다.

전직 관료들이 계속 이사장을 맡았다는 점은, 경성방송국이 체신국의 사실상 한 기관이나 다름없었음을 잘 보여준다.[2]

　지방방송망 확충을 앞두고 조직을 정비하면서 1932년에 사단법인 경성방송국의 법인 명칭이 조선방송협회로 바뀌었다. 이후 총재 제도가 도입되고 일부 조선인의 참여가 허용되었지만, 상근 이사장을 우편국장 출신의 호사카가 맡는 등 경영진의 성격은 변함이 없었다.[3] 1937년에 회장제가 도입된 이후 과거보다 직급이 높은 도지사 출신들이 회장을 맡게 되었던 것은 조직의 확대에 따른 것으로서, 방송의 선전기관으로서의 역할이 더욱 중요해졌다는 것을 보여주는 것이기도 했다. 1937년에 경상남도 지사를 지낸 하지 모리사다(土師盛貞)가 회장을 맡았고, 1940년에는 경기도 지사를 지낸 아마이모 요시쿠니(甘蔗義邦)가 회장을 맡았다(정진석, 1995, 318쪽).

　이렇듯 총독부 체신국의 감독하에 놓여 있던 경성방송국은 개국 이후 줄곧 최고 경영진은 물론이고 부장이나 과장급까지 대부분의 자리를 일본인이 독점했고, 조선인은 조선어방송을 위한 소수의 인원만 두었다(정진석, 1995, 318쪽). 비록 이사, 감사, 평의원 중에 조선인이 있기는 했지만, 그 수도 적었고 거의 모두 친일적 성향의 인물들이었으며, 이중방송 이후 늘어난 조선인 직원도 낮은 직급으로서 주로 조선어 방송을 위한 제2 방송과나 청취료 징수와 관련된 업무 부서에만 몰려 있었다(권태철, 1996, 57~61쪽). 특히 경성방송국(뒤의 조선방송협회)

---

[2] 2대 이사장은 경성 우편국장이었던 기카와 가쓰히코(橘川克彦), 3대 이사장은 청진 우편국장이었던 호사카 히사마쓰(保阪久松)가 맡았었다(정진석, 1995, 317~318쪽).

[3] 1932년 현재 총재는 결석이었고 부총재 두 자리 중 한 자리를 박영효가 차지했다. 또한 고문에 윤덕영, 이사에 방태영, 박영철, 박경석, 김한규, 서병조, 한익교(이상 중임), 한상룡(신임) 등이 참여하였다(『朝鮮放送協會事業報告書』 1932년판, 2~5쪽). 그러나 상근인 이사장 겸 상무이사를 호사카가 맡는 등 실제 운영은 일본인이 전담했기 때문에 조선인의 참여는 상징적인 의미 이상은 없었다고 보아야 할 것이다.

〈표 11〉 조선방송협회(경성방송국) 조선인 이사

연도	이사 명단
1926.11.30	방태영, 이용문, 서병조, 박경석
1929. 8.30	방태영, 이용문, 서병조, 박경석, 김한규
1931. 5.30	방태영, 서병조, 박경석, 김한규, 박영철
1932. 5.31	방태영, 서병조, 박경석, 김한규, 박영철, 한상룡
1934. 5.30	방태영, 서병조, 박경석, 김한규, 박영철, 한상룡
1937.12.14	방태영, 서병조, 박경석, 김한규, 한상룡
1940. 6.28	방태영, 김한규, 한상룡, 김연수
1942.12.28	방태영, 김한규, 한상룡
1943. 5.31	방태영, 김한규, 한상룡, 손영목(→ 김승연 1945.3.15)

출처: 유병은, 1998, 69~71쪽.

의 조선인 이사들은 모두 친일 단체에서 적극적으로 활동하던 인물들
이었다. 이러한 인적 구조는 총독부의 의도대로 방송을 운영하기 위한
것이었고, 이런 구조 속에서 조선인 사원들의 역할과 활동은 지극히
제한될 수밖에 없었다.

또한 일제는 방송의 내용에 대해서도 강력한 통제를 실시하여, 초기
에는 주로 소극적인 사후검열에 머무르다 1930년대 들어서서는 방송편
성부터 적극적으로 관여하고 다시 사후검열도 더 강화하는 통제정책을
실시했다. 특히 일제의 방송통제는 선전기관으로서의 방송의 역할이
커진 이중방송 실시 이후에 더욱 강화되었다. 1933년 4월 26일에 조선
어와 일본어 채널을 분리한 이중방송의 실시 후 체신국 검열과 방송감
독계는 경성방송국 내에 감청원을 상주시키고 전파차단기를 설치하여,
다소라도 반일적인 내용이거나 풍속에 위배된다고 판단되는 내용이 나
오면 즉시 전파차단기로 방송을 중단시켰다(이혜구, 1970, 22~24쪽; 조선
방송공사, 1977, 27쪽).

이후 더욱 체계화하고 강화된 통제제도로서 1934년과 1935년에 각각 방송심의회와 방송편성회가 만들어졌는데, 여기에는 총독부 관료나 일본군 관계자들이 주로 참여했고, 경성 거주 일본인과 일부 친일 조선인도 참가했다(조선방송공사, 1977, 26~27쪽). 이런 방송심의회나 방송편성회가 방송의 기본방침과 편성을 결정하고, 다시 체신국 검열과 방송감독계나 경무국 문서과 보도계가 방송내용을 사전 검열하고, 상주하는 경찰 출신의 조선인 감청원이 감청을 통한 방송 중 검열까지 실시했다(이덕근, 1986, 41~42쪽).

이러한 목적을 달성하기 위해 일제는 자신들의 식민지 정책을 효율적으로 수행하는 데 동원하기 위해 방송을 철저하게 장악하고 이용하는 정책을 시행했다. 이러한 일제의 구체적인 방송정책은 조직과 운영을 철저하게 자신들의 의도에 부합되는 일본인들이 장악하고, 방송프로그램의 편성과 제작을 철저하게 통제하고 검열하는 것으로 나타났다. 일제는 통제와 지원을 통해 방송을 식민지지배를 위한 효율적인 수단으로 이용하고자 했다.

2) 일제강점기 방송의 소유와 경영

사단법인이었던 경성방송국(뒤의 조선방송협회)은 총독부의 철저한 감독과 통제를 받았을 뿐만 아니라 대부분의 자금도 총독부의 배려로 은행이나 일본방송협회로부터 차입해 운영할 수 있었다. 따라서 경성방송국의 사실상 소유주는 총독부라고 해도 무방할 정도였다. 그러나 비록 자산 중 비중은 낮았지만 사단법인 경성방송국의 기본자금은 출자사원들이 낸 출자금이었다. 이들이 소유한 구좌가 주식과 마찬가지의 성격을 지니고 있었다는 점을 감안하면, 소유구조를 구체적으로 파악하기 위해서는 이런 출자사원들의 구성을 살펴보는 것이 필요하다.

〈표 12〉에 나타난 대로 1933년 3월 현재 출자사원 총 513명 중에서 77명이 조선인이었고, 이들이 가지고 있는 구좌는 전체 구좌 664구좌 중 87구좌로서 약 13%를 차지하고 있었다. 일본인 출자사원을 구체적으로 살펴보면, 식산은행과 대창상사주식회사 경성출장소가 15구좌를, 동양척식회사, 조선은행, 동경전기주식회사 등이 10구좌를, 경성전기주식회사가 9구좌를 가지고 있었다. 이외에도 5구좌를 가지고 있는 출자사원 중 일본산업통신사와 일본전보통신사가 포함되어 있었다. 5구좌이상을 가지고 있는 일본인 특별사원은 주로 은행, 전기회사, 통신사 등이었다.

〈표 12〉 조선방송협회 출자사원 구성

		15구좌	10구좌	9구좌	5구좌	3구좌	2구좌	1구좌	합 계
전체	인원수	2	4	1	9	7	29	461	513
	출자구좌수	30	40	9	45	21	58	461	664
	출자액	3,000	4,000	900	4,500	2,100	5,800	46,100	66,400
조선인	인원수	-	-	-	1	1	4	71	77
	출자구좌수	-	-	-	5	3	8	71	87
	출자액	-	-	-	500	300	800	7,100	8,700

자료: 『朝鮮放送協會事業報告書』, 1932년판, 41~47쪽 재구성.

조선인으로는 조선방송전화주식회사를 운영한 바 있고 경성에서 정미업을 하고 있던 이용문이 유일하게 5구좌를 출자하여 특별사원이 되었다. 이외에 개성의 박영균이 3구좌를, 평양의 지주 박경석, 광주의 부호 현준호, 경성의 민대식, 용인의 민대혁이 2구좌를 가지고 있었다. 또한 1구좌를 가지고 있는 통상사원 중에는 한상룡, 백완혁처럼 대정친목회 등의 친일 단체에서 활동했던 인물들도 있었고, 『동아일보』의 김성수 등도 포함되어 있었다. 조선인 출자사원으로는 대체로 친일파들이 다수를 차지했고, 일부 언론계 인사가 참여했다. 그러나 이들의 출자액은 매우 적어 조선방송협회에 적극 참여했다고 보기는 어렵고 단지 총독부가 주도하는 방송사업에 친일파로서 성의를 보였던 정도였다.

이렇듯 일제강점기 방송에는 일본의 은행, 전기회사, 통신사 등과 조선의 친일파들이 출자사원으로서 비교적 적극적으로 참여했다. 1933년 이후 출자사원 수와 구좌 수가 꾸준히 늘어났지만, 구좌당 출자사원의 명단은 『조선방송협회사업보고서』 1932년판에만 나와 있어, 이후 출자사원의 구성을 자세히 파악할 수는 없다. 다만 〈표 12〉에 나타난 것처럼 1933년 이후 늘어난 출자사원들은 대부분 1구좌 정도를 출자한 통상사원이었다는 점에서 이와 같은 출자사원의 구성이 근본적으로 변화하지는 않았을 것이다. 한편 1936년 이후 2년 동안 285구좌가 늘어났지만, 1구좌당 출자금이 100원에서 200원으로 늘어나면서 이런 출자 구좌의 증가는 재정난 해소에 다소라도 도움을 주었을 것이다.

〈표 13〉 조선방송협회 출자사원의 증가

	1933.3.31	1936.3.31	1937.3.31	1938.3.31
인원 수	513	774	902	1034
출자구좌 수	664	976	1,130	1,261
출자액	66,400	124,900		

출처: 『朝鮮放送協會事業報告書』 1932년판, 1935년판, 1936년판, 1937년판

이와 같은 내용을 통해 볼 때 결국 일제강점기의 방송은 일본인의 자본을 위주로 하고 여기에다가 친일적인 조선인들의 자본이 일부 더해진 형태로 구성되어 있었다는 것을 알 수 있다. 그러나 비록 일부라도 조선인 출자사원이 있었기 때문에 일제하의 방송을 전적으로 일본인들

만의 소유였다고 볼 수는 없다(정진석, 1995, 314~315쪽). 다만 일본인
이든 친일적 조선인이든 출자사원들이 모두 방송을 식민지 지배도구
로 이용하려는 일제의 의도에 충실하게 따르는 인물들이었다는 점에서,
일제강점기 방송자본의 성격이 지니는 한계는 명확했다.

　일제는 방송을 통제하는 한편 다양한 재정적 지원을 해주기도 했다.
총독부는 경영상 매우 큰 어려움을 겪던 방송에 대해 직접 보조금을
지급했고, 식산은행이나 일본방송협회로부터 자금을 융자할 수 있도록
지원하기도 했다. 다만 일제강점기의 방송은 인사나 편성 면에서는 총
독부의 철저한 감독과 통제를 받았지만, 경영면에서는 총독부의 전적
인 지원을 받았던 것은 아니었다. 일제강점기의 방송은 기본적으로는
청취자들로부터 징수하는 청취료를 가지고 운영해야만 했다(김성호, 2006,
41~48쪽). 따라서 비록 경성방송국(뒤의 조선방송협회)의 이사회나 이
사장은 총독부의 의도에 맞게 구성되고 선출되었지만, 이들은 스스로
방송국의 경영상태를 개선하기 위해 노력해야만 했다.

　총독부가 경영난을 호소하며 지원을 요구하던 경성방송국에 대해
청취자 확대를 통해 스스로 경영난을 극복하도록 요구했던 것은 이 점
을 잘 보여준다(『동아일보』, 1927.7.8, 6면). 또한 청진 우편국장이었던
호사카가 체신국의 보험이나 저축을 권유하는 데 능력을 발휘함으로써
경영 능력을 인정받아 이사장으로 발탁되었다는 것도 이런 면을 잘 보
여준다(이덕근, 1986, 20쪽). 나아가 1932년 4월에 조선방송협회가 출범
하면서 '자력갱생'이 강조되었다고 했던 점도(篠原昌三, 1933, 7쪽) 방송
국 스스로 경영난 해소를 위해 노력해야만 했다는 것을 보여준다. 따라
서 일제강점기의 방송은 청취자 확대를 위해 청취료 할인, 수신기 무료
수리 등 다양한 시도들을 하게 되었다. 또한 청취자 확대를 위해 오락
프로그램 편성을 위해서도 노력했다. 그렇지만 일제의 식민지 지배정책

의 틀을 벗어날 수 없었기 때문에 청취자를 늘리기 위해 다양한 프로
그램을 제공하려는 시도에는 상당히 큰 제약이 있을 수밖에 없었다.

3) 일제강점기 방송의 역할과 내용

일제가 처음부터 식민지 지배를 위해 방송을 어떻게 이용할 것인가
에 대해 구체적인 계획을 세우고 있었던 것은 아니었다. 특히 가격이
매우 비싸 조선인의 수신기 구입이 어려웠고, 초기에는 주로 일본어
방송 위주였으며, 조선인을 대상으로 하는 선전 프로그램이 별로 없었
다는 점에서(권태철, 1996, 6쪽), 일제하의 방송이 처음부터 조선인을
주된 대상으로 하는 선전기관으로 출발했다고 주장하는 것은 다소 무
리가 있다. 다만 개국 직후에 이미 "라디오의 3대 사명인 보도, 교화,
위안에 추가하여 내선융화(內鮮融和)라는 중대한 사명을 띠고" 경성방
송국이 출발했다고 하는 주장이 있었던 것처럼(篠原昌三, 1927, 4쪽),
처음부터 식민지 지배를 위해 방송이 나름의 역할을 해야 한다는 인식
은 분명히 가지고 있었다.

일제가 조선에서 방송을 시작했던 것은 일차적으로는 재조선 일본
인들의 경제적·문화적 욕구를 충족시키고, 나아가 조선인을 일본에 동
화(同化)시키기 위한 교화의 필요성이 있었기 때문이었다(김규환, 1978,
198~199쪽; 윤석년, 1989, 7쪽). 즉 처음에는 재조선 일본인을 위주로 방
송을 하다가, 점차로 식민지지배를 강화할 필요성이 생기면서 조선인
에 대한 사상적 통제와 문화적 동질주의의 실현을 위해 적극적으로 방
송을 이용하기 시작했다(노정팔, 1986, 36~38쪽; 권태철, 1996, 12~13쪽).

특히 일제는 이런 필요성에 따라 1930년대 들어서서 일본어와 조선
어방송을 별도의 채널로 독립한 이중방송을 실시했고, 출력을 증강했

으며, 전국적인 방송망을 구축해나갔다. 또한 이러한 변화에는 대륙침략을 위해 선전을 강화할 필요성이 있었다는 점도 작용했다. 이렇듯 일제는 식민지에 대한 "보다 신속하고 원만한 지시와 통제에 의한 관리"의 필요성과 "제국주의적 아시아 팽창전략"의 수단으로서 서둘러 경성에 방송국을 개국했다(박기성, 1991, 143~144쪽).

개국 당시 경성방송국은 라디오의 사명으로 '보도·교화·위안'을 내걸었다. 보도 장르에는 '내외·선내(鮮內) 뉴스, 천기(天氣)예보, 시장가격, 경제시황' 등이, 교화에는 '명사강연, 각종 강좌, 초등학습강좌, 아동시간' 등이, 위안에는 '서양음악, 조선음악, 연극, 기타 내선의 각종오락' 등이 포함되어 있었다.4) '보도·교화·위안'은 오늘날의 '보도·교양·오락'에 해당한다고 볼 수 있다. 경성방송국은 개국 당시 안정적인 편성을 하기 어려운 상황에서 한·일 양국어에 의한 방송을 균등하게 하고, 오락방송을 주축으로 편성하려 했다고 밝혔다(『ラジオ年鑑』 1931년판, 177쪽).

실제로 편성표를 보면 초기에 보도나 교화 프로그램보다는 위안 프로그램이 많다는 것을 알 수 있다. 평일에는 오후 0시 15분부터 50분 동안 주간 연예, 오후 7시부터 9시 30분까지 150분이 강연·음악·뉴스·공지·선전 등으로 편성되었다. 일요일과 경축일에는 오후 1시부터 50분 동안 주간 연예, 오후 7시부터 150분이 강연·음악·뉴스·공지·선전 등으로 편성되었다. 당시의 편성표를 보면 방송이 계속되는 것이 아니고 방송을 하다가 잠시 쉬었다가 다시 방송하는 방식으로 편성되었다. 그나마도 개국 초기 한동안은 기본 편성표대로 방송되지 않

---

4) 이 내용은 개국 당시에 경성방송국이 가입 권유를 위해 만든 홍보 전단에 나와 있는 내용이라고 한다(김성호, 2006, 61~62쪽). 당시에 위안 프로그램은 주로 음악과 드라마나 야담 등을 포함하는 '연예'로 구성되어 있었다. 또한 '위안'이란 용어 대신에 '오락'이란 용어가 사용되기도 했다.

는 경우가 많았다. 주식·기미나 뉴스 등의 몇몇 프로그램을 제외하고
는 시작하고 끝나는 시간조차 정확하지 않은 경우가 있었다. 오락프로
그램의 편성도 탄력적으로 이루어져, 편성표대로 반드시 7시부터 9시
30분 사이가 아닌 시간에 편성되는 경우가 적지 않았다(서재길, 2006,
184쪽).

경성방송국은 청취료 수입에 의존해 운영해야 했는데, 개국 당시 수
신기 대수가 불과 1,440대에 불과해 경영난에 시달렸기 때문에 긴 시간
방송을 하지 못했고, 안정적인 편성을 할 수도 없었다. 조선어와 일본
어 프로그램을 섞어서 편성해야만 했던 것이 어려움을 초래한 가장 큰
요인이었다. 경성방송국 방송부장 미쓰나가는『ラヂオの日本(라디오 일
본)』1927년 7월호에 쓴 글에서 "본국 방송 3사와는 달리 청취자가 일
본인과 조선인"으로 구성되어 있는데 서로 비난을 했고 결국 일본어와
조선어 프로그램의 비율을 3 대 1에서 3 대 2로 조정했다고 주장했다
(津川泉, 1993/1999, 49~50쪽). 개국 당시 기술부 주임이었던 시노하라 쇼
조(篠原昌三)는 "개국 이래 방송프로그램은 7：3의 비율로 안배 편성된
일본어, 조선어 교대 방송"이었다고 회고했다(篠原昌三 외, 1981/2006,
206쪽). 제2 방송과장이던 윤백남은 일본어와 조선어 프로그램을 7 대
3 내지 8 대 2 정도의 비율로 방송할 수밖에 없었고, 이에 따라 "조선
측은 원칙상 매일 강좌 1종, 연예음악 1종의 방송과 매주 1회의 강연,
매주 2회의 아동 시간밖에는 방송할 시간을 얻을 수 없는 상태"였다고
주장했다(윤백남, 1933b, 121~122쪽). 주장하는 사람마다 차이가 있어
서 정확한 비율을 알 수는 없지만(한국방송협회, 1997, 95~96쪽), 대략
조선어 프로그램의 비율이 30% 내외였던 것으로 보인다.

오락 방송을 둘러싸고 조선어 프로그램과 일본어 프로그램을 어떤
방식으로 안배해 편성할 지가 큰 논란이 되었다. 처음에는 조선어 프

로그램과 일본어 프로그램을 서로 한 종목씩 엇갈려 방송되는 혼합방
송을 하다가, 다음에는 조선어 프로그램과 일본어 프로그램을 한데 묶
어 2군으로 나눈 뒤 교대방송을 했고, 그 뒤에는 대부분의 조선어 오락
프로그램을 밤 9시 40분 이후로 밀어붙여 편성하도록 했다.5) 실제로
이중방송 실시 직전 조선어 프로그램은 오후 1시부터 2시 15분 사이에
음악과 강좌, 밤 9시 45분 이후에 오락프로그램을 편성하도록 되어 있
었다(『ラジオ年鑑』 1932년판, 559~561쪽). 하루에 오락프로그램이 낮과
밤을 합쳐서 대개 1개 내지 2개 정도가 편성될 수 있었는데, 이러한 오
락프로그램의 대부분을 음악프로그램이 차지했고, 그중에서도 국악프
로그램이 높은 비중을 차지했다(박용규, 2010).

"잠잘 무렵에 30분간 듣는 불쾌한 말 듣느라고 월 1원의 요금을 지
불"해야 했던(윤백남, 1933a) 조선인 청취자들의 불만은 조선어 채널의
독립을 가져오도록 만드는 주된 요인이었다. 하나의 채널에 일본어와
조선어 방송을 혼합해 방송하던 것에서 벗어나 조선어 방송을 독립시
킨 이른바 이중방송이 1933년 4월 26일부터 실시되었다. 이중방송이
실시되면서 비로소 안정적인 편성이 이루어지고, 조선어 음악연예 프
로그램도 활성화되었다. 조선어 채널인 제2 방송에서는 오후 12시 5분
부터 35분 동안, 밤 8시부터 1시간 30분 동안 음악, 연예, 연극 등이 고
정 편성되었다(한국방송협회, 1997, 139쪽). 이러한 편성의 틀은 1930년

---

5) 『한국방송사』에는 1928년 4월부터 조선어 음악·연예방송과 일본어 음악·연예방송을
   분리해 격일로 방송을 했다고 하고, 1931년 3월부터 조선어 음악·연예방송을 밤 9시
   40분 이후 편성했다고 나와 있는데(한국방송공사, 1977, 38~40쪽), 실제 당시 신문에
   실린 편성표를 보면 이는 사실이 아니다. 격일 또는 며칠씩 조선어 프로그램과 일본
   어 프로그램을 격일로 방송한 적이 없고, 조선어 음악·연예 프로그램을 본격적으로
   밤 9시 40분 이후에 편성한 것은 1929년 3월부터였다. 경성방송국을 통해 방송된 국
   악방송곡의 목록을 정리해 놓은 다음의 자료를 통해서도 손쉽게 이런 사실을 확인할
   수 있다(한국정신문화연구원, 2000, 30~130쪽).

대 말까지는 거의 그대로 유지되었고, 간혹 탄력적으로 시간을 다소 조정해 편성하는 경우가 있는 정도였다.

이중방송이 실시된 이후로는 비교적 다양한 프로그램을 만들려고 했지만, 이런 방침도 오래가지는 못했다. 1937년에 중일전쟁 발발 이후로는 연예 위주의 편성은 지양되고 전시동원체제의 방송이 시작되었다. 주간정보의 시간, 국민정신운동을 위한 명사 강연과 일본 중계 강연, 일본어 보급 프로그램, 성인교육을 위한 수양과 상식, 부인강좌, 각종 군가방송도 편성되었다. 또한 전파를 이용한 선전을 강화하기 위해 소련과 접하는 북쪽 지방을 향하는 선전 방송과 외국어 뉴스의 중계방송이 이루어졌다(한국방송공사, 1977, 44쪽). 1930년대 말에 조선어방송의 존속을 둘러싸고 논란이 있었지만 일본어 해독률이 낮은 현실에서 선전의 필요성 때문에 계속 조선어방송을 할 수밖에 없었는데, 당시 경성방송국에 근무하던 송영호는 "조선인을 상대하는 방송이라는 명분 때문인 것이기는 하지만 그때 시국으로 봐서는 약간 이율배반적인 현상"이었다고 회고했다(1979, 70쪽). 조선방송협회장 하지 모리사다는 조선어방송의 존속이 일본어 보급과 모순되는 것이 아니고 오히려 일본어 강좌 등을 통해 일본어 보급에 기여한다고 주장하며, 조선어 방송의 존속 필요성을 주장했다(김성호, 2006, 50쪽).

1941년의 태평양 전쟁 이후에는 전시체제 속에 보도제일주의를 주창하며 식민지지배를 위한 완전한 선전 도구화를 시도했다(강혜경, 2011, 330~331쪽). 이 시기의 방송은 내선일체와 시국인식 철저, 필승신념 견지, 전시의식 앙양, 국민사기 고무, 여론 통일, 황국신민화 앙양 등 전시체제 속에 국민운동 전개의 목표를 실현하기 위해 적극적으로 협력하는 역할을 했다(권태철, 1996, 83~84쪽). 오락프로그램은 축소되었고, 보도와 교양 프로그램이 늘어났다. 전쟁 속보와 내외 정세를 보도하는

뉴스, 정부 정책과 전시 국방의 지도를 강조하는 강연·강좌가 가장 많
이 편성되었고, 오락프로그램도 전시 국민의 사기 고무와 위안을 주는
전진(戰陣) 문학, 군가, 군사드라마 등이 편성되었다.

보도가 강화되었다고는 하지만, 당시에는 기자가 없었기 때문에 방
송에서는 일본 뉴스통신사의 통신문을 그대로 읽는 수준에 머물렀다.
이런 현실에서 뉴스 취재보도에 관한 조선인 직원들의 역할은 거의 없
었다.

> 당시 뉴스는 통신사의 통신에 의존하는 것이 거의 전부였다. 방송시간
> 보다 약 30분쯤 전에 도착하는 것이 상례이니 어떤 때는 5분 전에야 배달
> 이 될 때가 있는데 이것이 일본어로 된 필경(筆耕) 프린트이며 필체가 각
> 양(各樣)하고 잉크가 제대로 먹지 않은 곳이 많아 애를 먹었다. 편집도 자
> 기가 해야 하고 감독관이 있는 체신국에서 편집한 제목을 써 보내서 상시
> 설치된 직접 전용전화로 허락을 받아야 하니 한 번 제대로 읽어 보지도 못
> 한 채 스튜디오로 뛰어 들어갈 때가 한두 번이 아니었다(이현, 1979, 64쪽).

일제 말기 교양 프로그램의 거의 대부분이 강연이었는데, 그 내용은
모두 '전쟁 협력'을 촉구하는 것이었다. 이덕근은 "방송국의 프로를 짜
는 것은 편성과의 일이었지만 명사들을 전쟁협조 방송에 불러내는 것
은 편성과의 일이 아니었다"고 하며, 그 역할을 했던 사람은 '촉탁' 형식
으로 와 있던 '경기도 경찰부 고등계 소속의 앞잡이'였다고 주장했다.
또한 "이때 방송국에 끌려나온 사람이 읽는 원고는 물론 자신이 쓴 원고도
아니며 사전에 검열되는 것"이었다고 회고했다(이덕근, 1986, 60~61쪽).

실제로 당시 방송 강연을 했던 윤치호는 1940년 6월 29일 일기에서
"군 당국이 최린 씨를 통해 충칭(重慶)의 상황에 대해 라디오 방송 연
설을 해달라고 청해왔다. 군 당국이 이 연설을 주관하는 것인 만큼, 난

더더욱 이 요청을 수락해야 했다"고 했다. 또한 다음날인 30일 일기에
는 "이번에 중국인에게 라디오방송을 통해 연설한 게 처음이자 마지막
이었으면 좋겠다"고 기록했다(김상태, 2013, 541~542). 윤치호는 방송
강연을 하기 싫었는지 "마지막이었으면 좋겠다"고 표현했다. 그러나 윤
치호는 이후에도 계속 방송 강연을 해야 했다. 1943년 7월 23일 일기에
다시 "8월 1일 밤에 방송할 5분 강연을 준비했다. 주제는 '조선에서 징
병제가 공식적으로 시행되는 오늘의 환희를 무엇에 비길 수 있을까'였
다"고 기록했다(김상태, 2013, 580).

1940년대 이후 오락프로그램의 편성이 크게 줄었고, 그나마 남아 있
는 프로그램들도 전쟁 협력을 목적으로 하는 것들이었다. 오락프로그
램에서 편성이 늘어난 장르가 '방송소설'이었는데, '방송소설'이 쉽게 만
들 수 있고 비용도 적게 들었기 때문이었다(서재길, 2007, 79~82쪽).
이런 방송소설조차도 그 내용은 대부분이 전쟁의 정당성을 홍보하고
전쟁 동원을 고취하는 것들이었는데(함태영, 2002), 많은 문인이 친일
적 내용을 담고 있는 방송소설을 집필했다.

3. 일제강점기의 방송인

1) 단일방송 시대의 방송인

개국 당시 경성방송국 조직은 방송부, 기술부, 총무부, 가입부 등
4개 부서로 구성되어 있었다. 경성방송국 개국 무렵에 방송부에 근무
했던 인물들로는 최승일, 이옥경, 마현경, 김영팔, 방두환 등 5명이 있
었다(정갑천, 1980, 45쪽).[6] 최승일은 방송국 문서계에 근무했는데 PD

의 역할을 했고, 나머지 네 사람은 아나운서였다. 개국 당시에 기술직에는 노창성, 한덕봉 등이 있었다(정진석, 1995, 318~322쪽). 이들 외에도 단일방송 시대에 기술부, 총무부, 가입부에는 조선인 직원들이 일부 있었다.

노창성은 개국 당시 잠깐 기술 업무를 하다가 이후에는 청취자의 가입 권유 업무를 맡았고, 이후 줄곧 사업부서에서 활동했다. 그는 1928년에 새로이 '보급선전부'가 생기며 주임이 되었고(정갑천, 1980, 46쪽), 1929년경에는 기획과장이 되었다(신경석, 1980, 52쪽). 일본인만 과장이 되던 시절에 그가 과장으로 승진했다는 것은 매우 파격적인 일이었다. 노창성이 이처럼 조선인으로서 빠르게 승진할 수 있었던 데는 일본인들과의 긴밀한 관계가 작용했을 것이다. 특히 경성방송국 개국을 준비하는 데 주도적 역할을 했고 마지막 경성방송국장을 지냈던 시노하라 쇼조의 구라마에(藏前) 공업학교 2년 후배였다는 인연이 영향을 주었다.

최승일과 김영팔은 염군사라는 사회주의 문학단체에서 활동을 시작해, 염군사와 파스큘라가 합쳐진 카프(KAPF, 조선프롤레타리아예술동맹)에도 계속 참여했다. 사회주의 문학단체에서 활동하던 두 사람이 총독부가 관리하던 경성방송국에서 근무했던 것은 이례적인 일이었다. 이미 1924년에 파스큘라에서 활동하던 김기진이 총독부 기관지『매일신보』에 입사했던 적이 있었지만, 이런 선택은 많은 고민을 수반하는

---

6) 1927년 1월에 경성방송국에 입사해 업무직으로 근무했던 정갑천은 개국 당시에 방송부에 5명이 있다고 회고했다. 그러나 다른 자료에는 1930년에 이옥경과 마현경이 퇴사하고 김영팔과 방태환이 입사했다고 기록되어 있다(한국방송공사, 1977, 27쪽). 김성호(2013)는 김영팔의 입사 시기가 언제인지 단정할 수 없다고 했지만, 김영팔은 스스로 1927년부터 경성방송국에 근무했다고 밝혔고(『만선일보』, 1940.8.24; 문경연·최혜실, 2008, 311쪽 재인용), 1927년에 경성방송국에 근무하고 있다는 신문기사도 있다(『매일신보』, 1927.4.10, 3면). 방태환은 방두환의 오기인 듯하다. 방두환은 경성방송국 이사였던 방태영의 조카였다(신경석, 1980, 54~55쪽).

것이었다(김기진, 1975/1978, 212~213쪽). 최승일과 김영팔이 경성방송
국에 입사했던 이유를 정확히 알 수는 없지만, "일정한 수익을 보장했
고, 민중의 계몽과 교육, 그리고 새로운 형식의 실험이 가능할지도 모
른다는 기대"를 갖고 입사했을 가능성이 크다(이상길, 2010, 127~135쪽).
특히 생계를 유지하기 위한 경제적 목적과 방송극과 같은 새로운 시도
를 위한 문화적 동기가 크게 작용했을 것이다.

최승일과 김영팔은 1926년 6월에 이미 라디오연극회를 결성해 활동
했고, 경성방송국 시험방송의 방송극 제작에도 참여했다(이상길, 2010,
136~137쪽). 두 사람이 모두 연극에 큰 관심을 가지고 활동했던 것이
방송극에 관한 관심으로 이어졌고, 이런 활동이 인연이 되어 방송국에
입사했을 것이다. 카프에서 활동하며 경성방송국에 근무하는 것이 쉽
지 않았을 것이다. 김영팔은 1928년 7월 27일에 카프 중앙집행위원회
에서 규약 18조에 따라 김동환, 홍효민, 안석주 등과 함께 제명되었다
(『중외일보』, 1928.8.1, 2면). 최승일도 1930년대 초쯤 카프에서 제명되
었던 듯하다. 정순정은 1934년에 "맹원의 직업 문제, 예를 들자면 최승
일, 김영팔 씨 등이 조선방송국에 취직하였다는 사실로서 당연히 제명
처분을 내렸다는 것"을 들었다고 했다(임규찬·한기형 편, 1990, 256쪽).
경성방송국에 들어가고 나서 한참 뒤에 제명이 이루어진 것을 보면,
방송국 활동이 곧 카프 제명의 직접적인 원인이었다고 단정할 수는 없
지만, 어느 정도 영향을 주기는 했을 것이다. 김영팔이 "괴물과 같은
마이크로폰은 나의 둘도 없는 반려물이요 정동 백악관은 오 년간에 그
래도 나의 조그마한 양심은 조선 음악을 부활케 하고 진흥케 하자는"
것이었다고 했던 것에서(『시대상』, 1931년 12월호; 이상길, 2010, 141쪽
재인용), 경성방송국에 근무하는 것에 대한 고민을 읽을 수 있다.

이옥경과 마현경은 1930년경에 퇴사했고, 최승일과 김영팔도 얼마

지나지 않아 경성방송국을 떠난 것으로 보인다(김성호, 2013, 24~32쪽).
김영팔은『삼천리』1932년 9월호에 "얼마 전에 경성방송국을 그만두고
만주로 갔다"는 기사가 나온 것을 통해 1932년 7~8월경에 그만두었다
는 것은 알 수 있지만, 최승일의 경우에는 언제 퇴사했는지 정확히 알 수
없다. 방두환은 잠시 근무하다 방송국을 떠났다(신경석, 1980, 55쪽).
　경성방송국은 이들의 공백을 메우고 이중방송 실시를 대비하기 위
해 계속 채용을 했다. 1932년 6월에는 이혜구, 1932년 9월에 이하윤을
채용했고, 비슷한 시기에 윤태림,[7] 박충근[8] 등을 뽑았다. 또한 1933년
4월의 이중방송 실시를 앞두고 김문경, 최아지 등의 여성 아나운서와
남정준을 채용했다(김성호, 2013, 32~39쪽). 이들 중 윤태림은 얼마 지
나지 않아 퇴사했고, 이혜구와 이하윤은 아나운서로 들어왔으나 편성
(오늘날의 PD)으로 직종을 바꾸었다. 1932년 7월에는 윤백남이 입사했
는데, "제2 방송부장으로 대접을 받을 약속"을 받고 "이중방송 실시까
지는 사령장도 없이 집무"했는데 결국에는 제2 방송과장으로 발령을
받았다(이혜구, 1970, 17쪽).

2) 이중방송 개국과 방송인

　이중방송이 실시될 무렵인 1933년 4월에는 제2 방송과장을 윤백남이
맡고 있었고, 프로듀서에 해당하는 편성 담당으로 이혜구와 이하윤이

---

[7] 윤태림은 경성제국대학 법문학부 철학과를 1931년 3월에 졸업했다. 이혜구는 같은 시기에 문학과를 졸업했다(『동아일보』, 1931.3.26, 2면). 윤태림은 1935년에 다시 경성제국대학 법학과를 졸업했다(『동아일보』, 1935.3.26, 1면). 윤태림이 언제 경성방송국에서 활동했는지 명확하지 않다. 윤태림이 1937년 5월에 경성방송국에 입사했다는 기록도 있다(정진석, 1995, 331쪽).

[8] 박충근의 입사 시기에 대해 정진석은 이하윤과 같은 1932년 9월로 보고 있고(1995, 328쪽), 김성호는 1931년이라고 주장하고 있다(1997, 32쪽).

있었으며, 아나운서로는 박충근, 남정준, 김문경, 최아지가 있었다(이혜구, 1970, 15~16쪽). 박충근은 1934년 1월에『매일신보』운동부 기자가 되면서 경성방송국을 그만두었다(정진석, 1995, 329쪽). 이하윤은 1930년에『중외일보』에 입사해 기자로 활동하다가 경성방송국에 입사했는데, 1935년 8월에 콜럼비아 레코드사의 문예부장이 되면서 퇴사했고, 최아지는 이하윤보다 먼저 그만두었다(이혜구, 1970, 26쪽). 이하윤의 후임으로 김억이 입사해 편성 업무를 담당했고(이혜구, 1970, 26쪽), 1935년에는 이중방송 실시 전에 퇴사했던 최승일이 다시 입사했다(이진원, 2004, 84쪽).

윤백남은 입사한 지 1년 정도 지나고, 제2 방송과장이 된 지는 6개월 정도 지난 1933년 9월에 방송국을 떠났다. 윤백남이 제2 방송과장이 된 배경에 대한 그 어떤 설명도 찾아볼 수는 없지만, 그의 경력과 방송 활동을 통해 짐작해 볼 수는 있다. 그는 총독부 기관지『매일신보』의 경제과장과 친일파 민원식이 발행한『시사신문』의 편집국장을 지냈으며, 경성방송국에서 야담 방송을 했고 방송극 연출과 출연을 한 바도 있었다(백두산, 2013, 482~484쪽; 정진석, 1995, 323~324쪽). 특히 방송극과 야담으로 방송국에 자주 출연했던 것이 영향을 주었을 것이다.

1933년 9월에 윤백남의 뒤를 이어 김정진이 제2 방송과장이 되었다. 김정진은 극작가 겸 소설가로서 1920년에『동아일보』기자가 되었고, 1924년에는『시대일보』의 지방부장을 지냈다. 이후 그는 일본『호우치(報知)신문』과『경성일보』의 특파원으로도 활동했다(윤진현, 2003). 김정진의 경우에도 극작가로서 활동하며 방송극에도 관여했던 것이 발탁의 요인이 되었을 것이다. 그는 취임한 이후 1933년 11월 13일부터 권덕규의 조선어 강좌를 개설하고, 교본을 발간하기도 했다(정진석, 1995, 325쪽).

노창성은 이중방송 실시 이후에도 한동안 계속 기획과장을 맡았다.

1935년에 조선방송협회의 조선인 과장으로는 제2 방송과장 김정진과 기획과장 노창성 두 사람이 있었다(이석훈, 1935, 193쪽). 그는 1937년에 조선방송협회의 사업부장이 되었고, 1938년 6월에 함흥방송국이 개국했을 때는 국장이 되었다(이혜구, 1970, 32쪽). 이 시기에 사업부서에 근무하는 노창성이 유독 빨리 승진했던 것에 대해 방송 현업 조선인 직원들의 비판적 여론이 생겼다.

1934년 1월에 박충근이 퇴사하면서 경성방송국은 전문학교 졸업 이상의 30세 미만의 남자로 자격 제한을 두고 아나운서를 공개 모집했다(『동아일보』, 1934.1.18, 2면). 이런 공개 모집의 결과 누가 채용되었는지는 정확하지 않지만, 여러 자료를 종합하면 김준호, 정문택, 이석훈이 입사한 것으로 보인다. 이석훈은 『경성일보』와 『동경매일신문』의 춘천 주재 기자를 거쳐 1932년에 개벽사 기자로 활동하다가 경성방송국에 입사했다(김성호, 2013, 41~43쪽; 정진석, 1995, 327쪽). 이들도 경성방송국에 오래 근무하지는 않았다. 정문택은 1935년 9월에 부산방송국으로 옮겼고, 이석훈도 1936년 10월에는 평양방송국, 1938년 함흥방송국으로 전근했다가 1939년에는 『조선일보』 기자가 되었다. 다만 김준호는 언제 퇴사했는지 알 수 없다. 이석훈은 1935년 말 현재 프로그램과 담당자를 다음과 같이 정리했다.

A. 위안
  1. 음악 - 양악 전 부분의 일체 및 조선음악 중 아악작곡가사, 유행가, 남도판소리 및 잡가, 이밖에 스포츠중계, 상황중계(이상을 1단위로 하여 한 사람 담당)
  2. 연예 - 조선음악 중 이상의 남도소리를 제외한 경기 및 서도잡가, 고담, 라디오 드라마, 라디오소설, 영화이야기, 만담 등(이상을 1단위로 하여 한 사람 담당)

B. 교양
  1. 성년시간(강연, 강좌 등) - 라디오학교 시간으로부터 부인시간, 학술, 시사 등 모든 교양에 관한 것 및 이에 수반되는 중계방송 및 좌담회 등(이상을 1단위로 하여 한 사람 담당)
  2. 어린이시간 - 아동극, 아동음악동화 및 어린이를 대상으로 하여 교양을 목적한 모든 강화 및 어린이를 대상으로 한 실황중계 등, 이밖에 아동일요신문(이상을 1단위로 하여 한 사람 담당)
C. 보도
  뉴스편집 및 방송스포츠 및 상황방송 아나운스멘트(현재 남3, 여1, 네 사람의 아나운서가 주야 교대하여 담당하고 있다.)(이석훈, 1935, 192~193쪽).

위의 내용을 통해 1935년 말에 2명의 프로듀서와 4명의 아나운서가 있었다는 것을 알 수 있다. 한 명의 프로듀서가 위안 프로그램을 맡고, 또 다른 한 명은 교양 프로그램을 맡았다. 아나운서 4명은 각각 음악, 연예, 성년시간, 어린이시간을 나누어 맡았고, 뉴스도 4명이 교대로 진행했다. 뉴스의 경우 동맹통신사의 통신문을 그대로 읽는 것이었기 때문에 프로듀서의 역할이 거의 없었다. 당시 위안 프로그램은 이혜구, 교양 프로그램은 김억이 맡았고, 4명의 아나운서는 김문경, 남정준, 김준호, 이석훈이었다. 이석훈이 1936년 10월에 평양방송국으로 전근가고, 김준호가 퇴사하고(『조선방송협회내보』 2호(1936.10.21), 2면), 남정준도 퇴사하면서[9] 1936년경에는 이계원, 서순원, 양제현이 입사했다(김성호, 2013, 43~45쪽).

---

[9] 남정준은 1937년 12월 27일에 고원(雇員)으로 다시 입사해 제2 방송과에서 근무했던 것으로 자료에 나와 있다(『조선방송협회내보』 11호(1938.3.1), 6면). 그가 재입사할 때 직급이 가장 낮은 고원이었던 점을 보면, 최초 입사했을 때 오랫동안 근무하지는 않았던 듯하다.

1936년 11월 14일에 직원 이혜구를 방송부 제2 방송과장 대리로 임명했고, 또 촉탁 권오용과 김억을 직원으로 임명하며[10] 동시에 제2 방송과장 대리로 임명했다(『조선방송협회내보』 3호(1936.11.15), 2면). 김정진이 병으로 제대로 근무할 수 없게 되면서 대리들을 임명했던 듯한데, 이들 중에서 권오용은 경찰 출신의 '감청 책임자'였다(이현, 1979, 62쪽).

1937년 2월 20일에 심우섭이 제2 방송과장 대리로 임명되었다가 1937년 3월 31일에 정식으로 제2 방송과장이 되었다(『조선방송협회내보』 7호(1937.5.13), 1면, 4면). 심우섭은 1916년에 『매일신보』에 입사해 기자로 활동했고, 1919년 7월에는 일행 6명과 함께 도쿄로 건너가 자치제 시행을 주장하기도 했다(이형식, 2016, 187쪽). 3·1운동의 열기가 가시기도 전에 자치론을 주장한 이들에 대해 학생들이 발간한 항일지하신문 『자유신종보』 4호에서는 "조선 의복과 관대를 착용하고 있지만, 그 본성은 왜종(倭種)"이라고까지 비판했다(박용규·채백·윤상길, 2019, 204쪽). 한편 1920년대에 그에 대해 "배일사상을 품고" 있다는 평가가 나오기도 했다(『왜정시대인물자료』[11] 2권, http://db.history.go.kr/item/level.do?levelId=im_107_01373). 그러나 심우섭은 1936년에 『경성일보』 전 사장으로 총독의 자문 역할을 하여 '제국의 브로커'라는 평을 듣기도 하던 아베 미쓰이에가 사망하고 난 후 아베 흉상 건립 발기인으로 참여했을 만큼 평생 밀접한 관계를 맺고 살았다(이형식, 2016, 187쪽).

---

10) 당시 직원들은 견습으로 입사해 고원 → 직원 → 서기 → 부참사 → 참사 순으로 진급했다. 촉탁의 경우 이런 승진 체계를 따르지 않았다. 1939년경에는 고원과 직원 대신에 임시사무원과 사무원이라는 단어로 바뀌었다.

11) 『왜정시대인물자료』는 1927년에 경찰이 시찰 결과를 작성한 것인데, 누구나 "일제의 조선 지배에 저항하거나 불평불만을 토로할 가능성만 보이면 대상"이 되었기 때문에 이 자료의 '요시찰인'이 곧 '항일' 활동을 했다는 것을 의미하는 것은 아니었다(장신, 2003, 167~175쪽).

이혜구는 심우섭이 "우리말의 정확한 발음"을 아나운서들에게 가르쳤고 조선어방송에 일본어를 혼용할 것을 강요하자 이를 거절하고 방송국을 떠났다고 주장했지만(1970, 27~34쪽), 심우섭의 퇴사 사유는 명확하지 않았다.[12]

제2 방송과장을 지냈던 윤백남, 김정진, 심우섭의 공통점은 모두 총독부 기관지 근무 경력을 가지고 있다는 점이다. 김정진의 경우는 제2 방송과장이 되기 직전까지 『경성일보』 촉탁으로 근무했다(조용만, 1985, 113쪽). 윤백남과 심우섭, 조선방송협회 이사 방태영은 모두 1910년대 후반기에 아베 미쓰이에가 『경성일보』와 『매일신보』 사장이던 시절에 『매일신보』에 근무했던 인연을 갖고 있다(이형식, 2017, 444~445쪽). 심우섭은 1941년에 다시 『매일신보』로 돌아가 편집고문이 되기도 했다. 심우섭과 방태영은 아베의 최측근으로서 "총독부의 민족운동 분열책의 실천"에도 깊이 관여했다(심원섭, 2017, 210~216쪽).

심우섭이 제2 방송과장이 되고 나서 제2 방송과에 충원이 있었다. 1937년 3월 17일에 이상봉, 이수영, 송진근, 조필상 등 4명의 아나운서가 제2 방송과에 견습으로 입사했는데(『조선방송협회내보』 7호(1937. 5.13), 3면), 이수영은 4개월만인 6월에 청진방송국으로 옮겨갔고(『조선방송협회내보』 8호(1937.6.15), 5면), 조필상은 곧 퇴사한 듯하다(이현, 1979, 62쪽). 1938년 4월 5일에도 이현, 심형섭, 정국성, 고제경 등 4명의 아나운서가 견습으로 입사했다(『조선방송협회내보』 12호(1938.4.25), 2면). 서순원은 1938년 8월 12일에 평양방송국 업무과로 전근을 갔고

---

[12] 이혜구는 물론, 뒤에 이혜구의 글을 활용한 많은 저자들이 심우섭이 총독부와의 갈등 끝에 바로 퇴사한 것으로 주장했지만, 당시 자료를 보면 제2 방송과장을 그만두고, 촉탁으로 계속 제2 방송부에 근무하도록 인사발령이 났던 것을 알 수 있다(『조선방송협회내보』 33호(1939.9.9), 4~5면). 다만 그가 실제로 촉탁으로 근무했는지는 확실하지 않다.

(『조선방송협회내보』17호(1938.8.1), 1면), 이상붕과 정국성은 1939년 1월 23일에 함흥방송국 업무과로 옮겨갔으며(『조선방송협회내보』22호 (1939.4.1), 2면), 1939년 6월 6일에는 남정준이 함흥방송국 업무과로 옮겼고 고제경은 퇴사했다(『조선방송협회내보』27호(1939.6.11), 1면). 아나운서들이 전근가거나 퇴사하면서 1939년 8월경에 송영호가 새로 입사했다(송영호, 1979, 70쪽).

프로듀서의 충원도 있었는데, 최승일은 1937년 10월 31일에 고원에서 직원으로 승진했지만 불과 2달 정도 지난 12월 20일에 퇴사했고, 그의 뒤를 이어 이서구가 1937년 12월 22일에 입사했다(『조선방송협회내보』11호(1938.3.1), 4~6면). 이서구는 『동아일보』, 『매일신보』등에서 기자로 근무했고 문인으로도 활동했던 인물이다. 『중외일보』논설위원과 『조선일보』정치부장을 지낸 이정섭도 1938년 5월에 입사했고(정진석, 1995, 327쪽), 『매일일보』기자로 활동한 바 있던 작곡가 홍영후(난파)도 촉탁으로 1939년 4월 1일부터 제2 방송과에서 근무했다(『조선방송협회내보』24호(1939.5.1), 1면). 최승일과 이서구는 연예프로그램을 담당했을 것이고, 이정섭은 강연·강좌, 홍영후는 음악 프로그램을 맡았을 것이다. 과거에 비해 활동경력이 더 많고 연륜이 있는 인물들이 입사했다. 양제현은 아나운서가 아니고 프로듀서로서 어린이 프로그램을 담당했다(이혜구, 1970, 30쪽).

노창성은 조선방송협회 사업부장에서 1938년 5월 20일에 함흥방송국 사무소장이 되었다가(『조선방송협회내보』12호(1938.4.25), 4면), 1938년 7월 21일에 함흥방송국장으로 임명받았다(『조선방송협회내보』15호(1938.7.22), 7면). 이혜구는 조선인 최초로 방송국장이 된 "노창성 씨는 계란의 노랑자 자리인 사업부장에서 함흥방송국장으로 전출"되었다고 하며 마치 좌천된 것처럼 묘사했지만(1970, 32쪽), 조선으로서는 최초로 지방방송국의 국장이 되었던 것이다.

3) 제2 방송부 신설 이후의 방송인

제2 방송과가 제2 방송부로 승격된 1939년 9월 1일에는 대대적인 인사가 있었다. 심우섭이 제2 방송과장에서 물러나고, 함흥방송국장이던 노창성이 직원에서 서기, 부참사를 거치지 않고 참사로 세 단계를 승진해 제2 방송부장이 되었다.[13] 이혜구는 "(노창성 – 인용자) 부장은 일본인의 총애를 제일 많이 받았다. 제1 방송부와 동격인 제2 방송부는 노씨와 더불어 생겼고, 노씨와 함께 없어진 것"이었다고 주장했다(1970, 35쪽). 일제 말기까지 참사로 승진했던 사람은 노창성 한 사람밖에 없었고, 부참사로 승진한 사람은 이혜구, 이정섭, 권태웅 세 사람이 있었을 뿐이며, 한덕봉은 기사로 승진했다(『조선방송협회보』, 호외(1945.8.15), 4면).

노창성이 제2 방송부장이 되던 날 이혜구가 서기로 승진해 제2 방송부장 대리가 되었다(『조선방송협회내보』 33호(1939.9.9). 5~7면). 노창성이 제2 방송부장으로 임명되었으나, 함흥방송국장 업무로 인해 아직 부임하지 못했기 때문에 이혜구가 대리로 업무를 수행했다(유병은, 1991, 58쪽). 1941년 2월 1일에도 이혜구가 부참사로 승진하며 제2 방송부장 대리가 되었다(『조선방송협회내보』 56호(1941.2.5), 3면). 노창성이 제2 방송부장으로 근무하고 있었음에도 다시 이혜구가 대리가 되었던 정확한 이유를 알 수는 없다. 경성방송국의 역대 제2 방송과장 또는 제2 방송부장은 다음과 같다.

---

[13] '직원'으로 함흥방송국장이 되었었는데, 그 후 '서기'로 승진했었는지는 확인할 수 없다.

윤백남(1932.7~1933.9) → 김정진(1933.9~1936.11) → 이혜구(대리 1936.11~
1937.2) → 심우섭(1937.2~1939.9) → 노창성(부장 1939.9~1943.6) → 이혜구
(제2 보도과장 1943.6~1945.8)

제2 방송부가 생기던 날에 김억, 이서구, 이정섭,[14] 양제현, 이계원,
송진근, 이현 등도 서기로 승진했다(『조선방송협회내보』 34호(1939.9.20),
8면). 당시 아나운서로서 "청취자 간에 팬까지 생겼"다고 하던(이혜구,
1970, 30쪽) 이계원과 송진근은 1939년 10월 16일에 제2 방송부 방송계
주임으로 승진했다(『조선방송협회내보』 37호(1939.11.6), 6면). 1940년
5월 4일에는 전동익이 서기로, 모윤숙이 촉탁으로 입사했고(『조선방송
협회내보』 48호(1940.5.17), 1면). 9월 24일에는 김정실이 서기로 입사했
다(『조선방송협회내보』 53호(1940.10.29), 1면). 김정실은 『동아일보』 기
자로 있다가 폐간 후 방송국에 입사했다. 1940년 8월 19일에는 송영호
가 평양방송국으로 전출하고, 평양방송국의 서순원과 함흥방송국의 남
정준은 다시 경성방송국으로 돌아왔다(『조선방송협회내보』 52호(1940.
9.26), 1면). 심원섭은 1941년 1월 29일에 퇴사했다(『조선방송협회내보』
56호(1941.2.5), 3면).

1940년 7월에는 경성방송국에서 아나운서를 공모했는데, 전문학교
이상의 졸업생 51명(남자 42명, 여자 9명)이 지원하여 9명(남자 7명, 여
자 2명)이 합격했다. 특히 남자들의 지원이 많았던 것은 조선방송협회에
입사하면 징병이나 징용을 피할 수 있었기 때문이다. 비슷한 시기에 기
술직으로 입사했던 성기석은 "직장 전특(戰特) 요원증을 받으니 경방(警
防)단장(전시동원 차출자)이 무섭지 않았다"고 했다(성기석, 1979, 34쪽).

14) 자료에는 이창섭(李昌燮)으로 되어 있는데, 제2 방송부에 이런 이름을 가진 인물은 없
다. 당시 근무했던 사람 중에 서기로 승진할 만한데, 명단에서 빠진 사람은 이정섭(李
晶燮)밖에 없다. 이창섭은 이정섭의 오자로 보인다.

〈표 14〉 조선방송협회 중앙방송국 방송부 조선인 직원 명단[15]

	간부	직원
1938년 12월	제2 방송과장 : 심우섭 과장대리: 권오용, 이혜구, 김억	이서구, 이정섭, 이계원, 남정준, 양제현, 송진근, 이상봉, 이 현, 심형섭, 정국성, 고제경, 김문경
1939년 12월	제2 방송부장 : 노창성 부장대리 : 이혜구	김 억, 이서구, 이정섭, 박장환, 양제현, 홍영후(난파)(촉탁)/ 이계원, 송진근, 이 현, 심형섭, 윤의재, 김문경, 송영호
1941년	제2 방송부장 : 노창성 편성과장 : 이혜구 보도과장 : 이정섭	김 억, 이서구, 김진섭, 김정실, 양제현, 남용언, 전동익, 조중환(촉탁), 모윤숙(촉탁)/ 박장환(감청), 이계원, 구본명, 송진근, 손정봉, 이 현
1941년 12월	제2 방송부장 : 노창성 편성과장 : 이혜구 보도과장 : 이정섭	김 억, 이서구, 김진섭, 김정실, 양제현, 남정준, 전동익, 조중환(촉탁), 모윤숙(촉탁)/ 박장환(감청), 이계원, 구본명, 송진근, 손정봉, 이 현, 박용신, 민재호, 이익령, 이원구, 김미혜자, 허점옥, 이상옥
1945년	기획과장 : 이정섭, 남정준 제2 보도과장 : 이혜구	김진섭, 송영호, 전동익, 윤준섭, 임병현, 모윤숙, 김봉제/ 이계원, 민재호, 윤길구, 전인국, 이덕근, 장운표, 홍 준, 문제안, 운용로, 팽진호

출처: 정진석, 1995, 333~334쪽.

사무직으로 1944년에 입사했던 유해룡도 "나는 노력 동원을 피하기 위해 여러 가지로 궁리 끝에 방송협회에 입사하게 된 것"이라고 회고했다(유해룡, 1981, 47쪽). 이때 뽑힌 9명 중에 민재호와 이익령만 오랫동안 근무했고, 박용신은 단파방송 사건으로 옥고를 치르고 방송국을 떠났다. 이외에도 이원구, 김운길 등이 1940년 7월에 입사했고, 1941년에는 손정봉이 입사했다(김성호, 2013, 49~53쪽).

---

15) 앞의 1941년 명단은 정진석이 『사단법인 조선방송협회 역원급 직원명부』를 정리한 것이고, 뒤의 1941년 12월의 명단은 『한국방송사』에 나온 명단이다. 1941년 명단의 남용언이 남정준과 동일인물인지 여부는 알 수 없다. 남용언은 1945년 『매일신보』 기자 명단에도 나온다(정진석, 2005, 388쪽). 앞의 명단에 나중에 입사한 구본명과 손정봉이 있는 반면에 먼저 입사한 박용신, 민재호, 이익령, 이원구가 빠진 것은 그 이유를 알기 어렵다. 뒤의 명단에 나와 있는 김미혜자, 허점옥, 이상옥은 언제 입사하고 퇴사했는지 알 수 없다. 1940년 7월에 입사한 여자 아나운서는 이경환과 김운길이었다.

1943년에 벌어진 단파방송청취사건은 단파방송을 몰래 청취해 그 내
용을 주변에 알린 것이 발각되어 조선방송협회 직원만 150여 명이 체
포된 큰 사건이었다. 이 사건으로 아나운서 중에 이계원, 송진근, 박용
신, 이현, 서정만, 손정봉 등이 체포되었고, 편성 계통에서는 양제현,
이서구, 모윤숙, 전동익, 김정실 등이 체포되었다. 결국 이들 중에 양제
현과 송진근은 1년형, 박용신과 손정봉은 6개월형을 선고받았다(유병
은, 1991).

노창성은 단파방송청취사건 이후 방송국을 떠났고,[16] 1943년 6월에
는 다시 기구가 개편되어 제1, 제2 방송부는 없어지고, 기획부와 방송
부가 생겼다. 기획부에는 기획과와 편성과가 생겼고, 방송부에는 제1, 2
보도과가 생겼다. 기획과장은 이정섭, 제2 보도과장은 이혜구가 맡았
다(유병은, 1991, 58쪽). 제2 방송부가 폐지되었지만, 그렇다고 제2 방
송과가 부활된 것도 아니었다. 새로 생긴 제2 보도과가 조선어방송을
담당하게 되었다.

조선방송협회는 1943년 7월에 조선어와 일본어 방송원(아나운서라
는 단어를 적성어라고 사용 금지)의 채용 공고를 냈다. 조선어 방송원
의 경우 "전문학교 졸업 이상 35세 미만의 남자"라고 규정했다(『매일신
보』, 1943.7.25, 3면). 8월 초의 입사 시험을 거쳐 입사한 사람들이 윤길
구, 이덕근, 문제안, 장운표, 홍준이다. 또한 1944년에는 전인국, 윤용
로, 팽진호가 입사했고, 1945년에는 호기수가 들어왔다(김성호, 2013,
53~61쪽; 이덕근, 1986, 58~59쪽). 일제 말기로 갈수록 징병이나 징용을

---

16) 노창성의 퇴사 이유에 대해 기존에는 주로 단파방송청취사건의 책임을 지고 물러난
것이라고 했다. 그러나 당시 서무과장이었던 벳쇼 요시히로(別所義博)는 경기도지사
출신 회장과 경성우체국장 출신 상무 사이에 갈등이 있었는데, 함께 모인 술자리에서
'노씨가 불쑥 던진 한마디' 때문에 '회장과 상무 사이에 큰 싸움'이 벌어졌고 그로 인해
노창성은 상무와 함께 그만두었다고 주장했다(別所義博, 1981/2006, 14~15쪽).

피하고 안정된 직장을 얻기 위해 조선방송협회에 입사하려는 사람들이 크게 늘어났다.

4. 일제강점기 방송의 유산과 한국의 방송인

경성방송국(뒷날의 조선방송협회)은 1927년 2월 16일에 첫 전파를 발사하여 1945년 8월 15일에 해방이 될 때까지 계속 방송을 실시했다. 총독부의 강력한 통제 속에 운영되었던 경성방송국의 조선어 채널은 총독부 조선어 기관지『매일신보』와 유사한 역할을 했다. 매체의 특성 때문에 다소 차이가 있기는 했지만, 기본적으로 조선인을 상대로 식민지 지배를 정당화하는 정책적 도구였다는 점에서는 유사했다.

경성방송국 조선어 방송이 일본어 방송에 종속된 것과 총독부 조선어 기관지『매일신보』가 일본어 기관지『경성일보』에 종속되었던 것도 비슷했다. 다만『매일신보』는『경성일보』로부터 단계적으로 분리되어 1938년에는 완전히 별도의 회사가 되었지만, 조선어방송은 끝내 종속적 지위를 벗어나지 못했다. 조선방송협회의 조선어방송은 1933년에 별도 채널이 생기며 제2 방송과(뒤에 잠시 제2방송부)로 제작담당 조직만 분리된 적이 있지만, 마지막까지 전체 조직이 분리된 적은 없었다. 즉 일제강점기의 조선어 방송은 일본인의 통제로부터『매일신보』만큼의 독립성도 가진 적이 없었다. 특히 오락(당시에는 위안)프로그램을 제외한 보도나 교양 프로그램 제작에서는 자율성을 전혀 가지지 못했다.

이런 조선어방송의 특성이 결과적으로는 일제강점기 조선인 방송인들이『매일신보』의 언론인들보다 친일 행적을 덜 남길 수 있게 만들었다. 일부 외부 기고를 제외한 기사들을 조선인 기자들이 직접 썼기 때문에『매일신보』기자의 대부분이 친일 행적을 남겨놓았던 반면에 보도나 교양 프로그램의 상당수를 직접 만들지 못했던 일제강점기의 방송인들은 상대적으로 친일 행적을 덜 남겼다는 것이다. 또한 방송의 특성상 친일 행적이 글로 남아 있지 않다는 점도 방송인들의 친일 여부를 파악하기 어렵게 만들었다.

그럼에도 일제강점기의 방송이 식민지 지배 도구로 출발했고, 특히 일제 말기에는 총동원체제 속에 내선일체와 전쟁 협력을 위한 역할을 했던 것은 명백한 사실이기 때문에 조선방송협회에서 활동했던 방송인들도 친일 혐의로부터 완전히 자유롭지는 않다. 총독부 기관지『매일신보』간부들이 각종 친일 단체에 관여한 것처럼 경성방송국 조선인 간부인 노창성과 이정섭도 주요 친일 단체에 참여했다. 특이하게 경성방송국 평직원인 모윤숙도 친일 단체에 자주 이름을 올렸는데, 문인으로서의 활동이 고려되었기 때문일 것이다. 방송국을 거쳐 간 사람 중에도 이서구와 이석훈은 일제 말기에 적극적으로 친일 활동을 했다(津川泉, 1993/1999, 121~131쪽).

신문과 마찬가지로 방송에서도 일제강점기의 인물들이 그대로 남아서 계속 활동했다. 신문보다는 친일 행적이 덜 하고, 또 그 활동이 기록으로 잘 남아있지는 않다고 해도, 일제강점기의 방송인들도 적지 않은 친일 행위를 한 것만은 분명하다. 광복 이후 그대로 남아서 활동했던 방송인 중에 일제강점기의 활동에 대해 제대로 반성한 인물이 없었다는 것은 큰 문제였다. 이런 요인들이 작용해 "일제가 남긴 제국주의의 방송 특색과 관료주의 방송행정"이 해방 이후 그대로 온존되는 결과가 나왔다(강현두, 1986, 15~16쪽). 일제강점기 방송의 부정적 유산을 극복하기 위해서는 방송인의 친일 행적에 관한 관심과 연구가 더욱 필요하다.

제2부

친일 언론의 잔재와 영향

7장

광복 직후 친일 언론 청산 시도와 좌절

1. 광복과 친일 언론

광복 직후 친일파 청산에 대한 사회적 요구가 터져 나왔다. 다만 정치적, 이념적 성향에 따라 친일파 청산에 대한 입장에 차이가 있었다. 우익 정치세력이 친일파 청산에 대해 상대적으로 더 소극적이었던 것은 분명하지만, 좌익 정치세력도 반드시 친일파 청산에 확고한 입장을 지녔던 것은 아니었다. 우익들의 상당수가 친일 경력을 가지고 있었고, 좌익 내부에도 친일 전력을 지닌 인물들이 있었기 때문이다. 그럼에도 친일 문제에서 상대적으로 부담이 적은 좌익이 친일파 청산 주장을 하면서, 친일파의 규정과 친일파 청산의 방법을 둘러싸고 정치세력들 사이에 논쟁이 벌어졌다(이강수, 2003; 허종, 2003).

일제강점기에 마지막까지 계속 발행되다가 해방을 맞이한 신문은 총독부 조선어 기관지『매일신보』와 일본어 기관지『경성일보』뿐이었

다. 조선방송협회의 조선어방송도 광복이 될 때까지 계속 방송을 실시
했다. 조선인 발행 민간지인『동아일보』와『조선일보』는 1940년 8월
10일에 폐간되고 없었다. 이미 폐간 직전에『매일신보』수준의 친일
논조를 보였으니 비판적 기사가 폐간의 원인이 아니었던 것은 분명하
지만, 두 신문 스스로는 계속 발행하고자 했으나 총독부가 없애고 말
았으니 '강제 폐간'이라고도 할 수 있었다(장신, 2021, 198~235쪽). 두 신
문사에 근무했던 언론인 중 일부는 일제 말기에 새로운 활동공간인
친일 잡지에 다양한 글을 기고하거나 친일 단체에 참여해 활동하기도
했다.

광복 직후 친일파 청산에 대한 사회적 요구가 거셌던 것은 언론계도
예외가 아니었다. 총독부 기관지에서 활동했던 언론인들이 일차적으로
비난의 대상이 되었지만, 정치적 이해관계의 다툼 속에 청산을 위한
시도가 제대로 이루어지지 않았다(김동선, 2014, 25~34쪽). 방송의 경우
일제강점기에 활동했던 사람들이 거의 그대로 남아서 활동했음에도
친일 청산의 대상으로 주목받지 못했다.『동아일보』와『조선일보』에만
근무했던 사람들의 경우에는 일제 말기의 친일 논조에도 불구하고 비
판의 대상이 되는 경우가 거의 없었다.

광복 직후 친일파 청산이 실패한 데는 언론의 탓이 크다. 많은 언론
인이 스스로 친일 혐의로부터 자유롭지 못했기 때문에 친일파 청산을
위한 여론 형성에 적극적이지 않았다. 총독부 기관지『매일신보』를 개
제한『서울신문』이나 1945년 말에 복간된『동아일보』,『조선일보』처럼
일제강점기의 활동 때문에 친일파 청산에 적극적이기 어려웠던 신문들
의 경우는 어느 정도 이해가 가지만(채백, 2016; 2018), 해방 이후 창간된
신문들조차도 친일파 청산에 별로 적극적이지 않았던 것은 다소 의외
였다. 이런 신문들에도 일제강점기에 친일적인 언론활동을 했던 인물

들이 있었기 때문일 것이다.

　친일파 청산을 위한 노력이 결실을 맺어 출범했던 반민족행위특별 조사위원회(이하 반민특위로 약칭)의 활동이 이승만 정권의 비호 속에 세력을 키운 친일파의 공격으로 좌절되었던 데는 친일언론 청산의 실 패도 영향을 주었다. 스스로 친일 혐의에 대해 부담이 있던 언론이 반 민특위에 대해 적극적으로 보도하지 않았기 때문이다. 반민특위의 실 패 이후 아주 오랫동안 친일파 청산이 아예 사회적 의제로 떠오르지 못했던 것도 언론이 친일 문제를 회피하려고 했던 탓이 크다. 7장에서 는 광복 직후 친일 언론의 청산 시도와 그 실패 과정을 살펴보려고 한 다. 이를 통해 언론계의 친일 잔재가 어떻게 그대로 온존될 수 있었는 가를 밝힐 수 있을 것이다.

2. 광복 직후 친일 언론활동에 대한 인식과 반성

1) 광복 직후 총독부 기관지와 경성방송국 직원들의 태도

　해방 직후 친일파 중에 스스로 과거의 잘못을 고백한 경우는 거의 없었다. 당연히 친일 언론인 중에도 과거의 친일 언론 활동을 반성한 경우가 아예 없었다. 다만 집단적으로 과거의 친일 언론 활동에 대해 반성한 일은 있었다. 총독부 조선어 기관지로서 누구도 부인할 수 없 을 정도로 명백히 친일적 보도를 했던 『매일신보』가 1945년 9월 23일 에 "매일신보 전 종업원은 삼가 3천만 동포와 백만 독자에게 고한다"라 는 사과문을 발표한 정도가 유일한 것이었다.

생각하면 과거 다년간에 걸쳐 그것이 비록 제국주의 일본의 억압에 의
한 것이라고는 하나 그러나 우리가 총독정치의 익찬(翼贊) 선전기관의 졸
병으로서 범하여 온 죄과에 대하여는 어떠한 엄정한 비판과 준열한 힐책
일지라도 이를 감수할 각오이거니와, 우리는 이때를 당하여 심기일전, 건
국 대업의 완성을 위하여 분골쇄신의 성(誠)을 다할 것을 맹세하는 바이
다. 우리는 감히 동포와 독자 제위의 양서(諒恕)를 바라는 바이며 동시에
갱생의 도정에 있는 우리들에게 협력과 편달을 아끼지 말기를 절망(切望)
하는 바다(『매일신보』, 1945.9.23, 1면).

이 사과문은 '반성'보다는 '각오'에 초점이 더 맞추어져 있었다. 비판
과 힐책을 감수하겠다고 하면서도, 자신들의 활동은 '일본의 억압'에
의한 것이었고 이제부터 '심기일전'해 잘할 테니 지켜봐 달라는 것이었
다. 『매일신보』에서 계속 활동하기 위해 어쩔 수 없이 사과했던 것이다.
『매일신보』 학예부장을 지낸 조용만이 위의 사과문을 자신이 썼다고
하며 밝힌 내용을 통해서도 이를 확인할 수 있다.

나는 편집국 사람들에게 우리가 임시라도 그대로 앉아서 일을 하려면
독자한테 사과하는 글을 낸 뒤에 해야 한다고 주장하였다. 그러나 일부
젊은 기자들은 우리가 무슨 죄가 있느냐, 중역 간부들이 하라고 야단이니
까 했을 뿐이지 우리같은 졸개들이 무슨 책임이 있느냐고 반대하였다. 그
래서 나는 중역들이 하라고 강제해서 하기는 했지만, 그러나 어쨌든 우리
들도 민족에게 죄를 지은 것은 사실이니까 잘못했다고 사과를 한다고 그
렇게 쓰자고 타협해서 나는 그런 취지로 사과문을 써서 매일신보 전 사원
의 이름으로 신문에 냈다(조용만, 1986, 203~204쪽).

좌익 주도의 자치위원회가 출범하면서 발표된 성명서를 조용만이
작성했는지는 확실하지 않다. 다만 『매일신보』 구성원 다수가 자신들

의 '죄과'에 대한 반성 없이는 계속 활동하기 어렵다고 판단했던 결과
가 '사과 성명서'로 나타났던 것만은 분명하다. 그러나 이런 성명서의
내용에는 과거 활동에 대한 진정한 '반성'보다는 물러나지 않고 계속
활동하겠다는 '각오'가 더 두드러지게 드러났을 뿐이었다.

조용만의 회고에 나타났던 대로 『매일신보』 사원들은 간부들과 자
신들을 분리해, 간부들은 친일 행위를 했지만 자신들은 단지 시킨 일
을 한 것뿐이기 때문에 반성하지 않아도 된다고 생각했다. 해방 직후
『경성일보』에서도 자치위원회가 조직되었는데, 차장급으로 근무했던
고준석이 자치위원회로부터 "당신은 일제시대 친일파 간부였기 때문에
어제 조직되었던 조선인 종업원 자치위원회에서 배제되었소"라는 소리
를 들었다고 하며, "똑같은 일본제국주의의 식민지 통치기관에서 근무
했던 사람들을 친일파와 반일파로 구분할 수 있겠는가"라고 비판했다
(고영민, 1987, 21쪽). 『매일신보』와 『경성일보』에 근무했던 언론인들
은 간부들만을 친일파로 규정함으로써 자신들에게 면죄부를 주고자
했다.

총독부 일본어 기관지 『경성일보』는 11월 1일에 사원들에 의해 자체
적으로 운영하게 되면서 다음과 같은 입장을 밝혔다.

경성일보는 지난 40년간의 긴 세월에 걸쳐서 걸어온 도정에 대하여는,
우리들 조선동포로서는 용사(容赦)치 못할 일이 많았음을 부인치 않는다.
그러므로 오래되지 않으나 봉직한 우리들은 압력에 강제로 움직였다고는
하나 그 책임에 번민하고 있다. 차제에 깨끗이 펜을 꺾고 신성한 건국의
초석이 되고자 하는 방도가 없는가를 생각도 하여 보였으나 역시 한 우물
을 파서 언론인으로서의 성의를 바쳐 직역에 봉사하는 것이 조선의 신국
가 건설에 기여함이 유일한 첩경임을 통감하고, 이에 거듭 한 번 놓은 펜
을 다시 잡고 감히 조선 건국에 추진력이 되고자 굳게 맹세하고 일어선

것이다(『경성일보』, 1945.11.2, 1면).

　『매일신보』사원들이 '선전기관의 졸병'으로 '죄과'를 저질렀다고 고백했던 것에 비해 『경성일보』는 그냥 '용사치 못할 일'이 많았다고만 하여 반성의 강도가 낮았다. 일본어 기관지였던 『경성일보』의 독자가 모두 한국인이 아니었고, 사원들의 대부분이 1930년대 말 이후 입사해 낮은 직급에 있었기 때문에 반성의 강도도 낮았던 듯하다. 『경성일보』는 이후 한동안 일본어로 발행되다가 12월 11일자를 마지막으로 사라졌다(정진석, 2005, 346~347쪽).

　총독부 기관지인 『매일신보』나 『경성일보』의 사원들이 일제강점기의 활동에 대해 어느 정도 반성하는 모습을 보였던 것과는 달리 사실상의 총독부 방송이었던 경성방송국의 사원들은 일제강점기의 활동에 대해 공식적으로 반성의 뜻을 밝히지 않았다. 미군정은 한국인 직원들에게 "방송을 종전대로 계속하라고 지시했다. 이혜구는 일제시대에 방송에 종사한 직원은 일단 사양하였으나 캡틴(퍼시빌)은 방송경력을 가진 사람이 안 하면 누가 하느냐고 일소(一笑)에 붙여버렸기 때문에 우리 정부가 설 때까지 다시 맡기로 하였다"고 주장했다(1970, 43쪽). 해방 이후 경성방송국이 사실상 미군정 방송이 되면서, 한국인 사원들이 방송을 통해 직접 일제강점기의 활동에 대해 반성하기 어려웠던 점도 작용했다. 일제강점기부터 활동해 해방 이후에도 계속 방송활동을 했던 이정섭, 이혜구, 김진섭, 김억 등이 우익단체에 참여했던 것도 친일 전력에 대한 반성의 필요성을 느끼지 못하도록 만들었다(장영민, 2020, 36~37쪽).

2) 기자단체의 조직과 친일 언론활동에 대한 반성

총독부 조선어 기관지『매일신보』출신 언론인 중에 일부는 제호를 바꾸어 새로 출범한『서울신문』에 남았지만, 다수는 다양한 좌우익 신문으로 진출해 활동했다. 반면 총독부 일본어 기관지『경성일보』출신 언론인 중에는 김정도, 고재두, 문철민, 민두식, 김주천, 고제경, 유중렬, 한상운 등 다수가 좌익의 대표적 신문인『조선인민보』를 창간하는 데 참여했다(강영수, 1948a, 앵2~3쪽; 정진석, 2012, 33~38쪽). 이에 따라 "경성일보를 벗어난 대부대의 조선인 사원들은 9월 8일부터 조선인민보를 발간하여 최후로 발악하는 일군의 총검 밑에서도 곤란과 싸워가며 승리의 함성이 진동하던 당시의 세계정세와 혁명적으로 약기(躍起)하는 민족의 자태를 청신한 지면으로써 보도해 주었던 것"이라는 평가를 듣기도 했다(『조선연감』, 1947년판, 278쪽). 이렇듯 총독부 기관지 출신 언론인 중에 상당수가 좌익언론에서 활동했다.[1]

『매일신보』에 남아 있던 좌익언론인들이 주도해 자치위원회를 결성했다. 자치위원회는 1945년 10월 25일의 임원을 선임하기 위한 주주총회를 앞두고 성명서를 통해 "자본의 구성, 인물의 배치와 운영, 너무도 종속적이었든 비굴한 관습과 타성 속에 살아오던 그 존재는 해방의 강렬한 광명과 격동적인 파동에 접하여 급속히 재건의 길을 찾기에는 너무도 미약"했다고 비판했다(『매일신보』, 1945.10.24, 1면). 새로운 임원진이 선임되었지만 자치위원회와의 갈등으로 취임하지 못했다. 경영진에 우익이 다수라거나 친일파가 포함되었다는 이유 때문이라는 주장

---

[1] 1943년부터『경성일보』에서 기자 생활을 했던 작가 김달수는 자전적 소설에서 이미 일제강점기의『경성일보』기자 중에 좌익 사상을 은밀히 드러냈던 인물들이 있었다고 회고했다(1988, 39~48쪽).

도 있었고, 편집권을 요구하는 것이 받아들여지지 않았기 때문이라는
견해도 있었다(김동선, 2014, 34~53쪽).

 1945년 10월 23일에 전조선 신문기자대회가 열리고, 조선신문기자회
가 결성되었다. 조선신문기자회는 선언문과 함께 "우리는 민족의 완전
한 독립을 기한다," "우리는 언론 자주의 확보를 기한다"라는 강령을 발
표했다(박용규, 2007, 139~141쪽). 선언문과 강령 등 어디에서도 친일파
문제를 거론하지 않았다. 좌익이 주도하던 조선신문기자회가 적극적으
로 친일 문제를 제기하지 못했던 것은, 기자회 주도세력 중 상당수가
총독부 기관지 출신이었기 때문일 것이다. 결성 당시 대표였던 서강백
(서울신문), 오쾌일(중앙신문), 고재두(조선인민보), 박승원(서울신문),
정화준(해방일보) 등 5명 중에 서강백과 박승원은『매일신보』, 고재두
는『경성일보』출신이었다.

 미군정이 1945년 11월 10일『매일신보』에 정간 명령을 내리자, 조선
신문기자회 위원장 이종모는 군정장관 아놀드 소장을 만나 회견하고
그 내용을 발표했다. 이종모는 미군정이 선임하려고 하는 간부들에 대
해 비판하며, "종래에 일인들의 세력 밑에서 충성을 바친 인물로서는
절대 지지를 받지 못할 것"이라고 주장했다(『민중일보』, 1945.11.15, 1면).
자치위원회가 친일 경력이 있는 간부의 선임을 명시적으로 반대하지
는 않았지만, 그 대신 기자회가 나서서 이런 주장을 했던 것이다. 조선
공산당 기관지『해방일보』는 "오백 종업원이 일치단결하여 자치위원회
를 조직하고 작금까지 악전고투하여 온 것은 우리들이 충심으로 감사
하는 바이다"라고 하며,『매일신보』자치위원회의 활동을 지지했다(『해
방일보』 1945.11.15, 1면).『매일신보』는 1945년 11월 23일에『서울신문』
으로 제호를 바꾸어 속간되었다. 이때 취임한 경영진은 대체로 중도파
로 구성되었고, 편집진에는 여전히『매일신보』출신들이 다수를 차지

했다(김동선, 2014, 53~64쪽).

조선기자회 경남기자회는 1945년 12월 초 해방 전후의 신구 민족반역자에 대한 '성토문'을 발표하기로 결정하고, 12월 10일에 '신구 민족반역자'에 대한 규정을 발표했다(박철규, 2002, 86~87쪽). 『민주중보』는 '기자회에 일언'이라는 사설을 통해 다음과 같이 주장했다.

작(昨) 10일부로 경남기자회에서 발표한 민족반역자에 대한 성토문은 실로 시의에 적(適)한 것으로 작금 혼란한 정정(政情)과 경제계의 불안은 실로 이들 민족반역자에 대한 처분이 없는 곳에 무엇보다도 큰 원인이 있지 아니할까 한다. 이점에 대하여서는 대한임시정부나 조선인민공화국이 한 가지로 엄단을 언명하고 있으니 가까운 장래에 가증한 반역자의 처단이 있을 것으로 믿어진다. 그런데 우리가 이곳에서 일언하고 싶은 것은 경남기자회가 민족반역자를 성토한다고 하여 반드시 기자회에는 한 사람도 민족반역자가 없다는 것은 아닐 줄 안다. 동 성토문 중 '일본제국주의의 사상적 대변자인 일부 문화인' 운운 하는 곳에 만일 과거에 신문기자로 지나친 반역행위를 가졌던 자가 있다면 이곳에 해당되지 아니할 수 없을 줄 안다. 요컨대 동 기자회가 이러한 성토문을 발표하여 논단함은 구체인(具體人)으로서의 현 기자라기보다도 신조선에 처단할 신문의 이념에 입각한 것으로 믿는 바이다. 그러므로 신문기자도 물론 죄가 있다면 스스로 속죄하기 꺼려하여서는 안 될 것이다. 그러한 자기를 떠난 엄연한 견○○ 가지지 못한다면 건국대업의 ○로서의 민족반역자의 숙청을 완수키 어려울 것이다(『민주중보』 1945.12.11, 1면).

『민주중보』는 사설을 통해 기자회가 민족반역자 처단을 요구하는 데서 그치지 말고 스스로 자신들 내부의 친일행위에 대해서도 속죄해야 한다는 주장을 한 것이다. 좌익이 주도하던 조선신문기자회가 친일파 문제를 별로 거론하지 않던 상황에서 그 지부인 경남기자회가 친일

문제를 거론한 것은 의외였다. 그러나 『민주중보』가 주장한 것처럼 기자회부터 먼저 친일 문제에 대해 '스스로 속죄'했어야만 했는데, 기자회는 자기반성을 하지 않았다. 기자회를 주도했던 인물들부터 친일 경력을 지니고 있었기 때문이다.

해방 직후 좌익 문학 진영에서 자기반성의 움직임이 잠시 나타났던 것과도 차이가 있었다. 1945년 12월 30일에 김남천, 이태준, 한설야, 이기영, 김사량, 이원조, 한효, 임화가 '봉황각'(1911년 손병희가 우이동에 건립한 천도교 연수관)에서 '문학자의 자기비판'이라는 주제로 좌담회를 열었다. 이 자리에서 임화는 친일행위에 대한 반성에서 "이번 태평양전쟁에서 일본이 지지 않고 승리를 한다, 이렇게 생각해 볼 순간에 우리는 무엇을 생각했고 어떻게 살아가려고 했느냐"는 것이 '자기비판의 근원'이 되어야 한다고 주장했다. 임화 외에 김남천, 한효 등의 좌익 문인들도 '자기비판'의 필요성을 주장했다(정호웅, 1993).

좌익도 내부의 친일파 문제에 대해 철저한 반성을 하지 않고 회피하고자 했다. 좌익의 이런 태도는 우익을 향한 친일파 청산 주장의 설득력을 떨어뜨렸고 좌익계 인물의 친일 행적에 대한 비판의 빌미를 제공하기도 했다(허종, 2003, 76~77쪽). 언론 분야에서도 이런 경향은 그대로 나타났다. 좌익 신문들에서 활동하는 기자들의 상당수가 총독부 기관지인 『매일신보』와 『경성일보』 출신이었지만, 이들 중 누구도 개인적으로 제대로 반성하지 않았다. 그 결과로 좌익언론에 대한 우익의 거센 비판을 가져오고 말았다.

3. 좌우익 언론의 대립과 친일 언론활동에 대한 비판

1) 총독부 기관지 출신 좌익 기자들에 대한 우익단체의 비판

총독부 기관지 『매일신보』와 『경성일보』에 근무했던 기자들이 해방 후 좌익 신문에서 우익 세력을 비판하는 활동을 하자 우익단체들은 이런 기자들을 공격하기 시작했다. '대한민국임시정부지지 조선청년단체'는 1945년 11월 23일에 배포한 '악덕기자에게 경고함'이라는 전단에서 다음과 같이 주장했다.

일부 악덕 기자와 신문사는 오등의 행동을 폭력단이니 모 정당으로부터 금전에 매수되었느니 하여 우리의 의거를 매도하고 자칭 인민대표회의를 3천만 민중의 총의에서 나온 회합이라 한 것은 신문기자의 정의를 옹호하는 양심을 잃어버렸을 뿐 아니라 인민공화국에 매수된 추악한 행동이 틀림없다. 오등은 신문기자 중에 과거 일본 제국주의의 주구로서 황도주의를 찬양하고 인민공화국을 지지하는 자가 있음을 숙지한다. 여등이 전비(前非)를 회개한다는 의미에서 인민공화국을 지지한다면 여등의 죄악은 일층 심할 것이다(심지연, 1986, 431쪽).

과거에 '일본제국주의의 주구'였던 좌익 기자들이 이제는 '인민공화국 지지'자가 되었다고 비판하여, 좌익 언론인을 친일파라고 비판했다. '대한청년의혈당'도 1945년 11월 24일에 뿌린 '반동적 언론기관을 분쇄하자'라는 전단에서 다음과 같이 주장했다.

여등(汝等) 언론인들은 8월 15일 전까지 일본제국주의의 인류 살육전을 이론적으로 정당화시키기에 모든 광분하였으며 왜노(倭奴)의 전쟁살인 철학을 합리화시키기에 모든 정력을 제공하던 매일신보와 경성일보에 있던 도배(徒輩)로써 급작스러히 황색선동 신문사에 입사하여 무슨 낯짝으로 민족반역자를 운운하며 진보적 지식인연한 태도를 위장하려 하느냐! 반성하라! 만일에 반성하지 않는 경우에는 우리 청년들의 의권(義拳)이 너희들에게 날라갈 것을 공약하는 바이다(심지연, 1986, 433쪽).

『매일신보』나 『경성일보』 출신의 좌익 기자들이 '민족반역자'를 거론하는 것은 위장에 불과하며 먼저 자기반성부터 해야 한다는 것이다. 이와 같은 비판은 1946년에도 계속되었다. '대한독립촉성 전국청년총연맹 동 서울시연맹'은 1946년 3월 3일에 배포한 '반역 신문업자를 성토함'라는 전단에서 다음과 같이 주장했다.

　매국적 공산당의 적구배(赤狗輩)화 한 서울, 자유, 중앙, 인민보 등 '옐로페이퍼'가 '저널리즘'이라는 미명에 숨어 불합리한 대동합작을 권고함으로써 일부 공산계통에 대하여 과대망상증을 조장시켜 이 거국적 성전을 분열에 빠트린 나머지 황폭하게도 민족관심의 초점으로서 서울운동장에서 벌어진 거족적 일대위관(一大偉觀)에 대하여서는 일체 보도를 거부하고 남산에서 열린 민족분열의 허장을 위한 행사에 대하여서만을 과대하게 선전하여 배족 매국의 망동을 감행하여 민중의 격분을 샀을 뿐만 아니라 그들의 대다수는 일제시대에 있어서 황민화운동 제1선 부대로 활약하여 오다가 의외에 8·15를 당하여 낭패한 나머지 자체의 공기성(公器性)과 지도성을 돌볼 여지도 없이 또 세계사적 단계나 내외정세나 대중의 절실한 욕구를 정당하게 파악치 못한 채 어느덧 자신의 호신책으로 공산계열에 가담하여 말끝마다 대중적 기초라는 연막으로써 민중을 농락하는 한편 일부 공산계통에 대하여서는 아무 근거도 없는 우월감과 영도욕을 배양 육성함으로써 민족통일전선 결성의 일대 암(癌)을 형성하여 왔다. 따라서 소위 민족분열의 책임은 전적으로 그들이 져야할 것을 단언하는 바이다(심지연, 1986, 434쪽).

이 성명서는 3·1운동 기념식을 둘러싸고 좌우익이 갈등하고 충돌하는 과정에서 나왔다. 이승만 계열인 이 청년단체는 좌익 언론인의 상당수가 '일제시대에 있어서 황민화운동 제1선 부대'였고, 이들은 "자신의 호신책으로 공산계열에 가담"하여 민족을 분열시키고 있다고 주장했다. 좌익 언론인의 상당수가 총독부 기관지 출신이었다는 점이 계속 비판의 빌미를 제공했지만, "좌익을 '친일파'로 낙인"찍어 "좌익이 지닌 '민족 지향성'에 흠집을 내기 위한" 우익의 의도도 어느 정도 작용했다(임성욱, 2019, 564~565쪽).

총독부 기관지 출신 언론인들은 좌익 신문에만 있었던 것은 아니었고, 우익 신문들에도 다수가 활동하고 있었다. 본인도 한때 『매일신보』에 근무했던 우승규는 다음과 같이 비판했다.

동아, 조선 두 초상통에 유아독존격으로 혼자 으쓱해서 날뛴 것은 총독정치의 편애를 받으며 '기관지'라는 추한 탈을 뒤집어쓰고 '대○'이라는 악취를 풍기며 삼천만을 우롱하던 매일신보였다. 이 일제의 번견(番犬)은 일급 친일배의 손으로 운영되어 선량한 인민의 마음속을 부비고 들어가 죄악의 씨를 뿌리기에 가진 짓을 다하였던 것이다. 과거는 그만두고 『매신』은 8·15 이후 미군이 진주하기 전까지도 '죄악의 씨'를 해방된 이 강산에 뿌렸으니 그 일례는 '평화재건에 대조환발(大詔渙發)'이라는 '배너 라인'의 대횡제하에 '와신상담 국난극복'이니 '성지봉체, 부흥매진 ─ 국운을 장래에 개척' 등의 부제를 나열하여 해방의 기쁨에 도취된 민중에게 일본의 항복을 비분케 하고 연합국의 승리를 저주케 했으며 또 한편 우리의 해방을 쾌쾌불락(快快不樂)하는 따위의 선동적 호외를 내어 보는 사람들로 하여금 분노를 유발케 하였다. 대체 이 같은 반역지를 운전하는 무리가 누구누구냐? 또 그 밑에서 끝내 무문곡필(舞文曲筆)로 견충(犬忠)을 다하던 무리는 지금 어디로 가서 회과자중(悔過自重)함이 없이 도리어 호가호위(狐假虎威)의 세를 뿌리고 있을까?(우승규, 1947, 19~20쪽).

우승규는 『매일신보』 출신들이 좌우익을 막론하고 '호가호위의 세'
를 누리던 현실에 대해 비판했다. 또한 총독부 기관지 출신이 아니더
라도 친일 전력이 있는 인물의 다수가 좌우익 신문에서 활동하고 있었
는데, 이에 대해 다음과 같은 비판이 나오기도 했다.

> 다시 말하거니와 오늘날 신문인의 사명과 민족적 의무는 부침이 무상
> 한 어떤 지배적 세력에 대한 추세와 타협에 있지 않음은 스스로 자처하는
> 소위 좌우익 기자의 자중과 가일층의 대오(大悟)가 기대되는 바이다. 더욱
> 이 이러한 경향은 해방 전 불미한 경력의 소유층에 현저함은 삼탄(三嘆)을
> 난금(難禁)케 하는 바 있으며…(아정생, 1947, 68쪽).

'해방 전 불미한 경력의 소유층'인 언론인들로 인해 언론이 제 역할을
못하고 있다고 비판한 것이다. 여기서 언급한 '불미한 경력'이란 곧
친일 언론활동 전력을 의미하는 것이었다. 좌우익을 막론하고 친일 전
력이 있는 언론인일수록 '지배적 세력에 대한 추세와 타협'을 더 하는
경향이 있었다는 것이다. 즉 일제강점기의 친일 전력 때문에 해방 이
후 많은 언론인이 특정 정치세력에 충실한 언론 활동을 했던 것이다.

2) 우익 언론의 친일 행적에 좌익의 비판

『동아일보』가 박헌영의 미국 UP통신사 존스톤 기자와의 인터뷰기사
를 실어서 공격하자, 조선공산당 중앙위원회는 "한민(당-인용자) 간부
들은 과거에 있어서도 친일파 민족반역자이며 현재에 있어서는 민족
의 최대 분열자이며 독립의 파괴자"라고 규정하고, "한민 간부의 기관
지 동아일보는 비록 기관지라 하여도 언론기관의 중대 사명을 자각하
여 무근한 허설(虛說)을 호외로써 취급한 것을 진사하라"고 비판했다

(『해방일보』, 1946.1.8, 1면). 좌익은 한민당 간부들을 친일파·민족반
역자로 규정하며, 그 기관지인 『동아일보』도 비판했다. 다만 『동아일
보』의 일제 말기의 친일 논조에 대해서는 별다른 언급을 하지 않았다.

조선공산당 중앙위원회 기관지 『해방일보』는 '대동신문의 반동적 폭
언을 박(駁)함'이라는 기사에서 『대동신문』을 '반동적, 친일파, 파쇼적
언론기관'이라고 비판했다(『해방일보』, 1946.4.1, 2면). 『대동신문』의 극
우 논조에 대해 비판하며 '반동적, 파쇼적'일 뿐만 아니라 '친일파'라고
도 비판했다. 조선인민공화국 기관지였던 『조선인민보』도 "이런 고약망
칙한 반동적 친일파, 파쇼적 언론기관은 아마 일본제국주의 시대에도
일찍이 없었던 것이오, 아무리 과거의 매일신보가 반동적이라고 해도
금일의 대동신문보다는 점잖았을 것"이라고 비판했다(조선인민보』, 1946.
4.2, 1면). 『조선인민보』도 역시 『대동신문』에 대해 '반동적 친일파'라
고 비판했다. 『대동신문』의 발행인 이종형은 뒤에 친일 행위로 반민특
위에 회부된다.

좌익계 신문인 『현대일보』는 사원 일동 명의로 '마침내 미쳤구나'라
는 제목의 '동아일보에 보내는 공개장'에서 다음과 같이 주장하였다.

연미복과 실크해트로 몸을 단정하게 단장하고 스틱만 휘두르고 다님으
로써 조연한 신사를 가장해오던 친일반동분자의 어용지 동아일보로서도
일단 상전의 위기가 구체화되면 결국은 별수가 없는가 보다. 전통도 체면
도 돌볼 겨를이 없이 연미복을 벗어제치고 곤봉을 들고 일어선 꼴이란 대
동신문으로서도 경탄할 만한 8·15 이후의 일대 기관(奇觀)이다. 대체 무
엇 때문인지 날조며 무엇이 두려워서인지 터무니없는 모함이냐? 주구는
마침내 미쳤으며, 미치고 보니 그것은 흡사히 광견이다(『현대일보』, 1946.
5.27, 1면).

『현대일보』도『동아일보』를 '친일반동분자의 어용지'라고 규정하고 있다. 이렇듯 좌익은 주로『동아일보』와『대동신문』두 신문을 대상으로 발행주체들의 친일행적을 문제 삼고 신문에 대해서도 '친일 반동' 세력을 대변하고 있다고 비판했다. 반면 우익 언론 및 언론인의 과거 친일 행적에 대해 구체적인 비판을 하지는 않았다. 좌익 언론인 중 상당수가 총독부 기관지 출신이었기 때문에 우익 언론인의 친일 행위에 대해 직접적인 비판을 하기는 어려웠을 것이다.

좌익의 비판이『동아일보』에 집중되었던 것은,『동아일보』가 우익을 대표하던 한민당의 기관지 역할을 했기 때문이다. 좌익은 한민당의 주요 인물들인 김성수 등의 일제강점기의 행적을 문제 삼아 친일파라고 비판하며, 그 기관지인『동아일보』가 친일파를 대변하고 있다고 주장했다. 반면 좌익이『조선일보』에 대해서는 친일 문제와 관련된 비판을 하지는 않았다.『조선일보』발행 주체들이 정치적 관심의 대상이 되지 못했기 때문에 친일 행적을 부각하지 않았던 것으로 보인다.

『동아일보』,『조선일보』두 신문 모두 친일파 청산에 소극적이어서, 공통적으로 "과거의 친일도 중요하지만 현재의 반민족이 더 중요하며 청산의 시기를 정부 수립 이후로 미루자"고 주장했다(채백, 2016, 210~221쪽). 다만 두 신문 사이에도 약간의 차이가 있어서『조선일보』는 『동아일보』에 비해 비교적 친일파 청산의 필요성은 더 인정하는 주장을 하기도 했다(김민환, 2001, 100~107쪽). 해방 직후 친일 청산에 대한 요구가 크던 상황에서 두 신문이 상대적으로 소극적인 입장을 가졌던 것은 분명하다. 두 신문도 모두 친일 문제가 크게 부각되는 것을 부담스러워 했기 때문일 것이다.[2] 미군정이 발행하던『농민주보』도 '전 동

---

[2] 해방 직후『동아일보』와『조선일보』의 친일파에 관한 사설의 내용은 이 책의 11장에서 자세히 다룰 것이다.

포를 포용하라'라는 사설을 통해 "조선사람으로서 진심으로 친일한 사람은 하나도 없을 것이고 또 그와 반대로 가면 또는 형식으로라도 친일하지 않은 사람도 하나도 없을 것이다"라고 '전민족 공범론'을 내세우며 친일파 청산에 반대했다(『농민주보』 47호(1946.11.30), 1면). 좌익의 비판에 직면한 우익과 미군정은 가능한 한 친일파 문제를 회피하거나 친일파 청산을 반대하는 입장을 보였다.

4. 정부 수립 이후 친일 언론활동에 대한 비판

1) 정부 수립 직후의 친일언론에 대한 인식

친일 청산이 이루어지지 않은 채 정부 수립이 되면서, 사회 각 분야에서 친일 경력이 있는 인물들이 다시 활발하게 활동하기 시작했다. 정부 수립을 앞두고 좌익 언론이 모두 사라지면서 총독부 기관지 출신 좌익 언론인도 모두 언론계를 떠났지만, 우익 언론에는 여전히 많은 친일 언론인들이 활동하고 있었다. 친일파 청산이 안 되면서 언론계에도 많은 친일 언론인이 활동하게 된 것에 대해 중도적인 『세계일보』는 '언론계 친일파 은거를 종용함'이라는 사설을 통해 다음과 같이 비판했다.

친일 반도(叛徒)가 정부고관이나 국회의원 중에도 없지 않으며 특히 경찰, 판검사에는 더욱 많고 정당, 사회단체 지도층에도 없지 않다. 그리고 지면을 통하여 친일파 숙청을 고조하는 언론계에 친일파의 잠입, 불소함을 지적하지 않을 수 없다. 예를 들면 전 매신(每新)과 경일(京日)의 충복,

잡지 라디오 강연 연설 등 언론과 선전기관을 총동원하여 소위 내선일체
와 황도(皇道) 선양을 고조하며 특히 조선의 역사를 왜곡하여 동조동근론
을 주장한 언론계 친일파는 경찰의 친일파와 같은 개인감정은 사지 않았
다 할지라도 민족을 말살하려는 의도와 그 영향력은 지대한 것이다. 보라
매신 부장급은 정부고관, 모모 신문의 간부요, 매신 경일의 기자들은 현
언론계의 중견으로 활약하고 있지 않은가? (중략) 언론계 친일파는 참회록
이나 쓰고 독서나 하며 반성하라. 인민의 정면에 나타나지 말고 당분간 참
고 은거하여 매를 기다리라(『세계일보』 1948.9.4; http://db.history.go.kr/
url.jsp?ID=dh_008_1948_09_04_0010)

중도 성향의 『세계일보』는 총독부 기관지 출신 언론인뿐만 아니라
'잡지, 라디오, 강연, 연설' 등을 통해 '내선일체와 황도 선양'을 했거나
'조선의 역사를 왜곡'했던 '언론계 친일파'도 청산해야 한다고 주장했다.
정부 수립 이후 총독부 기관지 출신 언론인이나 친일적인 글을 많이
썼던 언론인이 여전히 언론계를 주도하고 있으며, 이들은 "참회록이나
쓰고 독서나 하며 반성"해야 한다고 주장했다. 특히 "언론계 친일파는
경찰의 친일파와 같은 개인감정은 사지 않았다 할지라도 민족을 말살
하려는 의도와 그 영향력은 지대"했기 때문에 더 큰 해악을 끼쳤다고
비판했다. 김우송은 『세계일보』(1948.9.10)에 투고한 글에서 사회 전반
에 친일파가 득세하게 되면서 다음과 같이 친일파 청산을 무산시키려
는 움직임이 나타났다고 주장했다.

민족정기에서 친일파 운위하면 빨갱이라고 비방 박해함은 친일파의 상
투수단이며, 친일파를 반대하는 선량한 인민의 입을 봉쇄하고 행동을 억
제하려는 간지(奸智)에서 나온 것인데 지도자층에서까지 벌써 이런 말을
공공연히 하게 됨은 그들 친일파에게 이용된 증좌라고 아니할 수 없다.
이미 섣불리 친일파를 정치적 도구로 이용하여 도리어 친일파의 지위를

공고함으로써 용이히 수용 못할 현실에 직면하였으니 소위 지도자들은 이
책임을 아는가? 지금이라도 맹성 개과할 용의 있는가?(김우송, 1948).

『세계일보』는 "친일파 운위하면 빨갱이라고 비방 박해함은 친일파의
상투수단"이라고 하며, 반공 이데올로기를 앞세워 친일파 청산 주장을
무력화하려는 시도를 비판했다. 『세계일보』는 '언론계 친일파'가 앞장
서 친일파 청산을 곧 '빨갱이'의 행위라고 왜곡하고 있다고 보았던 것
이다. 친일 세력이 사회 각 분야에 진출하면서 이미 정부 수립 직후부
터 친일 청산 시도를 이념적 공세로 무력화시키는 시도들이 빈번했다.
　정부 수립 후 국회에서 '반민족행위처벌법' 처리가 논의되면서, 친일
파들은 불편한 심정으로 이 법의 처리 과정을 지켜보았을 것이다. 친일
언론인의 경우도 마찬가지였을 텐데, 『백민』 1948년 10월호와 1949년
1월호에 실렸던 채만식의 「민족의 죄인」이라는 소설은 이런 심리 상
태를 잘 보여준다. 「민족의 죄인」에서 친일적인 언론 활동을 했던 한
인물이 자신을 비판적으로 바라보던 인물에게 다음과 같이 항변하며
자신의 처지를 합리화하고 있다.

　"자네와 나와 한 신문사의 같은 자리에 있다가 자넨 사직을 하고 나가
는데 난 머물러 있지 않았던가?
　"그래서?"
　"그것이 난 신문기자의 직업을 버리고 나면 이튿날부터 목구멍을 보전
치 못할 테니깐, 그대로 머물러 있으면서 신문을 만들어냈고, 그 신문을
만드는 데 종사한 것이 자네의 이른바 나의 대일협력이 아닌가?"
　"그렇지."
　"그런데 자넨 월급봉투에다 목구멍을 틀 얹지 않더라도 자네 어른이 부
자니깐, 먹고사는 걱정은 없는 사람이라 선뜻 신문기자의 직업을 버리고
말았기 때문에 자넨 신문을 만든다는 대일협력을 아니한 사람, 그렇지 않

은가?"

"그래서?"

"그렇다면 그걸 운명이라고나 할는지, 내가 결백할 수가 없다는 건 가난했기 때문이요, 자네가 결백할 수가 있었다는 건 부잣집 아들이었기 때문이오, 그것밖에 더 있나? 자네와 나와를 비교, 대조해서 볼 땐 적어도 그렇잖아? 물론 가난하다구서 절개를 팔아먹었다는 것이 부끄러운 노릇이지, 또 오늘이라도 민족의 심판을 받는다면, 지은 죄만치 복죄(伏罪)할 각오가 없는 바도 아니고. 그렇지만 자네같이 단지 부자 아버지 둔 덕분에 팔아먹지 아니할 수가 있었다는 절개로 와락 자랑거린 아닐 상부르이"(채만식, 1948/2014, 499~500쪽).

채만식의 「민족의 죄인」은 당시로서는 드물게 친일 행위에 대한 반성을 담고 있는 작품이었음에도 위에 나온 것 같은 일부 내용 때문에 '반성의 진정성'에 대한 논란이 일기도 했다. 친일 언론인의 상당수가 위와 같이 경제적인 이유로 자신의 행위를 정당화했을 가능성이 크다. 또한 언론인으로서 저지른 '대일협력' 행위에 대해 '민족의 심판'을 받을 각오가 되어 있다고 하면서도 언론인이나 지식인의 친일 행위가 과연 다른 분야의 대일 협력행위보다 더 큰 책임을 져야 하는가에 대해 의문을 제기하기도 한다.

"신문기자가 신문을 만드는 건 대일협력이구, 농민이 농사해서 별 공출해서 왜놈과 왜놈의 병정이 배불리 먹고 전행을 하게 한 건 대일협력이 아닌가?"

"지도자와 피지도자라는 차이가 있지 않아? 신문은 대일협력을 시키고, 농민을 따라가고 한 그 차이가 적은 차일까?"

"(중략) 나는 구장이 면직원의 등쌀에, 순사와 형벌이 무서워서 억지로 공출을 낸 것이 아니라 어떤 조선 양반의 강연을 듣고 옳게 여겨서, 어떤 소설을 읽고 감동이 돼서, 아무 때의 신문을 보고 좋게 생각이 들어서, 그

래 우러나는 마음으로 공출을 했소 대답할 농민은 만 명에 한 명도 어려
우리. 지원병이나 학병도 역시 같은 대답일 것이고... 도대체가 당년의 조
선 사람이, 더욱이 청년들이 대일협력을 당기는 지도자란 위인들이 하는
소릴 신용을 한 줄 아나? 신용은 고사요, 자네 말마따나 개도야지만도 못
알았더라네. 그런 지도자 명색들의 말을 듣고서 공출을 했을 게 어딨으며,
지원병이니 학병이니 나갔을 게 어딨어? 왜놈이나 공관리들의 강제에 못
이겨 했기 아니면, 저이는 저이대로 호신지책으로 한 거지"(채만식, 1948/2014,
501~502쪽).

『세계일보』(1949.9.24) 사설에서 언론인의 친일 행위가 "민족을 말살
하려는 의도와 그 영향력은 지대한 것"이라고 했던 것과는 달리 「민족
의 죄인」 속의 한 인물은 신문의 친일기사가 '공출'이나 '지원병' 문제
등에 별다른 영향을 주지 못했다고 주장했다. 채만식은 작중 인물의
입을 빌려서 언론인과 지식인의 친일 행위의 영향력에 대한 자신의 생
각을 밝힌 셈이다. 또한 "벌이라는 건 그 범죄가 끼친 영향을 참작하고
범죄자의 정상을 참작하고, 그리고 범죄 이후의 심리와 행동을 참작하
고, 그래가지고 처단에 경중이 있어야 하는 법이지"라고 하며 '반민족
행위처벌법'에 대한 견해도 밝혔다. 기자이자 작가로서 일제 말기의
친일 작품으로 비판받기도 했던 채만식처럼 자신의 친일 행위에 대해
고민이라도 했다면 다행일 텐데, 많은 친일 언론인들은 아예 친일 행
위에 대해 침묵하며 다시 적극적으로 활동하기 시작해서 언론계를 장
악하다시피 했다.

2) 정부 수립 직후 자료집의 친일 언론인

정부 수립 이후 친일파 청산이 논의되면서 자료집들이 나왔다. 『친

일파 군상-예상등장인물』(1948), 『민족정기의 심판』(1949), 『반민자 대
공판기』(1949), 『반민자 죄상기』(1949) 등이 간행되었다.[3] 4권의 책 중
에 『반민자 대공판기』와 『반민자 죄상기』는 반민특위의 활동이 시작
된 이후의 재판 과정을 다루고 있지만, 『친일파 군상』과 『민족정기의
심판』에는 반민특위의 활동에 참조하라는 취지에서 정리한 친일파 명
단이 제시되어 있다. 이 두 책에서 제시한 명단의 인물들이 모두 반민
특위의 조사를 받은 것은 아니었다.

『친일파 군상』에서 '자진 협력자'와 '피동협력자'라고 하여 개인별로
친일 행적을 정리한 명단 중에 친일 언론인으로는 박희도(『동양지광』
사장), 이각종(『신민』 발행인), 김성수(『동아일보』 사장), 문명기(『조선
신문』 사장), 이성근(『매일신보』 사장), 최린(『매일신보』 사장), 방응모
(『조선일보』 사장) 등 주로 신문사나 잡지사 사장들이 나와 있다. 친일
매체에 근무했거나 언론인으로서 문인으로도 활동하며 친일 행적을
남긴 인물들도 다수 포함되어 있다. 최남선(『시대일보』 발행인), 이정
섭(조선방송협회 근무), 김기진(『매일신보』 등 근무), 이광수(『동아일
보』 등 근무), 주요한(『동아일보』 등 근무), 김동환(『삼천리』 주간), 모
윤숙(경성방송국 근무), 백철(『매일신보』 등 근무), 김용제(『동양지광』
주필), 최재서(『국민문학』 주간), 이석훈(경성방송국 근무), 서강백(『매
일신보』 등 근무), 홍양명(『매일신보』 등 근무), 이창수(『매일신보』 등
근무), 이서구(『매일신보』 등 근무) 등을 들 수 있다(『친일파 군상』,
357~424쪽).

『친일파 군상』에서는 김성수에 대해 "모 정당 측에서는 김성수도 전

---

3) 이 4권의 책은 김학민·정운현(1993)이 엮은 『친일파 죄상기』에 묶여 있다. 이 책 3장
에서 했던 것과 마찬가지로 7장에서도 『친일파 죄상기』에 포함된 4권의 책을 인용할
때는 책의 이름과 『친일파 죄상기』의 쪽수만을 밝힐 것이다.

시 협력이 많았다 하여 친일파시 한다. 그러나 전시에 모모 단체, 모종 집회 등에 김성수의 명의가 나타난 것은 왜적과 그 도구배들이 김성수 명의를 대부분 도용한 것이라 하며, 김성수 자신이 출석 또는 승낙한 일은 별로 없다고 한다"고 하며, 김성수의 친일 행적이 '명의 도용'의 결과라는 주장을 그대로 기록했다(『친일파 군상』, 365쪽). 방응모에 대해서는 "방 씨의 항공회사 출자경위는 미상하나 시국강연 기타에는 백관수 씨와 같이 당시의 신문 사장으로 부득이 참가한 듯하여, 특히 배일도 친일도 할 사람은 아니"라고 하면서도 "방 씨가 경영한 『조광』이 100퍼센트 이상의 친일을 한 점으로 보아서 방 씨는 사상가라기보다 기회주의자라고 하는 것이 타당하다고 한다"고 평가했다(『친일파 군상』, 381쪽). 두 사람의 친일 행적은 제시하면서도 친일파로 단정하지는 않았는데, 자료가 부족해 충분한 조사가 이루어지지 않았고 총독부 기관지와 비교해 『동아일보』와 『조선일보』 두 신문을 비교적 긍정적으로 보는 시선이 남아 있었기 때문일 것이다.

『민족정기의 심판』에서는 '친일 반역도배들의 죄악상 전모'에서 대표적인 친일파들의 행적을 설명해 놓았는데, 이들 중 언론계 경력이 인물로는 문명기, 이광수, 최린, 박희도 등이 들어 있었다(『민족정기의 심판』, 69~117쪽). 책의 끝 부분에 "조사 진행에 도움"이 되기를 바란다며 '친일파 · 민족반역자 명록'을 작성해 놓았다. 이 명록에는 김기진, 김동진, 김동환, 김상회, 김용제, 문명기, 박남규, 이성근, 정인익, 주요한, 최린, 홍종인 등이 포함되어 있었다(『민족정기의 심판』, 119~143쪽). 문명기, 박희도, 박남규(『내선일체』 사장)를 제외하면 나머지는 총독부 기관지 『매일신보』에 근무했던 사람이거나 문인으로서의 친일 행위가 문제가 된 사람이다. 『매일신보』 근무가 명단 포함의 주된 이유가 된 사람으로는 최린, 이성근, 김동진, 김상회, 정인익, 홍종인 등을 들 수 있다.

3) 반민특위와 친일 언론인

1948년 정부 수립 이후 국회에서 '반민족행위처벌법'에 관한 논의가 이루어져 9월 7일 본회의에서 절대다수의 찬성으로 가결되고, 9월 22일 법률 제3호로 이승만 대통령에 의해 공포되었다. '반민족행위처벌법'은 1장에서 반민족행위자의 범주와 처벌 규정을 담고 있는데, 그중 4조 11호의 내용이 친일 언론 행위와 관련이 있었다(허종, 2003, 142~143쪽).

> 종교, 사회, 문화, 경제 각 부문에 있어서 민족적인 정신과 신념을 배반하고 일본 침략주의와 그 시책을 수행하는 데 협력하기 위하여 악질적인 반민족적 언론, 저작과 기타 방법으로써 지도한 자

위의 조항은 대체로 언론 활동을 통한 친일 행위를 규정한 것이었다. 반민특위는 1949년부터 활동을 시작했는데, 일제강점기에 언론인으로 활동했던 사람 중에 반민특위에 피의자로 소환되었던 수는 그리 많지 않았다. 거의 대부분이 총독부 기관지인 『매일신보』 출신이거나 친일 언론단체인 조선언론보국회 참여자였다. 아래의 명단은 반민특위 피의자 중에 일제강점기에 언론 활동을 했던 인물들을 정리한 것이다.[4]

---

[4] 정진석은 반민특위에 체포된 언론인으로 이종형, 최린, 이성근, 정국은, 이광수, 최남선, 문명기, 김동진, 홍찬, 이각종, 김동환, 주요한을 들었다(1995, 364쪽). 이들 중에 이종형과 홍찬은 일제강점기에는 언론 활동을 전혀 하지 않았기 때문에 표에서는 제외했다.

〈표 15〉 반민특위에 소환된 언론인 명단

성 명	주요 친일 언론 활동	해방 이후 언론 활동	처리 결과
김기진	『매일신보』사회부장, 조선언론보국회 준비위원 및 이사	『경향신문』주필	자수 권유
김동진	『매일신보』총무국장, 상무, 전무, 조선언론보국회		무죄 선고
김동환	『삼천리』발행인, 조선문인보국회 상임이사	『삼천리』속간, 한민당	공민권 정지 7년 선고
김상회	『매일신보』편집국장, 중추원 참의		송치
김용제	『동양지광』주필 겸 편집장, 조선문인보국회 상임이사	『새벽』편집국장, 흥사단 이사	기소유예
문명기	『조선신문』사장, 조선임전보국단 평의원		공민권 정지 2년 선고
박희도	『동양지광』사장, 조선언론보국회		재판
이각종	『신민』발행인, 조선임전보국단, 국민정신총동원조선연맹 상무이사		재판
이광수	『동아일보』, 『조선일보』편집국장, 조선문인보국회, 대화동맹 이사		불기소
이상협	『매일신보』편집국장, 부사장 조선임전보국단 평의원	『자유신문』사장	송치
이성근	『매일신보』사장, 조선언론보국회 고문		재판
이창수	『매일신보』통신부장, 조선언론보국회 평의원	『자유신문』, 공보부 여론국장	송치
정국은	『朝日新聞』서울지국 기자, 경기도 경찰부장 밀정	『국제신문』편집국장, 『연합신문』동경특파원	공소취소서 제출
정인익	『매일신보』사회부장, 동경지국장, 편집국장, 조선언론보국회 준비위원, 사무국장	『자유신문』부사장	기소유예
주요한	조선언론보국회 위원, 대화동맹 심의원	『경향신문』논설위원	송치
진학문	『동아일보』, 『시대일보』, 『만몽일보』, 만주국 국무원 참사관		기소중지
최남선	『시대일보』, 『만몽일보』, 조선사 편수회, 조선언론보국회		재판

최 린	『매일신보』 사장, 조선언론보국회 회장		공소기각
홍양명	『매일신보』 신경 지사장.특파원, 『만선일보』 편집국장		특검 무혐의

자료: 이강수, 2003, 340~421쪽; 허종, 2003, 380~431쪽.

『매일신보』 관계자로는 사장을 지낸 최린과 이성근, 부사장을 지낸 이상협, 전무를 지낸 김동진, 편집국장을 지낸 김상회와 정인익, 부장을 지낸 김기진, 이창수, 홍양명 등이 포함되었다. 그 외에 이각종은 친일 잡지 『신민』을 발행했고, 김동환은 『삼천리』를 통해 친일 기사를 자주 실었고, 김용제는 친일 잡지 『동양지광』에서 주필과 편집장을 지냈으며, 박희도는 이 잡지의 사장을 지낸 사실 등으로 반민특위에 소환되었다. 이광수, 주요한, 진학문, 최남선은 민간지에서만 활동했었지만, 다양한 친일단체 참여나 친일적인 글의 기고로 반민특위 피의자가 되었다. 문명기나 정국은은 일제강점기에 언론계에 몸담았던 경력보다는 다른 분야의 친일 행위가 더 큰 사유가 되었다.

위의 인물 중에 심문조서를 확인할 수 있는 인물로는 『매일신보』 편집국장을 지낸 정인익을 들 수 있다.[5] 정인익은 1949년 8월 11일의 반민족행위특별조사위원회의 피의자 심문조사에서 다음과 같이 진술했다(정운현, 2009, 429~443쪽).

문: 총독부의 황민화 정책의 가장 선봉적인 기관지 매일신보의 편집국장에 취임하였을 때의 심경은 어땠나?
답: 한마디로 말하자면 일야(日夜)가 번민이었으며 죄송스러운 일이라고 느끼면서도 다년의 습관과 생계상 문제가 그 직무를 맡게 되었습니다.

---

[5] 정인익은 1938년 『매일신보』 도쿄 지국장 시절 경시청의 조사에서 "조선이 몰락하지 않기 위해서는 반드시 일본이 승리해야 한다고 주장했다"고 한다(변은진, 2013, 367쪽).

문: 그 당시의 매일신보가 민족에게 어떠한 영향을 미칠 것인가 생각해 봤
는가?

답: 민족의 앞길을 막는 것이라고 가책을 안 받는 날이 없었습니다. 변명
같지만 오히려 매일신보의 존재를 없애는 것이 옳다고 가까운 사람들
에게는 이야기한 적도 있습니다.

문: 그러면 매일신보가 민족에게 해가 될지언정 이(利)는 못 된다는 것을
알면서 왜 그러한 중책을 맡아 왔는가?

답: 뜻이 있어도 나타내지 못하는 불구자 같은 심경 속에서 평범한 날을
보내게 되었을 뿐입니다.

문: 그러한 생활이 결국 오늘의 반민자로서 신문을 받게 된 것 같은데 현
재의 심경이 어떤가?

답: 본인의 과거를 악몽과 같이 통감하고 있으며 신국가에 처한 국민의 한
사람으로서, 또 언론인의 한 사람으로서 민족의 이름 아래 처단을 받
게 된 것을 본인이 신생할 기회를 얻은 것이라고 기쁘게 생각하는 바
이올시다.

정인익은 자신이 『매일신보』 편집국장을 지낸 것에 대해 '죄송스러
운 일'이었고 "가책을 안 받는 날이 없"었다고 하고는 "민족의 이름 아
래 처단을 받게 된 것을 본인이 신생활 기회를 얻은 것이라고 기쁘게
생각"한다고 진술했다. 정인익은 '생계상' 어쩔 수 없이 근무했다는 변
명도 했지만, 전체적으로는 일제강점기의 언론 활동에 대해 어느 정도
반성하는 자세를 보였다. 정인익은 해방 이후 정치 활동을 하지 않았
고, 송건호가 "비교적 당시의 여론을 공정히 숨김없이 대변한 감"을 준
다고 평가했던 『자유신문』을 발행했다(1990, 36쪽). 이 신문에는 정인
익처럼 『매일신보』 출신인 이정순, 이원영 등과 함께 좌익인 정진석도
동인으로 참여했다(오승진, 2008, 5~13쪽).

『매일신보』 전무를 지냈던 김동진은 1949년 2월 24일에 '체포 수감'

되었고, 부사장이었던 이상협은 '소환 문초'를 받았다(『자유신문』, 1949.
2.26, 2면). 김동진은 3월 25일에 특검으로 송치되었고(『자유신문』, 1949.
3.26, 2면), 4월 14일에 특별재판부에 기소되었다(『조선일보』, 1949.4.16,
2면). 김동진의 재판에 대해 "피고는 왜정 때 조선 총독정치의 기관지
이던 매신(每新) 전무로 있으면서 일본의 황민화운동에 적극 협력하였
었다 한다. 재판장 사실 심문에 피고는 순순히 이를 시인하는 동시에
당시 조선인 신문인으로서는 생활안정상 그네들에 협력하지 않을 수
없었다고 말하고 있었다"고 보도되었다(『조선일보』, 1949.5.22, 2면). 김
동진도 역시 '생활안정상' 어쩔 수 없었다고 변명했다. 김동진은 1949년
8월 29일에 병보석으로 풀려났고, 9월 24일에 무죄 선고를 받았다(이강
수, 2003, 346쪽).

　『매일신보』 부사장을 지낸 이상협은 "일제 때 조선의 유일한 언론기
관이든 동아일보, 조선일보 폐간 당시 배후에서 가진 협력으로 이 양
신문을 폐간시키기에 노력을 하였다"는 이유로 반민특위에 소환되었다
(『조선일보』, 1949.2.26, 2면). 김을한은 그 사유에 대해 "얼토당토 않은
말"이라고 하며, 이상협이 제헌 의원으로 반민특위 특별재판관이었던
최국현의 도움으로 풀려났다고 했다. 최국현은 『조선일보』 사회부장을
지냈고, 이상협이 부사장 시절 『매일신보』 광고부원으로 근무했었다
(김을한, 1971, 101~103쪽).

　김동환은 1949년 5월 6일 열린 반민특위 1회 공판에서 자신이 친일
적 언론 활동을 했던 것이, "당시의 정세로서는 정치 방면은 완전히 봉
쇄되었던 만큼 경제·문화 방면을 담당하여 문필로 활약"한 것이었고,
"잡지 『삼천리』를 살리기 위한 일념에서 그네들에게 비위를 맞추"었던
것일 뿐이라고 변명했다. 그가 전혀 반성하지 않고 변명으로 일관하자,
당시 신문은 "피고의 답변은 매우 궤변을 꾸며내는 감을 보였다"고 보

도했다(『연합신문』, 1949.5.7, 2면). 김동환은 "시대의 죄라고 자기변명"
을 했지만(『자유신문』, 1949.5.7, 2면) 결국 친일 언론인 중에 거의 유
일하게 유죄 판결을 받았다.

친일 언론인 중에 반민특위에 피의자가 된 사람들도 얼마 안 되었지
만, 그나마 이런 인물 중에 제대로 단죄된 경우가 거의 없었다. 『매일신
보』출신 언론인 중에 가장 친일적이었다고 비판받던 김동진이 무죄를
받았을 정도로 반민특위의 언론계 친일파 청산은 전혀 성과를 거두지
못했다. 정진석은 "일제 식민지 기간 중 일본에 협력한 사람들은 해방
후에도 각 분야에서 기득권을 유지하고 중요한 직책을 맡았다"고 하며,
"이러한 현상은 정계에만 있었던 것은 아니고 언론계도 마찬가지였다"
고 주장했다(1995, 360쪽). 주로 총독부 기관지 출신들이 그대로 언론
계에 남아 활동했던 것을 보고 주장한 것이었지만, 친일적 글을 신문
이나 잡지에 기고했던 많은 인물도 언론계에 남아 활동했던 점을 고려
하면, 언론계에서는 다른 분야 이상으로 친일파가 득세했다고 할 수
있다.

5. 친일 언론의 청산 실패와 언론의 친일 문제 침묵

광복 직후 친일파 청산 여론이 거셌지만, 정작 어느 분야에서도 친
일 청산이 제대로 이루어지지는 못했다. 사회 전반에 걸쳐 친일 청산
을 주도할 조직적 역량이 부족했지만, 특히 언론계에서는 친일파 청산
을 주장해야 할 세력들조차 친일 혐의로부터 자유롭지 못했기 때문이
다. 좌익 또는 진보 언론에도 총독부 기관지 출신 기자들이 많았던 현
실에서 언론이 스스로 언론계의 친일 문제를 거론하고 청산을 주장하

는 것이 어려웠다.

좌우익의 정치적 대립과 투쟁 속에 언론계에서도 서로 친일파로 비판하고 공격하는 일이 벌어졌을 뿐이다. 우익단체들이 좌익언론에 근무하는 총독부 기관지 출신 기자들을 공격했고, 좌익신문들이 우익 정당의 주요 인물이나 이들의 대변지 역할을 하는 신문들을 비난했다. 좌우익의 친일 언론 비판은 모두 정략적인 것이었고, 친일 언론의 진정한 청산을 목적으로 한 것은 아니었다.

친일 언론인들은 글로 남겨진 많은 친일의 증거들이 있음에도 아무도 친일 언론활동에 대해 언급조차 하지 않았다. 『매일신보』나 『경성일보』 같은 총독부 기관지에 근무했던 사원들이 집단으로 반성의 의사를 밝힌 적은 있지만, 개인적으로 친일활동을 고백하고 참회하는 일은 전혀 없었다. 총독부 기관지에 근무했던 언론인들조차 참회하지 않던 현실에서 민간지에서 활동했던 언론인들이 친일적인 글의 기고나 친일단체 참여에 대해 반성하기를 기대하기는 불가능했다.

1949년의 반민특위의 활동은 친일 언론 청산을 위해서도 중요한 기회였지만 별다른 성과를 거두지 못하고 좌절되었다. 반민특위에 소환된 언론인들 가운데도 진심으로 반성하고 참회하는 사람은 거의 없었고, 반민특위를 통해 제대로 처벌받은 언론인도 없었다. 친일 언론 청산에 소극적이었던 언론이 반민특위 보도에도 적극적이기는 어려웠다. 결과적으로 반민특위의 실패에는 친일 언론의 잔재가 전혀 청산되지 않았던 언론이 일조했던 것이다.

1949년에 반민특위의 활동이 실패로 돌아간 이후 오랫동안 친일 문제를 언급하는 것조차 금기시되다시피 했다. 친일 청산의 실패로 사회 모든 부문에서 친일파의 영향력이 계속 작용되는 구조가 만들어졌기 때문이다. 언론계에도 친일 전력이 있는 많은 인물이 계속 활동하며 주도적인 역할을 했다. 세월이 흐르며 친일 전력이 있는 언론인은 모두 세상을 떠났지만, 그들이 만들어 놓은 구조는 크게 변하지 않고 지속되었다.

광복 직후 친일 언론 청산의 실패가 그 후 한국 언론이 친일 문제를 회피하거나 왜곡하도록 만들었고, 그 구조는 오랫동안 크게 변하지 않고 지속되었다. 일제강점기부터 존재했던 언론들이 자신들의 친일적인 언론 활동에 대해서 침묵하고 심지어는 일제강점기 내내 저항적이고 비판적인 언론 활동을 했던 것처럼 강변하는 일도 벌어졌다. 친일 행적을 남긴 언론인들도 가능하면 침묵했고 불가피하면 변명하기에 급급했다.

8장

친일 언론인의 침묵과 변명, 그리고 참회

1. 친일 언론 활동에 대한 반성의 계기

해방 이후 사회 모든 분야에서 친일파들이 다시 득세하면서 친일 행위에 대한 반성과 참회를 찾아보기 어려웠다. 친일파들은 해방 직후 한동안 적극적으로 활동하지 않았지만, 미군정이 진주 직후부터 친일파를 중용하고 보수우익 세력이 반공을 앞세워 친일파 청산을 무력화하면서 다시 본격적으로 활동에 나설 수 있었다. 이런 분위기 속에서 친일파들로서는 굳이 자신들의 친일 행위를 드러내며 반성하거나 참회할 필요가 없었다. 당연히 아주 오랫동안 친일 언론인 중에도 진심으로 반성이나 참회를 한 인물이 전혀 없었다.

친일 언론으로는 친일 세력이 창간한 신문뿐만 아니라 총독부 통제하에 있었던 신문과 방송도 있었다. 친일 세력이 창간한 신문들로는 대한제국 시기의 『국민신보』나 『대한신문』이 있고, 일제강점기에는

『시사신문』 등이 있다. 이런 신문들은 오래 발행되지 못했고, 영향력도 그리 크지 않았다. 총독부가 발행한 신문으로는 조선어 기관지 『매일신보』, 일본어 기관지 『경성일보』, 만주국의 홍보협회가 발행한 『만선일보』 등이 있었다.[1] 경성방송국은 형식적으로는 사단법인이었지만, 실질적으로는 총독부 산하 기관이었다. 『동아일보』와 『조선일보』 같은 조선인 발행 민간지나 『조광』과 『삼천리』 같은 조선인 발행 잡지들도 일제 말기에 가면 친일적 논조를 보였다. 또한 일제 말기에는 『동양지광』, 『내선일체』, 『신세대』 등 노골적인 친일 잡지들이 쏟아져 나왔다.

친일 언론인은 당연히 친일 언론에 근무했던 사람들이라고 일차적으로 규정할 수 있다. 그러나 친일 언론에 근무했던 언론인들을 모두 친일파라고 단정하기에는 무리가 따른다. 그래서 친일 언론인을 친일 세력이나 총독부가 발행한 신문, 그리고 경성방송국에 소속되어 활동한 '일정 직급 이상'의 간부 언론인으로 규정하기도 한다. 또한 친일 언론에 근무하지는 않았더라도 이런 언론에 기고하여 식민통치와 침략 전쟁에 적극적으로 협력한 자들도 친일 언론인에 포함하고 있다(『친일인명사전』 1, 44쪽). 또한 언론인으로서 친일 단체에 참여해서 활동했던 인물들도 친일 언론인이라고 할 수 있다.

위와 같이 규정된 친일 언론인 중에 친일 행위에 대해 고백하고 반성의 표현을 한 인물들은 모두 『매일신보』나 『경성일보』 같은 총독부 기관지에서 근무했던 언론인들이었다. 식민지 지배 도구였던 총독부 기관지에서의 활동은 누구나 대체로 친일적이라고 보았고, 이런 매체에서의 근무 사실을 숨기기도 어려웠기 때문이다. 반면 민간지에만 근

---

[1] 국내 민간지나 『매일신보』에서 근무하던 언론인들이 상대적으로 자유롭다고 생각하고 만주로 가서는 결국 만주국 홍보협회의 『만선일보』에서 근무하며 친일 행적을 남겼다. 국내 민간지에서 근무하다 『만선일보』로 가서 활동했던 박팔양에 관한 박용규(2017)의 연구를 참조할 수 있다.

무했던 언론인들은 친일 언론에 기고했거나 친일 단체에서 활동했어도 단 한 명도 고백하거나 반성하지 않았다. 오랫동안 '민족지 신화'나 '지사적 기자 신화'가 살아 있었기 때문에 『동아일보』나 『조선일보』에 근무했던 것을 내세워 오히려 자신들이 마치 계속 '지사적 언론활동'을 했던 것처럼 강변하곤 했다(박용규, 2015b, 222~228쪽).

『매일신보』나 『경성일보』에서 근무했던 일부 언론인들은 회고록이나 잡지에 기고한 글을 통해 일제강점기의 활동에 대해 고백하고 반성하기도 했다. 특히 1973년부터 1978년까지 『신문평론』(1976년 11월에 『신문과 방송』으로 개제)에 연재된 '나의 기자 시절'은 친일 언론 활동에 대해 반성하는 중요한 계기가 되었다. '나의 기자 시절'은 1978년에 『언론비화 50편』이라는 이름의 책으로 묶여 간행되었다. 1978년 7월까지 실린 글들을 모아 책이 나왔고, 연재는 1978년 12월까지 계속되었다. 『언론비화 50편』에 실린 글들은 책 원고를 인용하되, 원래 『신문평론』(『신문과 방송』)에 실린 연도를 앞에 먼저 밝힐 것이다.

〈표 16〉 '나의 기자 시절' 게재 목록

연 도	필자	비고
1965	윤성상(1965/4)	"나의 여기자 생활 회고: 30여 년 전을 되돌아보며"
1973	김을한(1973/5), 최은희(1973/7), 유봉영(1973/9), 김소운(1973/11)	1973년 5월호(42호)부터 1975년 5월호(54호)까지는 격월간 발행
1974	이하윤(1974/1), 이원영(1974/3), 주요한(1974/5), 이서구(1974/7), 황신덕(1974/9), 서항석(1974/11)	
1975	서범석(1975/1), 이건혁(1975/3), 김기진(1975/5), 남상일(1975/6), 설국환(1975/7), 최흥조(1975/8), 조풍연(1975/10), 조연현(1975/11), 김규동(1975/12)	1975년 9월호에는 "나의 기자시절" 안 실림
1976	이상돈(1976/1), 지창하(1976/2), 백 철(1976/3), 안수길(1976/4), 박순천(1976/5), 구 상(1976/6),	

	김형균(1976/7), 강영수(1976/8), 김은우(1976/9), 정비석(1976/10), 구본건(1976/11), 변영권(1976/12)	
1977	윤석중(1977/1), 이일동(1977/2), 박화목(1977/3), 최태응(1977/4), 임원규(1977/5), 조용만(1977/6), 문제안(1977/7), 김동리(1977/8), 장덕조(1977/9), 이덕근(1977/10), 정충량(1977/11), 이한용(1977/12)	
1978	손소희(1978/2), 우승규(1978/3), 이명온(1978/4), 조원환(1978/5), 최금동(1978/6), 이종모(1978/7) // 신태악(1978/8), 이선구(1978/9), 이인석(1978/10), 이유형(1978/11), 김광서(1978/12)	1978년 1월호에는 '나의 기자시절' 안 실림, 1978년 7월까지 『언론비화 50편』에 수록

〈표 16〉에 나와 있는 필자 중에 『동아일보』나 『조선일보』에만 근무했던 인물들은 『매일신보』와 별로 차이가 없는 친일 논조를 보였다고 평가되던 1930년대 말에 근무했을지라도 결코 고백하거나 반성하지 않았다. 일제 말기의 친일 논조가 잘 알려져 있지 않던 현실에서 굳이 나서서 반성해야겠다고 생각하지는 않았을 것이다. 또한 일제 말기의 친일 논조에 대해 어느 정도 의식하고 있었다고 해도, 이는 불가피한 것이었고 자신이 책임을 져야 할 일이라고는 생각하지 않았을 것이다.

일제강점기의 방송은 총독부의 통제하에 있었다는 점에서는 『매일신보』와 비슷하지만 식민지 지배를 위한 수단으로서의 역할 면에서는 다소 차이가 있기는 했다. 경성방송국의 프로그램에서 보도 프로그램이 차지하는 비중이 상대적으로 낮았고, 그나마도 동맹통신사의 통신문을 그대로 읽는 수준에 머물렀다. 교양 프로그램의 경우 일제 말기로 가면 친일적인 내용이 많았지만, 이런 프로그램도 대부분 외부 강사를 불러 강연을 하는 방식이었다. 그럼에도 경성방송국이 식민지 지배를 위해 일정한 역할을 했다는 것은 분명한 사실인데, 방송인의 경우 일제강점기의 방송 활동에 대해 반성을 하는 사람은 전혀 없었다.

일제강점기에 친일 언론 활동을 했던 사람들은 대부분 과거에 대해

침묵했고, 일부는 불가피하게 사실이 밝혀졌을 경우에 변명하기에 급
급했으며, 극소수만 친일 언론 활동에 대해 참회하기도 했다. 8장에서
는 일제강점기의 활동에 대해 친일 언론인들이 어떻게 회고하고 평가
했는지를 살펴보려고 한다. 이를 통해 친일 언론인의 침묵과 변명이
어떤 결과를 가져왔는가를 평가해보고자 한다.

2. 『매일신보』입사에 대한 사회적 인식

조선인 발행 신문이 없었던 1910년부터 1920년 사이에 이미 『매일신
보』에 많은 조선인 언론인이 근무하고 있었다. 당시 조선어 신문이 없
었기 때문에 언론인이 되고자 하는 사람으로서는 불가피한 선택을 한
것이어서 큰 비판을 받지는 않았다. 물론 1910년대에도 『매일신보』에
근무하는 것에 대해 곱지 않은 시선이 있었던 것은 분명하다. 『매일신
보』에서 기자와 판매부장으로 근무했던 남상일은 다음과 같이 자신의
경험을 얘기하고 있다.

　그 전해(1919년 – 인용자) 5월경 영국인 선교사 스코필드 박사가 일병
(日兵)의 야만적인 탄압에 분개해서 경향 각지에서 그 잔악한 죄적(罪蹟)
을 낱낱이 사진을 찍어 가지고 매신(每申) 편집국에 들어와서 항의를 하고
사진을 신문에 실어달라는 것이다. 그 이듬해 4월 동아일보가 창간된 후
이 스코필드 박사가 극성스럽게도 그 불인(不仁)한 다리를 이끌고 화동으
로 동아일보 창간을 축하하러 내방했었는데 편집국엘 가보아도 매신에서
보던 얼굴이 있고 영업국엘 와 보아도 매신에서 보던 얼굴이 있어서 박사
자신은 의아하게 생각을 하고 나를 가리키며 썩은 능금을 성한 능금과 함
께 두면 성한 능금도 썩는다고 조롱하기에 나는 박사를 보고 "썩은 능금

이 거름이 되어서 후일 더 좋은 능금을 많이 열게 하는 이치도 알아두셔
야 합니다"라고 응수한 일이 있었다(남상일, 1975/1978, 233~234쪽).

『매일신보』에 근무한 적이 있던 언론인을 '썩은 능금'이라고 표현했
던 것은 분명히 『매일신보』 출신들에 대한 비판적 인식을 드러낸 것이
었다. 1920년에 조선인 발행 신문이 창간되면서 1920년대에는 『매일신
보』에 입사하는 것에 대해 비판적인 인식이 더욱 강화되었다. 1927년
에 『조선일보』에 입사했던 여기자 윤성상은 『매일신보』 입사에 대해
다음과 같이 비판했다.

　　내가 듣기로는 그때 신문사로서 제때 봉급이 지불된 곳은 총독부 기관
지였던 매일신보를 제하고 민간사로는 동아일보뿐이었다고 한다. 아무리
사명감으로 무장하고 직필을 곤두세워도 배고픈 데는 역정이 나지 않을
수 없다. 마침내 이탈자가 생기고 대우 좋은 매신(每申)으로 옮긴 분도 있
었다. 이런 곤궁 속에서도 매신으로 간 분들에게 어떤 저항의식을 느꼈던
것이 대부분의 솔직한 심경이 아니었던가. 나도 이때 매신으로 올 의향이
없느냐는 '힌트'에 몹시 굴욕감을 느꼈던 것을 지금도 기억하고 있다(윤성
상, 1965/1978, 13쪽).

개벽사에 근무하다가 1931년에 『매일신보』로 옮긴 김원주가 "밥줄에
목이 매여 가고 싶지 않은 길을 간다"고 하며 '양심의 가책'까지 느꼈다
고 했을 정도로 『매일신보』 입사는 사회적 비난을 감수해야 하는 것이
었다(2000, 67~73쪽). 1930년대 말에 『매일신보』에 근무한 적이 있던 조
풍연은 당시 사람들이 『매일신보』에 입사하는 것에 대해 '모멸의 기색'
을 드러내기까지 했다고 표현했다.

매일신보는 속칭 매신(每新)이라고 불렀다. 동아일보를 '동일'이라든지 조선일보를 '조일'이라든지 말하지는 않고 유독 매일신보를 매신이라고 함에는 무엇인가 모멸의 기색이 엿보였다. 악명 높은 총독부 기관지였기 때문임은 말할 것도 없다. (중략) 소설가 최서해(학송 - 인용자)가 폐병으로 신음하던 끝에 매신에 입사한 일이 있었다. 이것은 큰 사건이었다. 즉 서해가 지조를 스스로 깨뜨린 것인데 이에 대하여 마땅치 않게 여기는 측과 그를 동정하는 측으로 갈렸을 지경이다(조풍연, 1975/1978, 282쪽).

1930년대 말에 『매일신보』에서 학예부장까지 지냈던 조용만은 "지조를 지켜나가자니 부모의 유산이 없는 사람은 처자를 먹여 갈 길이 없어서 입에 풀칠을 하기 위해 부득이 총독부 기관지인 매일신보에 입사하게 되는데 이것을 세상에서는 매신(每申)에 매신(賣身)했다고 비웃었다"고 회고했다(1977/1978, 576쪽). 『매일신보』에 입사하는 것을 '몸 파는 것'이라고까지 비판했을 정도로 부정적인 인식이 있었다는 것이다. 이렇듯 입사에 대한 자조적 의식이 있었음에도 생계유지를 위해서나 징병·징용을 피하기 위해서 총독부 기관지에 입사하는 일이 일제 말기로 갈수록 더욱 늘어났다.

3. 총독부 기관지 입사에 대한 변명

『매일신보』 입사에 대해 사회의 부정적 시선이 있는 만큼 『매일신보』에서 근무했던 사람들은 자신들의 활동에 대해 반성하기보다는 변명하기에 급급했다. 특히 한 때 사회주의 운동에 참여했던 인물들의 경우 이런 경향이 더욱 두드러지게 나타났다. 카프(조선프롤레타리아예술가동맹)에서 활동했던 김기진은 『매일신보』 입사에 대해 다음과 같이 변명했다.

> 이해(1924년 – 인용자) 9월에 나는 총독부 기관지 매일신보에 신문소설
> 을 한 편 쓰게 해달라고 그 신문사 편집부장 이기세를 찾아갔었다. 그랬
> 더니 이기세는 나더러 "그러지 말고 신문기자로 들어오라"는 것이었다. 나
> 는 원고료는 받아쓸 수 있을망정 매일신보 기자라는 패는 달기 싫은 생각
> 이었는지라 그 자리에서 승낙을 하지 않고 돌아와서 서울청년회로 정백·
> 신일용·이성태 이 세 친구를 찾아갔었다.[2] 때마침 정백 혼자서만 회관에
> 있었기에 나는 매일신보 이야기를 그에게 의논했다. 그리고서 "어떡하면
> 좋소?" 하고 물으니까 정은 나더러 "들어가시오. 생활을 위해서 직업을 구
> 하는 데는 무어든지 상관없으니 어떤 직장에라도 파고들어가라. 우리 운
> 동선의 동지들한테는 최근에 이렇게 방침을 결정했으니까... 김형은 사회
> 운동자도 아니고 문학하는 사람인데... 상관없소. 들어가시오." 이렇게 말
> 하는 것이었다. 나는 정(백)의 이 말을 나에게 권고하는 말로 알아듣고서
> 매일신보 기자로 입사했다(김기진, 1988, 140쪽).

김기진은 1975년 쓴 글에서는 "그 다음으로 만난 친구가 『조선지광』
잡지사의 이성태였다. 그도 역시 아무 데고 경찰과 헌병대를 빼놓고는
들어가도 욕하지 않는다는 견해였다. 그도 그럴 것이라고 나 역시 그
같은 해석에 동감되기에 그 다음날 나는 이 편집국장을 찾아가서 입사
하겠노라고 승낙을 했"고 밝히기도 했다(김기진, 1975/1978, 212쪽).
김기진과 마찬가지로 카프 활동을 했던 백철도 다음과 같이 『매일신
보』 입사에 대해 변명했다.

---

[2] 1924년경 국내의 '사회주의 분파'로는 '북풍파' '서울파' '화요파' 등 세 분파가 있었다.
정백·신일용·이성태는 '서울파의 주요한 성원'이었다(전명혁, 2006, 142쪽, 166쪽).
'파스큐라'와 '염군사'가 합쳐져 1925년 8월에 '카프(조선프롤레타리아예술가동맹)'가 결
성되었는데, '파스큐라'는 '서울파'와 가까웠고, '염군사'는 '북풍파'와 밀접했다(박용규,
1994, 204쪽). 김기진은 당시 '파스큐라'에서 활동하고 있었다.

내가 신문사의 입사를 결정하기 전에 그래도 한 번 만나서 상의하고 싶
은 사람이 임화였다. 내가 영생여고로 가서 교사로 되는 일과 매일신보로
입사하는 일의 두 가지를 놓고 어느 편을 취해야겠느냐 하는 것을 물었을
때에 임화는 얼마 동안 생각을 한 뒤에 역시 신문사 편이 낫지 않겠느냐
는 뜻을 표시하였다. 임화는 시국이 급변하는 정세에 곁들여서 보호색 이
야길 하고 있었다. "왜 그런 동물들 있지 않아, 자기의 환경색과 자신의
처신적 빛깔을 비슷하게 해서 적의 눈에 뜨이지 않도록 하는 것 말이야."
임화는 고소(苦笑)를 하면서 농담 비슷한 이야길 하고 있었는데, 그것은
옛날 같으면 "그런 데일수록 침투해서 일을 해야지" 하는 '프락치'론이 아
니고 진심으로 친구가 이런 시대에 살아갈 수 있는 자기보호의 안전한 길
을 가리키고 있었던 것이다. 이렇게 임화의 어드바이스도 한 결정권을 행
사하여 1939년 3월 말에 나의 매일신보사의 입사는 결정되었다(백철, 1976,
36~37쪽).

1930년대에도 언론계에서는 여전히 『매일신보』 입사에 대해 비판적
이었다. 백철의 권유로 『매일신보』에 입사했던 정비석은 다음과 같이
변명했다.

언론계와 문화계의 사정이 그처럼 전멸상태가 되고 보니 작가들은 작
품을 발표할 기관이 전연 없어져 버렸다. 그렇다고 젊은 나이에 빈둥빈둥
놀고만 있다가는 '불령선인'으로 지목되어 '요시찰인물'이 되기에 십상이기
에 나는 호신책으로 무엇인가 직업을 가져야 할 형편이었다. 그런데 때마
침 그 당시 매일신보 문화부장으로 있었던 외우 백철 형이 호신책으로는
신문사에 입사하는 것이 가장 좋으리라는 권고도 있고 해서 나는 본의는
아니나마 신문기자가 되었던 것이다(정비석, 1976/1978, 452쪽).

'보호색'이라며 『매일신보』에 입사했던 백철이 '호신책'이라고 정비석
에게 『매일신보』 입사를 권유했던 것이다. 『매일신보』 입사는 생계를

해결해 줄 뿐만 아니라 안정적인 신분도 보장해 주었기 때문에 당시에 직장을 잡기 어려웠던 지식인들에게는 유혹의 대상이었다. 이원영은 입사 당시의 상황에 대해 다음과 같이 설명했다.

> 출발부터가 기자가 되겠다는 일념보다는 취직자리로 기자를 택한 것에 지나지 않았다고도 할 수 있겠다. 월급을 따진다 해도 당시 고등보통학교의 교원 월급이 75원이었는데 기자도 같은 액수였다. 따라서 출장비라든지 여비를 때때로 받고 보면 교원 월급보다 많고 생활은 오히려 자유로웠으니 그 길을 별다른 생각 없이 택한 것인지도 모른다. 그리고 기자 신분증을 보이면 전차도 무료로 태워준다든지 또는 식민지 치하에서 일어날 수 있는 여러 가지 압박요인에서 어느 정도 벗어날 수 있었던 것도 사실이다(이원영, 1974/1978, 92쪽).

비판적인 여론이 있었음에도 취업이 어려운 현실에서『매일신보』입사는 경쟁이 매우 치열했다. 지창하는 "대학을 나온 뒤에 3, 4년 동안을 무위하게 보냈다. 살아나갈 도리가 없었다. 당시만 해도 대학을 나온 청년들은 거의가 고등유민이었다. … 그 후 다른 방도를 써서 매일신보에 들어갔다"고 회고했다(1976/1978, 334~335쪽). 무엇보다도『매일신보』에 입사하려고 했던 가장 중요한 이유는 경제적인 것이었다.

1930년대에 높은 임금과 안정적인 신분 때문에『매일신보』에 입사하려는 사람이 늘어났던 것은 사실이었지만, 또 다른 이유는 기자를 희망하는 사람에게『동아일보』와『조선일보』입사가 훨씬 더 힘들었다는 점이다. 1930년대 중반 이후『동아일보』나『조선일보』도『매일신보』와 비슷한 수준의 임금을 줄 수 있었지만, 두 신문사에 들어가기는 더 어려웠기 때문에 불가피하게『매일신보』에 입사할 수밖에 없었다. 이런 상황에 대해 강영수는 다음과 같이 자신의 경험을 얘기했다.

나의 졸업은 가까워오고 가슴속만 하루 또 하루 더욱 더 답답해 왔다. 때마침 매일신보와 경성일보가 조금 간격을 두고서 기자채용시험을 공고했다. 나는 얼마를 두고 궁리를 많이 했다. 좀처럼 응시하고 싶은 생각이 들지 않았다. 그러나 모처럼의 기회를 놓칠 수 없다는 생각도 들었다. 응시 마감이 다가오자 좌우간 양지에 모두 지원서를 냈다. 그리고 양지 모두 시험도 쳤다. 다행히 양지로부터 모두 합격통지서가 날아왔다. 이제 와서는 출근하느냐 그만두느냐가 새로운 고민거리가 되었다. 다시 동아·조선의 취직을 두드려도 보았지만 여전히 일루(一縷)의 희망조차 찾아낼 길이 없었다. 하는 수 없이 아무 신문에나 일단 몸을 담을 길밖에는 없다는 결론을 내렸다. 다음에는 매일신보와 경성일보의 어느 쪽을 택하는가가 문제로 되었다. 그 선택에는 이해타산이 따를 수밖에 없었다. 그 무렵 매일신보는 경성일보의 아래층에서 셋방살이를 하고 있었고 대우면에서도 얼마간 경성일보에 뒤떨어졌다. 그래서 나는 경성일보를 택하기로 하고 우선 신문에 첫발을 들여놓았다(강영수, 1976/1978, 424~425쪽).

어차피 총독부 기관지에 들어갈 바에는 차라리 『매일신보』보다 대우가 더 좋은 『경성일보』에 입사하겠다는 사람들도 나왔다. 김은우는 "그때 경성일보 기자만 되면 전시요원이 되어 징용을 면할 수 있다는 것이었다. 그래서 립교대학 학업성적과 간단한 구두시험만으로 합격이 되어 팔자에 없는 총독부 기관지인 일본말 신문 경성일보 편집부 기자가 되었다"고 했다(1976/1978, 443쪽). 징병이나 징용을 피할 수 있다는 것이 총독부 기관지 입사의 또 다른 이유가 되었다. 1942년 1월에 『매일신보』에 입사한 이한용은 "일제 말기에 연령층 징용을 피하여 전전하다가 해방을 맞"았다고 했다(1977/1978, 664쪽).

『동아일보』와 『조선일보』가 폐간되고 『매일신보』로 옮긴 기자들은 여럿이 함께 간 것을 통해 자신을 합리화했는데, 홍종인은 다음과 같이 주장했다.

그때 총독부에서 동아일보와 조선일보를 다 합해서 하나로 만드는 신문으로 매일신보를 만든단 말이에요. 셋을 합해서 한 신문으로 만드는 것 같은 형식을 밟는단 말이에요. 그러면서 동아일보에서 기자 몇 사람, 조선일보의 기자 몇 사람을 뽑아요. 그래 매일신보에 가서 같이 일하라 했습니다. 거기에 내가 뽑혀서 매일신보에 가게 되었는데, 가고 싶지는 않았지만, 그러나 기왕이면 신문기자를 한 것이니 망하고 흥하고는 끝까지 신문에서 봐야지 어떻게 하겠는가 하는 심정으로 매일신보에 가서 일을 좀 했습니다. 아, 그 서러운 이야기…(고명식 외, 1987, 499~500쪽).

『동아일보』와 『조선일보』는 폐간 당시 많은 보상금을 받았고, 이 돈으로 기자들에게 적지 않은 퇴직금을 지급했다. 홍종인의 경우 퇴직위로금 1,224원, 해직위로금 1,650원, 특별위로금 400원, 특별공로금 200원 등 총 3,474원을 받아서, 편집국 전체를 통틀어 편집국장 함상훈 5,525원, 편집국 차장 겸 편집부장 이상호 3,735원 다음으로 세 번째로 많은 액수의 보상을 받았다(성주현, 2009, 180~184쪽). 방응모가 총독부와 폐간 조건을 협의할 때 "전직 희망자에게 당국도 가능한 힘써" 준다고 하는 조항을 넣었던 것을 보면(장신, 2021, 221쪽), '희망자'에 한해서는 『매일신보』로의 이직이 가능했다는 것을 알 수 있다.

4. 총독부 매체에서의 활동에 대한 변명

『매일신보』에 근무했던 언론인들은 경영진이나 편집 간부 일부만 친일파였고, 자신들은 마치 민족적 양심을 지켰던 것처럼 주장하는 경우가 많았다. 이들은 1933년부터 7년 동안 부사장을 지낸 이상협에 대해서는 친일 행적을 지적하면서도 동정하는 편이었다. 이상협은 『매일

신보』에서 나와 1920년에 『동아일보』 창간에 참여했고, 『조선일보』,
『중외일보』 등의 민간지를 거친 후 1933년에 다시 『매일신보』로 돌아
갔는데, 김을한은 이상협을 '패전지장(敗戰之將)'이라고 하며 『매일신보』
복귀가 '화근'이 되었다고 주장했다(1975, 240~244쪽). 조용만도 이상협
이 '신문계의 귀재'였지만, 『매일신보』 복귀는 "종생에 씻을 수 없는 큰
과오"였다고 평가했다(1986, 105~108쪽). 이상협이 친일 행적에 비해 덜
비판받았던 것은 1940년에 언론계를 떠났던 것도 영향을 주었다.
　『매일신보』 출신 언론인에게 대표적인 친일파로 지목되었던 사람은
경찰 출신으로 사장을 지낸 이성근과 기자 출신으로 전무까지 지낸 김동
진이었다. 둘 중에서도 기자 출신인 김동진이 가장 큰 비판을 들었다.
『동아일보』와 『조선일보』를 거친 김동진은 1938년부터 1940년까지 선만
척식주식회사의 참사로 활동했고, 1941년에 『매일신보』에 입사해 해방
때까지 총무국장, 상무, 전무를 지냈다(『친일인명사전』 1, 313~314쪽).
김을한은 『동아일보』 기자로 총독부 출입을 하던 김동진이 총독 사위
이며 비서인 야노 요시오(矢野義男)와 가까워져 사내 반발로 퇴사했다
가 뒤에 '총독부 경무국 소개'로 『조선일보』 도쿄 지국장, 선만척식주식
회사, 『매일신보』 전무까지 지냈다고 비판했다(1975, 333~334쪽). 김을
한은 김동진의 친일 행위를 비판하며 "잠시 동안의 부귀영화가 무슨
소용이 있으랴? 사람은 죽어도 그 이름은 영원히 살아남아야 한다는
교훈을 여기서도 느낄 수가 있는 것이다"라고 주장했다(1973/1978, 33~
34쪽). 백철도 다음과 같이 김동진에 대해 비판했다.

　　매일신보사의 상무로서 김동진이 취임되어 오면서 김인이 편집국장은
　하루아침으로 온데 간데 없이 종적을 감추고 말았다. 뒤에 들려온 말인데
　김동진이 상무로 취임해 오는 것을 김인이가 반대한 것이 화단이 되어 파
　면되다시피 되었다는 것이다. 그렇게 보면 김동진의 총독부 신임이 얼마

나 컸다는 것을 알 수 이다. 뛰는 놈 위에 나는 놈이 있다는 말과 같이 처
세술적인 술법에 있어서 김동진이 김인이보다 한등 위였다는 이야기가 되
는 것이다[3](백철, 1976/1978, 361쪽).

총독부에 출입하며 맺었던 주요 인사들과의 인연으로『매일신보』에
간부로 입사했던 김동진과 김인이를 비판하며, 마치 이들만이 친일파였
던 것처럼 주장했다. 김인이도 '조선총독부의 최고급 밀정'이라는 평가
를 들었을 정도의 친일파였다(정비석, 1976/1978, 459쪽). 김동진과 김
인이 정도는 아니었지만, 친일파로 비판받았던 또 다른 인물이 편집국
장 정인익이었다. 우승규는 정인익에 대해 다음과 같이 비판했다.

　그때는 이른바 대동아 전쟁을 일으킨 호전마(好戰魔) 일제가 우리 국민
의 목을 졸라매려고 발악하던 시기라 내 과거(상해시대)를 새삼 들추어낸
그들 친일파 간부나 총독부 측은 내게 포로(징용)의 올가미를 씌우려 했
다. 구실이 그럴 듯했다. 매일 조회 시간에 소위 '동방요배'를 않으니 '일황
만세'를 안 부르느니 하고 시말서를 쓰라 했다. 이를테면 '사죄문'을 써 바
치란 것이었다. 나는 버티었다. 써라 못쓰겠다고 잔뜩 켕기기 월여에 나중
엔 파면 조치가 있으리라는 정보를 듣고 '예라 빌어먹을 놈들' 하고 광화
문통 노상에서 1전 5리 짜리 엽서 한 장을 사서 사표를 써가지고 우송하
고 말았다. 그때의 편집국장은 정인익이라는 사람이었다. 이 사람이 내게
시말서 강요를 한 장본인이었다(우승규, 1978b, 702쪽).

우승규는 편집국장 정인익을 비판하며, 자신은 "일경에 받았던 그대

3) 김동진은 1940년 5월에 이미『매일신보』에 입사해 총무국장을 맡고 있다가 1940년 10월
경에 상무취체역을 맡았다(『삼천리』, 1940년 12월호, 15쪽; 정진석, 2005, 444~446쪽).
김동진이 이미 입사해 총무국장을 맡고 있었기 때문에 김인이가 김동진의 입사를 막
은 것이 아니라 상무 승진을 반대했던 것으로 보인다. 김동진의 상무 승진 직후 김인
이는 퇴사했다.

로 사내서도 '요시찰 기자'였다"고 주장했다(우승규, 1978a, 212~213쪽).
즉 그는 편집국장 정인익을 친일 행위를 강요한 인물로 규정하고, 자신
은 이에 맞선 '요시찰인'이었다는 식으로 대립 구도를 만들어내며 『매
일신보』에 근무했을망정 자신은 마치 민족운동을 했던 것처럼 주장하
고 있다. 정비석도 일부 친일파를 제외하면 『매일신보』에 근무하는 기
자들이 '우국지사'라고까지 주장했다. 극히 일부 고위층 인사만을 친일
파라고 하면서, 자신들은 적어도 '애국자'였다는 식의 주장이 친일 언론
에 근무했던 언론인들에게는 흔히 나타나는 것이었다.

> 신문사에 입사해 보니 그 당시 매일신보사 내에는 우리나라 언론계의
> 제제다사(濟濟多士)들이 너무도 많이 모여 있었음을 보고 놀라지 않을 수
> 없었다. 물론 사장 금천성(金川聖: 이성근 – 인용자)이나 전무 김동진 같은
> 최고 간부들은 소문난 친일파 거두들이었지만 그들 몇 명을 제외한 편집
> 국 인사들은 한결같이 우국지사들이어서 그들은 신문은 비록 어용기사를
> 그대로 제작할지언정 두세 사람만 모여 앉으면 일본이 언제 패망한다는
> 등, 지금 상해임시정부는 장개석과 함께 중경으로 피난을 가 있기는 하지
> 만 김구 선생이 주석이 되어 멀지 않아 광복군을 거느리고 본토 회복을
> 한다는 등, 독립사상을 공공연하게 고취하고 있었다. (중략) 총독부의 기
> 관지인 매일신보 자체는 어용신문임이 틀림없었지만 정작 그곳에 규합되
> 어 있는 인사들은 우두머리 3-4명을 제외하고는 모두가 불령선인들뿐이었
> 으니 실로 '아이로니컬'한 일이 아니라고 할 수 없을 것 같다(정비석, 1976/
> 1978, 452~453쪽).

정비석은 사장 이성근과 전무 김동진을 '친일파 거두'라고 하면서도,
우승규와는 달리 편집국장 정인익에 대해서는 "부하들의 신망이 두터
운 명국장"이었다고 평가했다(정비석, 1976/1978, 455~456쪽). 비슷한
맥락에서 『매일신보』에 근무하기는 했지만 적어도 자신만은 민족적

긍지를 지키려고 노력했다는 주장들도 있다. 김소운은 다음과 같이 주장했다.

> 식민지 조선의 축도같은 편집국, 그런데도 매신(每申)쪽 신사들은 도통을 한 것인지 워낙 점잖아서 그런 건지 언제 어느 때나 하나같이 무표정이다. 속으로는 무엇을 생각하든 겉으로는 일체 감정을 나타내지 않는 것이 이분들의 체념이요 생활철학인 것 같다. 하기야 당연하고도 남는 얘기다. 그들의 오만도 이쪽의 비굴도 그 원인의 모두가 나라 없는 데서 시작된 것이고 보면 오히려 그런 것을 두고 왈가왈부하는 것이 세정 모르는 철부지의 잠꼬대일지도 모른다. 어느 날 매신 편집국의 마룻바닥에서 경리의 젊은 일인 친구와 나 사이에 '프로 레스(링)' 뺨치는 육탄전이 벌어졌다(김소운, 1973/1978, 74~75쪽).

『매일신보』에 근무하면서도 더러 자신만은 달랐다고 주장하는 사람들은 더 있었다. 조원환은 "총독부 기관지이고 더구나 신문사에서 창씨개명을 안 한 자는 나 하나뿐이었으니 문자 그대로 외톨박이었다"고 주장하기도 했다(1978, 730쪽). 1945년 기자 명단을 보면 창씨개명을 안 한 사람이 조원환 한 사람만은 아니었다. 이렇듯 총독부 기관지 근무 경력을 숨기기 쉽지 않은 상황에서 자신이 불가피하게 근무하기는 했지만 끝내 민족의식을 버리지는 않았다고 주장하는 사람들이 많았다.

『매일신보』에서 근무했던 사람들과 비슷하게 일제강점기 경성방송국에서 활동했던 사람들도 간부 일부만 친일파였을 뿐이었다고 주장했다. 경성방송국에서 근무했던 사람들은 대부분이 방송 현업 부서가 아니라 기술이나 업무 부서에서만 활동했던 노창성만이 유일한 친일파였던 것처럼 회고했다. 숱한 친일 행적을 남긴 이서구조차 "노창성 씨가 지나친 친일 행동을 한 것은 그 당시에는 메스껍게 여겼으나 지금 생각하니 그만큼이나 일인의 신임을 받았기에 문화인들이 그 그늘

에서 편케 지낼 수 있었다는 생각도 든다"고 했던 것은 노창성만을 친
일파로 모는 방송인들의 의식을 단적으로 보여준다(1958/1992, 29쪽).
이혜구도 "(노창성 – 인용자) 부장은 일본인의 총애를 제일 많이 받았다"
고 하며, 노창성에 대해 은근히 비난했다(1970, 35쪽). 노창성이 한국인
중에 가장 빠르게 승진했고, 창씨개명에 앞장서며 친일 단체에서도 활
동했기 때문에 그의 친일 행적은 비판받아 마땅하다. 그러나 방송 현업
부서에서 활동한 것도 아니고 1943년 6월에 퇴사했던 그만을 친일파로
몰았던 것은 자신들의 친일 행적을 덮기 위한 행위에 불과했다.[4]

경성방송국 업무부서에서 근무했던 신경석은 "일제하 방송은 일제침
략의 도구로 설립한 것이나 방송국에 종사하는 한국인 직원의 대부분
은 역으로 민족정신의 함양에 주력했다. 이 정신이 소위 단파방송으로
나타나기도 했다"고 주장했다(1980, 57쪽). 기술부서에서 근무했던 유
병은도 "외면상으로 보아서 일본제국주의 식민지 정책하의 방송이라고
해서, 그 당시의 방송에 종사하던 사람들까지 모두 도매금으로 친일적
인 눈으로 보아 넘기려는 우를 범해서는 안 될 것이라고 하는 점을 분
명히 해두고자 하는 바이다. 또한 단파방송 연락운동에 관련되어 있는
사람들은 모두 분명한 국가관과 투철한 애국심이 뚜렷하였던 사람들
이었다는 사실도 경시할 수 없는 일이다"라고 주장하기도 했다(1991,
31쪽). 단파방송청취사건은 일제강점기 방송인에게 친일 혐의에 대한
부담을 덜어주는 중요한 역할을 했다.

일제강점기에 아나운서로 활동했던 윤길구도 대담에서 해방 직후에

---

[4] 쓰가와 이즈미(津川泉)는 "조선인 방송국원들 중의 몇 사람은 노창성을 친일파로 단
정하면서, 모윤숙은 그렇지 않다고 감싸고 있다. 도대체 그 이유는 뭘까. (중략) 모윤
숙의 친일 활동은 위장이고 노창성은 진짜 친일파였다는 말인가. 해방 후 모윤숙은
국회의원까지 지냈지만 노창성은 한국방송사에서 묵살되고 말았다. 그 이유를 아무
래도 이해할 수 없다"고 지적했다(1993/1999, 131쪽).

"그때 사실 불안했어요. 일제의 선전기관의 앞잡이같은 일을 하지 않았느냐 이 말이에요. (중략) 그러나 다시 생각하면 우리말을 못하게 하구 일본말만 쓰게 하는 세상에서 당당히 우리말로 방송을 하고, 우리말의 바른길을 연구하고 자고저(字高低)니 문법을 따지고 한 건 우리뿐이란 말이에요. 그렇게 하고 자위도 했죠"라고 인터뷰에서 자신의 입장을 밝혔다(『방송』, 1958년 5월호; 한국방송사료보존회, 1994, 259쪽). 얼마 뒤의 대담에서 윤길구는 다음과 같이 다시 비슷한 주장을 했다.

> 그러고 보니까 이거 우리가 친일파가 아닌가 겁이 나더군요. 이혜구씨 말이 "우리는 방송국을 지킬 의무가 있다. 정부가 서고 질서가 회복될 때에는 우리는 물러나자. 그랬다가 다시 부르면 그때 들어가자" 그랬는데 민재호 씨가 반대를 했어요. "아 우리가 친일파면 친일파 아닌 사람 없다. 우리는 써 준거 읽은 것밖에 없다. 우린 도리어 애국자다. 우리처럼 우리 한국어를 연구하고, 우리말을 자유롭게 쓰고 한 사람이 또 누가 있느냐?" 이 말이에요. 그 얘길 들으니까 그럴싸하단 말이에요. 그래서 그대로 있었죠(『방송』, 1958년 8월호; 한국방송사료보존회, 1994, 72쪽).

이렇듯 일제강점기에 경성방송국에서 활동했던 직원들은 선전방송을 한 것은 일제의 강요에 의한 것이었고, 자신들은 한국어를 사용해 계속 방송했기 때문에 친일적 활동을 한 것은 아니라고 주장했다. 일본어 해독률이 낮은 상황에서 조선인을 대상으로 하는 선전에서 여전히 조선어 방송이 필요했던 것에 불과했음에도 이런 조선어 방송 활동을 자신들의 친일 행위의 면죄부로 삼으려고 했다. 또한 조선 전통음악 방송을 했던 것도 민족적 활동으로 주장하지만, 이것도 당시 청취자의 취향을 고려한 편성이었을 뿐이다(박용규, 2010). 이범경은 일제강점기의 방송이 "우리 말의 특성과 우리의 문화전통"을 청취자에게 알려주려

고 했다는 것에 대해 '미화적 서술'에 불과하다고 비판했다(1994, 150~
151쪽). 일제강점기의 방송인들은 친일 방송의 모든 책임을 노창성에
게 지우고, 마치 자신들은 모두 민족주의적 활동을 한 것처럼 변명하
기에 급급했다.

5. 친일 언론 활동에 대한 참회

『매일신보』에 근무했던 사람 중에 참회를 한 듯하면서도 행간을 잘
읽으면 변명을 했던 경우도 있었다. 백철은 다음과 같이 『매일신보』재
직 시절을 회고했다.

　요컨대 내가 매일신보사에 입사한 그때부터 혼자서 자기 처세를 변명,
합리화하고 뒤에 가서도 기회 있을 때마다 자기변명을 하고 지낸 셈이지
만 결과로 해선 매일신보 기자 생활을 한 것은 내게다가 여러 가지의 떳
떳하지 못한 행적을 남기게 만든 것이 사실이다. 이 신문사 생활의 연장
으로 그 뒤 나는 북경에 가서 지사장과 특파원의 이름으로 현지의 기사를
써낼 때에도 항상 속으로는 "이것은 자연인인 백철이 하는 일이 아니고
신문기자라는 직업인으로 하는 기계적인 일밖에 되지 않는다" 하고 혼자
중얼거리곤 했지만 그러나 객관적으로 볼 때엔 어디 사건이 그렇게 단순
할 수 있으랴. 그래서 인생의 길이란 선현의 말대로 정말 일일삼성(一日三
省)하는 엄격한 윤리적인 태도가 지켜져야 하는 것이었다(백철, 1976, 48쪽).

『매일신보』에 근무했던 조용만은 해방 직후 "나는 전사원의 이름으
로 그동안 민족에게 큰 죄를 지은 것을 사과한다는 취지의 사과문을
써서 신문지상에 발표했다. 그리고 나는 신문사를 떠났다"고 했다(1977/

1978, 582쪽). 조용만은 일부 젊은 기자들의 반대를 무릅쓰고 자신이 "어쨌든 우리들도 민족에게 죄를 지은 것은 사실이니까 잘못했다고 사과를 한다고 그렇게 쓰자고 타협해서 나는 그런 취지로 사과문을 써서 매일신보 전 사원의 이름으로 신문에 냈다"고 주장했다(1986, 203~204쪽). 조용만은 어떤 기록에서도 자기 자신의 친일 행위에 대해서는 구체적으로 언급하지 않았다.

조용만과 비슷하게 참회와 변명 중간쯤의 애매한 주장을 한 사람이 『매일신보』 편집국장까지 지냈던 유광렬이다. 유광렬은 자신이 친일 행위로 해방 후 근신했다고 하면서도, 사실 자신은 요시찰인이었다는 궤변을 늘어놓았다.

> 나는 일본 때에 M보(매일신보 – 인용자)에 편집국장으로 있었다는 일로 내 스스로는 근신하였고 나를 아끼는 친구들은 내가 M보에서 나중에 쫓겨 나온 후 일본 군경의 요시찰인으로 괴로웠던 것을 들어서 나를 휩싸주었다. 나는 종전과 같이 언론계의 표면에 나서지 않고 김포 비행장의 공사를 진행하던 미군 공병대의 영문번역을 직업으로 택하여 날마다 김포를 통근하게 되었다(유광렬, 1969, 386쪽).

백철은 '일제의 압력에 의해 만들어진 괴뢰정권인 남경정부의 수립 행사'에 언론계 대표로 참석했던 유광렬이 "축하문 등을 준비해 가지고 갔던 일이 있는데 너무 조심해 만든 문장의 내용에 허점이 생겨 일본 군정(軍政)의 눈에 걸린 바 있어 그가 돌아오는 즉시로 편집국장 자리를 파면당하게" 되었다고 주장했다(1976/1978, 363쪽). 백철의 주장처럼 퇴사 이유가 단순한 실수에서 비롯된 것에 불과했음에도 유광렬은 마치 자신이 비판적 활동으로 쫓겨났고 '요시찰인'이었던 것처럼 주장했다.

이들과는 달리 총독부 기관지에서의 생활이 고통스러웠음을 고백하며, 자신의 친일 언론 행위를 반성한 사람도 있었다.

일본의 식민지 한국에 대한 침략정책의 대변지라는 데서 낯이 간지럽고 숨통이 막혀 견딜 수가 없었다. 물론 이런 것들을 나로서 사전에 예측 못했던 바는 아니지만 실제로 몸을 담고 보니 일제 식민정책 수행에 최선봉을 맡은 신문답게 우리를 못 살게끔 날뛰니 항시 마음은 괴롭기 짝이 없었다. 더구나 만주 침략에서 발돋움을 한 일제가 중국 대륙을 손아귀에 넣으려는 야망에 불탔던 때라 우리들에 대한 착취 탄압, 그리고 말살책은 이루 말할 수 없을 정도로 날로 심해지기만 하였다. 나는 1년도 채 못가서 일문지에서의 기자 생활을 드디어 팽개쳐 버렸다. 마음이 홀가분했음은 두말할 나위도 없었다(김형균, 1976/1978, 407쪽).

조원환도 "이러한 역사적인 시점에서 그것도 조선총독부 대변지인 일문판 신문사의 기자랍시고 다니었다. 물론 '어용신문사'의 기자라고 해서 신문 보장은 되었지만 취재의 자유, 집필의 재량 같은 것은 생각조차 할 수 없었다. 철저한 감시와 검열의 연속이었다"고 하며 자신의 친일 언론활동에 대해 고백했다(1978, 725쪽). 총독부 기관지에 근무했던 것이 부끄러운 일이었다고 하며, 최대한 양심에 어긋나는 일을 하지 않으려고 했다는 주장들도 있다. 1937년에 『매일신보』에 입사했던 최금동과 1944년에 『경성일보』에 입사한 고준석은 다음과 같이 총독부 기관지에서의 기자 생활을 고백했다.

전문학교를 졸업할 당시 선배되는 서순원 씨가 경성방송국 아나운서로 있었기에 아나운서 시험을 쳐볼 생각으로 두어 달 부지런히 파고들었다. 그런데 방송국보다 한 달 앞서 매일신보사의 기자모집 시험이 있어서 경험 삼아 응시했다. (중략) 더구나 내가 맘속 깊이 존경하는 문학하는 분들이나 일제 항쟁 대열에 서 있는 '지사'들이 모두 신문사 안에 있거나 아니면 신문과 깊은 관련을 갖고 있었기 때문에 나는 그 신문을 배달하는 것만으로도 그 어떤 긍지와 자부심을 느끼곤 했었다. 그래서 아나운서보다는 차라리 신문기자가 된 것을 다행이라고 생각했다. 그 신문이 총독부 기관지라는 부끄러움 같은 것이 항상 내 가슴 한 구석을 어둡게 짓누르고 있었지만 고학으로 학교를 나온 적수공권의 내게 있어서는 그나마도 일자리를 달리 찾을 길이 없었던 것이다. 나는 매신에서 안주할 수밖에 없었고 거기 발을 붙이고 있는 동안만이라도 내 양심에 부끄러움이 없는, 될 수 있는 한 죄를 짓지 말고 살아나가야겠다고 맘속 깊이 다짐했다(최금동, 1978, 738쪽).

나는 일본 제국주의의 '똥통'에 빠져 있으면서도 생활감정만큼은 그들에 철저히 저항하면서 생활하려고 하였다. 그러나 객관적으로 나는 일본제국주의의 침략전쟁을 도운, 일본제국주의에 굴복한 인간에 지나지 않았던 것이다. 나는 한국인 사회에서 가장 증오의 대상이 되었던 '친일 협력자'로 낙인찍히더라도 변명의 여지가 없었다. 나는 일본제국주의에 굴복한, 떳떳하지 못한 자였음을 통감하며 살아가지 않을 수 없었던 것이다(고영민, 1987, 17쪽).

가장 직접적으로 총독부 기관지에서의 활동을 반성하고 참회한 사람으로는 이원영과 조풍연을 들 수 있다. 이들은 드물게 친일 언론활동에 대해 참회를 했다.

사실을 말한다면 나는 그 생활을 될 수 있으면 숨기며 살아왔다고 하는 것이 적절한 표현일지도 모른다. 왜냐하면 나는 우리 민족의 해방운동에서 이탈하여 단지 생활을 위해 조선총독부의 어용신문 기자로서 일본제국주의 정책의 한 보도자로 일해 온 결과를 가져와 달리 변명의 여지가 없는 때문이다. (중략) 한갓 월급쟁이로서 총독부 기관지의 기자생활을 했으니 우리 민족에게는 큰 잘못을 범한 셈이 되고 말았다(이원영, 1974/1978, 91쪽).

기사 정리는 그다지 어렵지는 않았다. '미영격멸'과 '멸사봉공'과 그리고 '호국충성'을 구가하는 말이 기사 속에 반드시 끼여 있었다. 그것을 제목으로 뽑으면 되는 것이다. (중략) 이제 와서 돌이켜 보면 매신이 한민족에게 지은 죄는 이루 헤아릴 수 없는 것이었다(조풍연, 1975/1978, 287~289쪽).

이원영과 조풍연 수준의 참회를 한 언론인도 없었던 것은, 굳이 친일에 대해 반성하지 않아도 되는 사회 분위기의 탓이었다. 신문과 잡지에 명백히 남아 있는 숱한 친일의 증거들이 있었음에도 반성하지 않았던 언론인들이 한국 언론을 주도했다는 것은 큰 비극이었다. 심지어는 유광렬처럼 명백히 친일 언론활동을 했던 사람이 독립유공자 심사를 하는 웃지 못할 일이 벌어지기도 했다(정운현, 1992, 154~156쪽). 친일 언론인이 스스로 고백하고 참회하지 않았을 뿐만 아니라 언론인의 친일 행위를 밝히려는 노력도 전혀 없었기 때문에 벌어졌던 일이다.

6. 친일 언론 활동에 대한 침묵의 영향

언론인의 과거 잘못은 글로 남아 있기 때문에 부정하기 어렵다. 일제강점기 언론인들의 친일 행위는 각종 신문과 잡지에 실린 글들로 다른 분야의 친일파들보다 상대적으로 쉽게 혐의를 입증할 수 있다. 또한 언론인들의 친일 행위는 전쟁 동원 등을 통해 많은 한국인을 죽음으로 내몰기도 했다는 점에서 다른 분야의 친일 행위보다 더 큰 죄를 지은 것이라고도 할 수 있다. 그럼에도 친일 언론인들은 자신들의 행

위가 직접 조선인에게 피해를 주지는 않았다고 착각하며 잘못을 인정
하거나 반성하는 데 인색했다.

나치 점령하의 언론에 대해 철저하게 숙청한 프랑스의 예는 친일 언
론인의 반성과 청산이 없었던 한국의 상황과 자주 비교된다. 프랑스에
서는 "언론계야말로 숙청이 철저히 집행돼야 하는 중요한 분야"라고 하
며, 나치에 협력한 언론사는 해체하고 언론인에 대해서는 처벌을 했다
(주섭일, 2004, 236~250쪽). "지식인의 숙정은 언론인이나 작가가 글을
쓰고 발표할 때는 자기의 글이 미치는 영향을 생각해야 하고, 그 영향
에 대해서 책임을 지지 않을 수 없다는 것, 따라서 지명도가 높을수록
그 책임도 무거워진다는 것을 교훈으로 제시"하는 것이다(장행훈, 1986,
236쪽).

물론 짧은 점령기를 거친 프랑스와 오랜 식민지시기를 거친 한국을
단순 비교하기는 어렵지만, 한국에서 친일 언론인이 전혀 처벌받지 않
은 것은 물론 거의 대부분이 고백하거나 반성하지 않은 것은 분명히
역사의 과오이다. 『친일인명사전』이나 『친일반민족행위진상규명보고
서』에 이름이 실려 있는 사람 중에 자서전이나 잡지의 기고를 통해 친
일 언론 활동에 대해 어느 정도 반성이나 참회를 한 사람을 찾아보기
가 대단히 어렵다. 모두 생계 유지를 위해서나 징용·징병을 회피하기
위해 어쩔 수 없이 입사했다고 하며, 총독부 기관지에 근무하면서도
자신들은 민족의식을 가지고 있었다고 강변했다.

총독부 기관지나 총독부 통제하의 방송에서 근무했던 언론인조차
제대로 반성과 참회를 하지 않는데, 하물며 『동아일보』나 『조선일보』
같은 민간지에 근무했던 언론인들이 일제 말기 친일 논조에 대한 책임
을 언급하는 것을 기대하기는 어려웠다. 적어도 1937년 7월 중일전쟁
발발 이후 두 신문의 지면은 명백히 친일적인 기사와 사진으로 채워져

있었음에도 자신들의 활동에 대해 반성은커녕 아예 언급조차 하지
않았다.

　더욱이 민간지에서 근무했던 언론인 중에 적지 않은 사람이 일제 말
기에 친일 언론에 기고했거나 친일 단체에 참여했음에도 마치 일제에
저항하는 '지사'와 같은 언론 활동을 했던 것처럼 회고하는 일들이 많
았다. 심지어 총독부 기관지나 친일 잡지에서 활동했던 사람조차 사실
은 독립운동을 했노라고 주장하는 어처구니없는 일이 벌어지기도 했
다. 일제 말기의 대표적인 친일 잡지『동양지광』주필을 지내며 적극
적으로 친일 활동을 펼쳤던 김용제가 자신과『동양지광』사장 박희도
가 '위장 친일'을 한 것일 뿐이지 사실은 독립운동을 한 것이라고 주장
했다(김용제, 1978). 언론계 친일파 청산의 실패는 과거의 잘못을 반성
하지 않는 언론을 만들고 말았다.

9장

'민족지'와 '지사적 기자' 신화의 형성과 균열

1. '민족지'와 '지사적 기자'

'민족지'(民族紙)는 창간 100주년을 넘긴 『조선일보』와 『동아일보』가 오랫동안 자신들의 역사를 얘기할 때 자주 내세웠던 단어다. 학술적으로 의미가 명확히 정의되어 있지는 않지만, 대체로 일제강점기에 항일적 논조를 보인 신문 또는 민족의 대표적 신문이라는 뜻 정도로 사용했다. 최근에는 이 단어의 사용 빈도가 줄어들었지만, 한때 두 신문은 누가 더 민족지인가를 둘러싸고 격렬한 논쟁을 벌이기도 했다. '지사(志士)적 기자'는 '민족지'와 짝을 이루어 거론된다. 일제에 대해 저항적이고 비판적인 활동을 했던 언론인을 흔히 '지사'로 표현하곤 했다. '민족지'에서 '지사적 기자'가 활동했다는 것이다.

'민족지'는 한국 민족주의 신화의 산물이자 그 자체가 또 다른 하나의 신화이다. "민족주의가 일본 제국주의와 분단의 고착화에 맞서는

저항 이데올로기로서 기능"(임지현, 1999, 83쪽)했기 때문에 민족주의가
신화처럼 굳건히 자리 잡았고, 이런 민족주의에 기대어 『동아일보』와
『조선일보』는 '민족지'라는 신화를 만들려고 했다. 신화는 "집단의 기
억을 형성해주며 집단을 공동의 담론으로 결속"시키는 기능을 한다.
또한 신화는 "사회적 삶에 대한 상징적 해석의 틀을 제공해주며 집단을
지배하는 가치체계로 작용"한다(오민석, 2018). '민족지 신화'도 『동아일
보』와 『조선일보』 두 신문을 바라보는 '집단의 기억을 형성'하며 '지배
적인 가치체계'로 오랫동안 자리 잡아 왔다. 두 신문에서 활동했던 언
론인의 '지사주의 신화'도 '민족지 신화'와 상승작용을 일으켰다.

　광복 이후 오랫동안 두 신문에 대해 민족지로서 일제에 저항하는 논
조를 펼치다 탄압을 받았다는 평가가 주를 이루었다. 민족지라는 단어
를 사용하지는 않았다 하더라도 두 신문이 일제강점기 내내 민족주의적
저항을 했던 것처럼 주장한 글들이 많았다(채백, 2020, 218~220쪽). 식
민지 시기의 언론인들도 민족지에서 민족운동 차원에서 언론 활동을
했던 '지사'라는 회고와 평가가 많았다. 언론인이나 언론학자들이 저서
나 기고를 통해 주장했고, 신문사 스스로 지면이나 사사(社史)를 통해
확산시켰다. 『동아일보』와 『조선일보』 두 신문은 자신들의 역사를 미
화하고 민족지 신화를 만들기 위해 다양한 내용을 동원했다. 『동아일
보』가 해방 직후부터 '일장기 말소사건'을 내세웠던 것이나 『조선일보』
가 1980년대 중반 이후 '신간회'를 끌어들였던 것이 모두 민족지 신화
를 형성하거나 유지하기 위한 노력의 일환이었다. 지사적 기자 신화는
이를 뒷받침하는 또 다른 수단이었다.

　『동아일보』와 『조선일보』의 민족지 신화와 지사적 기자 신화가 형
성되면서 아주 오랫동안 일제 말기 두 신문과 많은 언론인의 친일 행
위에 대한 논의를 하기 어려웠다. 1970년대 중반 이후부터 민족지 신화

와 지사적 기자 신화가 서서히 무너지면서 비로소 두 신문과 언론인들의 '친일'에 대한 본격적인 논의가 가능해졌다. 민족지와 지사적 기자 신화의 균열은 『동아일보』와 『조선일보』 두 신문뿐만 아니라 일제강점기 언론과 언론인의 친일 문제를 전반적으로 살펴보는 계기가 되었다. 9장에서는 '민족지' 신화와 '지사적 기자' 신화가 형성되고 균열된 과정을 살펴봄으로써 한국 언론의 친일 문제에 관한 인식의 변화과정을 파악하고자 한다. 9장에서는 해방 이후부터 1980년대 말까지의 시기만을 다루고, 1990년대 이후 친일파 청산을 위한 활동과 그로 인한 민족지 신화의 붕괴 과정은 10장에서 살펴볼 것이다.

9장에서는 민족지 신화의 균열이 시작되는 1975년의 '동아·조선 사태'를 기준으로 두 시기로 나누어 살펴볼 것이다. 1974년 10월에 시작된 '자유언론실천운동'이 1975년 3월에 권력의 압력에 굴복한 경영진에 의해 강제로 끝나게 되면서 민족지 신화의 허상이 그대로 드러났다고 보기 때문이다. 민족지 신화의 형성과 균열 과정을 살펴보기 위해서는 신문 기사와 사사(社史), 언론인과 언론학자의 각종 기고와 저술 등을 활용했다. 민족지 신화나 지사적 기자의 신화가 형성되고 균열된 과정에서 신문사는 스스로 무엇을 주장했고, 외부에서는 어떻게 평가했는지를 살펴보려고 하는 것이다.

2. '민족지'와 '지사적 기자' 신화의 등장과 정착

1) 광복 직후 '민족지'와 '지사적 기자' 신화의 맹아

해방 직후 『동아일보』와 『조선일보』 두 신문은 바로 복간하지 못했다. 1940년 8월의 폐간 당시 인쇄시설을 매각했었는데, 해방 이후 바로 인쇄시설을 다시 확보할 수 없었기 때문이다. 군정장관 아놀드 소장의 명령으로『조선일보』는 속간이 결정된『서울신문』의 인쇄시설을 이용해 1945년 11월 23일에 복간했고,『동아일보』는 폐간된『경성일보』의 시설을 활용해 12월 1일에 복간했다(강영수, 1948b, 앵14쪽). 두 신문의 복간이 늦어진 데는 인쇄시설의 확보 외에도 "일제하 말기에 노출된 친일적 행적에 대해서 문제성을 감안할 수 있다는 점"도 작용했을 것이다(정대철, 1998, 573쪽).

『동아일보』는 '중간사(重刊辭)'에서 "일장기 말소사건에 트집을 잡은 침략자 일본 위정의 최후 발악으로 폐간의 극형을 당하였던 동아일보는 이제 이날을 기하여 부활의 광영을 피력하며 이날을 기하여 주지의 요강을 선명"한다고 밝히고, 일제강점기에 "민족의 표현기관으로 자임하였던 동아일보는 가진 모욕과 가진 박해를 받아가면서도 오히려 민족의 면목을 고수"하여 왔다고 주장했다(『동아일보』, 1945.12.1, 1면).『동아일보』는 복간하며 처음부터 '일장기 말소사건'을 앞세워 '저항의 기억'을 불러일으키려 했다.

반면『조선일보』는 속간사에서 일제강점기의 활동에 대해 구체적인 내용을 언급하지는 않고, "당시 총독부측의 횡포무변(橫暴無變)한 탄압에 의하여 눈물을 머금고 강제 폐간"을 당했었다고만 했다(『조선일보』, 1945.11.23, 1면). 다만 방응모가 '속간에 제하여'라는 글에서 "우리 민족운동의 선봉이 되어 싸워 온 20년의 역사를 가진 조선일보"라고 주장했을 뿐이다(『조선일보』, 1945.11.23, 1면).

두 신문 모두 '폐간의 극형' '강제 폐간' 등의 표현으로 마치 비판적 논조로 인해 일제에 의해 강제로 폐간되었던 것처럼 주장했다. '강제 폐간' 주장은 일제강점기 언론 활동의 구체적인 내용을 언급하지 않고도 두 신문이 끝까지 저항했던 것으로 인식하게 만드는 데 큰 영향을 주었다. 『동아일보』와 『조선일보』의 '폐간'은 두 신문이 계속 신문을 발행하려고 했음에도 총독부가 폐간을 종용해서 이루어졌던 일이기 때문에 '강제'라고 할 수는 있다. 그러나 비판적 논조가 폐간의 직접적 원인이 아니었고 상당한 보상도 받았기 때문에 두 신문이 주장하는 것과는 큰 차이가 있었다(박용규, 2001; 장신, 2021, 197~235쪽). '강제 폐간'은 역설적이게도 두 신문이 더 이상 '친일의 지면'을 남기지 않게 만들었고, '저항의 훈장'까지 달게 해주었다. 만약 두 신문이 1940년에 폐간되지 않고 해방할 때까지 계속 발행되었다면 친일 논조에 대한 대중들의 생생한 기억이 남아 있어서 해방 이후 복간되기는 어려웠을 것이다.

미군정기에 『동아일보』와 『조선일보』는 스스로 지면을 통해 식민지 시기의 활동에 대해 언급하는 일이 많지 않았다. 물론 두 신문을 민족지라고 평가하는 일도 별로 없었고, 두 신문 스스로도 민족지라고 표현하지 않았다. 신문의 '대부분이 정당의 기관지'(오기영, 1947a, 17쪽)라거나 신문의 이념적 성향의 "좌우중(左右中)을 막론하고 다시 그 경영 자체의 내막을 들여다보면 당파 관계지가 절대 다수를 차지하고"(최준, 1947, 63쪽) 있던 현실에서 두 신문도 특정 정파의 대변지라는 평가를 들었을 뿐이다. 『동아일보』는 "한국민주당과는 갈라놓을 수 없는" 사이라는 평가가 나왔고(동전생, 1946, 74쪽), 『조선일보』는 '임정 솔하(率下)'에 들어갔다는 주장이 나오기도 했다(단경, 1946, 76쪽).

'지사'로서의 기자를 주장하는 일은 해방 직후부터 흔히 있었다. 일제강점기에 『동아일보』와 『조선일보』 기자로 활동했던 오기영은 "20년 전 이 땅의 신문기자는 적어도 지사였다"고 주장했다(1947b, 23쪽). 일제강점기에 『동아일보』 기자로 활동했던 송지영은 "그때의 기자들의 기풍은 직업인이라기보다는 망자존대(妄自尊大)일는지 몰라하되 지사

연(志士然)한 기개에 살기 즐겨"했다고 주장했다(1948, 죽15~16쪽). 해
방 직후에는 신문이 '민족지'였다는 주장보다 기자들이 '지사'였다는 주
장이 더 많은 편이었다.

『동아일보』는 1946년의 '손기정의 올림픽 제패 10주년' 기사나 1947년
의 과거 기자였던 인물들의 회고를 통해 일장기 말소사건을 다루었다
(채백, 2018, 220~221쪽). 『동아일보』는 서서히 일장기 말소사건을 내세
워 항일언론의 이미지를 만들어 나갔다. 1948년 3월에 『동아일보』 편
집부 차장이던 김사림이(『신천지』, 1948년 9월호, 137쪽) 편집인이던
모던출판사에서 『신문기자수첩』이라는 책이 발행되었는데, 이 책에는
일장기 말소사건 관계자인 이길용과 백운선의 회고담이 실려 있었다.
이길용(1948)은 '세기적 승리와 민족적 의분의 충격―소위 일장기 말소
사건'이라는 제목의 글에서 일장기 말소사건을 '몸서리 처지는 기념할
역사의 날', '두고두고 또 죽어도 잊지 못할 중대사', '사건이라기보다는
어마어마한 일대 사변'이라고 평가했다. 백운선(1948)도 "가혹한 고문,
취조야말로 생각하면 지금도 몸이 떨리는 공포감"을 느낀다고 하면서
도 "내 나라 내 민족이 세계제패를 하였다는 역사적 보도를 담당한 나
의 의무"가 컸기 때문에 감행했던 것이라고 회고했다. 이 글 집필 당시
에도 두 사람 모두 『동아일보』에 재직하고 있었는데, 이길용은 사업국
차장, 백운선은 사진부장을 맡고 있었다. 『동아일보』에 재직하는 인물
이 운영하는 출판사에서 발행한 책을 통해, 사건 당사자이자 여전히
『동아일보』에 근무하던 인물들의 일장기 말소사건 회고가 실렸다. "당
사자들이 나서서 일장기 말소사건을 역사적 중대사건으로 의미 부여
하기 시작"했던 것이다(채백, 2018, 222쪽).

두 신문에 대한 평가에서도 변화가 나타나기 시작했던 것은 1948년에
들어서면서부터였다. 우승규는 "동아, 조선 양대 신문이 얼마나 냉혹한

일제의 철편(鐵鞭)을 맞아가면서도 끝내 언론 항일을 하였는지 신문압
수 통계에 나타난 숫자"를 통해 알 수 있다고 주장했다(1948, 16쪽). 이
렇듯 이미 1948년부터 일제의 언론탄압 통계를 제시하며『동아일보』와
『조선일보』의 항일 활동을 강조하는 글들이 있었다. 1948년 8월의 정
부 수립 이후 일제강점기에 두 신문이 항일적 언론 활동을 했다는 주
장이 간혹 나왔다. 일제강점기에 총독부 일본어 기관지『경성일보』에
근무했고, 당시에는 우익계『대동신문』에 재직하던 강영수는 좌담회에
서 다음과 같이 주장했다.

　나는 단적으로 생각할 적에 해방 전의 신문은 하나의 기형적인 합법적
정치결사고 신문기자는 거의 누구나가 지사였든가 합니다. 물론 이것은
동아, 조선 폐간 이전의 양지(兩紙)를 중심으로 하는 얘기올시다. 따라서
그 시절의 신문은 민족의 대변자적 역할로 시종하였고, 기자는 석 달, 넉
달 봉급을 못 받아서 뱃속에서 쪼르륵 소리가 나도 이를 악물고 펜을 놓지
않았었습니다. (중략) 그런데 해방 후의 신문은 오로지 어떤 그룹만의 이
해관계만의 대변자로 전락하여 버렸습니다(정광현 외, 1949, 14~15쪽).

　일제강점기의『동아일보』와『조선일보』가 '민족의 대변자'이고 기자
는 '지사'였다면, 광복 이후의 신문과 언론인은 '특정 집단의 대변자'로
전락했다는 것이다. 김을한도 두 신문을 '민족운동의 한 표현기관'으로
서 "일면 타협 일면 항쟁의 과감한 합법적 투쟁을 실로 용감하고 교묘
하게 전개"했고, 언론인은 '무관의 제왕'으로 민중을 계몽하고 민족을
수호하는 역할을 했다고 주장했다(1950, 31~32쪽).
　이후 두 신문은 자신들의 지면을 통해 민족지임을 주장하기 시작했
다.『동아일보』는 1950년 4월 1일의 창간 30주년 기념호 1면에서 "피에
어린 민족항쟁의 거화(炬火)"라는 제목 아래 각종 축사와 이길용의 회

고담을 실었다. 이길용의 회고담이 지면에서 큰 비중을 차지하지 않아
서, "이때만 하더라도 『동아일보』도 일장기 말소사건을 자신들의 과거
의 '대표적 사건'으로 자리매김하지는 않았던 것 같다"는 평가도 있었
다(채백, 2008, 11~12쪽). 1940년대 말까지는 아직 『동아일보』, 『조선일
보』 두 신문의 항일 언론활동에 대한 평가가 활발하지 않았고, 두 신문
이 민족지라거나 당시 기자들이 지사였다는 주장이 많지는 않았다. 두
신문이 정파적 언론 활동으로 비판을 듣고 있었고, 일제 말기 친일 논
조에 대한 대중들의 기억이 아직 남아 있을 것을 염려했기 때문이기도
했다.

2) 한국전쟁 이후 '민족지'와 '지사적 기자' 신화의 형성

해방과 분단, 그리고 전쟁을 겪으며 한동안 『동아일보』와 『조선일보』
두 신문의 일제강점기의 활동에 대한 논의가 별로 활발하지 않았고,
두 신문에 대한 평가도 오히려 정파지적 면모를 더 강조하는 경향을
보이기도 했다. 특히 『동아일보』에 대해 '민족지'보다는 '야당지'라는
호칭을 더 많이 사용했다. 다만 일제강점기 신문의 민족주의적 역할에
대해 긍정적으로 평가하는 사람도 있었다. 최흥조는 "민주국민당은 그
기관지적 지위에 전락한 반일 민족투쟁의 전통을 자랑하는 동아일보
로 하여금 맹렬한 반정부 공격을 가하게" 했다고 표현했다(1952, 51쪽).
'반일 민족투쟁의 전통을 자랑'한다고 평가하면서도 지금은 민주국민당
의 '기관지적 지위에 전락'했다고 비판했던 것이다. 박성환은 일제강점기
민간지의 창간과 역할에 대해 다음과 같이 주장했다.

1920년 4월 민간지로서 동아일보, 일선(日鮮) 동화주의 단체인 대정친

목회 명의로 조선일보, 국민협회에서 시사신문 등의 삼지(三紙)가 발행되었다. 그 후 조선일보가 송병준 일파의 손으로부터 인계되어 민간지가 된 이후 동아일보와 아울러 민간지의 2대지로서 민족계발을 위하여 당당한 논진을 폈으며 친일적인 시사신문은 얼마 후에 자진 폐간했다. 그 후 얼마 있다가 다시 민간지로서 시대일보, 그 후 중외일보 등이 발간되었고, 중외일보 후신으로 조선중앙일보가 발행되었다. 이리하여 민간지 전성시대를 현출하였으며 민족해방을 위한 논진을 펴는 일방 민족계몽에 주력했으며 일제 타도에 대한 가능한 최대한의 분노를 발했다. 이리하여 일제 당국의 탄압은 가혹히 내렸고 각 신문은 또한 용하게도 투쟁을 계속했다(박성환, 1953, 226쪽).

『조선일보』가 친일단체인 대정친목회에 의해 창간되었다가 민족주의 세력에 의해 인수되었으며, 그 후『동아일보』와『조선일보』가 '민족해방'을 위한 논조를 펼치다가 탄압을 받았다는 것이다. 오소백은 "문화정치의 산물로서 1920년 민족주의 기관지로서 동아일보가 이상협 씨에게 허가되었고, 조선일보는 대정친목회의 예종석 씨에게 허가되었으며, 신일본주의를 표방하던 민원식에게 허가되었다"고 하며(1954, 346쪽), 『동아일보』를 '민족주의 기관지'라고 단정적으로 표현하고 있다.[1] 박성환이나 오소백은 모두『조선일보』가 '대정실업친목회'가 아니라 '대정친목회'에 의해 창간되었음을 명확히 밝히고 있다.

성준덕은『동아일보』에 대해 '피로 점철된 항일 투쟁지'라고 표현했

[1] 『신문기자가 되려면』 초판은 1953년에 나왔는데, 여기에는 '한국신문사'란 내용이 없었다. 1954년의 증보판에 '한국신문사'가 추가되었는데, 끝부분에 보면 "1954년 제1회 신문기자아카데미강좌 노트에서=유광열씨 강의"라고 나와 있다. 따라서 '한국신문사'의 내용은 유광열의 주장이라고 보아야 할 것이다. 『동아일보』 창간 당시 기자였던 유광열은 뒤에도 이런 주장을 반복한다. 증보판 서문에 1954년 9월 26일이라고 나와 있지만 판권지에는 단기 4286년(1953년)에 발간된 것으로 되어있다. 판권지 발행연도 표기에 오류가 있었던 듯하다.

고, 『조선일보』에 대해서는 '민지 계발과 항일 선봉지'라고 불렀으며, 『동아일보』의 일장기 말소사건도 간단히 다루었다(1955, 81~91쪽, 121~122쪽). 이 책의 서평을 다룬 당시 신문기사에서 이 책이 '항일 민족지들의 숨가쁜 혈투사'를 다루었다고 평가하며(『경향신문』, 1955.2.6, 4면) '민족지'라는 단어를 사용하기 시작했다. 곽복산도 "민족의 신문 동아일보, 조선일보, 또한 시대일보의 소장사(消長史)는 그대로 일제와 투쟁한 피의 기록이요, 우리나라 근대신문이 어떻게 '가시의 길'을 뚫고서 발달하였는가를 엿볼 수 있는 고난의 역사"라고 표현했다(1955, 63쪽). 최준은 『조선일보』에 실은 '우리 신문의 발자취'라는 글에서 "민족의 대변기관으로 삼천만 겨레와 더불어 일제와 싸운 투쟁기록은 그대로 우리 한국신문사(韓國新聞史)를 물들여 놓았다"고 평가했다(『조선일보』, 1955.4.12, 4면). 1950년대 중반부터 『동아일보』와 『조선일보』 두 신문의 일제강점기의 활동을 '저항의 역사'로 평가하는 저서나 글들이 나오기 시작했다.

　『동아일보』는 한국전쟁이 끝나고 처음 맞는 창간 기념일인 1954년 4월 1일자 신문에서 "본보가 국내에서 붓과 종이만을 유일한 항일 투쟁의 무기로 삼아 가시덤불 길을 뚫고 나가기에 얼마나 큰 고초와 탄압을 받았던가를 회상할 때는 우리는 이 순간 감루(感淚)가 어린다"고 주장하며, 일장기 말소사건을 '수난의 일면'이라고 강조했다(『동아일보』, 1954.4.1, 1면). 『동아일보』는 지령 일만 호 기념호부터는 스스로를 '민족지 동아'라고 부르면서 "오늘날까지 우리 민족과 더불어 싸워 온 형극 40년간"의 세월을 보냈다고 주장했다(『동아일보』, 1955.8.19, 6면). 이렇듯 '민족지'라는 명칭이 처음으로 사용된 시기는 1950년대 중반이었다.[2] 1950년대 중반에 『동아일보』는 전직 기자들의 회고 등을 통해 자신들의 과거 역사를 '항일 투쟁'의 역사였다고 하며, 이로 인해 탄압

받았던 대표적 사례로서 일장기 말소사건을 언급했고, 1960년의 창간 40주년에는 이런 내용을 더욱 강조하기 시작했다(채백, 2018, 224~225쪽).

『조선일보』는 1955년에 『동아일보』의 정간을 알리는 기사에서 "항일 · 반공의 민족지로서 꾸준히 싸워 온 동아일보"라고 하며, '민족지'라는 단어를 처음 사용했다(『조선일보』, 1955.3.18, 1면). 한국전쟁 이후 민족지의 정체성은 '항일'뿐만 아니라 '반공'으로도 구성되었던 것이다. 이승만 정권과의 대립 속에 비판적 활동이 '친일'과 '친공'으로 몰리기도 하던 현실에서 '항일'과 함께 '반공'이라는 명분이 필요했기 때문이다. 곧이어 지령 1만 호를 맞이해 『조선일보』는 "창간 이래 불사신(不死身)의 기백을 가지고 20년간 민간지로서 우리 겨레의 대변적 사명 실천에 일로(一路) 매진하여 왔었다"고 주장했다(『조선일보. 1955.3.23, 7면). 『조선일보』도 1955년에 최준의 기고 등을 통해 투쟁과 탄압의 역사를 강조했다(채백, 2018, 226쪽). 1960년에 창간 40주년을 맞이해서 "40년간을 민족지로서 전 세계에 이름을 떨친 조선일보"라고 하며 『조선일보』도 처음으로 스스로를 '민족지'라고 부르기 시작했다(『조선일보』, 1960. 3.5, 1면).

일제강점기에 『조선일보』와 『매일신보』에서 근무했고, 해방 이후 『동아일보』에서 활동했던 우승규는 "동아 · 조선 · 시사 세 신문이 애초에 모두 박영효, 송병준, 민원식 등 친일 또는 반역 도배에게 허가됐던 것"이지만,[3] 이후 변화해 "백절불요(百折不撓) 꾸준히 민의와 여론의 최

---

2) 네이버 뉴스 라이브러리에서 '민족지'(民族紙)로 검색해 최초로 나온 것이 1955년이다. 그 다음으로 나온 것이 1959년, 1960년, 1964년이다. 1965년 이후에는 거의 매년 '민족지'라는 단어가 나타난다. 네이버 뉴스라이브러리에서는 『동아일보』, 『조선일보』, 『경향신문』 등 세 신문에서 이 시기의 기사가 검색된다.

3) 『동아일보』의 박영효는 창간 당시 사장으로 잠시 재직했고, 『조선일보』의 송병준은 창간 이후 판권을 인수한 것이었다. 박영효와 송병준의 이름으로 허가되었다는 것은 사실이 아니다.

고 대표기관"으로 '언론 항일' 활동을 했다고 주장했다(1956, 64~66쪽).
일제강점기 『조선일보』와 『매일신보』에서 활동했던 김을한도 "그때의
신문은 민족의 대변자로서 자임하여 민족의 복리를 위하여서는 수화
(水火)라도 불사하는 기백과 신념을 가졌"었고, '일세의 지사'들이 기자
로서 활동하며 "포부와 정열을 오로지 신문에만 경주"했다고 주장했다
(1956, 18쪽). 『동아일보』 기자였던 김우평은 "당시 동아일보 기자라 하
면, 세상은 그네들을 지사로 대접했고 기자 자신도 제일선 독립투사처
럼 자처하였었다"고 주장했다(『동아일보』, 1955.5.15, 4면). 일제강점기에
일본인 운영의 뉴스통신사에 근무했던 최기섭조차도 "모름지기 언론인
들은 일제강점기 선배들을 본받아 좀 더 지사적 범격(凡格)을 갖추어
주었으면 좋겠다"고 했다(『조선일보』, 1959.4.8, 석간 4면). 1950년대 중
반 이후 『동아일보』와 『조선일보』 두 신문이 일제강점기에 '민족지'였
다는 주장이 자주 나왔고, 두 신문에서 활동했던 기자들은 '지사'였다
는 회고도 나오기 시작했다. 이런 주장 중에 일부는 『조선일보』가 친일
단체인 '대정친목회'에 의해 창간되었다는 사실을 언급하기도 했다.
　김규환은 『동아일보』와 『조선일보』를 '민족지'로 부르며 저항적 역
할에 대해 인정하면서도, 1937년 말 이후 "이 시기의 양지를 민족지라
고 부른다면 그것은 단지 한국인에 의해서 발행되어 한국어에 의해서
쓰여졌다는 이유에 불과"하다고 비판하기도 했다(1959/1978, 291쪽).
『동아일보』와 『조선일보』 두 신문의 일제 말기의 친일 논조에 대한 최
초의 지적이었으나 일본에서 나온 학위논문으로 한국 사회에 별다른
영향을 주지는 못했다. 또한 김규환은 "사실 조선일보의 사원 중에는
공산당, 신간회와 관련된 사람이 있었다"고 하며 『조선일보』와 신간회
의 관계에 대해서도 명확히 언급했다(1959/1978, 234쪽). 이미 1950년대
중반 이후 신문에 신간회를 언급한 외부 기고가 실렸지만 『조선일보』

와의 관계를 정확하게 설명하지는 않았었는데, 김규환은 반공주의가 지배하는 현실에서도 『조선일보』와 '공산당, 신간회'와의 관계를 언급했다. 최준은 『한국신문사』에서 '세 민간신문이 창간되다'라는 제목 아래 다음과 같이 주장했다.[4]

> 1920년 1월 6일 일간 신문지로서는 결국 민족주의 진영으로 이상협 일파의 『동아일보』를 비롯하여 조일(朝日)동화주의 단체인 대정실업친목회의 예종석에게 『조선일보』, 또 신일본주의를 표방하는 국민협회의 민원식에게 『시사신문』 등의 세 신문을 허가하였을 뿐이었다. 이것은 각 방면의 세력 균형주의라는 미명하에 2대 1의 비율로서 친일계 신문으로 하여금 민족진영 신문을 억압하려는 총독부 당국의 치밀한 계획으로서 이 역시 식민지정책의 일환에 이탈할 리가 없었다(최준, 1960, 201~202쪽).

창간 당시의 『동아일보』를 '민족진영 신문'으로 표현했던 반면에 『조선일보』와 『시사신문』은 '친일계 신문'으로 규정했다. 최준은 줄곧 '민간지'라는 단어를 사용하며, 『동아일보』와 『조선일보』 두 신문의 저항적 활동에 대해서는 긍정적으로 평가하면서도 "1940년 민간지 폐간 직전의 양지의 논조와 색채는 총독부 기관지 매일신보와 별다른 차이를 볼 수 없게끔 되었다"고 주장하기도 했다(1960, 312쪽). 최준의 이런 주장은 개정판과 신보판에도 계속 나왔지만 크게 주목받지 못했다. 최준은 일장기 말소사건에 대해 비교적 상세히 설명하며, 『동아일보』에 앞서 『조선중앙일보』도 일장기를 지면에서 말소했었다는 사실도 언급했

---

[4] 민간지 창간에 대한 『한국신문사』 초판의 내용은 30년 만에 나온 1990년의 신보 초판에도 그대로 나와 있다. 최준은 『한국신문사』에서 『조선일보』의 발행 주체를 '친일계'라고 하면서도 정작 단체명은 '대정친목회'가 아니라 '대정실업친목회'라고 잘못 기록했다. 최준의 『한국신문사』는 이후 대부분의 자료들이 『조선일보』의 창간 주체를 '대정실업친목회'라고 서술하게 되는 출발점이었다. 『조선일보』 창간 과정과 주체에 대해서는 박용규(2018)와 장신(2021)의 연구를 참조할 수 있다.

다(1960, 318~321쪽). 최준은 '조선일보가 민족진영으로 넘어오다'라는 제목으로 『조선일보』가 1924년 9월에 송병준에게서 신석우로 판권이 넘어온 후 "동아일보를 제압할 기세였다"고 평가했지만, 신간회 결성을 다룬 부분에서 『조선일보』와의 관계에 대해서는 전혀 언급하지 않았다(1960, 243~244쪽, 261~263쪽).

김을한도 '민족신문의 탄생'이라고 표현하면서도 "조선일보는 최초에 대정친목회라는 친일 단체가 경영하던 것을 동아일보를 탈퇴한 이상협 씨 일파가 인수하여 동아일보와 자웅(雌雄)을 결(決)하게 된 것"이라고 표현했다(1960, 22쪽, 106쪽). 또한 김을한은 "해방 전의 신문인들은 누구나 국사나 지사와 같은 커다란 자부심을 가지고 과감한 투쟁을 전개"했다고 주장했다(1960, 41쪽). 일제강점기에 기자로 활동했던 인물 중에서도 유독 김을한은 자신의 저서에서 일관되게 일제강점기의 기자를 '지사'라고 평가했다. 1950년대 중반부터 본격적으로 형성되기 시작한 '민족지' 신화와 '지사적 기자' 신화는 일제강점기 언론의 역사를 '탄압과 저항'이라는 틀 속에서 바라보도록 만들어 주었던 두 개의 기둥이었다.

3) 한일협정 반대운동과 '민족지'와 '지사적 기자' 신화의 강화

4·19혁명과 5·16군사정변 이후 민족주의 의식이 높아지고, 신문들이 군사정권에 맞서 싸우는 과정에서 민족지 신화가 뿌리내리기 시작했다. 『동아일보』와 『조선일보』가 자신들의 역사를 간단하게 정리해 최초로 발표한 것은, 1963년에 고재욱의 화갑을 맞아 발행한 『민족과 자유와 언론』에서였다. 이 책에서 『동아일보』의 역사를 정리한 전영경은 다음과 같이 주장했다.

3·1운동의 결과 민간 3대지의 탄생을 보게 되어 대정실업친목회의 예종석계의『조선일보』가 1920년 3월 5일자로 두 민간신문보다 앞질러 먼저 창간되었고, 국민협회의 민원식계의『시사신문』과 민족진영의 김성수계『동아일보』는 그해 4월 1일자로 창간호를 내었던 것이다.『동아일보』는 1920년 4월 1일 창간, 그로부터 1963년 4월 1일 현재 43주년을 맞이했다. 일제 20년간의 파란과 곡절, 검열과 삭제, 판매금지와 정간, 강제 폐간, 그리고 8·15해방 후의 좌익계열과의 투쟁, 6·25사변 후의 이 정권 독재 하의 투쟁은 실로 '민족의 대변지'로서 필설로는 형용할 수 없는 투쟁사이기도 하다(전영경, 1963, 371쪽).

『동아일보』측은 자신들을 '민족진영의 김성수계' 신문이라고 표현했던 반면에『조선일보』는 '대정실업친목회의 예종석계'라고 하여 차별화시켰다. 직접적으로 '친일'이라는 단어를 사용하지는 않았지만,『동아일보』측은『조선일보』가 창간 당시 친일계 신문이었음을 넌지시 드러냈다. 또한『동아일보』측은 '반일－반공－반독재'라는 틀로 자신들의 역할이 이어져 왔다고 주장하며, 이를 '민족의 대변지'로서 싸워 온 '투쟁사'라고 표현했다. '민족지'가 일제강점기의 항일적 활동만이 아니라 해방 이후의 '반공－반독재' 활동까지를 포함하는 단어로 사용되었다. 전영경은 일장기 말소사건을 언급했는데(1963, 393~394쪽), 이 사건은『동아일보』의 1960년대 이후 "창간기념 특집호에서 자신의 역사를 미화하는 데 가장 즐겨 사용하는 소재"가 되었다(채백, 2008, 14쪽).『동아일보』는 민족주의 세력에 의한 창간과 일장기 말소사건을 민족지 신화를 정당화하는 데 적극적으로 이용했다.『동아일보』창간에 참여했던 진학문은 창간 당시 "기자는 스스로 우국지사로 자처"했다고 주장했다(『동아일보』, 1965.4.1, 7면).
　같은 책에서『조선일보』의 역사를 정리한 유건호는 발행 주체에 대

한 구체적인 언급 없이『조선일보』를 단지 "민족투쟁의 소산으로 얻어
진 민족언론기관"이라고만 표현했다(1963, 252쪽). 대정친목회가 창간
했다는 사실을 빼고, 경영진의 변동 과정에서 송병준의 이름도 언급하
지 않았다. 반면에 유건호는 창간 당시 "입사한 사원들은 처음부터 구
국지사적 기개로 필봉"을 휘둘렀고 그로 인해 "관헌의 탄압이 비일비
재"했다고 하여『조선일보』가 창간 초기부터 항일적 논조를 보였음을
강조했다(1963, 252쪽). 유건호는 1920년 8월 27일에『조선일보』가 정간
을 당한 것에 대해 "이는 실로 민간지가 등장한 후 처음으로 내려진 언
론탄압"이었다고 하며 의미를 강조했다(1963, 256쪽).『조선일보』는 이
후 계속 창간 과정에 관한 설명은 하지 않고 창간 직후부터『동아일보』
보다 더욱 항일적 논조를 보였다는 주장만 하며, 그 대표적인 사례로
민간지 최초로 정간 처분을 당했다는 점과 창간 초기『동아일보』보다
더 많은 압수처분을 받았다는 사실을 강조했다.

　같은 책에서 송건호는 사설에 대한 분석을 통해 두 신문이 '고심한
흔적'이 보인다고 평가하면서도 결국 일제 말기에는 "완전히 일본에 협
력하는 논조로 변했다"고 주장했다(1963, 191쪽). 앞서 김규환(1959/1978)
과 최준(1960)도 이 사실을 언급한 바 있었지만, 송건호는『동아일보』
부사장 겸 주필인 고재욱의 화갑을 기념해 발행된 책에서 이런 주장을
했던 것이다. 일제 말기의 신문 지면만 찾아보면 누구나 알 수 있는 친
일적인 논조에 대해 그동안 많은 사람이 아예 언급하지 않았었는데,
송건호의 글은 친일적인 사설 내용을 구체적으로 보여주고 있다는 점
에서 의미가 컸다.

　박정희 정권이 1964년에 언론통제를 강화하기 위해 언론윤리위원회
법을 제정하려고 했을 때, 신문발행인협회 이사회에서 반대한 4개사
(경향신문·동아일보·조선일보·매일신문)와 기권한 1개사(대한일보)

등 총 5개사에 대해 탄압을 가하자 야당·종교·법조·학계·언론계가
반대하고 나섰다(송건호, 1990, 139~144쪽). 1964년 9월에 야당이 제출
한 총리 해임 건의안에서는 "정부가 지난 8월 31일의 국무회의에서 국
헌을 위배하면서까지 '민족지'인 조선·동아·매일·경향·대한 등 5개
신문사에 대한 사상 유례없는 언론탄압 조처를 취했"다고 비판했다
(『경향신문』, 1964.9.3, 1면). 이 시기에 '민족지'란 단어는 일제강점기에
항일적 논조를 보인 신문을 의미하는 것을 넘어서서 권력에 대해 비판
하고 저항하는 신문들을 부르는 용어에 가까웠다. 따라서 『경향신문』
처럼 1946년에 창간된 신문도 자신을 "해방과 함께 민족지"로 탄생했다
고 표현하기도 했다(『경향신문』, 1966.10.15, 6면).

　『조선일보』는 1963년에는 창간 43주년 기념호에서는 '가장 오랜 역
사 통해 민족의 대변지'로서 성장해 왔다고 하며, '가장 오랜 역사'를 내
세워 『동아일보』와도 차별화하려고 했다(채백, 2018, 227쪽). 『동아일
보』와의 경쟁에서 『조선일보』는 그동안 창간 주체가 친일 단체라는 약
점이 있어서 주저했었지만, 이제는 두 신문 모두 민족지라고 주장하며
자신들의 창간 시기가 앞섰다는 점을 강조하기 시작했다. 언론윤리위원
회법 제정 반대 운동이 전개되던 1964년 8월에 '동아-조선 양대 민족
지 탄압 사건'이라는 기사의 제목에서 '민족지'라는 단어를 본격적으로
사용하기 시작했다(『조선일보』, 1964.8.23, 4면). 『조선일보』는 1964년
에 '신간회 운동, 역사의식이 가져온 민족 단일전선'이라는 특집기사를
실었는데, 당시 『조선일보』 논설반 기자로서 신간회에 참여했던 이관
구는 회고담을 통해 "조선일보가 항일 민족통일전선의 온상이었고, 전
선의 명맥은 조선일보의 대변으로 유지되었다"고 밝혔다(『조선일보』,
1964.5.3, 4면). 『조선일보』는 이후 민족지라는 단어를 비교적 자주 사
용했지만, 신간회와의 관계에 대해서는 오랫동안 구체적으로 다루지

않았었다. 반공주의가 지배하던 현실에서『조선일보』가 좌우익이 모두 참여했던 신간회를 자신들의 역사를 미화하는 데 사용하기에는 아직 부담이 있었기 때문이다(윤효정, 2019, 57~58쪽).

　1965년에『동아일보』는 창간 45주년을 맞이해 '동아 45년의 증언'을 연재했는데, 이 기사들에서 본격적으로 '민족지'라는 단어가 사용되었다(『동아일보』, 1965.4.8, 6면; 1965.4.10, 6면).『동아일보』는 1936년 8월에 있었던 '일장기 말소사건' 30주년을 맞이해 1966년 8월에 '통렬한 민족지의 자기주장'이라는 좌담회 기사를 실어 민족지로서의『동아일보』를 강조했다(『동아일보』, 1966.8.9, 6면). 1960년대 중반 이후『동아일보』는 물론『조선일보』도 일제강점기의 활동을 거론할 때 자주 '민족지'라는 단어를 사용했다.

　1960년대 중반에 '민족지'란 단어가 본격적으로 사용된 된 데는 한일협정 반대운동의 영향이 작용했다. 1964년의 "박정희 정권의 한일협정 추진은 잠복하던 민족주의론을 반일 민족주의 방향으로 분출"하게 만들었다(박찬승, 2010, 233쪽). 박정희 정권의 굴욕적인 한일협정으로 민족주의적인 분위기가 고조되던 가운데『동아일보』와『조선일보』도 본격적으로 '민족지'임을 내세웠다. 언론윤리위원회법 제정반대 운동 과정에서 일제강점기에 저항했던 것과 마찬가지의 차원에서 비판적 언론 활동을 한다는 의미로 '민족지'란 단어가 사용되었다. '민족지'라는 단어에 '항일'만이 아니라 '반독재'의 의미까지 함축된 것으로 사용되기도 했다.

　『동아일보』나『조선일보』의 '민족지 신화'가 뿌리를 내리던 1960년대에 두 신문의 일제 말기 친일 논조에 대한 언급은 전혀 없었다. 사회 모든 분야에서 친일 논의가 금기시되던 현실에서 친일 언론에 대한 논의가 없던 것은 당연한 일이었다. 특히 민족지 신화는『동아일보』나

『조선일보』의 친일에 관해 관심을 두는 일조차 없도록 하는 데 크게
작용했다. 두 신문의 친일 행위는 물론 두 신문 출신 언론인의 친일 행
적까지 전혀 관심의 대상이 되지 못했다.

임종국(1966)의 『친일문학론』은 친일 문제를 다시 사회적 의제로 끌
어내는 데 결정적인 역할을 했다. 이 책은 주로 친일 문학에 대해 다루
었지만, 친일 단체에 관한 내용도 담고 있었다. 1941년 결성된 '임전대
책협의회'와 이를 확대 개편한 '조선임전보국단' 참여자 명단에는 『동
아일보』의 김성수와 『조선일보』의 방응모가 포함되어 있었다. 『친일문
학론』의 임전대책협의회 위원 명단에서 방응모는 실명 그대로 나와 있
는 반면에 김성수는 빠져 있고, 조선임전보국단 명단에서는 두 사람
모두 이름 첫 자가 ㅇ으로 처리되어 있다.5) 또한 『친일문학론』은 두
신문에서 기자로 활동했던 김동환, 주요한, 채만식 등의 친일 행적을
드러내기도 했다. 『친일문학론』이 널리 읽히지 않으면서 김성수와 방
응모의 친일 행위에 관한 논의도 제대로 이루어지지 않았다. 『친일문
학론』 초판 3천 권이 판매되는 데 10년이나 걸렸는데, '친일'이란 용어
자체에 대한 인식 부족도 책 판매 부진에 영향을 주었다(정운현, 1990,
151~152쪽). 다만 1975년에 『동아일보』에서 해직된 김종철이 1972년에
『동아일보』 조사부 자료실에 있던 『친일문학론』을 읽고 김성수의 친
일을 알게 되었다고 했던 것을 보면(2013, 350쪽), 이 책이 지식인들에

---

5) 임전대책협의회 위원 35명과 조선임전보국단 명단을 확인할 수 있는 최초의 자료는
1949년에 간행된 『민족정기의 심판』이다. 이 책은 1993년에 『친일파 죄상기』라는 자
료집에 묶여 다시 간행되었다. 『민족정기의 심판』과 『친일문학론』의 임전대책협의회
위원 명단은, 앞의 책에 실린 김성수 대신 후자의 책에는 김활란이 실려 있는 것을
빼고는 똑같다(『민족정기의 심판』, 33쪽; 임종국, 1966, 127쪽). 조선임전보국단의 경
우 두 책의 명단이 똑같은데, 전자의 책에서는 이사 방응모와 감사 김성수 둘 다 실
명이 나와 있는 반면에 후자의 책에서는 둘 다 이름 첫 자가 ㅇ으로 처리되어 있다
(『민족정기의 심판』, 39쪽; 임종국, 1966, 133쪽). 『친일문학론』의 부록인 인물 해설에
방응모는 나오는데, 김성수는 아예 나오지 않는다.

게는 김성수와 방응모의 친일 행위를 알리는 데 일정한 역할을 했음을
알 수 있다.

『동아일보』 창간 당시 기자로서 일제강점기에 많은 신문을 거치며
활동했던 유광렬은 1920년 세 신문의 창간에 대해 다음과 같이 주장
했다.

> 세 신문 중에 『조선일보』가 맨 먼저 1920년 3월 5일에 발행되고, 『동아
> 일보』와 『시사신문』은 4월 1일에 발행되었다. 『시사신문』은 민원식이 발
> 행하였으므로 그의 주장하는 신일본주의가 민중의 동조를 얻지 못하고
> 『조선일보』는 말은 실업지라 하나 대정친목회가 친일단체이므로 일반의
> 기대를 얻기 어려웠고 『동아일보』는 그때의 민족주의를 표방하는 신문이
> 었으므로 가장 일반의 신뢰를 얻었던 것이다. 주필에 장덕수요, 편수감독
> 으로는 구한국 말년에 대한매일신보의 주필이던 양기탁과 황성신문에서
> 논설을 집필하던 유근을 추대하였다. 이것은 민족지로서 권세를 보이려
> 함인 듯하였다(유광렬, 1969, 125~126쪽).

『동아일보』 창간에 참여했던 진학문도 『동아일보』는 민족주의자에
게, 『조선일보』는 자치주의자에게, 『시사신문』은 내지연장주의자에게
허락했다고 주장했다(1975, 76~77쪽). 최준의 『한국신문사』나 『동아일
보』 출신 인물들은 『동아일보』가 민족주의 세력에 의해 창간되었던 반
면에 『조선일보』는 대정(실업)친목회라는 친일 단체가 발행했다고 주
장했다. 물론 모두 1924년 이후에는 『조선일보』도 민족지로서 역할을
했다고 언급하고 있기는 하다.

『조선일보』 측은 창간 50주년 기념일인 1970년 3월 5일에 발행한
『조선일보 50년사』[6]를 통해 창간 과정에 대해서는 단지 '대정실업친목

---

6) 『조선일보』는 1970년에 50년사를 발행한 이후 10년마다 60년사, 70년사, 80년사, 90년

회'가 창간했다고 간단히 언급하고, 『조선일보』와 『동아일보』를 묶어
'두 민족지'로 표현했다(조선일보사사편찬위원회, 1970, 28쪽, 263쪽,
395쪽). 또한 신간회에 대해 간략히 다루면서도, "조선일보는 신간회
기관지와 같은 구실"을 했다고 주장하기도 했다(조선일보사사편찬위원
회, 1970, 126쪽). 반면에 일제 말기의 친일 논조에 대해서는 전혀 언급
하지 않고, 이 시기에도 강력한 탄압 속에 마치 소극적이나마 저항했
던 것처럼 표현하고 있다(조선일보사사편찬위원회, 1970, 396쪽). 일제
강점기의 자료들이 거의 모두 『조선일보』의 창간 주체를 '대정친목회'
라고 표기하고 있음에도 『조선일보』 측만은 항상 '대정실업친목회'로
기록하고 있다(박용규, 2018; 장신, 2021, 15~57쪽). 『조선일보』 측이 굳
이 계속 대정실업친목회라고 표현했던 것은, '친일 단체'가 아니라 '실
업 단체'에서 발행한 신문이라고 주장하고 싶었기 때문이다.

　『동아일보』는 『조선일보』 창간 50주년을 맞아 "『조선일보』는 일제하
에 『동아일보』와 함께 민족지로서 항일에 앞장서" 왔다고 평가했다
(『동아일보』, 1970.3.6, 1면). 『동아일보』는 창간 50주년을 맞아 "민족의
표현기관인 『동아일보』의 반세기는 바로 이 겨레의 반세기"라고 하면
서, 『동아일보』의 일제강점기 20년 동안의 활동을 특집으로 정리하기도
했다(『동아일보』, 1970.4.1, 22~23면). 이해창은 "동아, 조선, 시대, 중외
등의 민족신문은 민족의 영광을 위하여, 민족정신의 앙양을 위하여, 민
족독립을 위하여, 논진을 펴고 총독 정치에 항거하여 수많은 발행정지
와 압수처분을 받았던 것"이라고 주장했다(1971, 141쪽). 1960년대 중반
을 지나며 민족지라는 표현이 신문 지면이나 사사(社史)는 물론 언론

사, 100년사를 새로 발행했다. 반면 『동아일보』는 『동아일보사사』 권1(1920~1945), 권
2(1945~1960), 권3(1960~1970), 권4(1970~1980), 권5(1980~1990), 권6(1990~2000) 등 일정
기간을 한 권으로 묶어 발행했다. 『조선일보』는 새로운 사사를 발행할 때마다 일제강
점기의 활동에 관한 서술에서 조금씩 변화를 보였다.

학자들의 연구에서도 흔히 사용되었다. 또한 이 시기에는 국사교과서에서도 '언론 문화 운동'이라는 이름으로 두 신문의 활동이 매우 긍정적으로 서술되었다(채백, 2018, 233쪽).

다만 『조선일보』에 오랫동안 근무했던 유봉영이 "노구교사건이 발생한 이후의 민간지는 민간지 다운 면을 나타낼 수가 없어서 죄어오는 일본의 압력을 피부로 느꼈던 것이다. 따라서 총독부 기관지인 매일신보와 다른 점을 찾아보기 어려웠다"고 해서 아주 드물게 일제 말기 신문들의 친일 논조를 인정하기도 했다(유봉영, 1973/1978, 56쪽). 물론 일제의 강력한 탄압으로 어쩔 수 없었음을 강조한 것이었지만, 그럼에도 두 신문에 근무했던 언론인으로는 최초로 일제 말기의 친일 논조를 언급했다는 사실은 의미가 있었다.

3. 민족지 신화의 균열과 붕괴

1) '동아·조선 사태'와 민족지 신화의 균열

유신체제 이후 언론탄압이 강화되면서 송건호는 "1974년 한 해는 언론계로서는 사느냐 죽느냐를 판가름하는 가장 절박한 역사적 순간"이었다고 평가했다(1990, 176쪽). 당시 『동아일보』 편집국장을 맡고 있던 송건호는 이미 다음과 같이 신문들의 친일 행각에 대해 비판적 시각을 보여준 바 있었다.

이 무렵부터 『동아일보』 경영진의 친일 행각이 눈에 띄게 두드러졌다. 이는 1936년 8월의 유명한 일장기 말소사건에서 기자들과 경영진 간의 상반되는 태도에 잘 나타나 있다. 가슴에 일본기를 달고 우승한 손 선수 사진에서 일장기를 지우고 신문을 찍어낸 기자들을 경영진은 크게 개탄하고 기자들의 '몰지각'을 꾸짖었다. 당연한 결과로 1930년대 후반부터 1940년 폐간되는 때까지 약 5년간은 차마 눈뜨고 읽을 수 없을 만큼, 총독부 기관지 『매일신보』를 무색케 할 만큼 지면이 친일 논조 일색이 되었다. 이 무렵의 신문들은 이미 민족지로서의 사명감을 완전히 포기하고 충실한 일제의 대변지 구실을 했다(송건호, 1974, 120~121쪽).

송건호는, 신문이 기업적 이익을 앞세울 때 사회적 역할을 제대로 할 수 없게 된다는 것을 비판했다. 특히 『동아일보』가 항일 민족지임을 내세울 때 가장 자주 거론하는 일장기 말소사건에 대해 "기자들과 경영진 간의 상반되는 태도"가 나타났다고 비판한 것은, 박정희 정권의 언론탄압에 대한 기자들과 경영진의 갈등과 대립이 역사적으로 뿌리 깊은 것임을 보여주는 것이기도 했다. 실제 이런 '역사적 비판'은 바로 직후 '사회적 현실'이 되었다.

1974년 10월에 『동아일보』와 『조선일보』 등에서는 박정희 정권의 언론탄압에 맞서 자유언론실천운동이 시작되었다(동아자유언론수호투쟁위원회, 2005, 102~142쪽; 조선자유언론수호투쟁위원회, 1993, 34~45쪽). 유신정권은 광고주에게 압력을 행사하여 『동아일보』에 광고를 싣지 못하도록 하는 광고 탄압을 자행했다. 유신정권의 광고 탄압에 맞서 독자들은 격려광고로 언론자유수호운동을 지지하고 동참했다. 독자들의 격려 광고에는 '민족지는 민족의 생명', '민족지를 지키자', '민족지 동아를 지킴은 국민을 지킴이니 동아를 지켜야 되겠습니다', '민족지 동아! 더욱 더 밝은 빛이 되기를 기도드립니다' 등 '민족지'라는 단어가 자주 사용되었다(임동욱, 2002, 40~50쪽; 채백, 2018, 218~219쪽). 독자들의 두 신문에 대한 인식에는 교과서의 두 신문에 대한 긍정적 서술도 영향을 주었을 것이다(채백, 2018, 233~234쪽).

고은은 '어떤 탄압·폭력도 너를 멸망시킬 수 없다'는 격려의 시를 통해 "우리가 나라를 빼앗긴 시대에 태어난 동아의 소리/ 그 소리가 우리의 소리였으며/ 그 소리로서 나라와 겨레의 산하와 혼을 찾게 하였으며/ 암흑의 총독부와 구구식 소총의 절대권력 앞에서 동아는 우리의 바람과 물, 모든 웅덩이를 믿고 싸웠노라"고 했다(『동아일보』, 1975.1.4, 3면). 『동아일보』에서 자유언론실천운동이 벌어지고 있던 시기까지 언론 자유를 열망하던 독자들에게 '민족지' 신화는 여전히 유효했다.

유신정권과 이에 굴복한 경영진은 자유언론실천운동을 전개한 기자들에 대해 탄압을 가하기 시작했다. 『동아일보』와 『조선일보』의 언론 자유수호운동은 1975년 3월에 유신정권의 무자비한 탄압과 정부의 압력에 굴복한 언론사주들에 의해 기자들의 농성이 폭력적으로 해산되고 기자들이 대량 해고되면서 막을 내렸다. 두 신문에서 자유언론실천운동이 실패하고 언론 자유를 요구하던 기자들이 강제 해직되면서 두 신문의 '민족지' 신화에도 균열이 나타날 수밖에 없었다.

『동아일보』는 창간 55주년을 맞은 1975년 4월 1일에 일제강점기의 활동을 정리한 『동아일보사사』 권1을 발행했다. 『동아일보』는 이 책에서 자신들이 처음부터 '민족지'로 출발했고 '항일 필봉'을 보였다고 주장하며, '일장기 말소사건'을 자세히 다루었다. 『조선일보 50년사』와 마찬가지로 일제 말기의 친일 논조에 대한 언급은 전혀 없었다. 인촌기념회는 『인촌 김성수전』에서 『동아일보』만이 '민족지'로 창간되었다고 하고, 일장기 말소사건에 관해 자세히 다루었다(1976, 181쪽, 383~397쪽). '동아 사태'로 인해 『동아일보』에 대한 비판 여론이 있는 상황에서 나온 『동아일보사사』 권1과 『인촌 김성수전』은 민족지 신화의 균열을 봉합하기 위해 발간된 것이라고 볼 수 있다.[7]

정진석은 "일제 시 민족지가 발간된 20년 동안 우리 신문과 신문인이
당한 수난의 형태는 크게 일제의 행정처분에 의한 탄압과 사법처분에
의한 탄압으로 대별해 볼 수가 있을 것"이라고 하며 탄압사례를 체계
적으로 정리했다(1975, 41쪽). 정진석은 저항정신이 '폭발, 지면에 나타
난 것'이라고 하며, 『조선중앙일보』와 『동아일보』의 일장기 말소사건
을 비교적 상세히 언급했다(1975, 90~92쪽). '탄압과 저항의 관점'에서
'민족지가 겪은 수난의 상처'라고 하며 정리한 발행정지와 압수처분 통
계는 결과적으로 『동아일보』, 『조선일보』 두 신문의 민족지 신화를 유
지하는 데 큰 역할을 했다(정진석, 1975, 3쪽). 정권의 탄압에 굴복해
기자들을 대량 해직시켰던 두 신문사의 곤궁한 처지에서 일제강점기
의 저항적 활동의 근거로 제시할 수 있는 자료들은 반가운 것이었다.

일제강점기에 기자로 활동했던 인물들은 이 시기에도 여전히 지사
주의를 강조했다. 그중에서도 김을한은 기자뿐만 아니라 "당시의 신문
경영자란 거의 대개가 지사요 국사로서 민족의 자유와 독립을 위해서
경가파산(傾家破産)을 해 가면서까지 신문을 내기 위해서 눈물겨운 노
력"을 했다고 주장했다(1973/1978, 29쪽). 『동아일보』의 폐간 때까지 기
자로 근무했고, 박정희 정권 시기 야당 정치인으로도 활동했던 이상돈
은 일제 말기 강력한 탄압 속에서도 "동아일보와 조선일보 기자들은
봉급보다도 언론인, 기자로서의 긍지와 자존심을 가지고 살았다"고 하
며, "일종의 지사적 기개로 기자 생활을 하였다"고 주장했다(1976/1978,
319~320쪽).

그럼에도 기자 대량 해고는 두 신문에 대한 비판적 인식을 갖게 만
들었고, 그 연장선상에서 일제강점기의 활동에 대해서도 새로운 시각

---

7) 김성수에 관한 전기와 평전은 뒤에도 계속 나오는데, 동아일보사(1985), 최시중(1986),
인촌기념회(1991), 김중순(1996) 등을 들 수 있다.

에서 보도록 만들었다. 최민지는 다음과 같이 주장했다.

 일제하 우리 민족과 언론문화운동의 최대과제는 민족의 독립해방이었
다. 이 과제를 풀어나가는 데에 있어서 민족의 해방투쟁으로서의 언론운
동이라는 식민지 언론의 역사적 사명을 볼 때, 기만과 회유라는 문화정치
의 양면성에 역이용당하여 체제내적 타협주의로 기울여져, 식민지하의 자
치노선을 제창하고 황국신민화를 강조하며 천황폐하 만세를 고창하면서
소위 민족지를 자임한 신문들이 표현한 '저항의 전통'이란 성격과 내용은
무엇이었으며, 어느 만큼의 것이었는가? 그리고 그것은 오늘날 한국언론
에도 어떻게 이어지고 어떤 방향으로 지향하고 있는가. '저항'을 전통으로
자처하여 온 민족지의 이와 같은 오욕의 실체는 한국 언론사에서는 역겨
운 수모와 자책의 암흑의 시대였다고 볼 수 있다. 따라서 이 엄연한 역사
적 사실을 그대로 망각의 피안으로 덮어 둘 수만도 없는 일이다. 더욱이
이러한 역사적 사실과 아직도 생생하게 남아 있는 그 시대의 굴종의 지면
을 국민 앞에 바로 보이고, 겸허한 자세로 비판받기는커녕 오히려 항일의
선봉에서 독립운동을 지도해온 민족지인 양 사실을 은폐하고 미화하는 터
무니없는 술수를 더 이상 방관해서는 안 된다(1978, 6~7쪽).

 최민지의『일제하 민족언론사론』은 언론계에서는 임종국의『친일문
학론』같은 역할을 했다.8)『동아일보』와『조선일보』두 신문의 일제
말기의 친일 논조를 다루어 '민족지 신화'에 균열을 만들어냈기 때문이
다. 또한 일제강점기 기자들의 친일 행적도 드러냄으로써 '지사적 기자'
신화의 허구성도 폭로했다(최민지, 1978, 327~356쪽). 최민지의『일제하
민족언론사론』은 친일 언론에 관한 관심을 부각시키는 데 크게 기여했

---

8) 1966년에 찍었던『친일문학론』의 초판이 소진되기까지 11년이 걸렸지만, 1977년 말에
 찍은 재판 1천5백 부는 불과 한 달 만에 다 팔렸다. "박정희 유신독재가 극에 달"하며,
 "재야 민주화운동 진영은 독재체제의 뿌리가 결국 친일반민족세력이라는 것을 절실히
 깨달았"기 때문이었다(김용진·박중석·심인보, 2018, 38~40쪽).

다. 강동진도『일제의 한국침략정책사』를 통해 "동아일보는 점점 대일
타협적인 경향을 드러내서 한때는 민중의 비난이 되었으며 1923년과
1924년에는 두 번이나 불매운동을 당하기까지 이르렀었다"고 하며,『동
아일보』의 민족개량주의적 태도를 비판했다(1980, 397쪽). 최민지(1978)
와 강동진(1980)의 연구는『동아일보』와『조선일보』가 주장해왔던 민족
지 신화의 허구성을 밝히는 데 크게 기여했다.

　자유언론실천운동을 벌이다 1975년에 강제 퇴사당한『동아일보』와
『조선일보』의 해직 기자들은 자신들이 몸담고 있던 신문의 실체에 대
해 새삼스럽게 깨닫게 되었다. 1978년의 10.24 민주인권일지 사건으로
투옥되어 재판을 받던 김종철은 1979년 8월 8일의 항소심 공판 최후진
술을 통해 다음과 같이 증언했다.

　　우리들은 부끄러운 지식인이다. 동아일보 입사 당시에는 기자라는 특
　권, 특혜에 우쭐대기도 했다. 그때부터 자유언론을 생각한 것은 아니었다.
　동아일보는 전통 깊은 정론(正論)을 펴는 민족지라는 생각에서였다. 그러
　나 우리는 동아일보의 위선을 알았고 동아일보의 일제시대의 죄악을 알았
　다. 일제시대 독립지사들이 목숨을 바쳐 광복투쟁을 벌이고 있을 때 느닷
　없이 민족자치론을 사설로 부르짖어 총독의 앞잡이 노릇을 했고, 총독과
　결탁하여 사복을 채우면서도 민족지도자인 양 위선을 떨었던 김성수의 죄
　악을 알았던 것이다. 우리는 이런 자각이 성숙해감에 따라 한국 언론이
　새 출발을 해야 한다고 생각하게 되었다(동아자유언론수호투쟁위원회, 2005,
　331~332쪽).

　해직과 투쟁을 경험하고 최민지의『일제하 민족언론사론』을 읽으며
해직 기자들은『동아일보』와『조선일보』의 실체를 깨닫고 분노했을
것이다.『조선일보』해직 기자들로 구성된 '조선자유언론수호투쟁위원
회'도 1980년 5월 10일『조선투위소식』에 실린 '조선일보는 거듭나야

한다'에서 "74년 자유언론실천운동이 편집국 안에 팽배하고 있을 당시 조선일보의 발행인, 편집인들이 즐겨 쓰던 빈정거림이 있었다. "광주학생운동을 2단으로 싣고도 민족지 했어! 신문은 그런 거야!" 과연 조선일보는 민족적 대사건인 광주학생사건을 2단으로 줄여 보도했었고, 그 후에 은폐와 기만을 통해 '민족지'의 상표를 누린 것도 사실이었다'고 비판했다(조선자유언론수호투쟁위원회, 1993, 348~349쪽).

이런 비판 속에서도 두 신문은 여전히 꿋꿋하게 자신들이 민족지임을 강변했다. 박정희 정권이 무너진 이후 전두환 신군부는 통제를 강화해 언론이 검열을 받는 상황에 놓이게 되었다. 이런 상황에서『동아일보』는『조선일보』창간 60주년을 맞이해 사설을 통해 다음과 같이 축하해 주었다.

> 동업 조선일보가 3·1운동 1년 후 민중계몽의 웅지를 품고 필봉을 든 지 어언 60년, 회갑을 맞는다. 민중과 더불어 60년, 온갖 고난, 온갖 시련을 끝내 이겨내고 이제 웅장한 거목으로 대성한 오늘의 영광을 중심으로 축하하며 오늘의 이 빛나는 영광이 길이 계속되어 겨레의 앞길을 밝혀줄 것으로 굳게 믿는다. 조선의 출범, 그리고 곧이어 뒤따른 본보의 창간은 단순한 일간 신문의 출발과는 전혀 역사적 의의를 달리한다. 물론 변화무쌍했던 지난 60년간, 이 땅에서 한날 기업이 태어나 지속되고 성장했다 해도 그것은 지극히 대견스러운 일이고 나날이 정치경제 사회문화 등 현실을 보도하고 논평하는 언론기업에 있어 더욱 그러하다. 그러나 조선 동아 두 신문의 경우 출발부터 민중계몽(조선), 민중의 표현기관(동아)을 자부하고 나섰다는 특수한 사명을 띠었으며 여기서 민중이라 함은 일제식민통치자에 대응하는 '조선의 민족'을 뜻하였다는 것, 따라서 민족을 대변하는 신문으로 출발하였다는 역사적 의의를 새삼 강조하고 싶다. 따라서 일제 통치당국과의 충돌은 처음부터 숙명적이었다는 것도 전혀 놀랄 일은 아니었다. (중략) 일제의 혹독한 탄압과 그리고 두 민족지의 끈질긴 저항은 20년

간 쉴새 없이 계속되어 민족과 고락을 함께하는 쌍벽이었으나 역시 같은
날짜인 1940년 8월 10일 강제 폐간의 비운을 맞았다. 민중의 숨통이 끊기
고 완전한 암흑기에 들어선 것이다(『동아일보』, 1980.3.4, 3면).

『동아일보』는 창간 60주년을 맞아 '민족과 함께 살아 온 대변지 — 반
일·반공·반독재의 동아 60년'이라는 특집 기사를 실었고, '언론 항일
의 상징'이라고 하며 일장기 말소사건을 자세히 다루었다(『동아일보』,
1980.4.1, 17면). 『동아일보』는 사설을 통해 자신들이 "민족운동의 수단
으로 창간"되었다고 하며, "다시 한 번 민족의 표현기관으로서의 결의
를 다짐"한다고 했다(『동아일보』, 1980.4.1, 2면).

『조선일보』는 '60년사'를 발행하며 발간사에서는 '민족지로서의 전통
과 저력을 지닌 조선일보'라고 했지만, 목차에서는 '민족항쟁의 언론'이
라고 하면서도 '민간지'라는 용어를 사용하기도 했다. 계초전기간행회
는 1980년에 『계초 방응모전』을 발행하면, '서(序)'에서 방응모가 "조선
일보를 인수하여 민족지로서의 기반을 확고히" 했다고 주장했다(1980,
2쪽).[9] 『조선일보』는 창간 62주년을 맞아 실은 사설 '민족지와 정론의
길'에서 이제 자신들이 '민족지'로서 가장 오래되고 가장 많은 독자를
가진 신문이라고 주장하기에 이르렀다.

　1919년 3·1운동 다음 해에 한일 강제합병 후 최초의 민간지 — 나라 잃
은 '민족의 신문'으로서 첫 등장한 조선일보는 그로부터 가장 긴 언론사(言
論史)와 가장 많은 독자를 갖는 전통을 간직하면서 오늘에 이르렀다. 사람
으로 치면 이제 환갑, 진갑을 지난 연륜을 올해로서 맞는 셈이 된 것이다.
흔히 조선일보를 민족지라는 대명사로서 부른다. 요즈음도 가끔 더구나
젊은 독자들이 보내오는 민족지로서의 조선일보 운운에서 시작되는 충고,

[9] 이후에 나온 방응모에 대한 평전으로는 이동욱(1996)의 『계초 방응모』가 있다.

격려, 투고를 접할 때면 새삼 걸어 온 자체의 역사를 되씹어 보게 된다. 그리고는 역사와 전통이라는 것이 지니는 무게를 재인식, 재음미해보게 된다. 민족지라는 대명사가 우연의 소산일 수는 없다. 창간 당시 및 그 이후의 시대적 배경과 그 시대가 조선일보에 부여한 사명과 그 사명에 충실하고자 한 피나는 노력의 자취가 얻어낸 값진 지칭이 틀림없는 것이다 (『조선일보』, 1982.3.5, 2면).

이렇듯 1980년대에 들어서서 『조선일보』가 사세를 확장하면서 '가장 많은 독자'를 확보하자 이제 자신들이 '민족지라는 대명사'라고까지 주장하게 되었다. 1970년대까지는 『동아일보』가 민족지임을 강력히 내세웠던 반면에 1980년대에 들어서서 『조선일보』가 더 적극적으로 민족지라고 주장했다. 1980년대 초에 '일등신문'이 되었다는 자신감이 이런 주장을 하게 만들었을 것이다(최병렬, 2011, 152~153쪽). 전두환 정권의 언론통제 속에 제 역할을 하지 못하던 현실에서 두 신문은 여전히 '민족지'라는 허명에만 집착하고 있었다.

2) '민족지 논쟁'과 민족지 신화의 붕괴

『조선일보』는 1985년 3월 5일 창간 65주년 기념 사설에서 "조선일보는 '민족의 신문'으로서 처음으로 나라잃은 민족 앞에 서게 되었다"고 하고, "예순 다섯 해 동안 최초의 민족지 조선일보가 걸어 온 길은 형극과 파란의 역사였다"고 주장했다(『조선일보』, 1985.3.5, 1면). 『조선일보』의 '최초의 민족지' 주장이 담긴 "창간기념호 사설을 읽고 『동아일보』 편집국은 격앙했다"고 한다(이채주, 2003, 205쪽). 당시 『동아일보』 편집국장이던 이채주는 "이러한 역사의 왜곡을 그냥 바라보고만 있을 수 없어" 자신들도 "『동아일보』 창간의 시대적 배경에서 민족지의 정통성을 주장"하게 되었다고 주장했다(2003, 205~205쪽).

『동아일보』 창간 65주년을 맞이한 1985년 4월 1일에 고대 명예교수 조용만은 '동아일보, 민족혼 일깨운 탄생, 본보 창간의 시대적 배경'이라는 글에서 다음과 같이 주장했다.

총독부 당국은 신중히 고려한 끝에 민족진영 측으로 동아일보를 허가하고 다음으로 실업신문을 내겠다고 하는 대정실업친목회 측에 조선일보를 허가하고 끝으로 신일본주의를 표방하는 국민협회 측에 시사신문을 허가하였다. 이렇게 해서 민족주의를 표방하는 신문 하나, 실업신문 하나, 친일신문 하나를 허가해서 균형을 잡히게 하였다고 발표했지만 실상은 다른 속셈이 있었던 것이다. 즉 총독정치에 비판적일 동아일보의 허가에 대해서는 자기네들 속에서도 이론이 많았지만 실업신문임을 위장한 친일신문과 진짜 친일신문인 시사신문이 합작하면 2대 1로 그까짓 민족진영의 동아일보쯤은 누르지 못하겠느냐는 판단 아래에서 동아일보를 허가한 것이었다. 그리고 또 하나 회유적인 문화정치를 한다면서 반일 민족주의 신문 하나쯤 허가하지 못한다면 자기네 체면이 서지 않지 않느냐는 것도 동아일보의 발행을 허가한 이유의 하나로 볼 수 있다(동아일보』, 1985.4.1, 3면).

창간 당시의 『조선일보』에 대해 대놓고 '실업 신문임을 가장한 친일 신문'이라고 언급한 것이 『조선일보』를 자극했다. 『동아일보』는 같은 날 사설에서 자신만이 '민족지'일 뿐만 아니라 '정통지'라고 주장하기도 했다. 조용만의 이런 주장은 전혀 새로운 것이 아니었다. 이미 일제강점기의 잡지에도 비슷한 내용이 자주 실렸고(박용규, 2018), 최준의 『한국신문사』에도 나와 있는 내용이었다(1960, 200~205쪽).

얼마 뒤에는 1940년 초에 일본 도쿄에서 우익단체가 발행하던 신문(『東亞日日新聞(동아일일신문)』)이 발견되었는데, 이 신문이 『동아일보』를 '국적(國賊)'으로 규정하고 "민족자결운동의 급선봉이며 총독부

의 국책에 항거하는 반일적 책원지"라고 하며 폐간시켜야 한다고 주장
했다고 보도하기도 했다(『동아일보』, 1985.4.12, 7면). 당시 총독부가 폐
간을 종용하자 송진우가 일본에 건너가 폐간을 막기 위한 활동을 했는
데(장신, 2021, 222~223쪽), 이에 대해 일본 우익이 비판하던 상황에서
나온 기사를 『조선일보』와의 차별성을 강조하기 위해 『동아일보』가
들고 나온 것이었다.[10]

『동아일보』에 실린 조용만의 글과 일본 우익단체 발행 신문을 인용
한 기사를 읽고, 『조선일보』는 선우휘가 쓴 '동아일보 사장에게 드린다'
는 글로 응답했다. 선우휘는 "도대체 동아일보가 어떻게 된 일입니까?
사람을 시켜서 동아일보만이 진정한 민족지이지, 조선일보는 친일지
다... 하여 선전한 까닭이 무엇일까요. 그렇게까지 하지 않으면 안 될
무슨 어려운 사정이 있는 것입니까"라고 하며 다음과 같이 반론을 펼
쳤다.

> 조선일보를 친일 실업인들에게, 동아일보를 민족주의자에게 허가했다
> 는 것은 단순화된 후일담에 지나지 않습니다. 정확히 말하면 일제 위정
> 당국은 조선일보를 대정실업친목회를 대표한 예종석에게, 동아일보는 박
> 영효에게 허락해준 것이다. 당시 박영효가 어떤 경력의 어떤 정치적 성향
> 의 인물로서 일제 당국으로부터 굳건한 신뢰를 얻고 있었다는 것은 가히
> 짐작이 가고도 남을 일입니다. 그러니까 당시 동아일보가 민족주의자로
> 인정받아 민족주의 신문을 만들라고 허가받았다고 자랑하는 것은 웃지 못
> 할 난센스에 지나지 않는 것입니다. 오히려 우리가 주목해야 할 사실은,
> 창간 후 조선일보가 재빨리 옳은 주장과 바른 기사를 써서 사흘이 멀다

[10] 당시 『동아일보』 편집국장이던 이채주는 "일본의 이름도 없는 신문을 인용하여 기사
를 쓴다는 것은 신문의 품위를 손상시키는 것이라면서 기사를 싣지 말도록 했다"고
하며, '문화부 데스크'에게 그 기사를 실으려면 주필의 내락을 받으라고 했는데 결국
자신이 그 과정을 알 수 없는 가운데 이 기사가 실리고 말았다고 했다(2003, 189~190쪽).

하며 밥 먹듯이 압수와 정간을 당했다는 사실입니다. 이점을 동아일보는 무엇이라도 설명하겠습니까. 신문이란 누가 시작하건 간에 결국은 신문인 다운 신문인에 의하여 발전한다는 사실을 잊어서는 안 될 것입니다(『조선 일보』, 1985.4.14, 3면).

선우휘는 초대 사장인 박영효를 문제 삼아 『동아일보』를 과연 민족 주의 신문이라고 할 수 있겠느냐고 비판하고, 누가 시작했는가는 중요 하지 않다고 하며 창간 초기에 『조선일보』가 오히려 『동아일보』보다 더욱 항일적 논조를 보였음을 내세웠다. 『동아일보』 1985년 4월 12일 자 기사에 대해서는 "극우 깡패지까지 동원하여 동아일보가 자기 자신 을 선전"하고 있다고 하며, "논쟁이 격화되면 궁극적으로는 인촌 선생 까지도 욕보이는 결과가 된다"고 비판했다. 논쟁이 격화되자 『동아일 보』는 '애독자 제현에게 알려 드립니다—동아 · 조선 창간과 '민족지' 시 비에 대하여'라는 글을 통해, 다음과 같이 주장했다.

> 65년을 통틀어 보면 잠깐에 불과한 창간 무렵의 경위야 어떻든 조선일 보도 월남(月南)과 고당(古堂)과 계초(啓礎)가 이끈 대부분의 시기는 동아 와 더불어 자부할 수 있는 민족지임은 다 아는 사실입니다. 우리는 양지 가 65년 전의 기록 시비로 지면을 더 이상 소비하고 자제를 잃을 경우 역 사에 흠을 남기고 사회적 안전을 해칠 것을 걱정합니다. 동아는 어떤 경우 도 민족지 민주지 문화지로서의 정통을 지키기 위하여 용기와 인내를 잃 지 않을 것을 애독자 여러분에게 약속합니다(『동아일보』, 1985.4.17, 3면).

『동아일보』는 "창간 무렵의 경위야 어떻든"이라는 단서를 달기는 했 지만 『조선일보』도 민족지라고 인정하면서 논쟁을 끝내려는 화해의 몸짓을 보였다. 『조선일보』는 『동아일보』가 해명 없이 사태를 마무리 하려고 하자, 이틀 뒤 "우리의 입장—동아일보의 본보 비방에 붙여"라는 글을 통해 다음과 같이 반박했다.

두 신문이 창간된 것은 3·1운동이 계기가 된 일본 총독부의 이른바 '문
화정치'의 소산이었습니다. 그래서 총독부는 조선인 가운데 귀족 지주 상
공인 등 예속자본을 대상으로 선정했던 것은 주지의 사실입니다. 이 중에
서도 일부 토착귀족 지주 세력은 일제의 토지조사사업을 계기로 형성된
식민통치의 가장 중추적인 동맹군이었습니다. 결국 귀족·지주·기존 친
일 언론인으로 혼성된 속에 허가된 것이 바로 동아일보였고 상공인 집단
에 주어진 것이 조선일보였습니다. (중략) 조선일보는 결코 유쾌할 수 없
는 이번 사태로 한때나마 국민의 시선을 모았다는 점을 스스로 되돌아보
고 있습니다. 많은 사람들은 두 신문의 창간 때의 친일 시비로 얻어지는
것은 서로의 상처뿐이며 잃는 것은 언론에 대한 국민의 신뢰일 따름이라
고 충고하고 있다는 점도 우리는 알고 있습니다. 그러나 진실은 밝혀져야
하겠습니다(『조선일보』, 1985.4.19, 3면).

'민족지 논쟁'은 두 신문이 서둘러 사태를 봉합하면서 더 이상 확산
되지는 않았다. '민족지 논쟁'에는 1980년대 이후 『조선일보』가 부수나
영향력 면에서 『동아일보』를 앞서기 시작하면서, 『동아일보』가 갖게
된 반감이 작용했다고 할 수 있다. 당시 『조선일보』 편집국장이던 안
병훈은 창간 65주년 기념일에 '구독률 전국 최고 … 25%'라는 제목으로
발행부수와 유료 구독부수 조사에서 『조선일보』가 최고라고 보도했던
것을 언급하며, "조선일보가 '빌미'를 제공한 면도 없지 않아 있었다"고
했다(2017, 120쪽). 두 신문이 민족지 논쟁 과정에서 상대방의 친일 행
적을 언급하면서 민족지 신화의 균열이 진전되는 결과를 가져왔다. 독
자들이 두 신문의 실체를 알게 되는 계기가 되었기 때문이다.

『조선일보』는 1985년부터 신간회 활동을 자신들의 역사를 미화하는
데 적극적으로 동원하기 시작했다. 1985년에 창간 65주년 특집으로 신

용하의 '민족협동전선 신간회 – 조선일보가 펼친 제2의 3·1 운동'을 실
었다(『조선일보』, 1985.3.5, 17면). 이후 신간회를 다룬 기사들을 자주
게재했고, 1987년에는 신간회 60주년을 기념해 3월 2일과 3일에 걸쳐
학술회의를 개최했다. 비록 방응모가 인수하기 이전인 1927년의 활동
이었지만 『조선일보』의 신간회 참여는 『동아일보』의 일장기 말소사건
처럼 민족지임을 주장하는 중요한 근거가 되었다. 『조선일보』는 1987년
에 '역사의 빛과 정치책임 – 60년전 신간회를 전감(前鑑)으로'라는 제목의
사설을 통해 좌우익이 참여했던 신간회에 대해 새로운 의미를 부여하
기도 했다.

조선일보가 창간 67주년 기념사업으로 신간회 창립 60주년 기념 학술회
의를 열었던 것은 신간회가 지니는 역사적 가치에 대한 우리의 태만과 인
식과 미래에 대한 대조를 위한 연구가 모자랐던 점을 반성하면서 통일을
민족의 지상 과업으로 삼고 있는 오늘의 우리에게 '신간회의 모든 것'이
큰 교훈을 주리라 믿었기 때문이었다. (중략) 학술적 성과에 대해선 달리
정리될 것으로 믿거니와 관계 학자의 사관이나 사료 평가의 차이에서 오
는 이견에도 불구하고 공통되고 일치되는 것은 신간회가 일제하 최대의
민족독립운동단체였으며 각계 각파의 파벌을 초월하고 망라한 단일 국민
조직이었다는 사실이었다. 참가자들은 사상적으로 대립했던 좌우파가 대
동단결한 협동전선이었음을 긍정적으로 높이 평가하는 견해에 있어서 거
의 일치하였다. (중략) 커다란 정치 변혁기를 앞두고 국민 대다수가 바라
는 안정을 희구하는 길은, 모든 정치 담당자들이 그들의 정치적 욕망을 누
르고 국리민복만을 생각하는 것이다. 민족의 위기 앞에서 하나로 뭉쳤던
60년전 신간회의 결속감처럼 분단 상황의 오늘에 알맞게 여야는 나라와
겨레의 앞날을 위해 광의의 정치적 협동전선을 구축해야 하는 것이다(『조
선일보』, 1987.3.5, 2면).

1980년대 이후 『조선일보』는 과거에 비할 수 없을 만큼 더욱 적극적으로 민족지라고 주장했다. 한때 민족지 논쟁으로 타격을 입었지만, 이후에도 신간회 활동 등을 내세워 민족지라는 주장을 계속해 나갔다. 1980년대 중반 이후 "한국 민족운동에 대한 반공주의적 인식에 기반했던 기존의 연구를 탈피"하면서 신간회에 관한 연구가 활성화되었던 것이(조성윤, 2015, 439쪽) 『조선일보』가 신간회와의 관계를 적극적으로 내세우는 데 영향을 주었다. 1985년의 민족지 논쟁이 다시 논란이 된 것은 1988년 '언론문제 진상규명에 관한 청문회'에서였다(대한민국 국회사무처, 1988, 6쪽).

이 철 : 1985년도 동아일보와 조선일보가 민족지 논쟁을 벌였던 적이 있는데 민족지 논쟁이 중간에 중단되었지요? 1985년도 그것을 기억하십니까?

방우영 : 누가 더 민족지냐 그런 경쟁입니까?

이 철 : 예

방우영 : 제 기억에는 그것이 하루 이틀 그런 논쟁이 있은 것으로 기억을 하고 있습니다. 그래서 여기 김상만 명예회장 나와 계시지만 이것 우리 언론끼리 뭐 민족지가 잘났고 뭐고 지금 그럴 때가 아니고 언론이 정도를 걸어야 할 때다. 그래서 곧 전화 연락 해가지고 그다음 날로 게재 중단한 것으로 저는 기억하고 있습니다.

이 철 : 결국 친일 반일 논쟁을 하면 둘 다 결과적으로 좋지 않다 하는 그런 이유 때문에 그것이 중단되었던 것으로 봅니다.

방우영 : 아니 친일이라는 것이 무슨 말씀입니까?

이 철 : 양사가 우리 민족의 가장 불행했던 시기에 권력에 굴종했던 그 역사가 우리 언론사의 하나의 치부로 남아 있습니다. 그 사실을 부인하시면 곤란합니다.

방우영 : 조선 동아가 일제 때 그래 왜놈한테 굴종하고 앞잡이 노릇했다는 것입니까? 말씀 삼가주시면 감사하겠습니다. 그렇다면 모든 역사

를 뒤집어야 합니다. 어떻게 조선일보하고 동아일보가 왜놈한테
붙어가지고 친일파를 했다는 말씀을 하십니까? 저는 여기에서
분명히 말씀드리지만 조선이나 동아나 68년의 역사를 가지고 있
고, 저희들의 선인 선배들이 그 혹독한 조선총독부 밑에서 피흘
리고 고문당하고 옥사를 하면서까지 그래도 겨레를 위하고 민족
의 존립을 위해서 끝까지 목숨으로 싸우다가 조선 동아는 끝내
폐간되었다고 믿고 있습니다. 만약 조선일보 동아일보가 친일을
했다고 하면... 어떻게 그러한 근거를 가지고 말씀하십니까? 역
사는 모든 것이 뒤집어져야 된다고 저는 생각을 하고 있습니다.

이　철 : 그러한 투쟁사 일제하에서의 우리 언론의 투쟁사와 그 언론의 굴
종사는 서로 교차되고 있습니다. 항상 투쟁만 해왔던 것이 아닙
니다.

1985년의 민족지 논쟁 당시에는 다른 신문들이 보도하지 않아 두 신
문의 친일 행적이 널리 알려질 수 없었다. 그러나 1988년의 언론청문
회에서의 민족지 논쟁에 대한 언급은 다른 매체를 통해 알려지게 되었
다. 특히 방송을 통해 언론청문회가 중계되면서 많은 시청자가 이철
의원과 방우영 사장의 '민족지 공방'을 지켜볼 수 있었다. 방우영의 답
변을 보고 『한겨레신문』은 "방씨는 자기 회사의 조사부에 보관되어 있
는 신문철도 보지 않았는가?"라고 하며 일제강점기의 친일 논조에 대해
비판했다(『한겨레신문』, 1988.12.15, 7면). 『경향신문』도 전두환 정권의
언론정책에 따른 '언론 상호간의 이전투구' 과정에서 '케케묵은 민족지
논쟁'이 벌어졌다고 지적했다(『경향신문』, 1988.12.23, 5면). 이런 과정을
지켜보며 가장 착잡했던 사람들은 바로 『조선일보』와 『동아일보』 해직
기자들이었다. 조선자유언론수호투쟁위원회는 1989년 6월에 『기자협
회보』에 기고한 '방우영 사장에게 보내는 공개서한'에서 다음과 같이
비판했다.

일제하에서 친일행위를 한 조선일보의 반민족적 죄과를 묻는 국회의원의 질문에 귀하는 일언지하에 이를 부정하면서 역사를 다시 쓰자는 말이냐고 오히려 소리쳤습니다. 지난날의 조선일보의 수많은 지면들이 생생하게 증언해주는 역사적 사실까지도 뒤집는 위증을 귀하는 서슴지 않았습니다, 귀하의 공공연한 위증을 국민들과 함께 지켜보면서 분노한 우리는 귀하에게 걸었던 마지막 희망을 버리고 절망하였습니다(조선자유언론수호투쟁위원회, 1993, 443쪽).

1980년대 말에 민주주의가 발전하고『한겨레신문』등 새로운 신문이 창간되며『동아일보』와『조선일보』의 과거 논조에 대한 비판적 인식이 확산되었고, 두 신문의 '민족지' 주장도 점차 힘을 잃게 되었다.『한겨레신문』은 '조선일보 70년과 조선투위 15주년'이라는 사설을 통해 다음과 같이 비판했다.

우리는 지난 5일 창간 70주년 기념식을 치른 조선일보사에 대해 진심으로 축하의 뜻을 전하지 못하는 것을 가슴 아프게 생각한다. 그 까닭은 이렇다. 현존의 신문 가운데 가장 오랜 역사를 가진『조선일보』가 민족공동체를 위해 바른 길을 걸어왔다면 마땅히 '고희'에 덕담을 보내야겠지만, 그리고 그 신문이 잘못된 길을 걸어왔다고 하더라도 지난날의 과오를 진심으로 반성하고 새로운 자세로 언론을 운영하겠다는 다짐을 한다면 언론민주화의 길을 함께 가자고 약속할 수도 있지만,『조선일보』는 창간 70주년을 맞아 1면 머리에 크게 실은 '사설'에서 어느 때나 다름없이 다시 독자들을 속이려 들고 있기 때문에 안타깝다는 생각이 든다. "3·1 민족운동의 피가 덜 마르고 그 함성이 덜 사라진 때 태어나 민족 말살의 시퍼런 칼날 밑에서 민족을 대변, 일제당국으로부터 5백여 회의 신문 압수와 네 차례의 정간을 당하고 끝내 폐간을 당하고 말았던『조선일보』. 그래서 '총독부를 개처럼 물어뜯는 신문'으로 총독부가 발간한 문서에 적혀 있기까지 하다." 창간기념 사설의 이런 주장에는 일면의 진실이 있다. 그러나 그 많은

정간과 압수는 민족의 독립을 위해 언론계로 진출한 기자들의 투쟁의 산
물이었지 일본군에 고사포를 바치면서 친일에 앞장선 조선일보사 경영주
의 공적은 아니었다. 그리고 『조선일보』는 친일파 예종석이 창간했다는
사실 때문에도 '3·1운동의 피'를 말할 자격이 없다. 또 사설과 기사로 '천
황폐하의 만수무강'을 빌고 일제의 동아시아 침략을 '거룩한 전쟁'으로 미
화하던 신문이 어떻게 '민족을 대변했다'고 주장할 수 있는가? 이런 점은
비슷한 길을 걸어온 『동아일보』도 마찬가지지만, 『조선일보』는 참으로 끈
질기게도 독자들을 기만하고 있다(『한겨레신문』, 1990.3.8, 6면).

『한겨레신문』의 사설은 『조선일보』와 『동아일보』의 친일 문제를 직
접 거론했다는 점에서 파장이 컸다. 1980년대 말에 『순국』, 『말』, 『역사
비평』 등의 잡지를 통해 친일파 문제가 집중적으로 다루어지고, MBC-
TV의 8·15특집으로 '반민특위 3부작'(1990.8.19~8.12)이 45%를 넘는 높
은 시청률을 보였을 정도로 친일파 청산의 실패로 끝난 현대사에 관한
관심이 높아졌다(이헌종, 1990, 124~125쪽). 『한겨레신문』의 비판과 친
일파 청산에 관한 관심으로 『동아일보』와 『조선일보』의 친일 행적이
드러나면서, 두 신문의 민족지 신화는 이제 균열이 진전되어 서서히
붕괴되기 시작했다.

4. '민족지 신화'에서 '친일 논란'으로

'민족지' 신화와 '지사적 기자' 신화는 일제강점기 『동아일보』와 『조
선일보』 두 신문의 역사를 미화하는 데 동원하는 가장 중요한 자원이
었다. 신문은 일제에 비판적인 논조로 정간이나 폐간 등의 탄압을 당
했고, 기자들은 저항적인 사설과 기사로 옥고를 치르기도 했다는 것이

다. 이런 신화를 통해 아주 오랫동안 두 신문과 기자들은 일제 말기의
친일 논조와 행적에도 불구하고 전혀 고백과 반성을 하지 않아도 비판
받지 않았다.

'민족지' 신화와 '지사적 기자' 신화는 해방 직후부터 1950년대까지 서
서히 등장해서, 1960년대에 본격적으로 형성되기 시작했다. 1960년에
신문 기사, 언론인 기고, 언론학자의 저서 등을 통해 형성되기 시작한
신화는 1970년대에는 두 신문의 사사(社史)와 교과서 등을 통해 강화되
었다. 1970년대 중반까지 신화는 널리 퍼져 있어서 『동아일보』와 『조
선일보』가 정권의 탄압에 굴복해 논조가 변화되었을 때도 독자들은
'신화의 시기'로 돌아가기를 바라며 두 신문을 '민족지'로 불렀다.

1975년에 자유언론실천운동을 하던 기자들이 정권에 굴복한 경영진
에 의해 해직되면서 독자와 기자들은 『동아일보』와 『조선일보』의 실
체를 깨닫기 시작했다. 최민지(1978)의 『일제하 민족언론사론』은 일제
강점기 두 신문의 친일 논조와 기자들의 친일 행적을 보여줌으로써 '민
족지'와 '지사적 기자' 신화에 균열을 일으켰다. 두 신문은 다양한 매체
와 방법을 활용해 신화를 강화하려고 했지만, 두 신문의 경쟁으로부터
비롯된 '민족지 논쟁'은 신화에 더 큰 균열을 만들었다. 1988년의 국회
언론청문회에서 '민족지 논쟁'이 거론되며 다시 두 신문의 친일이 부각
되었다. 방송으로 중계되며 많은 사람이 볼 수 있었고, 『한겨레신문』
이 보도하며 관심을 갖게 만들었다.

서서히 균열을 보이던 '민족지' 신화는 1990년대 이후 『동아일보』와
『조선일보』의 친일 논란이 거세지면서 이제 붕괴의 조짐을 보이기 시
작했다. 1990년대 들어서서 『동아일보』와 『조선일보』는 더 이상 스스
로를 민족지였다고 주장하기는 곤란해졌다. 『한겨레신문』이 보도하고
민족문제연구소 등이 책을 발행해 두 신문의 친일 논조와 사주들의 친

일 행각을 계속 폭로했기 때문이다. 신문의 친일 논조는 지면으로 그대로 남아 있고, 언론인의 친일 행각은 신문 지면과 각종 문서로 쉽게 확인되었다. 친일 논조를 지면으로 쉽게 확인할 수 있게 되면서 『동아일보』와 『조선일보』의 민족지 신화가 붕괴된 것은 물론 두 신문의 '친일'은 상식이 되어갔다(장신, 2010).

 그럼에도 두 신문은 한동안 계속 '민족지'라는 철 지난 주장을 반복했다. '친일 논란'이 계속되자 두 신문은 일제 말기의 상황을 거론하면서 친일 논조가 불가피한 것이었음을 강변하기도 했다. 신문 논조의 친일 논란이 사주인 김성수와 방응모의 친일 행위에 대한 비판으로 나아가자 두 신문은 친일 행적에 대해 변명을 하던 것에서 벗어나 친일 청산을 위한 노력에 맞서기 시작했다.

10장

친일파 청산 움직임과
친일 언론에 대한 재인식

1. 친일 언론 청산의 필요성

1987년의 6월 항쟁으로 민주화가 진전되면서 다시 친일파 청산을 위한 움직임이 시작되었다. 1988년에 창간된 『한겨레신문』 등의 언론이 친일파 청산의 필요성을 주장했고, 1991년에 결성된 반민족문제연구소(1995년 6월에 민족문제연구소로 개칭)가 친일파 연구를 본격적으로 시작했다. 새로운 신문이 등장하는 등 매체 환경이 변화하고, 임종국으로부터 시작된 친일파 연구가 연구소의 개설로 이어지면서 친일파 청산을 위한 시도가 본격화될 수 있었다.

하지만 여전히 많은 언론이 회피함으로써 친일 문제가 사회적 의제로 크게 부각되지는 않았다. 친일 혐의로부터 자유롭지 못한 신문들은 당연히 친일 문제를 회피하거나 왜곡하려고 했다. 이런 현실은 친일 청산을 위해서는 무엇보다도 먼저 친일 언론의 문제를 짚어보지 않으면 안 된다는 인식을 확산시켰다. 즉 친일 언론의 잔재가 그대로 남아 있는 언론 구조가 친일파 청산을 위한 노력에 방해가 되고 있다는 인식이 조금씩 형성되기 시작했다.

1990년대 초에 언론과 연구소를 중심으로 시작된 친일 청산 움직임은 국회에서의 '민족정통성회복특별법안'의 제출과 안티조선운동의 조직화로 이어졌다. 2000년대 들어서서는 시민사회 영역에서의 『친일인명사전』의 제작과 국가 주도 친일반민족행위진상규명위원회의 출범으로 이어졌다. 그 과정에서 반대 세력의 조직적 저항으로 우여곡절이 있기는 했지만, 결국 2009년에 『친일인명사전』과 『친일반민족행위진상규명보고서』의 발간이라는 성과를 낳았다. 2010년대에는 사전과 보고서에 대한 반발과 소송이 이어졌지만, 친일 언론인의 소송 패소라는 성과는 친일 언론 청산을 위한 확실한 디딤돌이 되었다.

10장에서는 1990년대부터 2010년대까지의 친일 청산 움직임이 언론계의 친일파 문제를 해결하기 위한 활동에 미친 영향을 정리해 보고자 한다. 나아가 1990년대 이후의 언론계 친일파 청산을 위한 노력이 친일 언론에 대한 재인식을 가져왔다는 점도 정리할 것이다. 특히 친일 언론에 대한 재인식을 통해 '민족지 신화'가 완전히 붕괴된 과정도 살펴보려고 한다.

2. 1990년대의 친일 청산 움직임의 태동과 언론

1) 민족문제연구소의 창립과 '민족정통성회복특별법안'의 제출

1990년대 들어서서 친일 청산을 위한 움직임은 1991년 2월 반민족문

제연구소(1995년 6월 민족문제연구소로 변경)가 창립되면서 비로소 본
격화되었다. 반민족문제연구소는 1993년에『친일파 99인』세 권을 간행
했는데, 여기에 언론 분야 친일파로 진학문, 장덕수, 서춘 3인이 포함
되었다. 이외에도 언론계에서 활동했던 인물로는 민원식, 이인직, 주요
한, 김동환, 백철, 최린 등이 다루어졌다. 민족문제연구소는 1994년도
『청산하지 못한 역사』세 권을 발행했는데, 여기에서는 방응모, 유광
렬, 이상협 등 3인이 언론계 친일파로 다루어졌다. 이외에도 언론계에
서 활동했던 인물로는 김성수, 조용만 등이 이 책에서 다루어졌다. 김
성수와 방응모가 모두 이 책에 포함되면서 언론계 친일파에 대한 인식
이 확산되었다. 정운현(1993)의 '언론계의 친일 인맥'은 최초의 본격적인
시도로서 친일 언론인 연구의 필요성을 일깨워 주었다. 김성수와 방응
모는 물론『동아일보』와『조선일보』에서 활동했던 언론인들의 친일
행적은 두 신문의 민족지 신화가 얼마나 허구였는가를 여실히 보여주
었다.

반민족문제연구소가 결성되면서부터『친일인명사전』편찬은 큰 과
제였다. 그러나 재정을 확보하고 학계의 참여를 이끌어 내는 것이 쉽
지 않아서 어려움을 겪었다. 반민족문제연구소는 '친일 인사 2만 5천여
명의 반민족 행각'을 밝히는『친일인명사전』작업에 "3~4억여 원의 경
비를 마련할 길이 없어 사실상 손을 놓고 있는 상태"에 놓였다(『한겨레
신문』, 1992.3.1, 15면).『한겨레신문』은 '친일 인명사전이 빛을 보게 하
자'라는 사설에 다음과 같이 주장했다.

친일 인사에 대한 단죄를 통해 우리 사회에 지금도 계속되고 있는 외세
의 지배구조를 청산하기 위해" 발간이 추진되고 있는 친일인명사전은 그
런 뜻에서 더는 늦출 수 없는 우리 겨레의 숙제이다. 그러나 '예상대로' 이
사전의 발간은 벽에 부닥치고 있다. (중략) 친일 분자의 과거 행적을 추적

하는 일이, 명색이 '내 나라'를 세운 이후에도 권력을 또다시 거머쥔 그 친
일 분자들의 방해와 억압 때문에, 그리고 이번에는 갑자기 잘 살게 됐다는
'풍요로운 나라'에서 돈 때문에 중단되어서는 안 된다(『한겨레』, 1992.3.3,
2면).

『친일인명사전』이 재원 부족으로 추진하기 어렵게 되자, 독립운동단
체들은 정부 지원을 촉구했다(『한겨레신문』, 1994.8.30, 18면). 그러나
김영삼 정권 기간 정부의 지원은 이루어지지 않았다. 김영삼 정권은
3·1절이나 광복절 경축사에서도 친일 청산 문제를 제대로 언급하지
않았을 정도로 큰 관심을 보이지 않았기 때문에 『친일인명사전』의 지
원을 기대하기 어려웠다. 『친일인명사전』 작업은 김대중 정권이 들어
설 때까지 거의 진전되지 못했다.

김영삼 정권 시기에도 친일파 자손들이 재산 찾기 활동을 개시하자
이에 대한 비판 여론이 형성되었고, 1993년 12월 17일에 167명 서명으
로 '민족정통성회복특별법안'이 제출되었다. 이 법안은 제안이유서에서
다음과 같이 주장했다.

구한말 이후 일제강점기에 있었던 사항과 관련하여 우리 민족의 현대
사는 굴절과 왜곡의 점철이 있어 왔고, 한편 21세기를 앞둔 새로운 세계적
상황은 아직도 분단된 우리 민족과 국가에 냉전시대 이상으로 치열한 국
제 경쟁시대의 도전하에 있음을 직시하면서, 세계에서 의젓한 민족과 국
가로 토대 잡고 미래 지향적이기 위해서는, 이 시대 역사정신은 우리들에
게 과거 민족정기를 훼손하고 정의와 형평에 반한 행위와 조치 등에 대하
여 필요한 최소한의 재조명, 진상규명, 시정의 절차를 요구하고 있다고 확
신한다. 그것이 민족사의 정통성을 회복하고 통일조국에 대비하는 필요조
건이기 때문이다. 구한말 국권상실의 처절한 민족사의 비극과 회한이 있
은 이후, 일제강점기에 애국지사라는 이유에서 당시의 당국에 의해 그 재

산마저 피탈 당하였으니, 그 진상규명과 시정을 탄원하는 그 유족의 호소
등을 우리 국회와 정부가 접하여 왔고, 매국노 이완용의 후손이 법절차를
빙자하여, 매국의 대가로 획득한 부정한 재산을 회수하려는 어처구니없는
사건이 벌어지는가 하면, 광복의 영웅 김구 선생이 광복된 조국의 땅에서
시해된 사건의 배후와 그 진상에 대한 규명의 탄원 또한 미해결의 장에
머물러 있음을 우리들 모두는 안타까워 해왔다. 이에 우리들은 민족정기
를 앙양하고 민족정통성 회복을 위하여 독립애국지사와 반민족적 매국노
의 문제를 정확히 파악하여 필요한 시정을 강구함에 있어 시효제도 배제
와 재심개시의 특례 등 최소한의 예외적 제도 이외에는 기존실정법 체계
의 기조위에서 이 법안을 제안하는 바이다.

(http://likms.assembly.go.kr/bill/billDetail.do?billId=012672)

이 법안은 국회의원이 167명이나 서명을 한 것이었음에도 국회에서
의 논의 과정에서는 큰 반대에 직면했다. 국회 법제사법위원회에서 제
안자 중 한 명인 김원웅 의원은 "청산되지 않은 역사는 오늘도 계속되
고 있습니다"라고 하며 "대한민국 정부는 왜 반민족행위자 처벌에 대하
여 지금까지 침묵하고 있습니까?"라고 하며 법안의 통과를 주장했다.
많은 국회의원이 원칙적으로는 찬성한다면서도 소급 입법이 위헌의 소
지가 있다는 등의 이유로 사실상 반대 의견을 표명했다. 이런 의견에
대해 또 다른 제안자인 장기욱 의원은 "이 법안에 대해서 필요 이상의
어떤 위헌론이나 혹은 소급해서 형사 처벌하는 선입관을 가질 필요"가
없다고 하며 다시 반론을 펼쳤다. 그럼에도 결국 박희태 법사위 위원
장은 법안심사소위원회에 넘기기로 결정했다(제169회 국회 법제사법위
원회 회의록 제7호, 1~8면). 이후 이 법안은 제대로 논의도 되지 못한
채 표류하다가 14대 국회의 임기 만료로 1996년에 폐기되고 말았다. 비
록 '친일파의 재산환수'라는 제한적 목적을 갖고 시작한 것이었지만 이
법안은 반민특위의 실패 이후 44년 만에 다시 국회가 친일 청산을 위

한 입법을 시도한 것으로 의미가 있었다. 다만 입법을 추진하는 세력들의 노력이 부족했던 반면에 반대 세력의 조직적 저항은 집요해서 결국 다시 실패하고 말았다. 특히 『한겨레신문』을 제외한 나머지 대부분의 신문이 이 법안 보도에 소극적이었던 것도 법안 통과 실패에 영향을 주었다.

1993년에는 정부 서훈을 받은 독립유공자의 공적에 대한 재심사가 이루어졌다. 보훈처는 당시까지 독립유공자로 서훈된 6,233명 중에 친일 행적으로 문제가 제기된 100여 명에 대해 재심사를 실시했다. 『한국일보』는 '나라 법통 바로 세우기'라는 사설에서 "민족운동가와 친일파라는 두 개의 얼굴을 지닌 인사들의 평가는 단순한 서훈심사의 문제가 아니라 광복 후 현실정치와 관련된 이념적 논쟁과도 관련된 문제였다"고 하며, "두 얼굴의 야누스를 추려냄으로써 우리는 비로소 항일운동에 신명을 바친 선열 앞에 떳떳이 설 수 있을 것"이라고 주장했다(『한국일보』, 1993.5.13, 2면). 『한겨레신문』은 '친일 독립유공자와 역사 바로 쓰기'라는 사설에서 보훈처장이 친일 혐의가 있는 서훈자 몇 명의 이름을 거론하자 여당 의원이 반발한 것에 대해 "국회 보사위에서 일부 국회의원들이 행한 발언들은 광복 뒤 이 땅에서 친일파를 척결하지 못한 것이 우리 민족에게 씻을 수 없는 과오가 되고 있음을 다시금 깨닫게 한다"고 비판했다(『한겨레신문』, 1993.7.1, 2면).

정부 서훈자 중에 친일 혐의가 있는 사람이 포함된 이유는 여러 가지가 있을 것이다. 그중 하나가 심사자 중에 친일파가 있었다는 사실이다. 독립유공자 상훈 심사자 중에 친일 전력이 있는 사람으로는 1962년 2명(신석호, 이병도), 1963년 4명(고재욱, 신석호, 유광렬, 이갑성), 1968년 8명(고재욱, 백낙준, 신석호, 유광렬, 이병도, 이선근, 홍종인, 김성균), 1977년 2명(유광렬, 이은상) 등이 있었다(정운현, 1991). 이들 중에 고재욱, 유광렬, 이선근, 홍종인, 이은상은 일제강점기에 언론인으로 활동했다.

1993년 7월 8일에 국가보훈처가 국회에 제출한 자료에 따르면 김성수 등 8명의 독립유공자가 친일 혐의를 받고 있는 것으로 나타났다. 즉 김성수(1962년 대통령장), 이갑성(1962년 대통령 표창), 윤익선(1962년 독립장), 서춘(1963년 대통령 표창), 이은상(1977년 애국장), 이종욱(1977년 독립장), 윤치영(1982년 건국포장), 전협(1982년 애국장) 등 8명의 명단을 밝히며 친일 혐의로 서훈 취소를 검토하고 있다고 했다(『서울신문』, 1993.7.9, 1면). 『동아일보』 사주였던 김성수가 명단에 포함되어 있었기 때문에 보수신문들은 예민하게 반응했다. 결국 유족들의 반발로 시간을 끌다가 3년이 지난 1996년 서춘 등 5명의 독립유공자 예우를 박탈하기로 결정했다(『한겨레신문』, 1996.10.17, 1면). 서춘은 언론인으로는 서훈을 받았다가 취소된 최초의 인물이 되었다.

2) 안티조선운동과 친일 언론에 대한 재인식

1990년대 말에 시작된 '안티조선'운동은 '권력화'된 『조선일보』의 부당한 정치적 영향력에 대한 비판으로 시작되었다. 1998년 10월의 최장집 대통령 자문 정책기획위원장에 대한 『월간조선』의 '왜곡 보도'가 중요한 계기가 되었다(강준만, 1999, 73~84쪽). 이 사건을 통해 『조선일보』에 대한 비판이 확산되고, 반대운동이 시작되었다. 『조선일보』의 친일 행적에 대한 비판 과정에서 『월간 말』 1998년 12월호는 『조선일보』 1937년 1월 1일 신년호에 일왕 부부 사진을 크게 실었던 지면을 공개했다(채백, 2020, 237쪽). 일왕 부부의 사진이 실린 지면은 친일의 증거로서 널리 퍼지기 시작했다.[1] 안티조선운동이 체계를 갖추어 진행되기 시

작하며,『조선일보』의 친일 문제도 더욱 구체적으로 거론되었다. 김동
민은 다음과 같이 주장했다.

　　일제의 식민지배라는 조건 속에서 친일 신문으로 출발하고 민족을 배
　신했음에도 불구하고 그 엄연한 역사적 사실을 부인하며 항일 민족지였다
　고 강변하고 있는 것이다.『조선일보』는 아직까지 단 한 번도 그 부끄러
　운 역사를 시인하거나 사과하지 않았으며, 오히려 조작 왜곡하면서 국민
　을 속여 왔다. 그 당연한 귀결로 거짓말이 거짓말을 잉태하면서 사회적으
　로 악영향을 끼쳐왔다(김동민, 1999, 66쪽).

　안티조선운동 과정에서『조선일보』의 친일 행적에 관한 비판적 인
식이 확산되었다. 특히 2000년 8월 15일에 충북 옥천에서 결성된 '조선
바보'(조선일보 바로보기 옥천 시민 모임)는 '조선일보로부터의 독립 선
언'을 하며, 독립을 해야 할 가장 큰 이유로『조선일보』의 친일 문제를
들었다. 특히 이들 중에 조선일보 허위 · 왜곡보도 공동대책위원회(1999)
가 펴낸『조선일보를 해부한다』를 통해 일제강점기『조선일보』의 친
일 행각을 알게 되었다고 하는 사람이 많았다(http://news.naver.com/
main/tool/print.nhn?oid=047&aid0000010219). 이런 활동에 대해 한윤형
은 다음과 같이 평가했다.

　　'조선바보' 회원들은 스스로를 독립군이라 불렀다. 이들은 스스로 민족
　지라 주장하는『조선일보』가 실제로는 '친일 신문'이라는 것을 알고 충격
　을 받아 안티조선 운동에 동참하게 됐다고 말했다. 옥천에서는 이런 논리
　가 제법 먹혀들어서 옥천에서 안티조선에 참여한 단체들 중에는 해병대

---

1) 이후 나온 여러 자료집에는 일왕 부부 사진이 실려 있는『조선일보』지면으로 1938년
　1월 1일 신년호가 제시되는 경우가 많았다(조선일보 반민족 · 반통일 행위에 대한 민
　간법정 추진위원회, 2002, 32쪽; 조선일보 허위 · 왜곡보도 공동대책위원회, 1999, 235쪽).

전우회를 비롯해 일반적인 시각으로 보면, '보수 단체'에 해당하는 단체들이 즐비했다. 독재 정권에 대한 부역 문제나 개혁 인사에 대한 마녀사냥 같은 문제는 정치 성향의 차이에 따라 의견이 다를 수 있다. 하지만 친일 문제에 대해서만큼은 누구나 의견이 일치할 수밖에 없지 않느냐는 것이 '독립군'들의 설명이었다(한윤형, 2010, 185쪽).

'보수 단체'에 소속된 사람들까지 안티조선운동에 동참한 것은 '지면으로 뻔히 남아 있는 친일'을 애써 숨기고 부정했던 『조선일보』의 '자업자득'이었다. 『조선일보』나 『동아일보』의 일제 말기의 지면을 보면 두 신문의 '민족지' 주장이 얼마나 터무니없는 것이었는지 곧 알 수 있기 때문이다. 『조선일보』가 1937년부터 폐간 전까지 매년 신년호에 게재한 일왕 부부 사진과 관련 기사는 친일 논조를 상징적으로 보여주었다. 시민운동단체들이 『조선일보』의 친일문제를 부각시키면서, 친일언론 청산을 위한 시도들도 확산되기 시작했다. 2001년 10월에는 '조선일보반대 시민연대'와 '통일연대'가 민간법정 사업의 필요성에 공감하면서 '민주사회를 위한 변호사 모임' 소속의 변호사들과 함께 추진하기로 했다. 그 결과 2002년 1월 30일에 '조선일보 반민족·반통일 행위에 대한 민간법정'이 개최되었다.

민간법정은 기소장에서 "조선일보의 반민족적인 친일 행위는 오늘날 조선일보의 중흥 시조로 불리는 방응모가 1933년 3월에 경영권을 인수하면서부터 극에 달했다. 이때부터 조선일보는 민족지의 가면을 벗어던지고 불의와 권력에 순종하는 개인의 소유물이 되어버렸다"고 비판했다(조선일보 반민족·반통일 행위에 대한 민간법정 추진위원회, 2002, 26쪽).

시민운동 차원에서 일제강점기 『조선일보』의 친일 논조를 비판하고 친일 청산을 주장한 것은 큰 의미를 지녔다(조영수, 2004). 특히 이런

움직임은 친일 언론의 실체를 널리 알려 친일 언론 청산의 필요성을
일깨워 주었다는 점에서 의미가 컸다. 그러나 안티조선운동에서의 친
일 언론 청산과 관련된 활동은 구체적인 분석과 의미 있는 대안을 제
시하는 연구 성과로 이어지지 못했다는 점에서 한계도 있었다.

안티조선운동으로 『조선일보』의 친일 행적이 드러나자 2000년에 간
행된 『조선일보 80년사』는 일제 말기의 친일 지면을 처음으로 인정했
다. "일제의 입김이 강하게 작용하고 있음이 그대로 드러나고" 있다고
하며, 1937년 신년호 1면에 일왕 사진과 기사가 실리고, 그 외에도 총
독, 정무총감, 경무국장의 사진과 글이 실렸었다는 사실을 다루었다(조
선일보 80년사사 편찬실, 2000, 469~470쪽). 이미 안티조선운동을 통해
관련 사실이 널리 알려져 있는데, 굳이 숨기 필요가 없다고 판단했기
때문일 것이다.

『조선일보 70년사』의 목차에서는 '민족지로서의 항쟁기(1924~1932)'
라고 표현했었는데(조선일보 70년사 편찬위원회, 1990, 33쪽). 『조선일
보 80년사』에서는 목차에서 '민족지'란 표현은 사라지고 '자치론 배격,
신간회 주도'라는 표현이 새로 등장했다(조선일보 80년사사 편찬실, 2000,
71쪽). '자치론 배격'은 『동아일보』를 겨냥한 것이었고, '신간회 주도'는
친일 비판에 맞서기 위한 것이었다.

『조선일보 80년사』에서는 창간 주체를 여전히 '대정실업친목회'라고
표현하면서 "발기인 총 39명 가운데 확인된 대정친목회원은 11명"에 불
과해서 "조선일보를 대정친목회의 기관지로 볼 수 없다"고 하는 내용을
추가했다(조선일보 80년사사 편찬실, 2000, 100~103쪽). 창간 주체를 '대
정실업친목회'라고 주장했지만, '대정친목회'가 친일 단체가 아니고 실
업계를 중심으로 하는 친목 단체라고 설명하기 위해 인용된 당시 기사
에는 모두 '대정친목회'라고 나와 있어서 의도와 다른 결과를 낳고 말

았다. 장신은 『조선일보』 발기인 39명 중 "확인 가능한 대정친목회의 간부만 최소 32명"으로 창간을 대정친목회가 주도한 것은 명백한 사실이었다고 비판했다(2021, 22~24쪽).

그러나 『조선일보』는 이후에도 계속 '대정실업친목회'가 창간했다고 하면서도, '대정친목회'와는 관계가 없다는 특이한 주장을 반복했다.[2] 『조선일보』가 1930년대 말의 친일 논조를 어느 정도 인정했음에도 대정친목회가 창간했다는 사실은 계속 부인했던 것이 오히려 대정친목회가 명백히 친일 단체였다는 것을 보여준다(장신, 2007). 당시 잡지에서 대정친목회에 대해 "조선 주의(周衣: 두루마기 – 인용자)에 일본 하오리(일본 전통 겉옷 – 인용자)를 가미하여 문부(紋付)예복을 만들어 입고 다니는 괴물의 일군이 조선에 있었는데 만세 일성에 대경끽법(大驚喫怯)하여 서혈(鼠穴: 쥐구멍 – 인용자)에 잠복하게 된 망종"인데 조선 총독부가 '교묘한 방책'으로 이들에게 신문 발간을 허용했다고 비판했을 정도였다(아아생, 1923, 50쪽).

『동아일보』는 2000년에 80년 동안의 역사를 간추린 『민족과 더불어 80년』을 발행했는데, 이 책에서 "이 무렵(폐간 직전 – 인용자) 동아 조선 양대지의 논조와 색채는 이미 매일신보와 구별하기 힘들 정도로 상당히 퇴색해 있었다"고 했을 뿐 친일 논조에 관해 구체적인 언급을 하지는 않았다(동아일보 80년사 편찬위원회, 2000, 261쪽). 『동아일보』는 목차에서 여전히 '식민지하 민족언론의 탄생'이라고 표현했고, '민족신문'이라는 단어를 사용하기도 했다(동아일보 80년사 편찬위원회). 다만

---

[2] '대정실업친목회'라고 표현하면서, 이 단체와 『조선일보』와의 관계가 밀접하지 않았다고 하는 주장은 '90년사'와 '100년사'에서도 그대로 실려 있다(조선일보 90년사사 편찬실, 2010, 37~45쪽; 조선일보사, 2020, 42~44쪽). '80년사' 이후 '90년사', '100년사'에서도 계속 일제 말기의 친일 논조를 어느 정도 인정했던 것과는 달리 창간 주체를 대정실업친목회라고 표현하며 그 관계를 부정하려는 논조는 계속 유지했다.

『동아일보』도 과거의 『동아일보사사』 권1에서는 '민족지'라고 표현했
었는데(동아일보사, 1975, 34쪽), '80년사'에서는 비슷한 뜻을 지닌 '민족
신문'이라고 바꾸어 표현했다. 『동아일보』로서도 '민족지 논쟁' 이후의
상황을 고려하지 않을 수 없었을 것이다.

3. 『친일인명사전』과 친일반민족행위진상규명위원회

1) 『친일인명사전』 편찬 및 친일반민족행위진상규명 활동

『친일인명사전』 편찬 작업은 계속 진전되지 못하다가 김대중 정권이
출범한 이후 다시 움직임이 시작되었다. 1999년 8월 11일 대학교수 1만
여 명이 『친일인명사전』을 편찬하여 제2의 반민특위를 만들자는 '친일
인명사전 편찬 지지 전국 교수 일만인 선언'을 했고, 2001년에는 학계
를 망라한 친일인명사전위원회가 발족했다. 2004년 초에 국회에서 『친
일인명사전』 편찬 예산 5억 원 전액을 삭감하자, 국민모금 운동을 벌
여 단 11일 만에 소액 모금으로 목표액 5억 원을 돌파했다. 이를 기반
으로 2005년 8월에 1차 명단 발표를 했고, 2008년 4월에 2차 명단 발표
를 했으며, 결국 2009년 11월에 4,389명의 친일파를 담고 있는 『친일인
명사전』을 간행했다(조세열, 2010).

1999년 광복회가 '친일파 청산과 민족정기'를 주제로 학술회의를 열
었다. 2001년 민족정기를 세우는 국회의원 모임이 만들어지고 국회에
서 친일 언론 문제가 거론되었으며, 민족문제연구소의 『친일인명사전』
출간 선언이 있었다. 2002년 2월에는 민족정기를 세우는 국회의원 모
임이 광복회와 논의하여 친일파 708인을 발표하기도 했다. 이런 국회

의 움직임이 『친일인명사전』 발간에 도움이 되었다. 광복회(2002)는
『친일반민족행위자 명단』의 발간사에서 "언론, 교육 등 사회 각계는
친일반민족행위자로 말미암아 일그러진 민족의 도덕성을 회복하며 바
르고 떳떳한 민족사를 재창조하기 위해 친일반민족행위자의 역사적 청
산이라는 민족적 과업에 동참할 것을 호소"한다고 했다.

　2002년부터 '일제강점하 친일반민족행위진상규명에 관한 특별법'(이
하 반민족규명법) 제정을 위한 노력이 시작되었다. 2002년 3월에 '친일
행위진상규명 입법을 추진하기 위한 법률 추진단'이 구성되어 법률 제
정에 나섰다. 1948년 9월의 '반민족행위처벌법' 이후 다시 국가적 차원
에서 친일 청산을 위한 법적 장치를 만들기 위한 움직임이 시작된 것이
다. 2003년 8월 14일에 여야 국회의원이 '일제강점하 친일반민족행위진
상규명에 관한 특별법' 공동발의를 했다. 2003년 11월부터 12월까지 국
회 과거사진상규명특별위원회에 회부되었고, 본회의(2004.3.2)를 통과해
서 2004년 3월 22일에 공포되고 6개월 후 시행했다(강성현, 2016, 6쪽).

〈표 17〉 반민족규명위와 사전편찬위의 친일 규정에 대한 차이

	반민족규명위	사전편찬위
공통점	목적: 진상 규명, 정의 실현	
차이점	① 대상: 반민족행위자 총 1,006명 결정 ② 의미: 역사적, 법적 책임 추궁 ③ 형식: 조사보고서, 사료집 ④ 주체: 국가 ⑤ 서술대상: 1904~1945.8 ⑥ 내용: 행위 중심 ⑦ 과제 정리형 ⑧ 조사방식: 조사대상자 선정 - 이의 신청 - 대상자 결정 - 이의 신청 - 보고서 수록	① 대상: 반민족행위자와 부일협력자 일부 총 4,389명 수록 ② 의미: 학문적 정리와 역사적 책임 추궁 ③ 형식: 인명사전, 친일 총서 ④ 주체: 사회 ⑤ 서술대상: +1904-1945+ ⑥ 내용: 행위자 중심 ⑦ 문제제기형-사회적 논쟁 수행 ⑧ 조사방식: 수록 대상자 선정 - 이의 신청 - 사전수록

출처: 김민철, 2010, 93쪽.

보수 정당과 보수 언론의 반대와 방해 속에 상당 부분이 훼손된 가운데 간신히 제정되었는데, 2004년 12월 29일 국회의 개정안 통과 과정에서 다시 법안 명칭에서 '친일'이 빠지고 '일제강점하 반민족행위진상규명에 관한 특별법'이 되고 말았다. 2005년 1월 27일에 공포된 개정안은 행위가 아니라 지위를 기준하여 고등관(군수, 경시, 소위) 이상을 모두 포함시켰고, 문화예술인이나 지식인 등에 대해서도 엄중하게 책임을 물어야 한다는 내용을 담았다. 이런 반민족규명법에 따라 2005년 5월에 '친일반민족행위진상규명위원회'(이하 반민족규명위)가 출범했다.[3] 반민족규명위는 4년 6개월에 걸친 조사 활동 끝에 1,006명에 대해 친일반민족행위(자) 결정을 내리고 2009년 11월에 보고서를 간행했다(이준식, 2015).

『친일인명사전』 편찬과 반민족규명위의 활동이 이루어지는 과정에서 관련 연구도 활발해졌다. 반민특위에 관한 이강수(2003)와 허종(2003)의 연구는 반민특위의 친일파 청산이 왜 실패했는가를 짚어봄으로써 친일파 청산을 위한 올바른 방향을 고민하게 만들었다는 점에서 의미가 컸다. 이 두 연구를 통해 친일 언론인에 대한 반민특위의 조사와 처벌 과정을 파악할 수 있었다는 점에서 친일 언론 청산과 관련해서도 중요한 의미를 지녔다. 정진석(2005)은 『매일신보』와 『경성일보』를 다룬 저서에서 이들 매체에서 근무했던 언론인들의 경력이나 활동을 전체적으로 정리했다. 비록 이 책이 친일 언론 청산이라는 문제의식에서 출발한 것은 아니었지만, 총독부 기관지에 근무했던 친일 언론인을 파악하는 데 매우 유용한 정보를 제공했다는 점에서 의미가 있었다.

민족문제연구소(2009)에서 간행된 『친일인명사전』은 언론 분야의 친

---

[3] 법안 명칭은 '일제강점하 반민족행위진상규명에 관한 특별법'이지만, 이 법에 따라 출범한 위원회 명칭은 여전히 '친일'이 들어간 '친일반민족행위진상규명위원회'이다.

일파들을 포함하고 있어서 친일 언론인의 활동을 파악하는 데 큰 도움을 주었다. 반민족규명위(2009)의 보고서 Ⅱ권인『친일반민족행위조사』도 언론 분야 친일반민족행위자 33명을 다루고 있고, Ⅳ권의 1부터 19까지 보고서에서는 '친일반민족행위결정' 내용을 다루며 33명을 포함한 다수 친일 언론인의 친일 행위를 구체적으로 정리해 놓았다.

이준식(2005)은 민간기구인 친일인명사전편찬위원회의 활동과 국가기구인 친일반민족행위진상규명위원회의 활동이 친일 언론 청산의 중요한 계기가 될 것을 알기 때문에 친일 언론은 친일파 청산 활동을 막으려고 할 것이라는 점을 지적했다. 실제로『친일인명사전』편찬 과정과 반민족규명위의 활동 과정에서 친일 행위로 비판받던 보수 언론이 강력하게 반발하고 저항했던 것을 감안하면, 대단히 중요한 지적을 했던 것이다. 보수 언론의 반발은 김성수, 방응모, 홍진기 등 사주였던 인물들이 포함되었기 때문이고, 보수 세력의 입장을 반영한 것이기도 했다.『친일인명사전』이나 반민족규명위의 활동이 진행될 때마다 보수 언론은 사설과 기사로 비판했고, 특히 사전과 보고서가 출간된 이후 보수신문의 비판은 더욱 거세졌다.[4]

2) 친일 언론인의 규정과 명단

친일 언론인에 대한 자료 수집에서 가장 먼저 고려되어야 하는 것은 친일 언론인을 정의하고 선정하는 것이다. 1948년 9월에 제정된 '반민족행위처벌법' 1장 4조 11항의 "종교, 사회, 문화, 경제 기타 각 부문에 있어서 민족적인 정신과 신념을 배반하고 일본 침략주의와 그 시책을

---

[4] 『친일인명사전』 발간이나 반민족규명위의 활동 과정에서 신문 간에 벌어진 대립과 논쟁에 관해서는 이책 12장에서 자세히 다룰 것이다.

수행하는 데 협력하기 위하여 악질적인 반민족 언론, 저작과 기타 방법으로써 지도한 자'가 친일 언론인과 관련된 조항이다(이강수, 2003; 허종, 2003).

『친일인명사전』에서는 친일 언론인을 친일 세력이나 총독부가 발행한 신문, 그리고 경성방송국에 소속되어 활동한 일정 직급 이상의 간부 언론인으로 규정하고 있다. 또한 이런 친일 언론에 근무하지는 않았더라도 이런 언론에 기고를 하여 식민통치와 침략전쟁에 협력한 자들도 친일 언론인에 포함시켰다(『친일인명사전』 1, 44쪽).

1. 국민신보·시사평론 등 친일단체 기관지의 발행인·편집인
2. 매일신보·만선일보 등 국책 기관지의 국장급 이상과 논설부장·논설위원
3. 경성방송국의 국·과장 이상
4. 친일 신문·잡지사의 발행인·편집인·주간(주필)
5. 논설·저술·좌담·강연 등을 통해 일제의 식민통치와 침략전쟁에 적극 협력한 자

『친일인명사전』에서 언론/출판 분야로 발표된 친일 언론인은 44명이다. 이외에도 김성수, 최린, 이성근, 진학문, 김기진, 김동환, 백철, 주요한 등 언론계에서도 활동했던 인물들도 포함되었다. 『친일인명사전』에서 언론출판 분야 친일파로 44명을 결정했는데, 반민족규명위에서 결정한 33명보다 11명이나 많았다. 이와 같은 결과는 『친일인명사전』이 위의 기준을 더 폭넓게 적용했기 때문이다.

반민족규명위는 '언론 분야의 식민통치 협력행위'를 반민족규명법 2조 11호 "학병·지원병 징병 또는 징용을 전국적 차원에서 주도적으로 선전 또는 선동하거나 강요한 행위," 2조 13호 "사회문화 기관이나 단체

〈표 18〉『친일인명사전』과 반민족규명위의 친일 언론인 명단

자료	친일 언론인(언론 분야)	친일 언론인 (언론 분야 이외)
반민족행위특별 조사위원회(1949)	김기진, 김동진, 김동환, 김상회, 박희도, 방태영, 이상협, 이성근, 이창수, 정인익, 주요한, 진학문, 최 린, 홍양명	
친일인명사전 (2009.11.6.)	**김동진, 김상회, 김선흠,** 김인이, 김형원, **김 환, 노성석,** 노익형, **노창성, 민원식, 박남규,** 박석윤, **박희도, 방응모, 방태영, 변 일,** 서강백, **서 춘, 선우일, 송순기, 신광희, 심우섭, 양재하, 유광렬,** 이긍종, **이기세, 이상협, 이원영, 이윤종, 이익상,** 이인섭, **이정섭, 이창수,** 이혜구, 장지연, **정우택,** 정인익, **최영년,** 최영주, **함상훈, 홍승구,** 홍양명, 홍종인, 황의필 (44명)	김기진, 김동환, 김성수, 백 철, 이성근, 조용만, 주요한, 진학문, 최 린
친일반민족행위 진상규명보고서 (2009.11.30)	**김동진, 김상회, 김선흠, 김 환, 노성석, 노창성, 민원식, 박남규, 박희도, 방응모, 방태영, 변 일, 서 춘, 선우일, 송순기, 신광희, 심우섭, 양재하, 유광렬, 이기세, 이상협, 이원영, 이윤종, 이익상,** 이장훈, **이정섭, 이창수, 정우택,** 정인익, **최영년, 함상훈, 홍승구** (33명)	김기진, 김동환, 김성수, 박석윤, 백 철, 이성근, 주요한, 조용만, 진학문, 최 린

* 굵은 글씨는 『친일인명사전』과 『친일반민족행위진상규명보고서』에 공통적으로 실린 경우.
** 박석윤은 『친일인명사전』에는 언론 분야로 제시되었으나, 『친일반민족행위진상 규명보고서』에는 해외활동 분야에 나와 있음.

를 통하여 일본제국주의의 내선융화 또는 황민화 운동을 적극 주도함으로써 일본제국주의 식민통치 및 침략전쟁에 적극 협력한 행위", 2조 17호 "일본 제국주의의 통치기구의 주요 외곽단체의 장 또는 간부로서 일본제국주의 식민통치 및 침략전쟁에 적극 협력한 행위" 등을 기준으로 규정했다. 이와 같은 언론 분야의 식민통치 협력과 반민족규명법의 규정을 종합적으로 검토하여 언론 분야의 조사 후보 대상자를 다음과 같이 설정했다(『친일반민족행위진상규명보고서』 II, 150~151쪽).

첫째, 『특별법』 2조 17호와 연관하여 언론인으로서 일제 통치기구의 외곽단체의 핵심 간부에 해당하는 자들이다. 여기서 말하는 핵심 간부란 사장·발행인·편집인·주필 등에 국한했다. 그 이유는 이들이 신문이나 잡지의 편집과 발행에서 필요불가결한 직위에 있으면서 기본방향을 설정했기 때문이다. 언론 분야에서 일제의 외곽단체로는 조선총독부 기관지 『매일신보』, 『경성일보』가 해당한다. 이들 신문은 조선총독부로부터 자금을 받아 운영된 조선총독부의 한국어·일본어 기관지로서 일제의 식민통치를 대변한 가장 대표적인 매체였다. 아울러 『만선일보』는 '만주국'의 지원 아래 조선인을 상대로 한 한국어 기관지로서 외곽단체로 파악한다.

둘째, 외곽단체는 아니었지만 민간에서 일제에 적극적으로 협력한 언론기구나 단체의 핵심 간부들이다. 여기서는 신문, 잡지, 방송, 전쟁협력 단체 등 활동 분야가 다양했다. 먼저 신문 분야에서는 한일합병 이전에 일진회의 기관지 『국민신보』와 이완용 내각의 기관지 『대한신문』, 3·1운동 이후 참정권 청원운동을 벌인 국민협회의 기관지 『시사신문』 등의 핵심 간부가 대상이 된다. 다음, 잡지 분야에서는 국민협회의 기관지 『시사평론』, 1930년대 말 이후 전쟁 협력 잡지로서 『동양지광』, 『내선일체』, 『신시대』, 『조광』, 『춘추』 등이 있다. 이들 신문과 잡지에서 편집이나 발행에 책임이 있는 자를 조사 후보 대상자의 기준으로 삼았다. 방송 분야에서는 경성방송국이나 조선방송협회의 한국어 방송의 책임자, 단체분야에서는 조선임전보국단이나 조선언론보국회 등에서 침략전쟁에 적극적으로 협력한 언론인들을 조사후보 대상자로 삼았다. 경성방송국이나 조선방송협회는 총독부 체신국의 통제를 받았지만, 형식적으로는 사단법인이었기 때문에 '민간에서 적극적으로 협력한 언론기구'로 분류했다.

셋째, 언론 매체에 다수의 글을 기고하여 일제의 합병과 식민통치 및 침략전쟁을 지지한 언론인을 대상으로 하였다.

이런 정의에 따라 반민족규명위는 33인을 친일 언론인으로 결정했다. 반민족규명위가 친일 언론인으로 결정한 33인 외에 관료 분야의 이성근, 교육 분야의 김성수, 종교 분야의 최린, 해외 활동 분야의 진학문, 박석윤, 문학 분야의 김기진, 김동환, 백철, 조용만, 주요한 등도 일제강점기에 언론계에서도 활동했던 인물들이다. 친일 언론인이라고 발표한 내용을 정리한 〈표 18〉만 놓고 보면, 『친일인명사전』에는 있지만, 반민족규명위의 결정에서는 빠진 인물들로는 김인이, 김형원, 노익형, 박석윤(다른 분야에 포함), 서강백, 이긍종, 이인섭, 이혜구, 장지연, 최영주, 홍양명, 홍종인, 황의필 등 13명이 있고, 반대로 반민족규명위의 결정에는 포함되어 있지만 『친일인명사전』에서 빠진 사람으로는 이장훈, 홍순기 등 2명이 있다. 『친일인명사전』에 실려 논란이 되었던 장지연은 반민족규명위의 보고서에는 빠졌다.

친일 언론인들의 활동을 이해하는 데 친일인명사전편찬위원회의 『친일인명사전』이나 친일반민족행위진상규명위원회(2009)의 보고서 Ⅳ권의 1부터 19까지인 『친일반민족행위결정』은 대단히 중요한 의미를 지닌다. 친일반민족행위진상규명위원회(2009)의 보고서 Ⅳ권의 1부터 19까지인 『친일반민족행위결정』에서는 주요 경력, 친일반민족행위 개요, 조사내용, 판단 등의 내용을 포괄적으로 다루었다. 『친일인명사전』은 주요 활동의 내용과 판단의 근거가 되었던 자료로서 친일 언론인이 언급되었거나 직접 작성했던 친일 매체의 기사들을 제시하고 있다.

4. 반민족규명위의 결정을 둘러싼 법적 쟁송

1) 반민족규명위의 결정과 서훈 취소에 대한 소송

『친일인명사전』발간을 앞두고 사전에 이름이 실리는 것을 막기 위한 후손들의 소송이 이어졌다. 2009년 2월에 장우성 전 서울대 교수와 식민지 시기 검사를 지낸 엄상섭 전 의원의 후손들이 민족문제연구소를 상대로 '친일인명사전 발행 및 게재 금지 가처분 신청'을 냈으나 기각되었다. 2009년 10월에 장지연과 박정희의 후손들이 '등재 금지 가처분 신청'을 했으나 모두 기각되었다.

반민족규명위의 결정에 대해서도 후손 등 이해당사자들은 크게 반발했다. 법에 정해진 이의 신청도 많았고 이의 신청이 받아들여지지 않고 친일반민족행위 결정이 내려지자 결정을 취소해 달라는 행정 소송을 법원에 제기하는 경우가 적지 않았다. 반민족규명위의 결정에 불복해 국가를 상대로 소송을 제기한 사람은 조선 귀족 5인, 중추원 참의 11인, 판사 2인, 기타 6인 등 24인의 후손이었다(이준식, 2015, 57~60쪽). 기타 6인 중에 『동아일보』의 김성수와 『조선일보』의 방응모가 포함되어 있었다. 『친일인명사전』에 등재 금지 가처분 신청을 했던 장지연은 반민족규명위 보고서에서는 빠졌기 때문에 소송을 할 필요가 없었다.

2013년에는 일제강점하 반민족행위 진상규명에 관한 특별법 제2조 제13호에 대한 위헌소원을 하기도 했다. "사회 · 문화 기관이나 단체를 통하여 일본제국주의의 내선융화 또는 황민화운동을 적극 주도함으로써 일본제국주의의 식민통치 및 침략전쟁에 적극 협력한 행위를 친일반민족행위로 정의한 일제강점하 반민족행위 진상규명에 관한 특별법(이하 '반민족규명법'이라 한다) 제2조 제13호(이하 '심판대상조항'이라

한다)가 명확성 원칙에 위배되는지 여부"를 가려달라는 소송이었다. 제2조 제13호는 친일 언론인들에게 주로 적용되는 조항이었다는 점에서 헌법재판소의 판결은 주목을 받았다. 헌법재판소는 다음과 같이 합헌 결정을 내렸다.

> 가. 건전한 상식과 통상적인 법감정을 가진 사람이라면 심판대상조항의 조문구조 및 어의, 다른 규정들과의 체계조화적인 이해를 통해 심판대상 조항이 기관이나 단체가 친일적 성격을 가질 것이나 행위자가 기관 또는 단체의 임원이나 구성원일 것을 요건으로 하지 아니한다는 점, "내선융화와 황민화 운동을 적극 주도한 행위"가 일본의 전쟁동원 및 한민족말살정책을 적극 주도한 일체의 행위를 의미한다는 점, 단순한 가담이나 협조를 넘어서 내선융화 또는 황민화운동을 주동하는 위치에서 이끄는 정도에 이른 경우에야 비로소 심판대상 조항의 적용대상이 된다는 점을 충분히 알수 있으므로, 심판대상 조항은 명확성 원칙에 위배되지 아니한다(헌재 2013.5.30. 2012헌바19, 공보 제200호, 643 합헌).

헌법재판소의 합헌 결정으로 반민족규명법을 통한 결정은 정당성을 확인할 수 있었고, 이런 결정은 반민족규명위의 결정에 관한 소송에도 영향을 주었다.

2011년 4월에 『친일인명사전』에 실려 친일 행적이 확인된 19명의 서훈을 취소하자, 그중 7명의 후손이 행정 소송을 냈는데, 이들 중에 장지연이 포함되어 있었다. 이철호는 "일제 시절 친일 행적이 발견돼 서훈이 취소된 독립유공자의 유족들이 낸 소송에서 하급심의 판단이 엇갈려 대법원의 최종 판단이 주목된다"고 했다(이철호, 2013, 149~150쪽). 결국 2014년 9월 26일 대법원은 장지연의 유족이 국가보훈처장을 상대로 낸 독립유공자 서훈취소결정무효소송 상고심에서 원고승소 판결한 원심을 깨고 사건을 서울고법으로 돌려보냈다. 국가가 유공자에게 훈장 등 서

훈(敍勳)을 수여했다가 취소한 경우 유공자나 유족이 그 취소처분에
불복하려면 국가보훈처장이 아닌 대통령을 상대로 소송을 내야 한다
는 취지의 판결이었다(『법률신문』, 2014.10.13).

　보수신문들은 『친일인명사전』이 을사늑약의 부당함을 비판했던 『황
성신문』 1905년 11월 20일자 논설 '시일야방성대곡(是日也放聲大哭)'을
집필한 것으로 유명한 장지연까지 친일파로 포함시킨 것에 대해 비판
하는 사설과 기사를 자주 게재했다. 『친일인명사전』에 실릴 명단이 발
표되고 책이 발간되었을 때 보수신문들이 사전의 정당성을 훼손하기
위해 장지연을 앞세워 비판적 보도를 했던 것이다. 장지연의 서훈 취소
판결에 대해 보수신문은 승소할 때는 대대적으로 보도했으나 파기 환송
된 대법원 판결에 관해서는 별다른 보도를 하지 않았다(이철호, 2013,
150~151쪽).

2) 김성수와 방응모 소송의 대법원 판결

　김성수와 방응모의 친일반민족행위결정처분취소 소송은 반민족규명
위의 결정에 대해 소송을 제기한 다른 사람들보다 훨씬 오랫동안 진행
되었다. 보수언론의 지원과 원고 측의 조직적인 변론 속에 소송이 제
기되고 6~7년이 지나고 나서야 대법원의 확정 판결이 나왔다. 먼저 방
응모에 대한 최종 판결이 2016년 11월에 나왔다.

　　망 소외인(이하 '망인'이라 한다)의 잡지 '조광' 발행과 위 잡지에의 논설
　　투고, 임전대책협력회, 조선임전보국단의 간부로서의 활동에 관한 판시 사
　　실관계에 의하면, 망인이 자신이 운영하던 잡지 '조광'에 일제의 침략전쟁
　　에 적극적으로 동조하고 내선일체를 강조하는 문예물 등을 게재하는 한편
　　스스로도 일제의 침략전쟁을 찬양하며 우리 민족으로 하여금 이에 물심양

면으로 협력할 것을 주문하는 내용의 논문을 게재하고, '전시체제하에서 자발적 황국신민화 운동에의 실천방책에 관한 건'을 주된 활동 목표로 삼아 활동한 임전대책협력회에 발기인으로 참가하여 당대의 주요 인사들과 함께 직접 전쟁 협력을 선전하며 전시채권을 가두에서 판매한 행위는, 문화기관, 단체를 통하여 일본제국주의의 내선융화 또는 황민화운동을 적극 주도함으로써 일본제국주의의 식민통치 및 침략전쟁에 적극 협력한 것으로 봄이 타당하다.

　비록 원고 주장과 같이 망인이 독립운동가들과 지속적으로 교분이 있었고 항일운동에 참여하였으며 조선일보 등을 통해 민족문화의 보존과 유지 및 발전에 기여한 성과가 적지 아니한 사정이 있다 하더라도, 그러한 사정이나 이 사건 증거들만으로는 위와 같은 친일 행위의 주도성·적극성을 부정할 정도에 이르지 아니한다. 반민족규명법의 취지를 비롯하여 반민족규명법상 친일반민족행위 결정의 의미에 관한 판시 사정들에 기초하여 살펴보면, 망인이 민족적 자긍심을 유지·개발하는 데에 많은 노력을 경주한 결과 실보다는 득이 많았다는 역사적 평가를 받을 만큼 그 공헌도가 크다고 할 수 있지만, 망인의 위 행위가 반민족규명법 제2조 제13호에서 정한 친일반민족행위의 유형에 해당한다는 결정 부분은 적법하다(대법원 2016.11.9. 선고 2012두3767 판결 친일반민족행위결정처분취소).

대법원은 방응모에 대해 '반민족규명법' 2조 13호 "중앙의 문화 기관이나 단체를 통하여 일본제국주의의 내선융화 또는 황민화운동을 주도함으로써 일본제국주의의 식민통치 및 침략전쟁에 적극 협력한 행위"를 이유로 한 반민족규명위의 결정은 적법하다는 판결을 내렸다. 『조광』의 발행 행위와 친일 기사 기고가 위와 같은 결정의 주요 사유가 되었다. 1940년에 『조선일보』가 폐간될 때 굳이 『조광』을 계속 발행하려고 했던 것이 결과적으로 방응모의 친일 행적을 강화시켰던 것이다.

　더 오랜 시간을 끌던 김성수에 대한 재판도 2017년 4월에 대법원의 판결이 나오면서 막을 내렸다.

(1) 망 C(이하 '망인'이라 한다)의 징병제도실시 감사축하대회 참석, 징병·
   학병 찬양 및 선동행위에 관한 판시 사실관계에 비추어 보면, 망인의
   원심판결 별지1 목록 순번 ① 기재 행위는 학병·지원병·징병 또는
   징용을 전국적 차원에서 주도적으로 선전 또는 선동한 행위에 해당한
   다고 봄이 상당하다.
(2) 망인의 W연맹의 발기인·이사·위원·참사 등 활동, CO연맹의 상무이
   사·이사·참사·평의원 등 활동에 관한 판시 사실관계에 의하면, 망
   인의 원심판결 별지1 목록 순번 ③ 기재 행위는 일본제국주의의 통치
   기구의 주요 외곽단체의 장 또는 간부로서 일본제국주의의 식민통치
   및 침략전쟁에 적극 협력한 행위로 봄이 상당하다.
(3) 비록 원고들의 주장과 같이 망인이 3·1운동에 참여하고 G사나 H학교
   등을 운영하면서 민족문화의 보존과 유지 및 발전에 기여한 성과가 적
   지 아니한 사정이 있다고 하더라도, 그러한 사정이나 이 사건 증거들
   만으로는 위와 같은 친일 행위의 주도성·적극성을 감쇄시킬 정도에
   이르지 아니한다. 따라서 망인의 위 각 행위가 반민족규명법 제2조 제
   11호, 제17호의 친일반민족행위에 해당한다는 결정 부분은 적법하다.
   (대법원 2017. 4. 23. 선고 2016두346 친일반민족행위결정취소 판결)

김성수는 방응모와 달리 친일규명법 2조 11호 "학병·지원병·징병
또는 징용을 전국적 차원에서 주도적으로 선전(宣傳) 또는 선동하거나
강요한 행위"와 17호 "일본제국주의 통치기구의 각종 중앙 외곽단체의
장 또는 수뇌 간부로서 일본제국주의의 식민통치 및 침략전쟁에 적극
협력한 행위"가 반민족행위에 해당된다고 보고, 대법원은 반민족규명
위의 결정이 적법하다고 판결했다. 김성수는『동아일보』폐간 이후 매
체 발행을 하지는 않았기 때문에 2조 13호의 적용을 받지는 않았다. 방
응모나 김성수 모두 1937년 이후『조선일보』나『동아일보』가 보여 준
친일 논조는 재판 과정에서 전혀 고려되지 않았다.

2018년 2월 13일 국무회의에서는 김성수가 받았던 건국공로훈장 복

장(현 건국훈장 대통령장, 2등급)의 취소를 의결했다. 1962년 서훈을 받은 지 56년 만에 취소된 것이다. 언론인 출신 중에 서훈이 취소된 사람으로는 1996년의 서춘, 2011년의 장지연이 있었고, 김성수가 세 번째이다. 2017년의 재판 결과가 영향을 주었다고 보아야 할 것이다. 친일 행위에 대한 대법원의 판결까지 나왔기 때문에 서훈을 취소했던 것이다. 대법원의 판결과 정부의 서훈 취소는 오랫동안 진행되어 온 친일 언론 청산 운동의 성과로서 의미가 크다.

5. 친일 언론의 규명과 언론의 대응

민주화와 함께 1990년대부터 시작된 친일청산 움직임이 2000년대 이후 더욱 활성화되면서 『친일인명사전』과 『친일반민족행위진상규명보고서』 발간으로 이어졌다. 김민철이 '지연된 정의'라고 이 두 개의 보고서를 표현했을 만큼(김민철, 2010), 『친일인명사전』과 『친일반민족행위진상규명보고서』는 너무 늦게 나왔지만 대단히 의미있는 성과였다. 광복 이후 64년 만에 친일파의 진상을 밝히는 작업을 어느 정도 마무리할 수 있었기 때문이다. 김성수와 방응모에 대한 반민족규명위의 결정이 적법했다는 대법원의 판결은 친일 언론 청산에서 매우 중요한 의미를 지녔다.

2000년대 이후의 친일파 청산을 위한 작업에 가장 큰 반대 세력은 보수 정당과 보수 언론이었다. 두 세력 모두 친일 혐의와 무관하지 않았기 때문이다. 특히 전 사주가 『친일인명사전』이나 『친일반민족행위진상규명보고서』에 이름이 실려 있는 보수 신문들의 거센 반발은 친일 청산 작업에 가장 큰 걸림돌이었다. 『동아일보』의 김성수와 『조선일보』

의 방응모는 사전과 보고서에 모두 이름을 올렸고,『중앙일보』의 홍진
기는 사전에만 이름이 실렸다. 보수 신문들의 방해와 반대가 컸다는
것은, 그만큼 친일 언론의 청산이 필요하다는 것을 명확히 보여주는
것이기도 했다.

1990년대 이후의 친일파 청산을 위한 활동이 다양한 형태의 결실을
맺으면서 친일 언론에 대한 재인식이 이루어졌다. 이제 적어도 과거처
럼『동아일보』와『조선일보』를 '민족지'라고 부르는 일은 없고, 자신들
도 '민족지'라고 자처하지도 않는다. 이런 '민족지' 신화의 붕괴 과정에
서 두 신문은 일제강점기의 친일 행적을 어느 정도 인정하기도 했다.
『조선일보』는 2010년에 나온『조선일보 90년사』에서 "일제총독부의 간
섭이 얼마나 극심했는가"를 보여주는 것이라는 단서를 달면서, 1937년
1월 1일에 일왕 부부 사진까지 실어서 친일의 지면을 그대로 보여주었
다(조선일보 90년사사 편찬실, 2010, 387~388쪽).

『조선일보』와『동아일보』는 2020년에 100주년을 맞았다. 먼저 100주
년을 맞은『조선일보』는 기념 사설에서 "그 암흑기에 민족의 표현기관
으로서 일제 강압과 신문 발행 사이에서 고뇌했던 흔적은 조선일보의
오점으로 남아 있다. 100년 비바람을 버텨온 나무에 남은 크고 작은 상
흔이다"라고 하여 친일을 '오점'과 '상흔'이라고 간단히 언급하고 넘어
갔을 뿐이다(『조선일보』, 2020.3.5).『조선일보 100년사』에서도『조선
일보 90년사』에 비해 훨씬 퇴보한 내용을 담았고, "1937년 일제의 중국
대륙 침략 이후 가속화되는 전시 체제 아래서 조선총독부의 혹독한 통
제를 받으며 만들어진 이무렵의 조선일보는 오늘날의 관점에서 보면
아쉬운 부분이 많다"고 했을 뿐이다(조선일보사, 2020, 453쪽).

『동아일보』는 기념 사설에서 "일본 군국주의의 광기가 극에 달했던
일제 말 강제 폐간을 앞둔 시기, 조선총독부의 집요한 압박으로 저들

의 요구가 반영된 지면이 제작된 것은 100년 동아일보의 아픔입니다. 정중히 사과드립니다"라고 하며, 탄압 때문이었다고는 했지만 그래도 사과한다고 표현하기는 했다(『동아일보』, 2020.4.1). 『동아일보』는 김성수의 친일반민족행위에 대한 대법원의 판결과 서훈 취소의 충격 탓인지 100년사를 발행하지 않았다.

1990년대부터 시작되어 2000년대 이후 본격화된 친일파 청산 움직임에도 친일 언론은 제대로 청산되지 않았다. 언론계에서 활동했던 친일파들이 『친일인명사전』이나 『친일반민족행위진상규명보고서』에 이름을 올린 것만으로 친일 언론 청산이 이루어진 것은 아니다. 언론들이 친일 행적과 같은 과거의 잘못을 진심으로 반성하고 반복하지 않겠다는 다짐을 실천할 때 비로소 친일 언론이 청산되었다고 할 수 있다. 『조선일보』와 『동아일보』의 친일파 청산 반대 시도와 100주년을 맞아 보인 태도를 보면, 아직 친일 언론을 진정으로 청산하기 위해서는 더 많은 시간이 필요해 보인다.

11장

신문들의 친일에 대한 침묵과 왜곡

1. 친일에 대한 언론의 태도

1945년 8월 15일에 해방이 되고 한동안은 친일 청산에 대한 열기가 높았다. 그러나 1949년에 '반민족행위특별조사위원회'(이하 반민특위)의 활동이 실패로 돌아간 이후 오랫동안 친일 문제를 언급하는 것조차 금기시되다시피 했다. 친일 청산의 실패로 사회 모든 부문에서 친일파의 영향력이 계속 작용하는 구조가 만들어졌기 때문이다. 언론계에도 친일 전력이 있는 많은 인물이 계속 활동하며 주도적인 역할을 했다. 세월이 흐르며 친일 전력이 있는 언론인은 모두 세상을 떠났지만, 그들이 만들어 놓은 구조는 크게 변하지 않고 오랫동안 지속되었다.

광복 이후 사회 전체적으로 친일에 대해 침묵하는 구조가 만들어졌고, 언론도 친일 혐의로부터 자유롭지 못했기 때문에 언론이 친일 청산 주장을 제대로 하지 않았다. 언론은 친일 청산에 소극적이었던 것은 물론 때로는 친일 청산 시도를 막거나 왜곡하는 일도 서슴지 않았다. 언론은 친일 문제를 제대로 보도하지 않거나 친일 문제에 관한 관심을 다른 곳으로 돌리려고 했다. 언론은 친일에 대해 오랫동안 제대로 보도하지 않았고, 친일 청산을 언급해야 할 중요한 기념일인 3·1절이나 광복절에조차 관심을 다른 곳으로 돌리는 보도를 하기도 했다(박용규, 1995). 언론의 친일 문제에 대한 침묵은 사회적 침묵의 결과이자 원인이기도 했다.

이런 문제의식에 따라 11장에서는 친일에 대한 보도량의 변화를 먼저 살펴보고, 친일 문제가 신문 사설에서 어떤 내용과 시각을 통해 조명되어 왔는지도 밝힐 것이다. 11장에서는 가장 먼저 1945년부터 1999년까지 신문들의 친일 문제에 대한 보도량의 변화를 살펴보았다. 『조선일보』(1945.11.23. 복간), 『동아일보』(1945.12.1. 복간), 『경향신문』(1946. 10.6. 창간), 『한겨레신문』(1988.5.15. 창간)은 '네이버 뉴스라이브러리'(https://newslibrary.naver.com)를 통해 검색했다. '친일파'와 '친일'이라는 단어로 검색을 해서 보도량의 변화를 살펴보았다. 키워드 검색을 통해 나타난 결과를 살펴본 것이기 때문에 엄밀한 의미에서 보도량이라고 볼 수는 없지만, 신문들의 친일 문제에 관한 관심의 변화를 살펴보는 데는 유용하다고 판단했다.

다음으로 친일 문제에 관한 신문 사설의 시각과 내용의 변화 과정을 살펴보았다. 해방 이후부터 1990년대까지의 기간을 '반민특위'와 '민주화'라는 두 가지 역사적 계기를 중심으로 구분해서 크게 세 시기로 나누어 살펴보았다. 1949년의 반민특위의 해산 이후부터 친일 문제에 대해 침묵하는 사회 분위기 만들어졌고, 1987년의 민주화 이후 비로소 다시 친일파 청산에 대한 사회적 관심이 증가했다고 보았기 때문이다. 노무현 정권 등장 이후 친일 청산 움직임이 활발해지고 이후에는 사설에서도 친일 문제를 자주 다루게 되는데, 11장에서는 네이버 뉴스라이 브러리에서 검색이 가능한 1999년 이전까지의 시기만을 다루어 보고자 한다.[1]

2. '친일파'와 '친일'에 대한 보도량의 변화

1) '친일파'와 '친일'에 대한 보도량

해방 직후 한동안 친일 문제에 대해 언론이 비교적 활발하게 보도했 지만, 1949년 반민특위 활동의 무산과 1950년의 한국전쟁을 거치면서 신문 지면에서 친일에 관한 논의는 거의 사라졌다. 1949년 반민특위의 활동이 이루어지던 시절에 친일 문제에 대한 보도가 정점을 이루었고, 그 이후 아주 오랫동안 친일에 관한 보도가 이루어지지 않았다. 네이 버 뉴스라이브러리에서 '친일파'로 검색한 결과는 〈그림 7〉과 같다.

'친일파'로 검색한 결과를 나타낸 〈그림 7〉을 보면 광복 직후 활발하 던 친일파 보도가 1950년에 들어서서 급격히 줄어들었다는 것을 알 수 있다. 1950년 이후 거의 30년 정도 신문들이 친일파에 대해 제대로 보 도하지 않았다는 사실은 친일 문제에 대한 무관심의 벽이 얼마나 높았 는지를 잘 보여준다.[2] 사회 모든 분야가 친일파 청산에 침묵하던 현실

---

[1] 2000년 이후 신문들 사이의 친일 문제를 둘러싼 논쟁에 관해서는 이 책의 12장에서 자세히 다룰 것이다. 10개의 중앙종합일간지를 대상으로 2000년부터 2017년까지 친일 청산에 관한 중요한 계기마다 어떻게 신문들 사이에 논전이 벌어졌는가를 사설에 대한 분석을 중심으로 살펴볼 것이다.

[2] 『경향신문』이 1977년에 '친일'에 대해 31회 '친일파'를 언급한 것이 아주 예외적인 경우이다. '비화 한 세대'라는 연재 특집기사에서, '군정경찰', '반민특위', '귀속재산'을 다루며 친일파를 자주 언급했기 때문이었다.

의 영향으로 신문들이 보도하지 않았던 것이지만, 신문들이 보도하지 않음으로써 친일파 청산에 대한 침묵이 지속될 수 있기도 했다.

〈그림 7〉 '친일파' 보도량의 변화

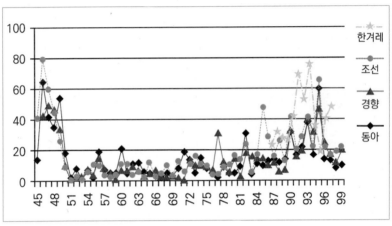

1970년대까지 친일파에 대해 거의 보도하지 않다가 1980년대 이후 보도가 서서히 늘어나기 시작했다. 1980년대에 들어서면서 "친일파에 관한 관심과 문제의식이 개인별·개별적 차원을 넘어 사회적·학문적으로 널리 공유되기 시작"하면서(이헌종, 1990, 124쪽), 신문들의 친일파 보도도 늘어났다. '일본 역사교과서 왜곡사건'이나 '독립기념관 건립' 등의 요인도 1980년대 이후 친일파에 관한 보도가 늘어나는 데 영향을 주었다.

1990년대 이후 민주화가 이루어지면서 친일파에 대한 보도는 더욱 증가했다. 특히 광복 50주년이던 1995년에는 친일파를 언급한 횟수가 『한겨레신문』 76회, 『조선일보』 66회, 『동아일보』 60회, 『경향신문』 47회로 나타났을 정도로 늘어났다. 1990년대 이후 『한겨레신문』이 친일파에 관해 다른 신문보다 더 많이 보도해 여론을 환기시키는 역할을 했다. 다만 1990년대에도 여전히 친일파에 관해 사실을 숨기거나 왜곡하는 보도들이 많았다(정운현, 1992). 1990년대 말에 다시 친일파 보도가 줄어들었던 것은, 김대중 정부 출범 이후 '과거와 화해하기'라는 명분 아래 과거사 청산에 소극적인 태도를 보였던 것과 관련이 있었다(김민철, 2006, 256~260쪽).

〈그림 8〉'친일' 보도량의 변화

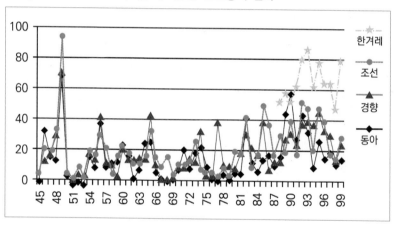

'친일'로 검색한 결과는 '친일파'로 검색한 결과와 비슷한 경향을 보이면서도 다소 다른 점을 보였다. 광복 직후 친일에 관한 보도량이 많다가 1950년 이후 30년가량 크게 줄어들었다가 1980년 이후 다시 늘어난 것은 친일파 보도와 비슷하다.[3] 특히 『한겨레』의 빈도수가 가장 높게

---

3) 2000년대 이후의 '친일' 보도량도 증감의 전체적인 흐름은 『동아일보』, 『조선일보』, 『경향신문』, 『한겨레신문』 등 네 신문이 비슷했다. 네 신문이 모두 2004년에는 '친일반민족행위진상규명법' 공포로, 2015년에는 교과서 국정화 문제로 '친일' 보도량이 급증했었다. 이전 시기와 마찬가지로 진보 신문의 보도량이 보수 신문의 보도량보다 더

나타난 것도 마찬가지였다. 네이버 뉴스라이브러리에서는 '친일파' 검색 결과가 '친일' 검색 결과에 포함되지 않고 '친일'과 '친일파'가 각각 따로 검색되는데,[4] 『동아일보』, 『조선일보』, 『경향신문』은 1945년부터 1948년 사이에 '친일파'로 검색할 때가 '친일'로 검색했을 때보다 훨씬 더 많이 나타나서, '친일파'란 단어가 해방 직후에 널리 쓰였음을 보여준다.

그러나 반민특위가 활동하던 1949년에 이미 '친일파'보다 '친일'이 많이 쓰이기 시작했고, 한국전쟁을 거친 이후에는 '친일파'와 '친일'이란 단어의 언급이 모두 급격히 줄어든 것으로 나타났고, 대체로 '친일'이 '친일파'보다 자주 사용된 것으로 나타났다. 가능하면 '친일파'와 '친일'이란 단어를 사용하는 보도를 하지 않으려고 했고, 특히 '친일파'란 단어의 사용을 극도로 피했다는 것을 보여준다.

〈표 19〉 해방 이후 10년 동안의 '친일파'와 '친일' 보도량의 변화

		1945	1946	1947	1948	1949	1950	1951	1952	1953	1954	1955
동아	친일파	14	65	42	35	54	18	2	8	1	7	2
	친일	4	37	20	18	73	8	2	4	2	20	13
조선	친일파	41	80	60	45	26	9	0	3	1	6	11
	친일	4	20	19	33	93	4	1	9	3	19	17
경향	친일파		43	50	47	34	10	0	3	3	8	4
	친일		13	17	30	71	5	0	4	4	18	14

1990년대 이후 '친일파'와 '친일'의 사용이 모두 급격히 늘어났지만,

많은 것으로 나타났다(원지연 · 조영순, 2018, 111~113쪽).

4) '친일'로 검색했을 때는 주로 '친일 반민족행위자', '친일 세력', '친일 분자' 등이 포함된 기사가 나왔다. 다만 한 기사에 '친일파'와 '친일'이라는 단어가 모두 있는 경우도 적지 않다.

특히 '친일파'보다는 '친일'이란 단어의 사용이 더 가파르게 증가했다. 1990년대 이후 주로 '친일'이란 단어의 사용이 늘어난 것은, '친일파'란 단어의 강력한 역사적 규정력을 피해 '친일'을 활용한 다양한 표현이 사용되었음을 보여준다.

2) '친일파'와 '친일'에 관한 사설

'친일파'를 포함한 사설이 전체적으로 많지 않아, 『동아일보』 24건, 『조선일보』 41건, 『경향신문』 14건, 『한겨레신문』 31건이다. '친일'을 포함한 사설도 『동아일보』 24건, 『조선일보』 49건, 『경향신문』 39건, 『한겨레신문』 40건이다. '반민족행위자'를 포함한 사설은 『동아일보』 6건, 『조선일보』 10건, 『경향신문』 6건, 『한겨레신문』 6건이다. '부일(附日)'을 포함한 사설은 『동아일보』 7건, 『조선일보』 12건, 『경향신문』 5건, 『한겨레신문』 1건이다. 이 결과는 1945년부터 1999년까지의 54년 동안 『동아일보』, 『조선일보』, 『경향신문』 등 세 신문이 친일 문제에 관해 큰 관심을 기울이지 않았다는 것을 잘 보여준다. '민족반역자'를 포함한 사설은 『동아일보』 26건, 『조선일보』 35건, 『경향신문』 24건, 『한겨레신문』 6건으로 비교적 많은 편이지만, 사설 내용을 보면 '민족반역자'는 친일파만을 의미하는 것이 아니라서 더 많은 건수가 나온 것으로 보인다.

반민특위와 6월 항쟁을 기준으로 세 시기로 나누어 보았을 때, '친일파'와 '친일'이 포함된 사설이 거의 40년에 가까운 2시기에 매우 적었다는 것이 가장 눈에 띈다. 특히 '친일파'를 포함하고 있는 사설이 매우 적었다. 물론 '친일파'와 '친일'이라는 단어를 포함하고 있다고 해서 반드시 친일 문제를 심층적으로 다루었다고는 할 수 없다.

〈표 20〉 '친일파' '친일' 포함 사설의 시기별 변화

		1시기 (45~49)	2시기 (50~87)	3시기 (88~99)	합계
동아	친일파	8	10	6	24
	친일	5	16	3	24
조선	친일파	18	13	10	41
	친일	11	23	15	49
경향	친일파	3	8	3	14
	친일	2	30	7	39
한겨레	친일파			31	31
	친일			40	40

『동아일보』는 '친일파'와 '친일'을 포함하고 있는 사설의 양이 매우 적고, 『조선일보』와 『경향신문』은 '친일파'보다 '친일'이 들어 있는 사설이 많은 편이다. 무엇보다도 『한겨레신문』이 10년 동안 '친일파'나 '친일'을 포함하고 있는 사설을 실은 양이, 다른 세 신문이 각각 55년 동안 '친일파'나 '친일'을 포함한 사설을 게재한 양과 비슷하거나 더 많다는 사실은 중요한 의미를 지닌다. 기존 신문이 침묵하던 친일 문제를 사회적 의제로 만드는 데 『한겨레신문』이 큰 역할을 했다는 것을 알 수 있다.

3. '친일파' 담론의 변화

1) 해방 직후부터 '반민특위' 해산까지의 친일파 담론

(1) 친일파 청산에 관한 담론

복간 직후 『조선일보』와 『동아일보』도 빈도수가 높지는 않았지만,

친일파나 친일 문제에 관해 사설로 다루기는 했다. 『조선일보』는 복간 직후인 1945년 11월 29일 '진정한 민주주의'라는 사설에서 "일본제국주의의 방조자인 친일파·민족반역자는 완강히 뿌리를 박고 준동"하고 있다고 하며 친일 청산의 필요성을 제기했다(『조선일보』, 1945. 11.29). 12월 3일 '친일파와 민족반역자'라는 사설에서는 "작일(昨日)의 친일파는 이번에는 가면을 뒤집어쓴 애국자로서 나타난다"고 하며 친일파들이 변신을 통해 생존하려고 한다는 점을 지적하면서도, "민족반역자·친일파의 규정은 그것이 다만 과거에 있어서 친일하고 또는 민족을 모반(謀叛)하였다는 분자(分子)뿐만 아니라 현재의 역할에서 대부분 규정되어야 한다"고 하며 과거의 '민족반역자'뿐만 아니라 민족의 독립과 통일을 방해하는 현재의 '반민주' 행위자도 청산되어야 한다고 주장했다(『조선일보』, 1945.12.3.). 이와 같은 반민족행위자 규정은 좌익을 겨냥한 것이었다.

『동아일보』가 한민당의 기관지 같은 역할을 하자 『조선일보』는 임시정부를 지지하는 정치적 입장을 보였다(박용규, 1988, 66쪽). 『조선일보』는 1945년 11월 23일에 귀국한 상해임시정부에 대해 제언하는 형식의 '임시정부에 제언함'이라는 사설에서 넷째 문제로서 '민족통일전선의 암'적 존재인 '친일파·민족반역자 문제'를 해결할 것을 요구하며, "이런 도배(徒輩)를 신성한 우리의 건국에서 배제함으로써 후환을 단절하는데 어느 누가 찬동치 않을 것인가"라고 주장했다(『조선일보』, 1945.12.5). 『동아일보』도 복간 직후에는 '민족적 강기(綱紀)·숙청'이라는 사설에서 다음과 같이 주장했다.

친일파·민족반역자의 규정 문제가 민족적 강기 문제로 상정되는 이유는 과거, 현재를 통하여 전 민족에게 끼쳐 놓은 그들의 죄악이 특히 광복

전야의 긴박한 시기에 있어서 민족통일을 착란하고 대업의 진보를 방해, 지연시킨다는 일점(一點)에 있다. 따라서 이 친일파·민족반역자의의 엄정한 처단 없이는 명랑한, 건전한 건설이 있을 수 없다는 것이 전 인민의 주장이오 결의인 것이다. (중략) 이 혼란기를 이용하여 동포의 고혈로 사복(私腹)을 충만시키고 경제계를 교란하여 동포를 도탄의 고경(苦境)에 몰아넣는 악덕상인, 부당모리배도 민족반역자의 일형이며 동족의 상극을 조장하고 국혼(國魂)의 분산을 도모하여 심지어 목전의 세리를 위하여서는 자매의 곤욕도 개의치 않는 도배 또한 민족반역자가 아닐 수 없다(『동아일보』, 1945.12.9).

두 신문은 모두 친일파 청산에 대해서는 원칙적으로 찬성한다고 하면서도, 과거의 친일 행위보다 현재 독립과 통일에 방해가 되는 행위를 더 큰 문제라고 주장했다(채백, 2016, 211~212쪽). 이와 같은 입장은 두 신문의 친일파 청산에 대한 진정성을 의심하게 만든다. 『동아일보』는 이후 한동안 친일파 문제를 다루는 사설을 싣지 않았다.[5] 반면에 『조선일보』는 친일파 문제를 다룬 사설을 계속 실었는데, 1945년 12월 13일의 '군정과 인민'이라는 사설에서는 "군정 당국에서 과거의 조선 상태를 잘 알지 못하고 친일파·민족반역자를 채용할 때 인민들이 매국노들을 혐오하는 나머지 군정까지 좋게 생각하지 않았을는지도 모르겠다"고 하며 친일파를 기용하는 군정을 우회적으로 비판했다(『조선일보』, 1945.12.13).

그러나 신탁통치 문제로 좌우익의 대립이 격화된 이후에는 『조선일보』도 더 이상 직접적으로 친일파 처단을 주장하지는 않았다. 『조선일보』는 1946년 1월 30일의 '미소회담의 성공을 기대'라는 사설에서 정치

[5] 채백은 미군정기에 '친일 문제를 정면으로 다룬 사설'이 『동아일보』의 경우 1건이었고, 『조선일보』의 경우 5건이었다고 분석했다(2016, 206~207쪽).

인들이 "민족반역자와 친일파를 당장 숙청하느냐 나중에 처단하느냐로
말썽거리를 삼더니 그 다음에 등장시키어 정쟁의 도구로 삼은 것이 신
탁통치 문제가 아니었더냐"라고 하며 친일파 문제를 '정쟁의 수단' 정도
로 보고 있다(『조선일보』, 1946.1.30). 『조선일보』의 이런 관점은 1946년
4월 24일의 사설 '지도자와 지도적 언론'에서 더욱 명확히 드러났다.
『조선일보』는 "자파에 찬동하지 않으면 반민주·반동 내지는 친일파·
민족반역자의 괴수같이 방언함은 상식으로 생각할 수 없는 언론의 파
괴이다"라고 주장하여 친일파 문제를 정치적 대립의 틀로 바라보았다
(『조선일보』, 1946.4.24).

『동아일보』는 여기에서 더 나아가 '자기비판의 시기-조공에 일언함'
이라는 사설에서 좌익에 대해 "드디어 지폐위조에까지 이르러 경제계
를 교란하는 친일파·민족반역자와 동렬에 서게" 되었다고 비판했다
(『동아일보』, 1946.5.17). 『동아일보』는 '자주독립과 38선 철폐-서북인
대회를 보고'라는 사설에서 "재경 서북인에 대하여는 38 이북으로부터
친일파·민족반역자·모리배들이 도피한 것이라고 지탄·선전하는 이
가 없지 않았다"고 하며, 만약 그런 이가 있다면 자숙해야 한다고 주장
하고 "강인한 실천과 꾸준한 투쟁으로 이 대회의 진의를 발휘하지 않
으면 안 될 것"이라고 하며 보수우익 성향인 서북인 단체의 투쟁을 촉
구했다(『동아일보』, 1946.5.23). 이런 주장은 이념적 대립구도를 강화해
친일파 청산 요구를 약화시키려는 것이었다.

다만 해방 직후의 사회적 분위기 때문에 두 신문 모두 과도입법의원
이나 주요 기관에 친일파를 배제할 것을 주장하기는 했다. 『조선일보』
는 '좌우합작과 원칙 문제'라는 사설에서 "친일파·민족반역자 배제 그
것은 좌우가 다 같이 이론(異論)이 없는 바"라고 주장했다(『조선일보』,
1946.8.1). 과도의법의원의 자격을 다룬 '의원자격 문제'라는 사설에서

는 "반민족적 행동을 한 자는 모두 제외할 것이오 이외에 반민족적 자
본가도 동시에 배제되어야 할 것"이라고 주장하기도 했다(『조선일보』,
1946.10.16). 『동아일보』도 '입법의원의 구성과 성격'에서 "친일파 · 민족
반역자의 강기 · 숙청이 전 민족의 무조건 명령이거든 러취 장관의 성
명을 기다릴 것도 없이 이번 관민 선거에 있어서 절대 배제하지 않으
면 안 된다는 것을 지적"한다고 했다(『동아일보』, 1946.10.19). '사법과
위신'이라는 사설에서는 "친일파의 개념은 자주정신을 몰각하고 권력
에 아부하는 도배를 포함한 전 일제시대의 특권계급을 의미"하는데 이
들은 "자주성이 결여하여 새로운 권력에 예종할 위험한 존재"라고 하며
"사법 진영 내 일제강점기의 간부급 판검사가 의연히 진영을 계점(繼占)"
하고 있는 것을 비판했다(『동아일보』, 1947.2.20).

『조선일보』는 '질서유지의 비극'이라는 사설에서 미군정이 친일파
처단에 대한 민중의 요구를 외면하고 친일파를 등용하는 것에 대해 다
음과 같이 비판했다.

> 일제 잔재의 숙청 문제는 하나의 형식상에 그칠 것이 아니고 실로 강력
> 한 문화운동으로써 그 정신 속에까지 파고 들어가야 할 중대한 문제겠거
> 니와 제일 먼저 단행되어야 할 인적 방면에 있어서 오직 질서유지 때문에
> 친일파나 악질 모리배를 일시동인의 박애주의(博愛主義)로써 임하였던 것
> 이다. 정치도 하나의 기술이기 때문에 경험이 필요하다는 것이 변명의 요
> 점일 것이다. 그러나 사무상 경험이 없기 때문에 받는 손해와 소위 경험
> 자를 그대로 등용함으로 말미암아 받는 손해가 민족적으로 어느 것이 더
> 클까 하는 것을 타산(打算)해 볼 일이다. 친일파를 친일파가 벌(罰)하기는
> 어려울 것이요 모리배(謀利輩)가 모리배를 처단하기는 어려울 것이다(『조
> 선일보』, 1947.2.21).

『조선일보』는 미군정이 친일파를 등용함으로써 친일파 청산이 어려

워졌다는 점을 지적하며 정책의 변화를 요구했다. 특히 흔히 친일파 등용의 현실적 이유로 드는 '사무상 경험'의 논리가 지니는 한계를 지적했다. 『조선일보』는 '건국 과업을 삼일 정신으로'라는 사설에서 "이른바 친일파·모리배 숙청은 당면한 혼란의 광정(匡正)을 위하여만이 아니라 우리 건국·혁명의 경제적, 사회적 기초 조건도 여기에 있을 것"이라고 하며, 친일파 청산의 중요성을 거듭해서 강조했다(『조선일보』, 1947.2.23).

『조선일보』는 남조선과도입법의원에서 추진하던 '부일협력자·민족반역자·전범·간상배에 대한 특별법률조례'(이하 '부일협력자 등 처벌법'으로 약칭함) 제정 문제를 사설에서 다루며 친일파 처단을 계속해서 주장했다. '부일협력자 등 처치법안'이라는 사설에서 친일파 처단을 '임시정부 수립 후'로 미루자는 주장에 대해 "건국과 이 문제는 서로 원인과 결과가 되는 연쇄관계를 가졌다는 안타까운 사정이 있음을 잊어서는 안 될 것"이라고 하며 연기론을 경계했다(『조선일보』, 1947.3.8). 『조선일보』는 '부일협력자 등 처벌법안(2)'이라는 사설에서는 이 법안이 "친일파에 대한 민중의 감정을 반영한 것이면서도 그 범위가 너무 넓다"고 하며, "감정에서보다 국민의 교육적 효과에 더 많이 중점이 놓여져야" 하고 '친일파의 구별'에 "가장 정확을 기해야 하고 엄별(嚴別)할 필요가 있다"고 주장했다(『조선일보』, 1947.3.9). 범위가 넓다고 비판하거나 교육적 효과가 중요하다고 주장하는 것은 강력한 친일파 처단을 바라는 당시 '민중의 감정'과는 배치되는 것이었다.

『동아일보』는 '부일협력자 등 처단 문제를 논함'이라는 장문의 사설에서 "도저히 구호의 혜택을 뻗칠 수 없는 부류라면 모르되 그를 제외하고서는 조국과 민족에 대한 새로운 충성과 충돌이 없는 한 어디까지든지 관용과 교화와 지도를 전제로 하여 그 처단 문제를 토의, 고려"해야 한다고 하여 처벌의 범위를 제한하자고 주장했다. 또한 "당시에 우리는 자아의 능동성을 발휘할 수 있었던가? 탁랑(濁浪)거○에 휩쓸리던 예속적 신세는 짚풀이라도 붙잡을 수밖에 없었던 심경뿐"이었다고 하며 친일 행위가 상황으로 인한 불가피한 선택이었을 뿐이라고 변명했다. "그렇지 않아도 인물 결핍을 번뇌하는 이 때에 있어서 거대한 지식, 능력의 소유자를 배척하고 이 땅을 황야수토(瘦土)로 만들자는 말인가?"라고 하며 인재론을 펼치기도 했다. 오늘날 친일파에 대한 변명으로 자주 거론되는 내용이 포함되었는데, 친일 전력을 지닌 인물들이 다수 소속된 한민당의 기관지 역할을 하던 『동아일보』의 입장을 반영한 것이었다. 이 사설은 "이 민족의 역사적 대업은 우리의 정식 정부가 수립된 후일에 탁(托)할 것을 일언하여 둔다"고 하며 친일파 청산의 연기를 주장했다(『동아일보』, 1947.4.30).

『경향신문』은 이 법안의 처리가 제대로 되지 않던 상황 속에 '미몽을 깨우라'라는 사설에서 '친일파·민족반역자·간상배(奸商輩)' 등이 포함된 '기성 특권층'에 대해 "백일몽은 만가(輓歌)에 깨우쳐 줄 순간이 왔다"고 하며 친일파 청산에 대한 원론적인 찬성 입장을 밝혔다(『경향신문』, 1947.5.16). 1947년 11월 말에 군정장관의 인준 거부로 '부일협력자 등 처벌법'이 무산되자 입법의원들이 반발했는데, 이에 대해 "독립도 되기 전에 외국 점령군 군정장관의 손을 빌어 그들을 처단하려는 심사라면 이야말로 외세에 아부하여 동족을 처단하려는 반민족적 심사"라고 하며 연기론을 주장했다(『경향신문』, 1947.12.2). 『조선일보』나 『동아일보』보다 친일 혐의로부터 자유로웠을 『경향신문』이 친일파 문제를 사설에서 잘 다루지 않은 것은 물론 친일파 처벌의 연기를 주장했던 것은 의외였다.

『조선일보』가 사설에서 비교적 자주 친일파 처단에 관해 다루었던 반면에 『동아일보』는 매우 드물게 언급했을 뿐이다. 『경향신문』도 사설에서 본격적으로 친일파 청산을 다룬 적이 거의 없었다. 사설에 나타난 친일파 청산에 관한 주장들도 구체적인 내용을 담고 있지 않았고, 적극적인 추진을 내세우지도 않았다. 입법의원에서 제정하려고 했던 '부일협력자 등 처벌법'이 1947년 11월 말에 미군정의 인준 거부로 무산되었을 때에도 『조선일보』나 『동아일보』는 사설을 통해서는 별다른 주장을 하지 않았다. 해방 직후임에도 사설에서 친일 문제가 자주 다루어지지 않았고 내용이 구체적이지 않았다는 것은 그만큼 신문들이 친일 청산에 대해 소극적이었다는 것을 보여준다.

(2) 반민특위의 활동에 관한 주장

대한민국 정부가 수립되면서 조각 과정에서 친일파의 배제를 주장하는 사설들이 나왔다. 『조선일보』는 '조각 방향과 총리의 책임'이라는 사설에서 "전일 친일반역의 도배(徒輩)가 구태의연히 금권과 권력을 차지하고" 있다고 하며, 이런 사람들은 조각에서 배제되어야 한다고 주장했다(『조선일보』, 1948.8.3). 제헌국회에서는 다시 친일파 청산을 위한 법을 제정하려는 움직임이 나타났는데, 『경향신문』은 '친일파 등 무섭지 않은가'라는 일종의 무기명 칼럼에서 국회에서 "친일파·민족 반역자를 처단하는 법을 만들자는 말이" 나오는 것을 "쌍수를 들어 환영"한다고 했다(『경향신문』, 1948.8.7, 2면).[6] 『조선일보』는 '반민족분자 처단과 일제 이료(吏僚) 배격'이라는 사설에서 반민족행위자에 대한 처벌을 위한 법의 집행을 통해 친일 관료는 등용해서는 안 된다는 주장을 했다.

---

[6] 이 칼럼은 1979년 발간된 『해방전후사의 인식』에 실렸던 오익환의 「반민특위의 활동과 와해」에 '『경향신문』 논설'이라고 나와 있다. 이 글은 『반민특위의 역사적 의미를 다시 묻는다』(2019)에 재수록되었다.

　한일병합 이래의 민족국가 광복의 역사적 정신에 즉하여서뿐 아니라 친일·반민족분자 처벌의 필요는 실로 해방 이후 더 그 필요성이 가중되었고 또 시간적으로 급히 요청되어 온 것이다. 해방 직후는 오히려 그들의 분자는 세력을 차지하고 반민주적, 반사회적, 반역사적 행동을 주저없이 감행하기에 이르렀으니 건국 도정에 있다는 이 사회의 강기(綱紀)가 이렇게도 문란하고야 누구를 위한 건국이 되겠는가. (중략) 지금까지도 그 필요는 각 방면으로부터 논의되어 전 입법의원에서도 입안했었으나 미군정 당국이 그 불필요를 논했던 때문에 민론(民論)의 격앙을 샀던 것도 지금 잊을 수 없는 일이다. 물론 그 규정과 처단에는 신중을 기하여야 할 것이다. (중략) 우리가 그렇지 않아도 신정부에 경계하여야 할 것은 관료 독선풍(獨善風)인데 그때 당년 왜(倭)의 억압, 지배, 침략의 정통적 관료로 훈육된 그 인물들을 등용한다는 날에는 정부 내의 관료풍(官僚風)은 어느덧 크게 될 것이다(『조선일보』, 1948.8.18).

　『조선일보』는 '반민족분자 처단과 정부의 책임'이라는 사설에서 법 제정 전이라도 "정부 내에서 반민족 분자를 일절 제거할 용단"을 내려야 한다고 촉구했고, '반민족행위자'의 "흑수(黑手)는 재계·실업계로 정계로 언론계에까지 부단히 암약"하고 있다고 하며, 언론계 친일 문제를 언급했다(『조선일보』, 1948.8.20). '반민족처벌법에 대하여'라는 사설에서는 반민법 반대 유인물 살포를 거론하며 '국론의 혼란'을 위한 '음계'라고 비판하면서도, "대체에 있어서 중범에 들지 않을 자에게는 그 자신의 진심의 발로 여하로 관대할 수 있을 것"이라고 주장하여 '관대한 처분'을 요구하는 입장을 보였다(『조선일보』, 1948.9.1). 반민특위가 본격적으로 활동을 시작하기도 전에 관용을 요구하는 것을 통해 친일파 청산에 대한 『조선일보』의 미온적인 태도를 알 수 있다.

　반민법의 제정 과정에서 이승만 대통령이 "문서로써 '친일파 문제'에 관하여 국회에 찬동"하지 않는다는 담화를 발표하자 『조선일보』는 '대

통령과 국회의 권위'라는 사설에서 이런 담화가 "행정부 대 입법부의
대립, 소격을 더하게 하는 결과에 이르게 할 것이어서 당면하여 정국
의 안정이나 민심의 귀일을 조정해나가는 데 역효과를 낼 우려"가 있
다고 지적했다(『조선일보』, 1948.9.5). 친일파 처단을 위한 입법 노력이
결실을 맺어 1948년 9월에 '반민족행위처벌법'(반민법)이 제정되었고,
이 법에 따라 다음 달인 1948년 10월에 '반민족행위특별조사위원회'(반
민특위)가 조직되어 활동을 시작했다(이강수, 2003, 102~112쪽). 이승만
정권은 입법 과정은 물론 시행 과정에서도 지속적으로 반대 활동을 했
다. 반민특위의 본격적인 활동이 시작되자,『조선일보』는 '반민법 실시
는 냉엄하라'라는 사설에서 '친일파 거두'의 체포로 본격화된 반민특위
의 활동을 보며 지원을 아끼지 않아야 함을 느낀다고 하면서도 "본법
이 냉정, 공정하게 실시되지 않으면 안 된다"고 주장했다(『조선일보』,
1949.1.11).『조선일보』는 반민특위의 활동을 지지하면서도 냉정함을
강조하며 다소 소극적인 입장을 보였다.

　『동아일보』는 사설에서 반민특위의 제정 과정이나 활동 내용을 구
체적으로 다루지 않았고, 단지『동아일보』는 이법의 적용이 신중해야
한다는 점만을 강조했을 뿐이다. '민족강기의 확립과 신중'이라는 사설
에서 "반민자 조사위원회의 활동을 불가피"하다고 하면서도 '보복과 반
목'을 피하기 위해 "신중을 기하여 민족강기를 확립"해야 한다고 주장
해 반민특위 활동으로부터 나타날지도 모를 '부작용'을 과도하게 부각
시켰다(『동아일보』, 1949.1.13). '국회의 위신을 회복하자'라는 사설에서
도 "반민자 처단이란 원래가 보복으로 나오기 쉬운 것이요 또 정쟁에
이용되기 쉬운 것"이라고 평가했다. 이 사설에서는 반민특위의 활동을
"국회와 정부의 정쟁이라는 틀 속에 위치시키며 사법권의 침해 소지가
있다는 것도 살짝 건드리며 전형적인 양비론"을 보였는데, "이는 당시

사회의 전반적인 분위기 속에서『동아일보』가 명시적으로 반민특위에
대해서 비판적 입장을 드러내기는 어렵지만 그 깊은 속내는 매우 복잡
하다는 것을 잘 보여주는 사례"였다(채백, 2018, 198~199쪽).『경향신문』
은 '반민자 공판'이라는 사설에서 반민특위 활동의 역사적 의의를 강조
하는 주장을 했다.

> 3천만 겨레의 주시 아래 3월 28일 민족반역자 도배(徒輩)를 처단하는
> 첫 공판이 열렸다. 이날로부터 40년간 조국을 팔아 자기 홀로 살찌고 민족
> 의 고혈을 착취하는 일면 일제에 아부함에 여념이 없던 친일파의 두상(頭
> 上)에는 엄정 처단을 내려서 민족정기를 바로잡아 자손만대에 이르는 주
> 초(柱礎)를 굳게 세우는 역사적 획(劃)시기의 첫 걸음이다. (중략) 우리는
> 바야흐로 건국·창업의 중대 국면에 있어 반민 피의자의 숙청이란 가장
> 신명을 걸고서 엄정한 태도로써 임할 큰 각오와 용단이 있어야 한다. (중
> 략) 그리고 우리 건국에 있어 인재 부족이 심한 만큼 민족정기를 바로잡
> 는 면에 중점을 둘 것은 물론이지만 반민행위자의 썩고 병든 면을 완전히
> 절단, 처리하여서 그에 새싹을 나게 하는 아량도 긴요하다는 점을 간과치
> 말기를 바라는 바이다(『경향신문』, 1949.3.29).

『경향신문』도 친일파에 대한 엄정 '처단'을 요구하면서도 '아량'이 필
요하다는 점을 언급했다.『경향신문』이 비록 "반민 행위자의 썩고 병
든 면을 완전히 절단, 처리"한다는 전제를 달기는 했지만 '아량'이 긴요
하다고 했던 것은 '인재 부족'이라는 이유로 친일파가 재등장할 여지가
있던 당시 사회 분위기를 보여 준다.

1949년 6월에 반민특위의 활동이 와해되기 시작했고, 공소시효 기간
단축안도 통과되었다(이강수, 2003, 315~320쪽). 친일파 처단에 반대하
거나 친일 전력이 있는 인물들이 반민특위를 장악했다.『조선일보』는
'반민처단법의 공소기간 단축'이라는 사설에서 '친일파 처단'은 "민족정

기를 살리자는 점"에서 중요했다고 하면서도, "법안이 유야무야로 종국
한다는 것은 유감"이고 "동법의 금후에 대하여 입법·행정 양면에서는
최선 방법을 고구(考究)"해야 한다고 주장했다(『조선일보』, 1949.7.9).
『경향신문』도 '반민법 동태'라는 사설에서 "친일파를 비롯하여 일부 측
에서는 맹렬한 반대 음모와 공작을 전개"했던 점을 지적하면서도, 단지
"이법을 영원히 폐기하기 전에 용두사미의 감을 없게 하고 유종의 미
를 거두게 함에 있어서 관계 당국자의 혼용(渾勇)분투를 빌어 마지 않
는다"고 했다(『경향신문』, 1949.8.25).

반민특위의 친일파 청산을 위한 활동에 대해서도 『조선일보』가 비
교적 자주 사설로 다루었고, 『경향신문』도 가끔이나마 사설의 주제로
삼았다. 반면에 정부 수립 이후 『동아일보』의 사설에서 친일파 처단에
관한 주장을 찾아보기는 어려웠고, 반민특위의 활동에 대해서도 깊이
있게 다루지 않았다. 전체적으로 신문들이 반민특위의 활동에 대해서
는 비교적 자세히 보도하면서도 사설을 통해서 적극적으로 지지하고
성원하는 논조를 보이지는 않았다. 특히 『동아일보』는 반민특위의 활
동에 대해서도 신중론을 제기했을 뿐이고, 해산에 대해 사설로는 전혀
다루지 않았다.

2) 반민특위 해산 이후 6월 항쟁까지의 친일파 담론

(1) 선거를 둘러싼 친일파 담론의 변질

반민특위의 해산 이후 친일파 문제를 다룬 사설에는 큰 변화가 나타
났다. 『조선일보』는 '사대 근성과 반성'이라는 사설에서 "과거의 친일
파는 영리한 듯이 일본을 이용하려다가 도리어 국권을 뺏기고 말았다.
오늘날 남북 노동당은 가장 현명한 듯이 소련을 이용하려는 결과는 또

한 무엇이 될 것"인가라고 하며, 좌익을 친일파와 마찬가지로 사대주의 근성을 지니고 있다고 비판했다(『조선일보』, 1949.12.15). '누가 애국자냐'라는 사설에서도 "오늘날 급진파 공산주의자 역시 친일파의 전철을 밟고 있어 거족적인 규탄을 받고" 있다고 비판하기도 했다(『조선일보』, 1950.3.30). 『조선일보』는 친일파 처단을 요구하는 것이 아니라 단지 좌익을 비판하기 위해 친일파라는 단어를 동원했을 뿐이다.

『동아일보』는 1950년 5월의 총선을 앞두고 '피선거권 제한에 대하여'라는 사설에서 "우리는 반민자 시효가 선언된 8월 말 이후 일부 무사려한 소위 친일파들이 반동적 심정에서 정당을 만든다, 정계 진출을 한다는 등의 소문"이 있었지만, 그럼에도 선거법 초안의 부칙 제3조에 이번에 한하여 일부 친일파의 피선거권을 제한하려고 하는 것은 "일사부재리의 원칙에 위반하고 법의 공정성을 상실하는" 것이라고 주장했다(『동아일보』, 1950.2.18). 비록 "반민자를 옹호하는 것"은 아니라는 단서를 달기는 했지만, '소위 친일파'라고 표현하며 이들의 피선거권 제한에 대해 비판했다는 것은 친일파에 대한 『동아일보』의 입장을 잘 보여주었다.

『동아일보』는 미국과 일본의 강화조약에 한국이 참가하기 위해 노력하던 시절에(윤석정, 2019, 378~379쪽) '일본 구화(媾和)에 대한 우리의 태도'라는 사설에서 "감정론에 압도되어 친일파시(親日派視) 당하는 것이 두려워 발언을 주저하지 않을 수 없던 것도 사실"이지만, 한국전쟁 발발 이후 "대일 구화에 대해서 심심한 관심을 가지는 것은 극히 당연한 것이라 아니 할 수 없다"고 하며 대일 관계의 개선을 주장했다(『동아일보』, 1951.1.22).

1950년대 중반 이후에는 주로 선거 입후보 자격과 관련해서 친일파란 단어가 사설에서 거론되었다. 1954년에 선거를 앞두고 이승만이 '친일분자, 친공분자의 입후보'를 막아야 한다고 강조하자, 『경향신문』은 '친일-친공 정범은 누구냐'라는 사설에서 "누구를 친일파라고 인정하게 하는 별단으로 의거할 준칙이 있어야 하겠는데 그런 것이 없는 한 대통령의 견해만으로는 실제상 지목이나 규정이 어려울 것"이라고 반박했다(『경향신문』, 1954.3.24). 이승만이 "친일파의 규정은 과거에 친일을 했다는 것을 기준으로 할 것이 아니라 앞으로의 행동에 의해서 하여야" 한다는 입장을 밝히자, 『동아일보』는 "친일파 규정에 있어서 과거에 친일을 했느냐, 안했느냐?를 기준해서 결정하는 것이 아니라 앞으로의 행동에 의해서 결정하여야 한다는 것은 반민법에 종지부를 찍은 지가 3년이나 된 지금 너무나 당연하다고 하지 않을 수 없지만 무엇이 친일행위냐? 하는 것은 간단한 문제가 아니거늘 담화 중에는 석연치 못한 점이 없지 않다"고 지적했다(『동아일보』, 1954.4.10). "일제 때 악질적인 친일파였어도 이승만에게 충성을 다하면 애국자"가 될 수도 있었던 것을 염려한 것이었다(서중석, 2004, 234쪽). 『경향신문』은 이승만의 친일파 규정에 대해 '신진대사'라는 사설을 통해 다음과 같이 돌려서 비판했다.

대통령은 또 경고하기를 친일파를 뽑지 말라고 하였다. 진실로 그러하다. 침략의 앞잡이로 동포의 고혈을 착취하고 민족의 정기를 말살하기를 오직 일삼던 자들이 도로 백주에 횡행하여 신생 민국의 의정까지 더럽혀서야 될 법이나 한 말이겠는가. 그러나 사실은 매우 우리의 소망과 다른 바가 많았었다. 혼란과 전쟁의 틈서리에서 친일파가 도리어 애국자로 호호(呼號)하고 파렴치죄로 복역하던 자도 뻔뻔스럽게 민족운동의 훈공자(勳功者)로서 자처하는 예가 비일비재였다. 묻노니 지금에 현달발호(顯達跋扈)하는 자 가운데 이러한 분자가 과연 섞여 있지 않을 것인가. (중략) 애국자가 도리어 박해를 받고 비애국자가 활개치는 예가 없을 것인가. 선거민은 지극히 총명하다. 아무리 누가 무어라든, 또 아무리 이저리 끌고 밀던, 이런 등사(等事)에 마음이 흔들리지는 않을 것이다(1954.5.16).

이승만은 자신에게 도움이 되면 과거의 전력과 관계없이 애국자라고 하면서, 자신에게 맞서면 독립운동을 했어도 친일파라고 규정했다. 1956년 5월 15일의 정·부통령 선거를 앞두고 "일본과의 국교 정상화를 주장"했다는 것을 빌미로 민주당 대통령 후보 신익희를 친일파라고 규정했고, 평화통일을 주장했다는 이유로 진보당 대통령 후보 조봉암을 공산당으로 몰았다(서중석, 2004, 228~249쪽). 『조선일보』는 '대공─대일 정책에 관한 이대통령 담화'라는 사설에서 "현 정부의 정책과의 거리가 있다 하여 이것을 '빨갱이'나 '친일파'로 낙인을 찍어 언론을 봉쇄할 위험이 있다면 선거의 자유 분위기는 여지없이 파괴되는 것이다"라고 하며, 이승만이 다른 후보들을 낙인찍으려고 하는 것을 비판했다(『조선일보』, 1956.4.14).

'친일파'라는 단어가 갖는 역사적 규정력을 이용해 신익희 후보에게 낙인을 찍으려는 이승만에 대해 각각 민주당 구파와 신파를 대변하던 '야당지' 『동아일보』와 『경향신문』은 더욱 강하게 반발했는데,[7] 『동아일보』는 '정정당당히 싸워라'라는 사설에서 다음과 같이 비판했다.

신(익희─인용자)씨가 과연 친일 분자로서 친일 정책을 펼 사람인가에 대해 우리는 결정적으로 '노'라는 확신을 갖고 있다. 그러한 확신의 객관적 증거로서는 신씨가 항일투쟁에 있어서 이(승만─인용자)박사에 조금도 못

---

[7] 1950년대에 정부에 대해 비판적인 신문들이 등장했던 것은, 일부 신문들이 특정 정치 세력과 밀접한 관계를 맺고 있었기 때문이었다. 특히 한민당에서부터 이어졌던 민주당 구파의 입장을 대변하던 『동아일보』와 민주당 신파를 대변했다고 할 수 있는 『경향신문』은 정부에 대해 가장 비판적인 성향을 보여 '야당지'라고 불렸다. 송건호는 이를 '체제내적 반대지'라고 불렀다(송건호, 1990, 83-87쪽).

지않는 훌륭한 경력을 갖고 있다 함은 세상이 다 알고 있는 사실이기 때문이요 또 그가 "일본 지도자와 만날 용의가 있다"고 한 것은 일본과의 국교를 조정해보겠다는 뜻이지 일본의 부당한 요구에 굴복해도 무방타는 뜻이 아니라 함은 그 자신의 성명과 태도에서 넉넉히 알 수 있기 때문이다(『동아일보』, 1956.4.15).

『동아일보』는 '입후보자 추천은 취소할 수 있는가'라는 사설에서 민주당 정·부통령 후보인 신익희와 장면을 "친일파라는 것을 구실삼아 입후보 추천을 취소"하려 한다는 소문이 있다는 민주당 측의 발표가 '비상한 관심과 충격'을 자아낸다고 비판했다(『동아일보』, 1956.4.22). 『경향신문』도 '정정하고 당당한 의사의 발표를'이라는 사설에서 이승만이 "친일파를 때리고 공산당을 역도라고 지칭"하고 있는데, "만일에 그것이 간접적으로 타당 후보를 헐기 위하여 사용된 언구(言句)라고 가정한다면 실로 가탄(可嘆)할 일이요 위험천만한 일"이라고 지적했다(『경향신문』, 1956.5.5). 친일파 청산을 방해하던 이승만 정권이 친일파라고 야당을 비난하고, 야당의 기관지 같은 역할을 하던 신문들이 이에 대해 비판하는 상황이 되었다. 이승만의 친일파 공세는 한민당에 뿌리를 둔 민주당에 친일 전력이 있는 인물들이 있었던 것을 염두에 둔 것이었다.

이승만 정권의 내각에 친일파들이 늘어나면서, 그동안 선거 과정에서 친일파로 몰렸던 민주당을 변호하느라 급급했던 『동아일보』가 이승만 정권 내각의 친일파를 겨냥한 비판에 나섰다. 『동아일보』는 '이내무의 행로'라는 사설에서 "본란은 대한민국 고관들의 일제 시 경력을 지금에 와서 구차스럽게 따지자는 것은 결코 아니지만 일제에 충성을 다하던 인물이 민국에서 요직을 차지하게 되었다면 과거에 저지른 죄과를 청산하는 의미에서라도 '새 시대, 새 국가, 새 주의'에 적응하는

성심껏 봉사하기 위해 허심탄회하며 낡은 관료의식, 낡은 정치 감각을
불식"해야 함에도, 현실에서는 "언필칭(言必稱) '친일파, 친공파를 경계
하자'는 국가사회에 있어서 민중을 무매시하고, 민권을 적대시하는 일
제 관리식 사상의식에 젖은 인물이 전체주의를 음으로 양으로 조작"하
고 있다고 비판했다(『동아일보』, 1956.8.5). 사설에서 거론된 내무부 장
관은 이익흥으로 일제 강점기에 평안북도 박천 경찰서장을 지냈다(임
종국, 1991, 278쪽). 그러나 이후 신문들이 이승만 정권 내의 친일파에
대한 처단을 요구하지 못했는데, 친일파 청산이 쟁점이 되었을 때 자
신들에게도 별로 득이 될 것이 없다고 보았기 때문이다.

이승만은 이후에도 계속 야당을 친일파로 몰아세웠고, 『동아일보』와
『경향신문』은 이에 대해 반박하는 일이 벌어졌다. 『동아일보』는 '이 대
통령 훈시와 반향'이라는 사설에서 이승만이 일본과의 국교 수립을 주
장하는 "민주당 지도자를 친일파로 비난"한 것에 대해 '독단·편파적인
태도'라고 비판했다(『동아일보』, 1957.3.31). 『경향신문』은 '왜 국민을
억지로 공산당으로 만드는가'라는 사설에서 "친일이나 민족반역을 하
지 않고 다만 정치상의 견해의 차이로 억울하게 친일파나 민족반역자
의 낙인을 찍힌 사람도 결코 적지 않을 것"이라고 주장했다(『경향신문』,
1958.9.15).

4월 혁명 이후에는 '반민주행위자'에 대한 처벌과 관련해 반민특위가
소환되면서 친일파가 사설에서 다시 언급되었다. 『경향신문』은 '부정재
산 색출 원칙을 구체적으로 밝히라'라는 사설에서 "8·15 후의 용두사
미의 친일파·민족반역자 처단의 과오를 되풀이해서는 안 될 것"이라
고 주장했다(『경향신문』, 1960.5.5). 『동아일보』는 '내각책임제의 올바른
운용을 위해'라는 사설에서 "숙청의 단행은 혁명의 본질적인 요구라 할
것이니, 우리 국민 대중은 1인 폭정이 친일파·민족반역자의 아부로

말미암아 조성되었다는 사실을 결코 잊어서는 안 된다'고 하며 특별법
제정을 통한 처벌을 요구했다(『동아일보』, 1960.6.16). 『조선일보』도 '3·15
부정선거와 원흉의 공판 개시를 보고'라는 사설에서 "이들을 일일이 적
발, 처단할 수 없다는 것은 과거 정부 수립 직후 반민법에 의하여 친일
파를 처단하려던 것이 성공되지 못한 사실에 감하여 짐작될 수" 있다고
하며 반민주행위자 중 대표 인물을 골라 엄중 처벌할 것을 촉구했다
(『조선일보』, 1960.7.5). 신문들은 모두 반민주행위자 처벌을 위해 반민
특위의 친일파·민족반역자 처단의 실패를 거울삼으라고 하면서, 정작
친일파 청산의 실패는 기정사실화하고 있을 뿐이었다.

  『경향신문』은 '사월혁명 뒤의 8·15'라는 사설에서 "이승만 정권은
미국의 반공 정책을 교묘하게 이용하여 정권을 장악한 이후 친일 분자·
보수적 지주·상업고리대 자본가 등을 온존함으로써 정치적 봉건주의
를 발전시킴으로써 동양적 군주전제주의를 부활시킨 것"이라고 비판하
며 4월 혁명으로 일제 잔재까지 청산하는 진정한 민주화를 이룩해야
한다고 주장했다(『경향신문』, 1960.8.14). 이 사설은 당시로서는 드물게
'반공 정책'이 '친일 분자'의 온존에 영향을 주었다는 점을 지적했다.

  1950년대에는 정략적인 의도를 가지고 서로 친일파라고 비난하면서
사설에서도 친일파라는 단어가 사용되었다. 신문 사설에서는 상대방을
낙인찍으려는 시도로 친일파라는 단어가 사용되었을 뿐이고 친일파의
실체를 밝히고 청산하자는 주장은 전혀 나오지 않았다. 이승만 정권의
야당에 대한 친일파 공세를 신문 사설에서 적절히 비판하지 못했던 것
을 통해 친일파 문제에 민감한 신문들의 한계를 엿볼 수 있다.

(2) 친일파 문제에 대한 긴 침묵과 1980년대의 재론

  5·16군사정변으로 박정희 정권이 출범한 이후 신문 사설에서 '친일

파'가 사라졌다. 친일파라는 단어가 언급된 사설이 없지는 않지만, 친
일파 문제를 본격적으로 다룬 사설을 찾아보기는 어려워졌다. 1964년
에 굴욕적인 한일협정에 반대하는 움직임이 확산되었음에도 사설에서
친일 문제가 전혀 거론되지 않았다는 것은, 신문들이 친일 문제를 얼
마나 회피하려고 했는지를 잘 보여준다. 『경향신문』이 한일회담으로
인한 갈등을 다룬 '여야협상의 필요성을 강조한다'라는 사설에서 "여야
의 빙탄불상용(氷炭不相容)의 정쟁은 가히 짐작하고도 남음이 있으며
심지어는 국민 간에도 친일파다 아니다 하는 식의 견원지간(犬猿之間)
이 생겨 큰 불화가 생길런지도 모르겠다"고 했던 것을 통해 친일파에
대한 사회적 인식을 알 수 있다(『경향신문』, 1965.4.16).

　이승만 정권 때와는 달리 박정희 정권이 친일파 문제를 전혀 거론하
지 않았고 신문도 먼저 친일파 청산을 요구해야 할 이유가 없었기 때
문이다. 개인적으로는 친일 혐의로부터 자유로웠던 이승만과 달리 박
정희가 친일 전력이 있었기 때문에 친일파 문제가 사회적 의제가 되는
것 자체를 꺼렸던 영향도 있었다. 1979년 10월에 문화공보부 출판담당
과장이 『해방전후사의 인식』을 '사후검열'하고 "친일행위 좀 했다고 왜
야단이냐! 친일한 거를 지금 들춰내어 뭐 하겠다는 거야!"라고 호통쳤
다는 것을 통해 친일파 문제에 대한 당시 권력의 인식을 잘 알 수 있다
(김언호, 2019, 233쪽).

　1980년 신군부가 출현하고 전두환 정권이 출범하면서 전과 달리 한
일관계나 민족의식을 다룬 사설들이 늘어났고, 친일파 문제를 다룬 사
설들도 나타났다. 신군부에 협조적이던 『경향신문』은[8] '구 정치세대의

---

8) 『경향신문』은 1966년 강제로 경매 처분된 후 논조의 변화를 보였다. 강제로 경매 처
　분되어 김철호에 의해 인수된 이후 『경향신문』은 스스로 사설을 통해 "본래의 의미에
　있어서의 야당지에 속한 것은 아니다"라고 선언했다(경향신문사, 1986, 258쪽).

퇴장은 새 시대의 개막을 예고하는 것이다'라는 사설에서 다음과 같이
주장했다.

> 해방은 분명 일제로부터의 해방이고 건국은 분명 우리의 새 나라를 세
> 우는 것이었는데도 거기에 참여한 정치세력은 일제 잔재가 적지 않았고
> 그들로 말미암아 친일적 아부 윤리가 팽배해지고 민족정기를 좀먹게 했던
> 것이다. 이것은 더 말할 나위도 없이 과거를 철저하게 청산하지 못한 우
> 리의 비극이었다. 이러한 상황 속에서 재래의 민족자본을 주축으로 한 한
> 민당이 붕당화하고 이 나라 정당사에 하나의 주류를 형성했던 사실을 우
> 리는 간과할 수 없다(『경향신문』, 1980.8.15).

이전 정권들과는 달리 5공화국 정부가 '새역사 창조'라는 명분을 내
세우며 구정치인의 숙정을 정당화하는 논리의 연장선상에서 일제 잔재
의 청산을 내세웠다. 당시 '3김'이라고 불리던 인물 중 김대중과 김영삼이
한민당에 뿌리를 둔 민주당의 신·구파 출신이었다는 점을 부각시켜
청산되어야 할 인물로 몰기 위해서 일제 잔재의 청산을 거론했던 것이
다. 정략적으로 친일파 문제를 다루었다는 점에서 이승만 정권과 전두
환 정권은 비슷한 면을 보였다. 전두환이 1980년 9월 1일에 11대 대통
령으로 취임한 다음 날『경향신문』은 '때 묻은 정치인은 스스로 물러나
라'라는 사설에서 다시 한 번 "한민당은 비록 해방 이후에 이른바 민족
진영으로 대표하는 정당으로 발족했지만 그 중심이 지주 자본과 친일
아부배로 이루어짐으로써 결국 민족정기를 좀먹고 정치 악순환의 시
발을 이룬 것"이라고 하며, 그 후신인 야당의 정치인들에게 퇴장할 것
을 요구하기도 했다(『경향신문』, 1980.9.2).
  1982년에 일본의 역사교과서 왜곡사건이 터지자『조선일보』는 '일제
강점 미화 못해'라는 사설에서 "1910년의 '한일합방'을 두고서 '어느 것

이 옳았는지 누가 알랴고 반문할 자들은 당시의 일제와 한인 친일파밖엔 없다. 그리고 징용을 포함한 갖가지 일제 식민통치의 만행에 대해선 극소수 친일 반역분자들을 제외한 전체 한국 민족이 한결같이 거부하고 저항"했다고 주장했다(『조선일보』, 1982.7.25). 『조선일보』는 '옳고 그름 되밝혀야'라는 독립기념관 건립의 필요성을 강조하는 사설에서 다음과 같이 주장했다.

> 뒤죽박죽으로 전도된 것 가운데 가장 심했던 것은, 역사에 있어서의 옳고 그른 것의 기준이 아리송해진 일이다. 누가 뭐라고 교묘한 반론을 제기하든, 근대 한국사에서 가장 옳았던 것은 항일투쟁이오, 가장 못 됐던 것은 일제의 주구(走狗) 행위였다. 세상이 아무리 세속화되었다 해도 이것만은 너무나 명명백백한 진리라고 단정할 수 있고 또 단정해야 하겠다. 그런데 못된 공산당이 남침을 해오는 바람에 행정 기술자들인 친일파들이 유야무야로 숙정(肅正)을 면하자, 어느덧 항일은 케케묵은 고담(古談) 취급을 받게 되었고, 일제 때 요령 좋아 출세한 수재들이 판을 치게 되었다. 역사 인식은 이때부터 뒤집어지기 시작하더니, 도대체 옳고 그른 것이 따로 없다는 식의 극단적인 가치혼돈이 풍미하게 되었다(『조선일보』, 1983.8.16).

이 사설은 독립기념관 건립이 친일파 숙정의 실패로 나타난 항일과 친일의 전도 현상을 바로잡는 계기가 되어야 한다고 주장한 것이었다. 『동아일보』는 '역사를 쓰는 자세'라는 사설에서 "해방 직후 우리는 '역사의 단추'를 어떻게 잘못 끼웠는가에 대한 반성의 일환으로 미군정의 한국 민족사에 대한 인식의 차질에서 오는 과오, 친일파 대거 등용으로 인한 민족정기의 마멸, 또한 그 후의 역대 정권들이 범한 반민주적 행태 등에 대한 비판이 있었다"고 하며, 현대사에 대한 이런 '부정적 시각'을 '학원 사태'의 원인으로 보고 현대사를 새로 쓰려고 하는 정부·

여당의 "발상은 매우 위험하고도 염려스러운 점이 예견된다"고 지적했다(『동아일보』, 1985.11.28). 『조선일보』는 '임정을 복권시켜라'라는 사설에서는 더욱 강한 어조로 친일파 청산과 임정의 복권을 주장했다.

8·15후 친일파들이 다시 득세하면서부터 정통성·정당성의 문제는 아예 뒷전으로 밀려났다. (중략) 반민특위의 해체, 냉전의 격화, 6·25 전쟁, 자유당 경찰국가의 횡포, 그 후의 개발 제일주의로 말미암아 원래의 정당성의 맥인 항일 세력과 임정은 한낱 기념식의 회상 속에서만 간신히 명맥을 유지했을 뿐이다. 이래서야 어찌 옳은 것이 승리하고 정의는 반드시 실현된다는 보장이 서겠는가, 옳은 것이 이기기는 고사하고, 오히려 일제 때의 친일파가 8·15후에도 계속 관료로 경찰 간부로, 귀속재산 불하로 힘과 끗발과 재산을 휘어잡았다고 한다면 오늘의 기성세대는 젊은이들을 대체 무엇으로 감화하고 지도한단 말인가(『조선일보』, 1986.8.17).

『조선일보』는 이 사설에서 "우리는 개정헌법 전문에 '제1공화국 대한민국 임시정부'의 계승을 분명하게 밝힐 것을 여·야에 요망한다"고 했다. 제헌헌법에 들어있던 '임시정부의 법통 계승'이 5·16군사정변 직후인 1962년 12월의 제5차 개헌에서 삭제되었었는데, 다시 헌법을 개정하며 전문에 '임시정부의 계승'을 명확히 밝히라는 것이었다.[9] 『조선일보』는 '정당성의 맥을 찾자'라는 사설에서 다시 한 번 '임시정부의 법통'을 강조했다.

우리가 만약 임정(臨政)의 법통을 외면한다면, 우리는 1948년에 유엔에 의해 인공적으로 창조된 '시험관 아기'임을 자인하는 것밖엔 안 된다. 우리는 과연 우리의 창조주(?)를 그때의 유엔총회의 결의문 한 장에서 구해야

---

[9] 1987년 10월의 제9차 개정에서 헌법 전문에 다시 "우리 대한국민은 3·1운동으로 건립된 대한민국 임시정부의 법통"을 계승한다는 내용이 들어갔다.

한단 말인가. 이런 어처구니없는 자기부정(否定)과 자기비하에 빠지지 않으려면 우리는, 대한민국은 3·1 민족—민주—공화 혁명운동에 의해 성립한 대한민국 임시정부의 정통 후계자라고 당연히 선언하지 않으면 안 된다. 이제 이 정통성의 맥을 감추고 끊으려 했던 친일파들은 우선 생물학적으로 역사의 무대로부터 스러져갔다. 그러니 이제부터라도 우리 세대는 주저 없이, 우리와 항일 민족운동사와의 감격적인 재상봉과 직결을 단행해야 하겠다. 중앙정부는 물론, 각 헌법기관들과 행정기관들을 비롯해 군에 이르기까지, 그 자체의 연혁과 역사를 임정과 광복군의 전통에 연결시키는 작업이 활발히 추진돼야 한다(『조선일보』, 1987.3.1).

박정희 정권이 집권하던 18년의 세월 동안 친일파 문제는 신문 사설에서 거의 다루어지지 않았다. 신군부가 등장하며 정권의 의도를 반영해 『경향신문』이 사설을 통해 그 뿌리가 친일 세력이라고 하며 기존 정치인의 퇴진을 요구했다. '일본 역사교과서 왜곡사건', '독립기념관 건립'이라는 시기적 요인도 작용해 사설에서 친일파 청산 주장이 나왔다. 1986년과 1987년의 『조선일보』의 임정에 관한 사설은 해방 직후 『조선일보』와 임정 세력과의 관계를 고려한 것이었는지는 모르겠지만, 과거의 친일파나 임정에 관한 논조를 감안하면 다소 의외였다고 할 수 있다. 임정을 앞세워 민족주의를 강조하던 논조에는 1985년 4월에 『조선일보』와 『동아일보』 사이에 있었던 민족지 논쟁 사건도 한 요인으로 작용했을 것이다.[10] 민족주의의 상징적 가치가 적어도 이 시기의 『조선일보』에게는 아직도 유용했던 것이다.

---

10) 1985년 4월에 벌어진 『동아일보』와 『조선일보』의 '민족지 논쟁'은 더 이상 확산될 때 서로에게 유리할 것이 없다는 판단 때문이었는지 슬그머니 중단되고 말았지만, 그 앙금은 뒤에도 논조로 어느 정도 나타났다고 볼 수 있다(김유원, 1986). 민족지 논쟁은 이 책 9장에서 자세히 다루었다.

3) 민주화 이후 1999년까지의 친일파 담론

(1) 친일파 청산 주장과 이에 대한 반감의 표현

1980년대에 근현대사에 관한 관심이 증가하며 그동안 금기시되었던 친일파에 관한 연구가 나타났고, 6월 항쟁의 덕택으로 민주화가 진전되면서 친일파 청산의 목소리도 커졌다. 친일파 청산이 이루어지지 못한 것에 대한 비판적인 주장이 나오자 이에 대해 반박하는 신문 사설도 나오기 시작했다. 『경향신문』은 '민중사관과 정치인의 발언'이라는 사설에서 "김대중씨가 한 말 중 제1공화국이 친일파를 처벌하지 못해 민족정기를 바로잡지 못했다는 지적은 타당한 것이라 볼 수 있다. 그러나 그 문제를 가지고 해방 후 역사의 정통성마저 부정하는 논리를 편 것은 일부 급진 대학생들의 주장에 영합하고 한국 현대사의 문제를 정치적으로 이용하는 경솔한 짓이라는 비판을 면키 어려울 것 같다"고 비판했다(『경향신문』, 1987.10.29). 친일파가 청산되지 못한 역사에 대한 문제 제기를 이념적인 잣대로 비판하려는 이런 사설들은 이후에도 자주 나타났다.

1988년 5월에 창간된 『한겨레신문』이 신문으로서는 사실상 최초로 친일파 청산을 적극적으로 주장하기 시작했다. 『한겨레신문』은 '삶과 현실을 벗어난 교과서'에서 "국어 교과서는 친일에 앞장섰던 문학인들의 작품을 명작으로 많이 싣고 있다"고 하며 개선이 필요하다고 주장했다(『한겨레신문』, 1988.6.21). 이후 『한겨레신문』은 사설에서 자주 친일파 문제를 거론했고, 11월 5일에는 '바로 오늘 반민특위가 필요하다'는 사설을 통해 "일제에 부역하고 민족을 억압한 친일매국분자들을 수사하고 재판했으나 이승만의 하수인들의 파괴공작과 '용공사건' 조작 때문에 이 역사적 시도는 좌절로 끝나고 말았다. 이 재판에서 살아남은 자들과 그 후손들이 지금까지 정치·경제·문화·언론계를 장악하고 있음은 널리 알려진 사실이다'라고 주장했다(『한겨레신문』, 1988.11.5).
『한겨레신문』은 '김상만·방우영씨와 역사의 겨울'이라는 사설에서 다음과 같이 주장하기도 했다.

> 방우영 씨는 청문회에서 한 의원이 동아일보와 조선일보의 친일 행각을 따지자 "두 신문은 일제 시대에 친일을 한 적이 없으며 그렇게 생각하는 것은 선인들에 대한 모욕"이라고 흥분했다. 방씨는 자기 회사의 조사부에 보관되어 있는 신문철도 보지 않았는가? 1932년 1월 9일 이봉창 의사가 일본 '천황' 히로히토에게 폭탄을 던진 사건에 대해 "대불경 사건 돌발, 어로부에 폭탄 투척, 폐하옵께서는 무사어환행, 범인은 경성생 이봉창'이라는 제목아래 토씨 하나 안 틀리는 기사를 두 신문이 같이 싣지 않았던가? "학도여 성전에 나서라, 대의에 죽을 때 황민됨의 의무는 크다"는 연설을 하면서 젊은이들을 일제의 총알받이로 내몬 사람이 인촌 김성수 씨가 아니고 누구였는가? '출진학도 격려대회'를 열고 군 사령관에게 고사포를 기증하고 항공공업회사의 중역이 된 사람이 방응모 씨 아니고 누구였는가? (중략) 몇몇 가문이 대를 이어 민족을 배신하고 민중에게 고통을 안기는 이 치욕의 역사는 여기서 끝내자(『한겨레신문』, 1988.12.15).

국회 언론청문회에서의 이철 의원의 질문에 대한 『조선일보』 방우영 사장의 답변을 비판하는 사설이었다. 이 사설에서 거론된 내용은 이미 최민지(1978)의 『일제하 민족언론사론』에 나와 있는 내용이었지만, 신문을 통해 다루어짐으로써 많은 사람이 두 신문의 친일 행각을 알게 되는 중요한 계기가 되었다. 『한겨레신문』은 '조선일보 70주년과 조선투위 15주년'이라는 사설에서도 "사설과 기사로 '천황 폐하의 만수무강'을 빌고 일제의 동아시아 침략을 '거룩한 전쟁'으로 미화하던 신문이 어떻게 '민족을 대변했다'고 주장할 수 있는가? 이런 점은 〈동아일보〉도 마찬가지지만 〈조선일보〉는 참으로 끈질기게도 독자들을 기만하고 있다"고 비판했다(『한겨레신문』, 1990.3.8).

『조선일보』와 『동아일보』는 자신들의 과거 역사까지 거론하며 친일파 청산 문제를 제기하는 것에 대해 민감하게 반응했다. 『조선일보』는 '수정주의 맹점'이라는 사설에서 "미군정의 친일파 재등용과 민족주의자들의 몰락은 물론 누구나가 개탄하는 일이다. 그러나 분단의 책임이 이쪽에만 있다든가, 6·25 남침의 의미를 애써 희석시키고 얼버무리려 한다든가, 그리고 더더군다나 대한민국의 정당성을 무시하려 드는 것은 사실과 진실에도 위배될 뿐 아니라 우리의 생존을 위해 철저히 논박할 필요를 느낀다"고 주장했다(『조선일보』, 1988.6.25). '해방 45년 −극좌의 현대사 왜곡'이라는 사설에서도 "수정주의사관은 물론, 친일사관이나 관변(官邊)사관 또는 미군정기의 오류와 잘못을 격파하고, 일부 감춰졌던 사실(史實)들을 드러내는 등 그 나름의 공적이 있었음을 부인할 수 없다"고 하면서도, 여기에서 더 나아간 것은 문제라고 하며 "극좌파 운동 논리의 왜곡을 하나하나 조목조목 격파시킬 때가 지금이라고 우리는 확신한다"고 주장했다(『조선일보』, 1990.8.15).

『동아일보』도 '건국 40년, 분단 40년'이라는 사설에서 "남한에서는 단정 추진 세력이 친일·민족반역자를 포용함으로써 민족사적 정통성을 상실했다"는 주장이 있다고 지적하고는, 이제 "건국 40년을 총체적으로 조감하는 역사의 눈은 근대국가 내지 산업국가로 성장한 우리의 모습에 대한 평가에서 시작하지 않으면 안 된다"고 주장했다(『동아일보』, 1988.8.15). 『동아일보』는 '제헌절 유감'이라는 사설에서도 "지난 몇 년 동안 우리 사회에서는 1948년 남한에서만의 5·10선거와 친일파 숙청의 미진을 이유로 우리 체제에 대한 거센 비판이 일어났었다. 그것이 어느 사이엔가 체제 부정의 논리로 이어지고 심지어 일부 학생들 사이

에서는 북한 김일성 정권에 민족적 정통성이라도 있는 듯한 해괴한 주
장마저 나오게 되었다"고 비판했다(『동아일보』, 1989.7.17). 『조선일보』
와 『동아일보』는 현대사에 대한 비판적 인식을 '수정주의사관', '민중사
관'으로 규정하고 비판하며, 친일파 청산 주장을 이념적 공세로 덮으려
고 했다.[11]

　『동아일보』와 『조선일보』가 친일파 청산의 실패를 지적하고 비판하
는 글들에 대해 반발하는 논조를 보였던 반면에 『한겨레신문』은 '역사
바로 알기와 '좌경 의식화' 교육'이라는 사설에서 현대사에 대한 비판적
인식이 "일제의 '황민 교육'에 앞장섰던 친일파들이 중심이 되어 미군
정 시대에 만든 교과서의 골격이 유지"되고 있는 현실에서 진실을 알
고자 하는 욕구가 나타난 것일 뿐이라고 반박했다(『한겨레신문』, 1989.
4.16). '일제 잔재의 상(尙) 미청산'이라는 사설에서도 "해방 후의 반민
특위가 와해되자 고스란히 재등장한 친일파가 정부 내외의 요소요소
를 틀어쥐고 있는 가운데 새로운 형태의 친일 지도자가 등극했대도 과
언이 아니다"라고 하며 그런 역사적 맥락을 간과해서는 안 된다고 주
장했다(『한겨레신문』, 1990.8.15). 이후에도 『한겨레신문』은 계속 친일
파 청산의 실패로 인한 한국 현대사의 문제점을 지적하는 사설을 자주
실었다.

　1992년 4월 '백범 김구 암살' 사건이 다시 불거졌을 때 많은 신문이
진상 규명을 요구했다. 『조선일보』는 '백범 시해 규명의 출발점'이라는
사설에서 "누가 감히 이 규명 작업을 '지나간 옛일 가지고 무얼 그러느
냐'라고 말할 작정인가. 이것은 결코 옛일이 아니다. 이것은 친일·반

---

11) 뉴라이트는 1980년대 말 이후의 역사학의 다양하고도 발전적인 연구 성과를 무시하
며, 1980년대 등장했던 '민중사관'의 이념적 성격을 과장하며 이런 '민중사관'이 지금도
계속되고 있다고 비판하기도 한다(심용환, 2015, 82~94쪽). 보수 언론도 사설을 통해
비슷한 주장을 반복했다.

민족 그룹의 '역사 쿠데타'로부터 우리의 근본을 되찾자는 일 바로 그
것이다"라고 주장했다(『조선일보』, 1992.4.15). '근현대사 너무 모른다'
라는 사설에서도 백범 암살사건이 '대서특필'되어도 학생 및 젊은 층은
관심이 없다며, 한 나라의 '정신의 힘'은 자랑스러운 역사를 선양하고
가르치는 데서 나오고, 이런 작업의 출발점은 '항일독립운동사에 관한
교육'이 되어야 하는데 "불행히도 친일파 정리가 잘 안 돼서였는지 우
리 교육 현장에서는 도무지 그런 교육이 미흡"했다고 지적했다(『조선
일보』, 1992.4.15). 『조선일보』의 이런 주장은 1980년대 말 이후 보여준
논조와는 사뭇 다른데, 이 시기까지는 '임정과 김구'를 자신들의 역사
를 미화하는 중요한 자산이라고 보았던 듯하다.

　『한겨레신문』은 '민주정부 서야 일본과 맞설 수 있다'라는 사설에서
"8·15 뒤에도 명색이 독립국의 대통령이라는 이승만 씨는 한몸의 영
화와 영구집권을 위해 친일파를 중용하고 감싸면서 입으로만 '반일'을
외쳤다. 박정희·김종필 씨가 일으킨 5·16쿠데타는 일본의 재침략에
문을 열어준 결정적 계기였다"고 비판하며 친일파 청산을 위해서도 민
주정부의 수립이 필요하다고 주장했다(『한겨레신문』, 1992.6.7). '심판
대 오른 조선일보의 불편부당'이라는 사설에서 "조선일보는 일제 식민
시대에 민족진영에 기여한 바도 있지만, 이른바 '대동아전쟁' 때는 친
일과 '천황폐하에 대한 충성'으로 일관해 왔다. 그리고 박정희·전두환
씨의 군사독재정권과 밀월 이상의 유착 관계를 맺어 왔다"고 비판했다
(『한겨레신문』, 1992.12.8). 『한겨레신문』은 친일파 청산을 위해서는 민
주정부의 수립이 필요하다는 인식을 보여주었다.

(2) 친일파 청산 움직임의 태동과 보수신문의 변화

　김영삼 정권의 등장과 함께 친일파 청산을 위한 부분적인 움직임이

나타났다. 광복 50주년을 앞두고 정부가 그동안 독립유공자로 포상을
받은 8천여 명 가운데 친일 혐의가 제기된 사람들을 새로 심사하기로
했다. 보훈처의 독립유공자 재심사는 국회에서 논란이 되었고, "여당
의원과 후손들이 발설 책임자 처벌과 사과 요구를 하고 보훈처장이 오
히려 변명에 급급하는 모습"을 보여주는 일이 벌어졌는데, 『한겨레신
문』은 '친일 유공자와 역사 바로 쓰기'라는 사설에서 이와 관련해 다음
과 같이 주장했다.

> 국회 보사위에서 지난 9일 일부 국회의원들이 행한 발언들은 광복 뒤
> 이 땅에서 친일파를 척결하지 못한 것이 우리 민족에게 씻을 수 없는 과
> 오가 되고 있음을 다시금 깨닫게 한다. (중략) 일부 독립유공자의 친일 경
> 력을 규명하여 역사를 바로잡고 민족정기를 세우는 계기로 삼자는 때 늦
> 은 시도가 처음부터 벽에 부닥친 것은 과거 역사의 오류가 끊임없이 현재
> 와 미래를 압박하고 있음을 드러낸다. 광복 뒤 이승만 정부가 정권 유지
> 를 위해 관료의 절반을 친일 분자로 채우며 반공을 내세우자 친일 분자들
> 이 재빨리 반공주의자로 돌아서, 당시 국회에선 친일파를 처벌하라고 주
> 장하는 자는 공산당이라는 발언이 나올 정도였다. (중략) 부끄러운 역사에
> 서 눈을 돌린다고 역사적 진실이 사라지지는 않는다. 역사는 올바로 쓰여
> 야 한다(『한겨레신문』, 1993.7.11).

『조선일보』는 '역사논쟁 고(考)'라는 사설에서 "지금 우리는 온통 전력
시비와 과거 시비에 몰두해 있는 것 같다"고 하며, 재평가를 위해서는
'절차의 완벽성'과 '사실을 전체적인 구도' 속에 보는 것이 필요하다고
주장했다. 또한 "과거사는 물론 엄밀하게 재조명돼야 한다. 그러나 여
기저기서 불쑥불쑥 한마디 던지는 식으로 무엇이 쉽게 엎어졌다 하는
방식은 어쩐지 문화혁명기 중국의 모습이 연상돼 썩 믿음직스럽지가

않다"고 불편한 심기를 드러냈다(『조선일보』, 1993.7.12). 독립유공자 중에 친일 혐의가 있는 사람을 재심사하자는 움직임에 '문화혁명기 중국'을 거론하며 다시 '색깔론'으로 반대 의사를 표시했다.

『한겨레신문』은 '친일 세력을 낱낱이 청산하라'는 사설에서 "친일 세력과 일제 잔재를 청산하지 못한 탓으로 해방 이후 오늘날까지 이 나라의 정치·경제·사회·문화가 어떤 모습으로 왜곡되어 왔는지를 살펴보는 것은 이제 차라리 진부한 일처럼 여겨진다"고 하며, 이제 "민족 정기를 바로잡는 데 정부와 민간 모두의 생각에 일대 혁신이 있어야겠다"고 주장했다(『한겨레신문』, 1993.8.18). '청산의 대상은 누구인가'라는 사설에서도 "일제 때의 친일파와 그 후손들이 아직도 정치·경제·문화 특히 언론계에서 아직도 지배세력으로 위세를 부리고" 있다고 하며, "이들을 청산하자는 주장은 과거에 대한 집착이 아니라 밝은 미래를 위한 건설적 외침"이라고 주장했다(『한겨레신문』, 1993.11.8).

친일파 청산의 목소리가 조금씩 확산되자 『조선일보』는 "대한민국 건국의 초기에 친일 잔재가 묻어 들어 왔다는 것 하나로 오늘의 대한민국이 지니고 있는 모든 긍정적 결과물들의 '정당성 충족요건'을 간과할 수는 없다"고 하며, 과거 친일의 문제보다는 지금의 '성취와 보람'이 중요하다고 주장했다(『조선일보』, 1995.1.27). 친일파 문제에 관해 수세적으로 방어하던 입장에서 벗어나 '성공적인 현대사 50년'을 적극적으로 주장하는 것으로 바뀌었다. '이승만과 나라 세우기'라는 사설에서도 "여러 종류의 부정주의적 사관을 정면으로 거부한다"고 하며, 친일 잔재 등의 "흠과 티에도 '불구하고' 역시 대한민국을 만들어 온 것은 성공작이요 천행이라는 결론일 따름"이라고 주장했다(『조선일보』, 1995.1.27). 『동아일보』도 '해방과 함께, 광복과 함께'라는 사설에서 다음과 같이 주장했다.

일제의 한국 강점이 시작된 20세기 초부터 매국노도 있었고 적극적인 대일협력자도 있었으며 강압 또는 회유에 의해 적지 않은 친일파가 있었음은 역사적 사실로서 부인할 수 없다. 친일파 문제는 아직도 우리에게는 역사의 짐으로 남아 있고, 해방 이후에는 한국 사회의 분열과 적대감을 조장하여 사회적 통합을 어렵게 했다. 그러나 친일파의 존재는 어두웠던 식민지 시절, 어디까지나 개인의 책임으로 귀착시키는 것이 옳다. 오늘의 한국의 정통성을 부인하는 역사적 요인이 될 수는 없다(『동아일보』, 1995. 8.15).

『조선일보』는 이제 '임정과 김구' 대신 '이승만과 박정희'를 내세우며 친일파 문제를 사소한 것으로 치부하기 시작했고, 『동아일보』는 '분열과 적대감을 조장하여 사회적 통합'을 저해한다며[12] 친일파 문제를 '개인의 책임'으로 돌리자고 주장했다. 『조선일보』와 『동아일보』는 '친일과 독재'에도 불구하고 결국 성공한 역사인 만큼 친일이 큰 문제가 아니라고 주장하기 시작했다. 오로지 "성공국가 한국의 발전상을 자랑하고 싶어" 하는 이런 관점에서는 친일 문제는 '전사(前史)에 불과'한 과거의 일로 치부될 뿐이었다(김정인, 2016, 237~238쪽).

『한겨레신문』은 '3·1절에 보는 한국과 일본'이라는 사설에서 "권력을 잡은 세력과 또 하나의 권력인 거대 언론이 바른 소리를 바르게 들으려 하지 않고 거꾸로" 가고 있다고 하며, "친일파의 등에 업혀 독재를 한 이승만 씨는 말할 것도 없고, 일본군 장교였던 박정희 씨까지 위대한 인물로 복권시키려는 언론의 캠페인은 가뜩이나 뒤틀린 민족사를 송두리째 왜곡하려는 기도임이 분명하다"고 비판했다(『한겨레신문』,

---

12) 친일파 문제가 사회적 분열을 조장한다는 『동아일보』의 주장은 2019년 3월에 당시 나경원 자유한국당 대표가 "반민특위로 인해 국민이 분열됐다"고 발언한 것과 비슷한 내용이다(『미디어오늘』, 2019.3.15).

1995.3.1). '매국노 재산 몰수해야'라는 사설에서는 "친일 매국노 단죄가 해방 반세기를 넘긴 오늘에 새삼스럽게 문제가 되는 것은 우리 국민의 불철저성 때문"이라고 하며 "민족정기를 올곧게 세우는 일이야말로 민족의 앞날을 확실히 보장하는 초석"이라고 주장했다(『한겨레신문』, 1997. 8.15). 김대중 정권이 출범한 이후 '친일인명사전을 기대하며'라는 사설에서는 친일파를 '역사의 법정'에 세우기 위한 '친일인명사전'의 발행은 "역대 정부가 이루지 못한 '민족정기의 확립'을 국민의 힘으로 이루는 쾌거가 될 것"이라고 했다(『한겨레신문』, 1999.8.16). 친일파 청산 문제를 둘러싸고 신문 사이의 본격적인 논쟁이 벌어지기 시작했다.

4. 친일파에 대한 침묵에서 논쟁으로

해방 직후 친일파 처단과 친일 청산에 대한 목소리가 높았다. 해방 직후부터 반민특위의 활동이 이루어지던 시기까지 '친일파'나 '친일'이라는 단어가 포함된 기사량이 많았다는 것을 통해서도 쉽게 확인할 수 있다. 해방 직후 친일파 문제를 둘러싸고 정치세력 사이에 입장의 차이가 있었고, 좌우익 신문 사이에도 견해의 차이가 있었다(김민환, 2001, 88~110쪽). 현존하는 『동아일보』, 『조선일보』, 『경향신문』은 모두 우익 신문이었지만 세 신문 사이에도 다소의 차이가 있었다.

『조선일보』는 해방 직후 한동안 사설에서 친일파 문제를 많이 다루었고, 친일파 청산의 필요성에 대해서도 비교적 자세히 다루었다. 『동아일보』는 사설에서는 친일파 문제를 많이 다루지 않았을 뿐만 아니라 친일파 처벌의 범위나 처벌의 시기에 대해서도 소극적인 논조를 보였다. 『경향신문』은 사설에서 친일파 문제를 가장 적게 다루었고, 『동아일보』와 크게 다르지 않은 논조를 보였다. 정도의 차이는 있었지만, 세 신문이 공통적으로 처벌의 규모를 최소화하면서 처벌 시기도 정부 수립 이후로 미루자고 주장했다. 정부 수립 이후 반민특위가 출범하면서 친일파 처벌을 위한 조사와 재판이 이루어졌지만, 반민특위를 다룬 세 신문의 사설에 나타난 주장은 해방 직후와 크게 다르지 않았다. 원론적으로는 친일파 처벌에 찬성하면서도 신중론을 펼치며 사실상은 반대에 가까운 입장을 보였다. 특히 『동아일보』는 사설을 통해 오늘날 친일파 청산에 반대하는 논리로 흔히 동원되는 '상황론'과 '인재론'을 주장하기도 했다.

반민특위 해산 이후 신문의 사설에서 친일파 청산에 관한 논의는 사라졌다. 특히 한국전쟁을 거치면서 사설뿐만 아니라 기사에서도 친일파 처단이나 친일 청산 문제에 관한 내용을 찾아보기 어렵게 되었다. 이 시기에는 '친일파'나 '친일'을 포함한 기사도 매우 드물었다. 이승만 정권 시기 사설에는 이승만이 야당 후보들을 친일파라고 비판하고 이에 대해 신문들이 반박하는 과정에서 '친일파'라는 단어가 정략적인 차원에서 사용되었을 뿐이다. 박정희 정권 시기에는 정권과 신문이 모두 친일 문제가 사회적 의제가 되는 것을 꺼렸기 때문에 아예 신문 사설에서 '친일파'가 사라졌다. 전두환 정권이 등장하면서 사설에서 구정치인의 퇴진을 요구하는 정략적 목적으로 친일파라는 단어가 사용되었고, 일본 역사교과서 왜곡이나 독립기념관 건립 등의 요인으로 친일파 청산이 원론적인 수준에서 주장되었다.

1987년의 6월 항쟁 이후 민주화가 진전되면서 친일파 청산에 대한 목소리가 다시 커졌다. 특히 『한겨레신문』은 창간 이후 줄곧 과거 친일파 처단의 실패를 비판하고, 친일파 청산의 필요성을 주장했다. 『조선일보』와 『동아일보』는 친일파 처단 실패에 대한 비판과 친일파 청산 요구를 '색깔론'으로 비난하고 회피하려 했다. 1990년대 이후 친일 청산을 위한 움직임이 활발해지자 『조선일보』와 『동아일보』는 친일 청산에 원론적으로 동의하던 입장조차 버리고 친일 문제를 '성공한 역사의 작은 티끌' 정도로 왜곡하기 시작했다. '민족지 신화'가 무너져가면서 『조선일보』와 『동아일보』에게 민족주의의 가치는 더 이상 중요한 의미를 지니지 못하게 되었다.

반민특위의 해산 이후 6월 항쟁 때까지 거의 40년 가까운 세월 동안 친일파 문제가 사회적 의제로 부각되지 못했다. 정권과 언론이 모두 친일 전력으로 친일 문제의 부각을 원하지 않았기 때문이다. 1980년대 말 이후 친일파 청산이 다시 신문 사설에서 다루어지면서 논쟁이 이루어지기도 했지만, 친일파 청산의 목소리가 커지면 그만큼 친일을 변명하고 왜곡하는 주장도 늘어나기 시작했다. 2000년대 이후 친일파 청산을 위한 다양한 활동이 전개되자 친일을 변명하던 차원에서 벗어나 친일을 정당화하는 움직임도 나타났고, 이런 대립이 신문을 통해서 드러나게 되었다.

12장

2000년 이후 친일파 청산을 둘러싼 신문들의 대립

1. 친일 문제에 관한 '침묵'에서 '갈등'으로

1987년 이전까지 친일파나 친일 잔재 청산에 관해 신문들은 거의 다루지 않았다. 1949년에 반민특위를 통한 친일청산이 실패하고 1950년의 한국전쟁으로 공고한 반공체제가 구축되면서 친일파 논의는 실종되었고 이후 오랫동안 침묵의 카르텔이 유지되었다. 1987년 이후 언론 자유가 주어지고, 새로운 매체들이 발행되면서 비로소 친일파에 관한 보도가 다시 등장했다. 1988년에 창간된 『한겨레신문』을 중심으로 다시 친일파에 관한 논의가 시작되었고, 다른 일부 신문들도 단편적으로 친일파에 관한 보도를 하기도 했다. 그러나 여전히 많은 신문은 친일파 문제에 대해 소극적으로 다루었다.

친일파 문제에 관해 신문들이 활발하게 보도하기 시작한 것은 2000년대 이후부터였다. 2001년에 결성된 '민족정기를 세우는 국회의원 모임'

(민족정기 의원모임으로 약칭)이 친일파 명단을 발표하고 친일 청산을 위한 입법을 시도하면서 관련 보도가 늘어나기 시작했고, 언론들 사이의 대립도 나타나기 시작했다. 친일파 청산을 위한 노력이 본격화되면서 신문 간 논조의 대립이 생기고 논전이 벌어지기도 했다. 김대중 정권과 노무현 정권 시기에 친일파 청산을 위한 활동을 둘러싸고 논쟁이 벌어졌다면, 이명박 정권과 박근혜 정권 시기에는 교학사 교과서나 역사교과서 국정화의 친일 미화 문제를 중심으로 논전이 벌어졌다.

12장에서는 친일파 청산을 둘러싼 중요한 계기마다 신문들이[1] 어떤 주장을 하며 대립했는지를 사설의 내용을 중심으로 살펴보려고 한다. 한국언론진흥재단의 빅카인즈(https://www.bigkinds.or.kr)를 활용해 친일파 청산과 관련해 중요한 계기가 되었던 사건들에 관한 사설을 검색했다. 모든 사설을 살펴볼 수는 없었고, 중요한 계기마다 핵심적인 주장을 담고 있는 사설을 중심으로 정리하려고 한다. 그리고 논의를 위해 필요할 때는 일부 칼럼도 함께 살펴볼 것이다.

2000년대 이후의 시기를 크게 세 시기로 나누어 살펴보았다. 첫 번째 시기는 2000년부터 국회에서 친일청산을 위한 입법과 친일파 명단을 발표하는 움직임이 나타나기 시작해 반민족규명법이 제정되는 시기까지이다. 두 번째 시기는 『친일인명사전』 1차와 2차 명단 발표, 친일재산환수법 제정과 환수, 『친일인명사전』 및 『친일반민족행위진상규명보고서』 발간이 이루어지던 시기이다. 세 번째 시기는 검정 역사교과서의 친일 서술로 인해 논란이 벌어지고, 역사교과서를 국정화하려다가 실패했던 시기까지이다. 세 시기를 거치면서 신문들 사이에 쟁점을 둘

---

[1] 12장에서는 흔히 보수신문으로 분류하는 『조선일보』, 『중앙일보』, 『동아일보』와 진보신문으로 분류하는 『한겨레』와 『경향신문』, 그리고 『국민일보』, 『문화일보』, 『서울신문』, 『세계일보』, 『한국일보』 등 중앙일간지 10개를 대상으로 하려고 한다.

러싸고 어떻게 대립되었고, 보수 신문의 친일파 청산에 대한 관점은 어떻게 변했으며, 그런 변화는 어떤 의미를 지니는지를 살펴볼 것이다.

2. 친일파 청산을 위한 논의와 입법 과정에서의 대립

1) 광복회와 민족정기 의원모임의 친일파 명단 공개

2000년 4월에 임기를 시작한 16대 국회에서는 친일 문제에 관해 관심을 가지고 활동하는 의원들이 조직화되기 시작했다. 2001년 4월에 '나라와 문화를 생각하는 의원 모임' 소속 여야 국회의원 12명과 정신대문제대책협의회, 민족문제연구소 등 시민·학술단체들이 힘을 합쳐 '일제하 강제동원 피해 진상규명에 관한 특별법' 제정을 추진했다. 국회의원들이 친일 청산 문제에 관해 관심을 갖고 활동을 시작하자, 『한겨레』는 '일제 만행 특별법 제정해야'라는 제목의 사설에서 다음과 같이 주장했다.[2]

광복 후 첫 정부인 이승만 정권 때 친일파 청산을 위해 '반민특위'를 결성한 바 있다. 그러나 친일 세력의 농간으로 흐지부지돼, 결국 반세기가 지나도록 친일 문제를 청산하지 못한 아픈 역사를 갖고 있다. 이번 특별법 제정에는 여야 정치인은 물론이고 언론인·학자·일반 국민 등 모두가 적극적으로 참여하고 노력해야 한다. 그래서 제정 과정을 면밀히 지켜보아

---

[2] 『한겨레』는 2001년 3월 6일부터 4월 27일까지 '심층해부 언론권력'을 연재하면서, 3부 25차례 70건의 기사를 실었다. 특히 2부에서는 '추악한 과거'라는 제목 아래 『조선일보』와 『동아일보』의 친일 행각을 밝히며, 일장기와 일왕 부부 사진이 실린 『조선일보』 지면 사진을 싣기도 했다.

또다시 친일 잔존·계승 세력이 조직적으로 방해하지 못하도록 철저히 감
시해야 한다(『한겨레』, 2001.4.17).

16대 국회에서의 이런 움직임은 2001년 6월 5일에 '민족정기 의원모
임' 결성으로 이어졌다. 민주당과 한나라당의 국회의원 23명이 모여 일
제 잔재 청산과 민족정기 회복을 내걸고 결성했다. 『한겨레』는 '현충일
과 '민족정기' 모임'이라는 제목의 사설에서 "1948년 특별법에 바탕해
'반민특위'가 구성됐으나 친일 세력의 폭거로 무산된 이래 국회에서 '친
일 청산'을 목표로 한 의원단체가 생긴 것은 이번이 처음이다. 따라서
이는 세대를 뛰어넘은 '민족정기'의 계승체라 할 만한다"라고 높게 평
가했다(『한겨레』, 2001.6.6).

민족정기 의원모임이 광복회와 함께 3·1절을 맞이해 2002년 2월 28일
에 친일 반민족행위자 708명의 명단을 발표하면서 거의 모든 신문이
사설을 통해 이 사실을 다루었고, 논조에서 차이를 보이며 대립하기
시작했다. 특히 광복회가 국회 차원의 재심의를 요청한 16명의 추가
명단에 『동아일보』와 『조선일보』의 사주였던 김성수와 방응모가 포함
되자 두 신문이 반발하면서 논조의 대립이 격화되었다. 『동아일보』와
『조선일보』는 그동안 친일파 청산 문제에 대해 적극적으로 대응하지
않아 왔는데 민족정기 의원모임의 명단 발표 이후에는 '총력전'을 펼쳤
는데, 김민철은 이에 대해 "거대 언론사를 상대로 공생관계에서 대결관
계로 전환한 국회의원들의 이 '도발'이 어쩌면 도저히 참을 수 없는 분
노를 일으켰을 것"이기 때문이라고 주장했다(2006, 28~29쪽). 두 신문은
국회에서 친일파 청산 문제가 계속 논의되면 결국 관련 입법이 이루어
질 것이라는 점을 염두에 두고 이를 막기 위해 반발한 것이었다.

『서울신문』은 '역사 바로잡는 친일파 공개'라는 사설에서 "우리 사회

가 일제 잔재를 청산하지 못한 까닭은, 친일 세력이 해방 후에도 기득
권층으로 행세하면서 청산작업을 훼방했기 때문"이라고 하면서, 명단
공개를 "뒤틀린 우리 역사를 바로잡는 큰 걸음을 뗀 것으로 높이 평가
받아 마땅하다"고 주장했다(『대한매일』,[3] 2002.3.1). 『한국일보』도 '친
일 행위의 역사적 단죄'라는 사설에서 "오늘날 우리 사회에 부정부패와
비리가 만연하는 것도 친일 청산을 통한 민족정기 · 사회정의 확립에
실패한 탓"이라고 하며, "광복 후 60년 가까운 세월이 흐르도록 청산하
지 못한 친일 문제에 처음으로 종합적인 접근을 했다는 점에서 명단
발표의 의의는 매우 크다"고 평가했다(『한국일보』, 2002.3.1). 『경향신
문』은 '역사의 심판에는 시효가 없다'라는 사설에서 "이번 친일인사 명
단 공개가 각별한 관심을 끄는 이유는 비록 일부이기는 하지만 국회의
원들이 앞장섰다는 점에서 용기있는 행동으로 평가받을 만하다"고 하
며 '일제하 친일 반민족행위 진상규명을 위한 법률'의 "제정 과정에서
친일 인사 문제를 공론화하고 민족정기를 바로세우는 계기가 되어야
한다"고 주장했다(『경향신문』, 2002.3.1).

　　『국민일보』는 '친일 청산, 이제부터'라는 사설에서 "이번 명단 발표
가 본격적인 친일작업으로 이어져 잘못된 것을 바로잡고 민족정기를
구현하는 데 기폭제가 된다면 긍정적인 평가를 하지 않을 수가 없다"
고 하면서도, "노파심에서 덧붙이자면 그 과정에서 친일파 문제가 정쟁
에 이용되는 등 현실정치와 맞물려서는 절대 안 된다는 점도 지적해
준다"고 경계했다(『국민일보』, 2002.3.1). 『문화일보』도 '3 · 1절과 친일

---

3) 『서울신문』은 1998년 11월 11일에 제호를 『대한매일』로 변경했다가 2004년 1월 1일에
　 다시 『서울신문』으로 바꾸었다. 노무현 정권 초기 보수적인 『조선일보』, 『중앙일보』,
　 『동아일보』를 묶어서 '조중동'이라고 부르는 것처럼, 진보적인 『한겨레』, 『경향신문』,
　 『대한매일』을 묶어서 '한경대'로 부르기도 했다. 『한겨레신문』은 1996년 10월 제호에
　 서 '신문'을 떼어내고 『한겨레』가 되었다. 『경향신문』은 1998년 4월에 한화그룹으로부
　 터 분리해 사원주주회사가 되면서 진보적인 보도 경향을 보이기 시작했다.

명단'이라는 사설에서 "3·1절 전야에 국회의 한 의원단체인 '민족정기
를 세우는 의원모임'이 일제강점기에 친일 활동으로 나라와 민족을 욕
되게 한 친일 인사 명단을 발표한 것은 각별한 뜻이 있다"고 하면서도
"광복회든 국회든 이 문제에 관해 다시 연구하고 평가하고 그렇게 해
재결론을 내야 한다"고 신중론을 펼쳤다(『문화일보』, 2002.3.1). 『국민
일보』와 『문화일보』는 친일 청산의 필요성을 인정하면서도 정치적 의
도를 경계한다는 입장을 밝혔다.

　친일파 명단 발표에 가장 강하게 반발한 신문은 『동아일보』였다.
『동아일보』는 '누가 친일파인가'라는 사설에서 "일제강점 35년간의 친
일 청산작업을 해 민족정기를 구현한다는 데는 아무도 반대할 사람이
없을 것"이라고 하면서도 다음과 같은 논리로 비판했다.

　　일제강점 35년간의 폭정 아래 살다 보면 누구나 우여곡절을 거치지 않
　을 수 없었을 것이다. 생계를 위해서는 일제의 관료조직에도 근무하고 전
　쟁터로 끌려 나가 천황만세도 불러야 했다. 우리의 현재 지도급 인사들
　중에도 일본군국주의에 충성을 맹세했던 사람이 적지 않다. 일제가 최후
　발악을 할 당시 성을 갈고 행적이 묘연했던 사람도 있다. 따라서 정말 친
　일 반민족 행위를 따지려면 공(功)과 과(過)를 정확히 재고 가늠하는 일이
　무엇보다 중요한 것이다. (중략) 그런데도 대부분이 젊은 세대인 '민족정
　기 모임' 의원들은 광복회 의견까지 무시하고 반민특위 명단에도 없는 일
　부 인사들을 '친일 반민족자'로 단정했다. '민족정기 모임'이 아무리 3·1절
　을 계기로 삼았다고 해도 그렇게 일방적으로 조급히 발표를 한 데는 무슨
　저의라도 있는 게 아니냐는 의구심마저 생긴다. 진정으로 민족정기를 바
　로 세우기 위한 일이라면 보다 광범위한 의견 수립과 검토작업이 있어야
　할 것이다(『동아일보』, 2002.3.1).

　『동아일보』의 사설에서 나타난 친일파 명단 발표에 대한 반대 논리

는 '공과론', '정치적 의도론', '신중론' 등이었다. 과(過)가 있다고 공(功)도 있는 인물을 친일파로 규정해서는 안 되고, 진보성향 국회의원들이 친일파 명단을 서둘러 발표한 데는 저의가 있으며, 친일파 규정은 역사가에게 맡겨 신중하게 판단해야 한다고 비판했다. 『조선일보』도 '역사정리의 원칙'이라는 사설에서 "엄밀한 사실관계 검증 절차를 밟는 등 최대한 완전하고 신중해야" 하고, '사연과 행적, 경중(輕重), 공과(功過)'를 따져야 하며, '정치적으로 쏠려서는 안 될 것'이라고 하여 『동아일보』와 비슷한 주장을 했다(『조선일보』, 2002.3.1). 『동아일보』와 『조선일보』는, 김성수와 방응모가 설사 과가 있더라도 공이 더 크기 때문에 친일파가 아니고, 진보 정권이 보수 세력을 공격하기 위해 친일파 명단을 발표했다고 주장하며, 친일파 규정은 역사가에게 맡겨야 한다고 강변했다. 『중앙일보』는 위와 같은 문제점을 언급하면서도 "이번 명단은 광복회의 오랜 축적을 토대로 해 민간단체 주도로 초당적·직능적 작업을 거쳤다는 점에서 그 객관성을 부인키 어렵다"고 인정했다(『중앙일보』, 2002.3.1). 『중앙일보』는 친일파 명단이 자신들과 직접 관계가 없다고 보았기 때문인지 『동아일보』, 『조선일보』 두 신문과 다소 다른 논조를 보였다.

　『한겨레』는 다음 날에 '친일청산, 아직도 금기인가'라는 사설에서 보수신문들의 친일파 청산 명단 발표에 대해 다음과 같이 비판했다.

　　50년 넘게 친일 세력의 후예들이 이 사회의 기득권층이자 주류로 자리 잡은 지금, 이들과 연결되어 있는 친일 인사들의 이름과 행각을 공표하는 일이 얼마나 어려운 일이었을지 짐작할 수 있다. 광복회가 '집중심의 대상'이었던 16명의 명단을 결정짓지 못하고 최종 결정을 국회의원들에게 넘긴 것에서도 잘 드러난다. 아니나 다를까, 일제때 조선일보와 동아일보의 사주였던 방응모씨와 김성수씨가 명단에 들어 있자 두 신문은 정치적 감정적 친일명단 작성이었다고 반발하며 친일 명단 작성에 문제가 있는 것처럼 사실을 왜곡하고 있다. 해방 뒤 그리고 그 뒤 친일 청산작업이 있을 때마다 해온 작태를 되풀이하고 있는 것이다. 과거에 대한 반성 없이 역사적 진실을 가리려는 것이다. 공적과 잘못은 분명히 구분해야 한다. 설사 공적이 있다 해서 친일 행적을 덮을 수는 없다. 일제 36년을 거치며 많은 국민들이 얼어죽고 굶어죽고 맞아죽고 하는 동안, 개인적인 영달이나 출세를 위해서가 아니라 부득이해서 친일을 했다고 한다면, 을사오적인 이완용인들 할 말이 없겠는가. 칭찬받아 마땅한 일인데도 정치권까지 나서서 명단 작성에 문제가 있는 것처럼 강변하는 것이야말로 정치적인 의도를 의심하지 않을 수 없는 행위다(『한겨레』, 2002.3.2).

『경향신문』도 '친일 공개 정쟁대상 아니다'라는 사설에서 "민족정기 의원모임의 친일파 명단 공개를 둘러싼 논란이 일부 언론의 반발에 이어 정치권의 공방으로까지 비화되고 있는 것은 매우 유감스러운 일"이라고 하며, "잘못된 과거사를 분명하게 규명하자는 취지에서 이뤄진 이번 명단 공개가 일부 언론의 자사 이기주의와 각 정파의 정치적 공방으로 사회적 갈등을 부채질하는 결과를 빚어선 안 될 일"이라고 비판했다(『경향신문』, 2002.3.4). 『한국일보』도 '친일청산 그리도 어려운가'라는 사설에서 광복회가 2, 3차 친일파 조사 사업을 포기하자 "1차 명단에 포함된 모 언론사 창립자 등 16명의 저명인사 관련자들로 인한 역풍을 감당할 수 없었기 때문이라고 한다. 16명의 명단은 자료집 발간에서도 누락될 예정이라니, 항일 애국지사에게 부끄럽다"고 비판했다(『한국일보』, 2002.8.12). 『동아일보』와 『조선일보』가 반발했던 것과는 달리 『한겨레』, 『경향신문』, 『한국일보』 등이 친일파 명단 공개를 적극 지지하면서 친일파 문제를 둘러싼 신문들 사이의 논조 대립이 본격화되었다.

『동아일보』와 『조선일보』는 친일 명단 공개로 인한 논쟁 이후 한동안 다양한 필자를 동원해 김성수와 방응모를 변호하는 칼럼을 실었다. 이런 칼럼 중에는 단순히 친일을 변명하는 것에서 더 나아가 친일을 사소한 문제로 돌리거나 정당화하는 주장까지 펼쳤다(임중빈, 2002, 61~63쪽). 『중앙일보』 주필 권영빈은 '애국의 빛, 친일의 그늘'이라는 칼럼에서 다음과 같이 주장했다.

> 애국의 빛과 친일의 그늘이 공존할 수 있다. 그렇다면 민족지라고 광만 낼 게 아니라 어두웠던 친일의 그늘까지 드러내놓고 사과하고 이에 따라 평가하면 될 일이다. 옹졸하게 반발하고 친일 자체를 부정하고선 우리 스스로 식민지 굴레에서 풀려날 수 없다. 자신의 친일은 부정하면서 일본의 위안부 만행만 욕하고 사과를 요구할 자격이 있는 것인가(『중앙일보』, 2002.3.15).

『동아일보』와 『조선일보』의 친일 행적을 부정하는 태도에 대해 같은 보수 신문인 『중앙일보』가 변명해주면서도 힐난하는 듯한 주장을 했던 것이다. '민족지라고 광만 낼 게 아니라 어두웠던 친일의 그늘까지 드러내놓고 사과'하라는 요구를 두 신문이 받아들이기는 아직 어려웠다.

2) '반민족규명법'[4] 제정 과정에서의 논쟁

노무현 정부가 출범한 이후인 2003년 8월에 민족정기 의원모임은 '일

---

[4] 최초에 2004년 3월 2일에 국회 본회의를 통과해 제정될 때는 법률 명칭이 '일제강점하 친일반민족행위 진상규명에 관한 특별법'이었고, 흔히 줄여서 '친일진상규명법'이라고 불렸다. 2004년 12월 29일에 개정안이 국회 본회의를 통과할 때 법률 명칭에서 '친일'이 떨어지고 일제강점하 반민족행위 진상규명에 관한 특별법'이 되었고, 공식적으로 약칭해서 '반민(족)규명법'이라고 부르게 되었다. 12장의 제목에서는 통일성을 위해 '반민족규명법'이라고 했지만, 법률 개정 전의 신문 간 대립을 다룰 때는 당시 불렀던 대로 '친일진상규명법'이라는 단어를 사용하는 경우도 있을 것이다.

제 강점하 친일·반민족 행위 진상규명에 관한 특별법안'을 정기국회에서 처리하겠다는 뜻을 밝히고 공동발의를 했다. 『한겨레』는 '친일진상규명법 누가 반대하나'라는 사설에서 '친일파 문제를 덮어두거나 비호하려는 세력'들이 "친일파 청산을 정치적 잣대로 접근한다거나 역사적 인물에 대한 친일파 규정 여부는 신중해야" 한다고 반대 논리를 펴왔는데, 이런 두 가지 이유 때문에라도 '법적 토대를 마련'하고 '진상규명위원회를 구성'해야 한다고 반박했다(『한겨레』, 2003.8.12). 『한겨레』는 '친일진상규명법'에 대해 여당이 소극적 태도를 보이자 '친일파 후손 두렵나'라는 사설로 비판했다(『한겨레』, 2003.1.9). '친일진상규명법'에 대해 야당이 반대하자 『한겨레』는 '친일규명법 무산시킬 셈인가'라는 사설에서 "친일규명 법안을 반려하겠다고 밝힌 것은 국민을 무시하는 처사"라고 비판했고(『한겨레』, 2003.1.28), 『경향신문』도 '도대체 어느 나라 국회인가'라는 사설에서 "국회는 뒤늦게나마 민족정기를 바로 세우자는 국민들의 염원을 외면해서는 안 된다"고 주장했다(『경향신문』, 2003.1.28). 반면 '친일진상규명법'을 반대하는 신문들은 이 주제를 사설로 다루지 않고 무관심으로 일관했다.

　『한겨레』는 '친일진상규명법' 제정을 위해 각 단계마다 사설로 적극적인 지지 입장을 보였다. 『한겨레』는 국회 법제사법위원회에서 이 법을 계속 처리하지 않고 있자, "만약 누구라도 이 입법 취지를 좁은 정파적 이해에 얽매여 왜곡하고 끝내 법 통과마저 무산시키려 한다면 역사의 준엄한 심판을 받게 될 것임을 명심해야 한다"고 하며 법 통과를 촉구했다(『한겨레』, 2004.2.26). 이 법은 2004년 2월 26일에 국회 법사위를 통과했지만, 3월 2일까지 본회의를 통과하지 못하면 폐기될 처지에 놓였다. 비교적 보수 논조를 보이던 『문화일보』조차도 '친일규명법 누가 딴죽거는가'라는 사설에서 다음과 같이 한나라당을 비판했다.

왜곡된 역사를 바로잡고 민족정통성을 세우기 위한 친일규명법은 이미
갖은 수난을 겪었다. 법사위 심의에서 반려됐다가 내용이 대폭 수정되고,
그것을 또다시 고쳐 법사위를 통과하는 과정에서 핵심 조사 대상자들이
대거 법망을 빠져나갔다. 이렇게 너덜너덜해진 법안조차 지금 무산될 위
기에 처한 것이다. 법안의 처지가 지난 50여 년간 한 발짝도 나아가지 못
한 친일 청산작업과 어찌 그리 닮았는가. 한나라당의 속내를 짐작키는 어
렵지 않다. 여전히 득세하고 있는 친일세력 후손들의 눈치도 살펴야 하고,
직접적으로는 소속 의원 상당수가 어두운 과거를 지닌 집안 출신이라는
점도 감안했을 법 하다. 부친의 친일전력 시비가 일고 있는 어느 의원은
"법안의 배후에 반지성적이고 반민족적인 괴한이 있다"고 공공연히 말하
고 있다. 국민 절대다수가 지지하는 법안이 이 지경이 된 데는 친일세력
의 보이지 않는 손이 작용했다고밖에 볼 수 없다. 역설적으로 친일규명법
이 반드시 필요한 이유다. 한나라당은 소리(小利)에 집착하다 대의(大義)
를 저버리는 우를 범하지 않길 바란다(『문화일보』, 2004.2.28).

　『경향신문』도 '한나라당 친일청산 외면할 건가'라는 사설에서 "한나
라당은 이 법안을 자동 폐기시키려는 시도를 당장 중단하고 한시바삐
본회의에 상정하기 바란다. 반세기 동안 미뤄졌던 친일 청산 작업이 이
번에 또다시 무산된다면 그들은 국민적 지탄을 면치 못할 것이다"라고
비판했다(『경향신문』, 2004.2.28). 『국민일보』도 "한나라당은 이 법안 처
리를 더 이상 미뤄서는 안 된다"고 하며, "이런 상태에서 슬며시 법안을
폐기한다면 이번 국회는 이승만 정부 아래서 '반민특위'를 무산시킨 것
못지않은 역사의 지탄을 받게 될 것"이라고 비판했다(『국민일보』, 2004.
3.1). 두 신문은 직접 한나라당을 거론하며 '친일진상규명법'의 통과를
촉구했다.
　『한겨레』도 '삼일절과 친일규명법의 위기'라는 사설에서 한나라당이
"친일 세력과 관련 있는 기득권층이 자신들의 지지층이라는 정치적 계

산에다, 일부 의원들의 개인적 사유 등이 복잡하게 얽혀 있기 때문"에 반대하고 있는데, 이 법안이 무산된다면 "민족사에 씻을 수 없는 큰 죄를 짓는 것"이라고 비판했다(『한겨레』, 2004.3.1). 『한국일보』도 '친일규명법안 폐기 안돼'라는 사설에서 "득세한 친일파 후손 등 기득권 눈치보기와, 조상의 치부가 드러나는 것을 꺼리는 의원이 많다는 점" 때문에 반대하는 것이며, 이는 '어리석고 개탄할 일'이라고 주장했다(『한국일보』, 2004.3.1). 『서울신문』은 여기에서 더 나아가 '3·1정신으로 친일규명법 처리를'이라는 제목의 사설에서 법사위를 거치며 조사대상을 '중좌 이상의 장교'로 한 것과 언론·예술·교육 분야의 친일행위가 제외된 것을 바로잡아야 한다고 주장했다(『국민일보』, 2004.3.1).

『한겨레』, 『경향신문』, 『서울신문』, 『한국일보』는 물론 『국민일보』와 『문화일보』까지 한나라당에 대해 '친일진상규명법'의 통과를 요구하는 등 여론의 압박이 거세지면서 2004년 3월 2일에 '친일진상규명법'은 국회 본회의를 통과할 수 있었다. 이 법이 국회 본회의를 통과하자 『조선일보』, 『중앙일보』, 『동아일보』도 본격적으로 보도하기 시작했고, 『동아일보』와 『조선일보』는 사설로도 다루었다. 『동아일보』는 '친일규명법 이분법적 단죄 말아야'라는 사설에서 다음과 같이 주장했다.

민족정기라는 이름으로 또 다른 사회갈등과 분열을 야기한다면 예기치 않은 결과를 초래할 수도 있다. 국회가 이런 일파만파의 불가측성을 도외시한 채 이 법을 통과시킨 것은 신중하지 못한 처사라고 하지 않을 수 없다. (중략) 친일 인사로 판정받으면 당사자는 물론 그 후손에게 미칠 영향은 적지 않을 것이다. 이처럼 민감한 사안에 과거 자료만으로 객관적 진상규명이 가능할지 우려된다. 보다 근본적인 의문은 지금의 잣대로 식민지 시절을 재단하는 것이 얼마나 공정할 수 있겠느냐는 점이다. 일제 지배는 36년간 지속됐다. 언제 독립이 이뤄질지 모르는 암담한 상황이었고 일제 말기는 태평양전쟁이라는 특수상황이었다. 특히 일제는 폭압에 의한 직접 통치로 일관하며 황국신민을 강요했다. 해외에서 독립운동을 하는 것을 빼놓고는 국내에 남아 있는 것 자체가 최소한 '소극적 친일'에서 벗어나기 어려운 현실이었다. 엄혹했던 당시 상황에 대한 이해와 접근 없이 친일이냐 아니냐를 이분화(二分化)하는 것은 위험한 일이다. 광복 이후 지속되어 온 친일 문제는 순수한 역사 청산의 의미보다는 정치적으로 제기되고 이용된 적이 많았다(『동아일보』, 2004.3.4).

『동아일보』는 '신중론'과 '정치적 의도론'에다가 '상황론'과 '전민족 공범론'까지 동원해 친일을 변호하는 주장을 펼쳤다. '상황론'과 '전민족 공범론'은 친일 행위를 변호하는 주된 논리로 자주 사용되었다. 『중앙일보』도 "일제의 폭압통치라는 시대적 상황을 무시한 채 한 두 가지의 친일 언행만을 문제 삼는다면 이는 제대로 된 평가라 할 수 없"다며 상황론을 펼쳤지만, 『동아일보』와 달리 "말끔한 규명이 이뤄져 역사적 찌꺼기를 씻어내는 계기가 돼야 할 것"이라고 이 법의 필요성을 인정하는 듯한 입장을 보였다(『중앙일보』, 2004.3.3). 반면 『조선일보』는 이 법의 통과를 보도는 하면서도 사설로는 다루지 않는 등 소극적 태도를 보였다.

3) '반민족규명법' 개정 과정에서의 논쟁

2004년 3월 12일에 야당 국회의원 193명의 찬성으로 노무현 대통령 탄핵 소추안이 가결되었다. 탄핵안 가결에 대한 국민적인 분노로 인해 4월 15일에 치러진 17대 국회의원 선거에서 여당인 열린우리당이 과반수인 152석을 차지했다. 4월 30일에 최후 변론이 종결된 뒤 헌법재판소는 2주일 동안의 집중 평의를 거쳐 5월 14일에 탄핵소추안 기각 결정을 내렸다. 선거에서 크게 승리하고 대통령 탄핵이 기각된 이후 열린 우리당은 '친일진상규명법' 개정을 추진했다.

『동아일보』는 '국정은 없고 정치적 의도만 있나'라는 사설에서 '친일진상규명법'의 개정을 추진하는 여당에 대해 "과거사 들추기로 정치싸움만 해 왔을 뿐 민생 돌보기는 뒷전이었다"고 하며 비판하고, "지난 국회에서 제정된 법을 시행도 해보기 전에 개정안을 낸 것도 석연찮다"고 하며 "친일 규명 작업에 정략적 의도가 숨어 있는 것"이라고 비판했다(『동아일보』, 2004.7.15). 『중앙일보』도 '친일진상규명, 분열 확대 안 돼야'라는 사설에서 "자칫 잘못하다가는 친일을 규명한다는 명분을 내세워 정권의 정치적 목적을 달성하려는 의도 있는 것은 아닌가 의심을 받을 수 있다"고 하며 "친일진상규명이 또 다른 분열과 대립의 씨앗이 되지 않게" 해야 한다고 주장했다(『중앙일보』, 2004.7.14). 두 신문은 모두 '친일진상규명법' 개정을 정치적 의도에 따른 것이라고 비판했다. 『문화일보』도 '친일진상규명 제대로 돼야'라는 사설에서 "이번에야말로 국민화합을 위해서도 예외없이 보다 분명하고 합리적 친일진상 규명이 이루어져야 한다"고 하면서도 "정략적 접근이 있어서는 안될 것"이라고 하며 『동아일보』, 『중앙일보』와 다소 비슷한 주장을 했다(『문화일보』, 2004.7.14).

2004년 8월 15일의 노무현 대통령의 광복절 경축사는 친일 청산을 비롯한 역사적 과제를 강조하는 내용을 담고 있었다. 대통령의 경축사에 관해 다음 날인 8월 16일에 모든 신문이 사설로 다루었다. 대통령의 경축사와 관련해 『한겨레』는 '과거사를 제대로 규명하려면'이라는 사설로(『한겨레』, 2004.8.16), 『서울신문』은 '과거사 규명 국회에서 논의하라'라는 사설로 친일청산 등 과거사 정리를 제대로 하기 위한 나름의 방법을 제시했다(『서울신문』, 2004.8.16).

『한겨레』와 『서울신문』을 제외한 나머지 신문들은 사설을 통해 경축사 내용이 '과거 청산에 지나치게 편중'되어 있다고 비판했다. 『경향신문』의 사설 '국민이 자신감을 잃었나', 『한국일보』의 사설 '국정 순위 미래에 둬야', 『국민일보』의 사설 '과거지향적 광복절 경축사', 『세계일보』의 사설 '8·15 경축사, 과거지향 아닌가', 『문화일보』의 사설 '국정 우선순위 거꾸로 짚은 경축사' 등은 모두 미래에 대한 전망을 결여했다고 비판했다. 『경향신문』과 『한국일보』가 과거청산의 필요성을 인정하면서도 지나치게 과거 지향적인 점을 지적한 것이라면, 『국민일보』나 『문화일보』는 과거청산의 필요성에 대해서도 다소 부정적 입장을 보였다.

『동아일보』의 사설 '과거에 매달린 광복절 경축사'와 『중앙일보』의 사설 '희망을 읽을 수 없는 대통령 경축사'는 여기에서 더 나아가 대통령의 경축사에서 주장된 친일청산 시도 등이 국민 사이의 분열과 갈등을 심화시킬 뿐이라고 비판했다(『동아일보』, 2004.8.16; 『중앙일보』, 2004.8.16). 『조선일보』는 여기에서 또 한 걸음 더 나아가 사설 '대통령의 광복절 경축사를 듣고서'에서 대통령 경축사의 일부 내용을 꼬투리 잡아 '색깔론'으로 공격하기도 했다(『조선일보』, 2004.8.16).

『조선일보』는 '이 나라 집권당은 과거 전담 정당인가'라는 사설에서 "집권당이 허구한 날 '현재'에서 '과거'로 도망치고 국민은 먹여 살리지도 못하면서 나라와 국민의 미래 개척에 장애물밖에 안 된다면 어떻게 이 정당을 믿고 국민이 발 뻗고 잘 수 있겠는가"라고 하며 친일청산을 위한 노력을 폄하했다(『조선일보』, 2004.9.2). 『조선일보』는 "지금 여당이 추진하는 법안들을 국민 과반수의 반대를 무시하고 우격다짐으로 밀어붙이고 있으니 '의회 독재'이고 '의회 쿠데타'라고 할 수밖에 없다"고 비판하기도 했다(『조선일보』, 2004.9.15). '친일진상규명법' 개정을 위한 노력을 과거지향적이고 정치적 의도가 있는 것이라는 비판을 반복했다.

『동아일보』도 '여권, 과거사에 올인할 건가'라는 사설에서 "일제, 분단, 전쟁, 독재라는 아픈 역사를 있는 대로 뒤지고 파헤치다 보면 온 나라가 반목과 갈등의 거센 소용돌이에 휘말릴 수 있다. 자칫 대한민국의 시계가 반세기 전으로 되돌아가 때아닌 이념전쟁을 초래할지도 모른다"고 강변했다(『동아일보』, 2004.8.19). 또한 『조선일보』는 '친일진상규명, 이런 식으론 안 된다'라는 사설에서 "이런 개정안을 밀어붙이려 한다면 정치적 의도가 개입됐다는 비판을 면치 못할 것이다. 역사를 바로잡는 것은 중요한 일이지만 그것을 핑계로 역사를 왜곡하는 것은 더 큰 잘못이다. 이럴 경우 또 다른 역사의 심판을 받게 된다"고까지 비판했다(『동아일보』, 2004.9.8).

『중앙일보』도 '이부영 의장 첫 작품 편가르기인가'라는 사설에서 "물론 우리에게 친일을 제대로 청산하지 못한 문제가 있는 것은 사실이다"라고 하면서도, "우리만 과거에 매달려 어떻게 하자는 것인가"라고 비판하기도 했다(『중앙일보』, 2004.8.24). 친일진상규명법 개정안이 국회 행자위에서 표결로 통과되자 『중앙일보』는 '친일진상규명, 신연좌제 안돼야'라는 사설에서 "친일진상의 규명은 필요하다"고 하면서도 "정치적 청산이 아니라 역사적 청산이 되도록 정치권과 국민이 지혜를 모아야 한다"고 주장하기도 했다(『중앙일보』, 2004.12.8). 『중앙일보』는 『동아일보』, 『조선일보』와 비슷한 논리를 펼치면서도, 친일진상규명의 필요성은 인정한다는 점에서 다소나마 차이를 보였다.

'친일진상규명법' 개정안의 행자위 통과에 대해 사설로 다룬 신문으로는 『중앙일보』 외에 『한국일보』와 『세계일보』가 있었다. 『한국일보』는 "친일진상규명법 개정을 놓고 첨예하게 맞서던 정치권이 타협을 이룬 것은 다행"이라고 하면서 "친일규명도 민족 모두가 불행했던 시대를 산 이들의 과오를 벌하려는 것이 아니다. 우리 자신의 역사를 반성하고 미래를 위한 교훈을 얻는다는 목적을 잊어서는 안 된다"고 주장했다(『한국일보』, 2004.12.9). 반면 『세계일보』는 친일진상규명법 개정안에 대해 '여야가 합의한 것'의 가치를 인정하면서도 "여권에 편중된 진상조사위원 구성으로 볼 때 과연 중립적이고 독립적인 진상규명 활동이 보장될 수 있느냐는 점"이 문제라고 비판하기도 했다(『세계일보』, 2004.12.9).

2004년 12월 29일에 '친일진상규명법' 개정안이 '친일'을 떼어 낸 '일제강점하 반민족행위진상규명에 관한 특별법'이라는 이름으로 국회 본회의를 통과했다.[5] 『서울신문』은 '친일청산 이번엔 확실히 하자'라는 사설에서 "가장 중요한 것은 이번에 친일 문제를 완전히 털고 가야 한다"고 하면서 "대상인물 또는 그 후손이 현 사회에 영향력 있는 인사라고 눈감아 주어서도 이를 공격의 빌미로 삼아서도 아니된다"고 경계하기도 했다(『서울신문』, 2004.12.31).

반면에 『세계일보』는 '반민족행위법 정쟁도구 안돼야'라는 사설에서 진상규명위원회를 "역사적 안목과 식견을 갖춘 정치색이 없는 중립적 인사들로 구성해야 한다"고 하며, 진상규명이 "선거 등에 이용되는 등 정쟁의 도구로 전락되는 일이 없도록" 해야 한다고 주장했다(『세계일보』, 2004.12.31). 『동아일보』도 '친일규명 정치적 악용 경계한다'라는 사설에서 "조사결과가 역사적 교훈을 얻는 선에 머물지 않고 정치적 목적으로 악용될 가능성과 후손에 대한 사실상의 연좌제, 사회적 분열 초래 등 심각한 부작용을 염려하지 않을 수 없다"고 비판했다(『동아일

---

5) '친일'이라는 단어를 떼어 낸 이후에는 신문들도 '친일진상규명법'을 '반민족(행위)규명법'으로 바꾸어 부르기 시작했다. 이 법에 따라 설치된 조사기구의 명칭은 그대로 친일반민족행위진상규명위원회이고, 조사기구의 보고서 명칭도 친일반민족행위진상규명보고서이다.

보』, 2004.12.31).『동아일보』는 '반민족규명위'의 활동이 시작되자 다시
"진실규명은 멀고 정략적 정치적 악용은 가까이 있어 보인다"고 비판하
기도 했다(『동아일보』, 2005.5.5).

2005년 광복절을 맞이해 보수신문들은 일제히 친일 청산을 비롯한
과거청산 움직임에 대해 비판하는 사설을 실었다.『조선일보』는 '국가
와 민족의 내일을 설계하는 광복절을'이라는 사설에서 과거보다 강도
높은 비판을 했다.

> 노 대통령은 작년 광복절 경축사에서 "이제 와서 반민족 친일파를 처벌
> 하고 그들의 기득권을 박탈하는 일은 현실적으로 어려울 것"이라고 했다.
> 그런 대통령의 이 말은 올해 경축사에선 "국회에서 친일반민족행위자 재
> 산환수 특별법이 통과되면 친일 행위자들이 치부한 재산을 후손들이 누리
> 는 부조리도 해소될 것"이라는 말로 바뀌었다. 또 "국가기관의 과거사에
> 대한 진실을 밝힌 뒤 용서하고 화해할 때 진정한 용서와 화해가 있을 수
> 있다"고 하던 대통령의 작년 말은 올해엔 "시효를 없애는 법을 만들어서라
> 도 처벌하자"는 주장으로 내용이 달라졌다. (중략) 보다 근본적인 문제는
> 대통령이 지금 가려는 과거사 정리의 길이 과연 이 나라의 장래와 미래를
> 위해 옳은 것인가 하는 점이다. 대통령은 지금 우리 모두에게 다 같이 과
> 거의 시간 속으로 뛰어 들어가 그 과거사 속의 가해자와 피해자가 누구인
> 지 가려보자고 한다. 그러나 역사란 대통령이 생각하듯 흑백화면이나 흑
> 백논리처럼 가해자와 피해자로만 나눌 수 있는 것이 아니다. 역사를 '가해
> 자와 피해자의 무대'로만 바라보는 것은 역사를 '지배와 피지배' '착취계급
> 과 피착취계급' 무산자와 유산자 간의 대결과 투쟁의 역사로 보는 것만큼
> 단선적이고 비현실적이다(『조선일보』, 2005.8.16).

『조선일보』는 친일 청산의 문제를 '무산자와 유산자의 대결과 투쟁
의 역사'로 보는 것과 같다고 하며 엄청난 논리적 비약을 통해 또 다시
'색깔론'을 들고 나왔다.『동아일보』는 '나라기틀 다시 세워 미래로 가

자'라는 사설에서 "일부에서는 친일, 친미, 반민족주의자들 때문에 통일정부 수립의 기회를 놓쳤다고 주장하지만 명백한 억지다. 이런 독선과 무지가 남한 내부의 갈등과 분열을 증폭시키는 요인이 되고 있다"고 하며 친일 청산 노력이 갈등과 분열을 증폭시킨다고 비판했다(『동아일보』, 2005.8.16). 『중앙일보』도 '과거가 아니라 미래로 나아가야 한다'라는 사설에서 "지난해 초 친일의 진상을 규명하자는 것으로 시작된 정치권의 과거사 논쟁의 결정판처럼 보인다. 언제부터 어느 범위까지 과거를 규명하여 처벌과 배상 또는 보상해야 할지 이를 둘러싼 소모적 갈등이 불가피해졌다"고 비판했다(『중앙일보』, 2005.8. 16). 세 신문은 친일진상규명 등의 과거사 청산 노력이 분열과 갈등을 조장한다는 주장을 반복했다.

3. 『친일인명사전』과 친일파 재산환수를 둘러싼 논조의 대립

1) 『친일인명사전』 1차 명단 발표를 둘러싼 대립

2005년 8월 29일에 친일인명사전편찬위원회는 4년여의 준비 끝에 3,090명의 친일 인사 명단을 발표했다. 이 명단에는 이미 2002년 광복회와 민족정기 의원모임이 발표에 포함되었던 『동아일보』의 김성수, 『조선일보』의 방응모는 물론 『중앙일보』의 홍진기도 새로 포함되었다. 이 명단이 발표되자 거의 모든 신문이 기사는 물론이고 사설과 칼럼으로 그 내용을 다루었고, 그 내용에서 큰 차이를 보였다.

『경향신문』은 '친일인명사전과 친일규명의 정당성'이라는 사설에서 "친일 세력이 한국사회의 지배세력, 기득권세력이었다는 점에서 친일규명이 역사의 문제만은 아니다. 당대의 모순을 치유하는 과정이기도 한 것이다'라고 하면서 "이번 친일 명단 확정은 객관적이고 권위 있는 친일진상 규명의 절실함을 웅변해주고 있다"고 주장했다(『경향신문』, 2005.8.30). 『한겨레』도 '진실 복원만이 역사의 불행을 극복한다'라는 사설에서 "민주화 운동에 앞장섰던 이들이 정권을 잡은 뒤에도 친일진상 규명이 제자리만 맴돈 것은 친일파들이 지난 60년 동안 우리 사회에 내린 깊고도 넓은 뿌리 때문이었다"고 하며, "진실의 복원은 불행한 역사가 되풀이되지 않도록 하는 데 가장 큰 목표가 있다"고 주장했다(『한겨레』, 2005.8.30). 두 신문은 친일 명단 발표가 친일파 청산이 제대로 되지 않았던 역사의 진실을 밝히는 데 큰 의미를 갖는다고 주장했던 것이다.

『한국일보』는 '친일명단 앞에서 겸허해야'라는 사설에서 "친일인사 후손으로 알려진 인물들이 사회에서 커다란 영향력을 행사해 온 점도, 친일 청산의 걸림돌로 작용해 온 게 사실이다. 명단에서 오류가 발견되면 바로 잡는 일도 소홀히 해선 안 되겠지만, 더 이상 소모적 논쟁으로 흘러서는 안 된다"고 경계했다(『한국일보』, 2005.8.29). 『서울신문』도 '60년 걸린 친일인사 명단 공개'라는 사설에서 "명단 공개의 의미를 폄훼하는 어떠한 시도도 용납해서는 안 된다"는 점과 "친일의 책임을 후손에게 묻지 말아야 한다"는 점을 명백히 밝힌다며, "친일파 공개에 따른 사회적 논란이 소모적으로 진행되지 않기를 기대한다"고 했다(『서울신문』, 2005.8.30). 두 신문은 친일 명단 공개의 의의를 비판하거나 소모적 논쟁을 야기하는 움직임을 경계할 필요가 있다고 주장했다.

이와 달리 『세계일보』는 '친일 인사 공정한 잣대로 분류했는가'라는 사설에서 "과욕의 흔적이 역력한 일괄적 발표는 '학문적 규명'을 넘어선 것으로, 일단 친일 인사로 발표된 당사자와 그 후손은 명예에 심대한 피해를 입게 될 수밖에 없다는 데 문제의 심각성이 있다"고 지적하고, "친일인명사전 발간 시기가 차기 대통령선거와 맞물리는 2007년 말로 잡힌 것도 우연의 일치인지 궁금하다"며 친일 명단 발표에 정치적 의도가 있다는 식으로 비판했다(『세계일보』, 2005.8.30). 『문화일보』도 '자의적 친일 분류로 여론몰이 하려는가'라는 사설에서 "한때 친일 행적을 보이기는 했으나 건국과정이나 국가발전에 기여한 인물도 적지 않다. 이들을 싸잡아 친일파로 묶는 것은 적절치 않을 뿐 아니라 사실 확인도 미흡한 채 입맛에 따라 명단을 작성했다는 의심도 받을 수밖에 없다"고 하며 친일 명단 발표의 의미를 깎아내리고, "우리는 친일인명사전 발간 계획이 차기 대통령선거 시점인 2007년 말로 잡혀 있는 점도 주목한다. 정략적으로 이용될 개연성이 그만큼 크기 때문이다"라고 하며 정치적 의도를 의심하는 주장을 했다(『문화일보』, 2005.8.30). 두 신문은 친일인명사전편찬위원회가 준비도 부족한 채 정치적 의도를 가지고 친일 명단 발표를 했다고 비판했다.

『중앙일보』는 '친일명단 발표 문제 있다'라는 사설에서 "지난날의 역사를 바로 평가하자는 데 이의를 제기할 사람을 별로 없을 것이다. 그러나 그 역사라는 것을 어떤 눈으로 보느냐에 따라 평가가 달라질 수밖에 없다"고 하며 다음과 같이 비판했다.

　　논란의 초점은 친일 인사 선정의 기준이다. 일제강점 36년은 미당 서정주가 회고했듯 "그 하늘이 우리 하늘인 줄" 알았을 정도로 오랜 세월이었다. 한때 독립투사가, 항일의 날카로운 필봉을 세웠던 지식인이 부일 협력자로 돌아선 까닭을 그 시절을 살지 않고는 이해하기 힘든 것이다. 특히 발표된 인사들 가운데 대한민국의 건국 과정에서, 그 이후 나라를 발전시키는 데 공을 세운 분들이 많다. 이들을 몽땅 친일로 낙인찍는다면 대한민국의 정통성은 어떻게 유지해 갈 것인가. 그렇기 때문에 이것이 학문적

연구였다면 명단발표에는 조심했어야 옳다. 이런 발표행위 자체가 정치적
인 행사로 오해받을 수밖에 없기 때문이다(『중앙일보』, 2005.8.30).

『중앙일보』는 사설을 통해 친일명단 발표가 '대한민국의 정통성'을
훼손한다고 하며, 친일 문제에 대해 과거에 비해 더 비판적인 입장을
보였다. "그동안 오랫동안 친일 문제가 거론된 동아, 조선의 경우와 달
리 이번에 사주인 홍진기가 포함된 중앙의 경우 그동안 친일 관련 보
도에 대해서 취해 오던 비교적 객관적인 태도에서 돌변하였다"는 비판
도 나왔다(방학진, 2005, 60쪽). 『중앙일보』는 사설뿐만 아니라 다양한
칼럼과 기사로 친일 명단 발표에 대한 비판을 이어갔다.

사설로 다루지는 않았음에도 『중앙일보』보다 실제로는 훨씬 더 강
도 높게 친일 명단 발표를 비판한 신문은 『동아일보』였다. 특히 최정
호의 '반동 가리듯 친일을 가려서야'라는 칼럼은 이미 제목에서 드러나
고 있듯이 색깔론의 전형을 보여준다. 최정호는 친일 명단 선정이 자
의적 기준에 의해 이루어졌으며, 자학사관에 근거한 것이라고 비판했
다(『동아일보』, 2005.9.1). 『조선일보』는 사설은 물론 칼럼도 싣지 않았
고, 4면에 '언론인 장지연도 포함 논란'⁶⁾이라는 제목의 기사 하나만을
싣는 소극적인 보도를 했다(『조선일보』, 2005.8.30). "이는 그동안 친일
문제에 있어서 집중포화를 받아왔던 조선이 자주 취하는 보도행태"라
는 평가도 있었다(방학진, 2005, 61쪽). 즉 『조선일보』의 이런 보도 태
도는 굳이 과민하게 반응해 더 큰 비난을 자초할 필요가 없다는 판단

---

6) 『동아일보』와 『조선일보』는 『친일인명사전』 수록 예정 명단이 발표되자 직접 김성수
나 방응모를 거론하지 않고 장지연 등을 앞세워 명단 선정의 문제점을 제기했다. 김
종배의 지적대로 "그들은 사주를 구하기 위해 장지연을 선택했다'고 할 수 있다(『오마
이뉴스』, 2005.8.30). 이후 『친일인명사전』이나 반민족규명위 보고서 발간 과정에서
계속 다른 인물을 내세워 명단 선정의 문제점을 비판했다.

때문이었을 것이다.

2) 친일파 재산환수에 대한 신문들의 주장

2005년 2월에 여야 의원 169명이 '친일반민족행위자 재산의 국가귀
속에 관한 특별법'(친일재산귀속법)을 발의했으나 오랫동안 처리하지
못하고 있었다. 『경향신문』은 '국회서 잠자는 친일파 재산환수특별법'
이라는 사설에서 "국회는 소모적인 소급적용 논란을 끝내고 지난 2월
여야 의원 169명이 발의해 계류 중인 '친일반민족행위자 재산환수에
관한 특별법안'을 9개월의 긴 잠에서 깨워 일으켜야 한다"고 하고, "이
와 함께 친일청산 논의만 나오면 '과거를 왜 묻느냐'는 식의 후안무치
하고도 몰역사적 태도를 보이는 무리에 대해 더욱 엄중한 사회적 감시
와 비판도 뒤따라야 한다"고 주장했다(『경향신문』, 2005.11.17). 『서울
신문』도 '친일파재산 환수법 제정하라'라는 사설에서 "친일파 후손들이
정부를 상대로 다양한 형태의 재산반환 소송을 내는 일은 우리사회의
해묵은 골칫거리"라고 하면서, "관련법 및 법리 해석의 미비로 법원이
친일파 후손의 손을 들어준 사례가 적지 않았"기 때문에 "지금 국회에
는 '친일행위자재산환수법'이 계류돼 있다. 국회가 하루빨리 이 법을 제
정할 것을 다시 한 번 촉구한다"고 했다(『서울신문』, 2005.11.17).

친일재산귀속법은 2005년 12월 8일에 한나라당 의원들이 불참한 가
운데 진행된 본회의에서 155명 투표에 155명 전원 찬성으로 본회의를
통과했다. 2006년 8월 18일에 '친일반민족행위자 재사조사위원회'(친일
재산조사위)의 조사작업이 시작되었다. 친일재산조사위의 조사작업을
앞두고 대부분의 신문이 사설로 이를 다루었다. 『한국일보』는 '논란이
필요 없는 친일파 재산 환수'라는 사설에서 다음과 같이 주장했다.

노무현 정권 들어 과거사 문제를 파헤치는 위원회가 많아졌지만 그 활동에는 논란과 갈등이 잇따랐다. 친일파 재산환수만큼은 정파적 입장이나 이해관계로 인한 논란의 소지가 적다. 그런 만큼 대한민국이 이제라도 국민적 합의를 토대로 법률적으로 최소한의 친일 청산을 해냈다는 상징이 될 수 있도록 정치권과 각계가 위원회 활동에 적극적인 지지와 성원을 보냈으면 한다. (중략) 이제 이 정도의 친일 청산에 대해 또 다시 위헌이라거나 재산권 침해라는 소리가 나온다면 이 사회는 공동체로서 존립 이유를 찾기 어려울 것이다. 위원회 관계자들도 친일파 재산환수가 후대에 또 하나의 역사로 기록되도록 조사·집행 활동과 기록업무를 엄정하고 빈틈없이 추진해 주기를 당부한다(『한국일보』, 2006.8.15).

많은 신문이 친일재산 환수에 역사적 의의를 부여하면서 정확한 조사작업의 필요성을 강조했다. 『한겨레』는 '광복 61돌에야 시작되는 친일파 재산환수'라는 사설에서 "조사위원회는 각종 상황에 철저히 준비해야 하며, 정부와 정치권은 조사 개시 전에 재산을 처분하는 행위를 막는 제도적 장치를 마련하는 등 위원회 활동을 적극 뒷받침해야 한다. 사회정의는 법과 조직만으로 저절로 세워지지 않는다"고 강조했다(한겨레』, 2006.8.15). 『서울신문』도 "정확한 조사작업을 통하지 않고서는 친일파 재산환수 작업을 제대로 해낼 수 없다. 우리는 친일파 재산 조사작업이 신속하고 철저하게 이뤄질 것을 기대한다"는 입장을 밝혔다(『서울신문』, 2006.8.14).

친일파 문제에 관한 다른 사안에 대해서는 『한겨레』, 『경향신문』, 『서울신문』 등과 다소 다른 논조를 보였던 『세계일보』, 『국민일보』도 친일파 재산환수 문제에 관한 한 비슷한 논조를 보였다. 『국민일보』는 '친일파 재산 조사작업에 기대한다'라는 사설에서 '역사적 작업'이라고 평가하면서 "조사대상이 이렇게 방대하기 때문에 고도의 정밀성이 요구"되며 "친일파 재산 문제는 이번이 마지막이어야 하고 완성판이어야 한다. 그동안 진행돼온 우리 사회의 소모적 논쟁에 종지부를 찍을 수 있도록 조사위의 주도면밀한 활동을 기대한다"고 했다(『국민일보』, 2006. 8.13). 『세계일보』도 '친일파 재산환수 민족정기 정립 계기로'라는 사설에서 "이제라도 친일파 재산환수를 위한 준비작업을 할 수 있게 된 것은 매우 다행스런 일"이라고 하면서 "재산환수 과정에서 선의의 피해자가 없도록 세심한 주의를 기울여야 한다"고 주장했다(『세계일보』, 2006. 8.14). 『경향신문』은 보수 언론도 친일파 재산환수에 대해서는 반대해서는 안 된다고 하며 '광복 61돌에야 시작되는 친일파 재산환수'라는 사설에서 다음과 같이 주장했다.

조사위의 법적 근거는 지난해 12월 여야합의로 통과된 '친일반민족행위자 재산의 국가귀속에 관한 특별법'이다. 이 법에 따른 재산환수 대상자는 을사조약·한일합병조약 등에서 주도적 역할을 한 '을사 5적'과 '정미 7적' 등 '수괴급 친일파'들이다. 누가 봐도 명백한 민족반역행위자들이 그 행위의 대가로 취득한 재산만을 대상으로 한 최소한의 조처인 것이다. 따라서 이 정도의 친일청산에 대해서는 논란의 여지가 있을 수 없다. 조사위의 활동에 법적 근거를 제공해준 여야 정치권은 물론이거니와 특히 친일청산 얘기만 나오면 거부반응을 보였던 보수언론도 이번만큼은 조사위의 활동을 적극 지지하고 성원해야 한다. 조사위의 활동개시를 사흘 앞둔 오늘 광복절날 아침에도 대표적인 친일파 민영휘가 남긴 75억원 상당의 재산을 둘러싸고 후손들이 분쟁을 벌이고 있다고 한다. 풍찬노숙을 하면서도 항일투쟁의 드높은 기상을 꺾지 않았던 독립투사들의 자손들이 비참하게 살고 있는 현실과 비교하면 씁쓸한 일이 아닐 수 없다. 이 같은 광복절의 풍경은 올해가 마지막이어야 한다. 앞으로의 광복절은 일제 잔재를 완전히 청산하고 자주독립통일국가의 목표를 거듭 되새길 수 있는 뜻깊은 날이 되기를 희망한다(『경향신문』, 2008.8.15).

『경향신문』이 보수언론의 지지와 성원을 기대했지만, 당연히 이런 기대와는 달리 보수언론은 침묵하거나 비판했다. 친일파 청산 문제와는 달리 강력하게 비판한 것은 아니었지만, 그렇다고 『경향신문』의 기대처럼 지지하거나 성원한 것은 결코 아니었다. 『조선일보』나 『동아일보』는 사설로 다루지 않았고, 『중앙일보』만이 '때늦은 친일재산환수 정치 포퓰리즘 아닌가'라는 사설에서 "그런 만큼 조사위는 독립성 · 공정성을 엄격히 지켜야 하며 개인의 인권과 재산권을 훼손하는 연좌제가 되지 않도록 해야 한다. 또 과거청산이라는 명분으로 정치적 포퓰리즘에 빠져서도 안 된다. 이를 위해선 현실정치로부터 독립성 확보가 필수다"라고 주장했다(『중앙일보』, 2006.8.15). 『동아일보』는 이에 관해 간단히 보도는 하면서도 사설로 다루지는 않았다.

『조선일보』는 대부분의 신문이 친일파 재산환수에 관한 사설을 썼던 시기에 전혀 다른 주장을 담은 사설을 실었다. 『조선일보』는 '8 · 15에 생각하는 대한민국 건국의 의미'라는 사설에서 다음과 같이 주장했다.

8월 15일을 건국일로 떠올리는 국민이 너무 적다는 사실은, 민주체제를 지켜 온 지난 60년 성취의 건국사를 모독하고 부인하는 세력이 기승을 부리는 현실과 무관치 않다. 좌파 계급주의가 눈먼 민족주의와 결합해 건국의 정통성을 부정하는 자기파괴적 역사관이 우리 사회에 뿌리를 틀게 된 것이다. 급기야 이 나라엔 "남한만의 정부가 세워진 것은 통일 민족국가 수립이 실패로 돌아갔음을 뜻했다"며 건국의 의미를 깎아내리는 고교 근 · 현대사 교과서가 등장하기에 이르렀다. 대한민국이 걸어온 길을 "정의가 패배하고 기회주의가 득세한 역사"라고 집권세력이 단정하는 세상이 됐다. 이런 상황에서 8 · 15의 이름을 광복절 대신 건국절로 하자는 제안들은 젊은 세대의 올바른 역사관을 위해서라도 검토할 만하다. 1948년 8월 15일은 대한민국이 이뤄낸 현대사 성취의 기점이다. 모두가 뜻을 모아 기념하고 축하해도 부족하지 않을 날이다. 건국일을 푸대접하면서 나라의 자존심을 말할 수는 없는 일이다(『조선일보』, 2006.8.14).

다른 거의 모든 신문이 친일파 재산환수에 관한 사설을 게재한 시기에 『조선일보』는 갑자기 '건국절'을 주장했다. 『조선일보』의 '건국절' 주장은 과거에 사설을 통해 "우리가 만약 임정(臨政)의 법통을 외면한다면, 우리는 1948년에 유엔에 의해 인공적으로 창조된 '시험관 아기'임을 자인하는 것밖엔 안 된다. 우리는 과연 우리의 창조주(?)를 그때의 유엔총회의 결의문 한 장에서 구해야 한단 말인가"라고 주장했던 것에서 완전히 바뀐 것이었다(『조선일보』, 1986.8.17). 『조선일보』가 임정 법통까지 부정하며 건국절을 주장한 것은 친일파 청산 문제에 대해 사안별 대응이 아니라 아예 전체 구도를 바꾸어보려는 시도였다. 김민철의 주장대로 '건국절'이 제정되면 '대한민국 건국 공로자' 중에 포함된 상당수 "친일파의 행위를 '문명의 사도'였다고 적극적으로 합리화하는 사태로 이어질 가능성" 높았기 때문이다(2006, 228~229쪽).

이 같은 양상은 2007년 5월 2일의 친일파 재산환수 결정에 대해서도 똑같이 나타났다. 『조선일보』와 『동아일보』는 간단히 보도는 했지만, 사설로 다루지는 않았다. 『중앙일보』는 '친일재산 환수의 의미와 과제'라는 사설에서 "정부나 정치권이 포퓰리즘적으로 악용하는 것도 경계해야 한다. 역사 바로잡기의 취지는 우리 사회가 분열하자는 것이 아니다. 과거 잘못을 바로 고치고, 참된 화합으로 가자는 것이다"라고 주장했다(『중앙일보』, 2007.5.4). 『문화일보』도 '반민특위 무산 반세기만의 매국재산 환수'라는 사설에서 "소급입법을 통한 재산권 박탈은 위헌 소지가 있다는 지적도 없지 않은 만큼 친일 청산이 또 다른 차원의 갈등 소지가 돼선 안 되기 때문이다. 법적 안정성을 외면하든지 가벼이 여기는 식의 포퓰리즘을 배격해야 하는 것도 그 때문이다"라고 『중앙일보』와 비슷한 주장을 했다(『문화일보』, 2007.5.3). 『중앙일보』와 『문화일보』는 똑같이 포퓰리즘을 경계하자고 하며, 친일파 재산환수가 친일 청산 움직임의 강화로 이어지는 것을 염려하는 듯한 논조를 보였다.

반면 『한국일보』는 '역사를 바로잡는 친일재산 국가 귀속'이라는 제목의 사설에서 "나라를 팔아 개인적 영달과 이익을 도모한 행위에는 도덕적 비난뿐만 아니라 역사의 징벌이 반드시 내려진다는 가르침을 분명히 확인했다는 점에서 우리는 이번 위원회의 결정을 높이 평가한다"고 했다(『한국일보』, 2007.5.2). 『서울신문』도 '친일파 재산환수 이제 시작이다'라는 사설에서 "이번 결정은 1949년 반민족행위특별조사위원회가 와해된 지 58년 만에 보는 친일청산의 첫 가시적인 성과다. 나라를 되찾은 지 62년 만에 일제 잔재의 청산이 시작된 것은 부끄러운 일이다. 이제라도 민족정기를 바로 세우고 사회정의를 실천함으로써 역사의 교훈으로 삼아야 할 것이다"라고 주장했다(『서울신문』, 2007.5.3). 『한겨레』는 '친일재산 환수는 '정의의 심판' 첫 걸음이다'라는 사설에서 다음과 같이 주장했다.

친일 재산조사위원회의 이번 결정은 2005년 12월 제정된 특별법에 따라 벌이고 있는 활동의 첫 성과일 뿐이다. 이런 활동이 그토록 오랜 세월이 지난 지금에라도 이뤄지게 된 것은 100년 전 친일 행각도 그냥 넘길 수 없다는 민중의 열망이 있기 때문이다. 그래서 앞으로 이 일을 더욱 활발히 전개함으로써 역사 바로 세우기에 힘을 보태는 건 국가에 부여된 최소한의 의무다. 친일파 후손의 땅을 국가에 귀속시키는 것을 두고 한쪽에서는 위헌 운운할지 모르나 이는 어불성설이다. 대한민국 헌법 전문은 "3·1 운동으로 건립된 대한민국 임시정부의 법통"을 계승한다고 밝히고 있고, 1941년 임시정부가 발표한 '대한민국 건국강령' 3장 5조 2항은 적에게 부역한 자들의 소유 자본과 부동산을 몰수하여 국유화한다고 못 박고 있다. 그래서 이번 일이 위헌이라고 주장하는 것은, 임시정부의 법통과 대한민국 헌법 정신에 대한 도전이자 모독이다(『한겨레』, 2007.5.3).

강성현은 "『조선일보』와 『동아일보』, 『중앙일보』는 친일진상규명법 제정과정에서 정치적 의도를 우려했던 것과는 달리 '친일재산귀속법'에 대해서는 특별한 반응을 보이지 않았다'고 평가했다(2006, 9쪽). 물론 친일명단 공개나 친일진상규명법 제정 때와는 달리 강력히 반대하는 입장을 보인 것은 아니었다. 『조선일보』와 『동아일보』는 친일파 재산 환수 문제는 아예 사설로 다루지도 않았다. 누구도 부인할 수 없는 친일파들만을 대상으로 해서 재산환수가 추진되었기 때문에 반대까지 하기는 어려웠을 것이고, 친일파 재산환수에 대한 논의가 자칫 친일진상 규명 움직임의 확산에 영향을 줄 것이라는 고려도 있었을 것이다.

3) 『친일인명사전』과 '반민족규명위' 보고서 발간을 둘러싼 신문들의 대립

2008년 4월 29일에 『친일인명사전』에 수록될 4,776명의 명단이 공개되면서 신문들 사이에 치열한 대립과 갈등이 나타났다. 『한겨레』는 '기억하지 않는 역사는 되풀이된다'라는 사설에서 "기억하지 않는 역사는 되풀이된다. 잘못은 용서할 순 있어도, 잊어서는 안 된다. 기억의 보고인 『친일인명사전』은 시대적 역류를 극복하고, 역사의 정의를 바로세우며, 평화의 가치를 드높이는 이정표가 될 것이다"라고 주장했다(『한겨레』, 2008.4.29). 『친일인명사전』 수록 예정 명단 발표가 이루어진 직후에 지지하는 사설을 실은 신문은 『한겨레』가 유일했다. 이명박 정권이 출범한 직후였기 때문인지 많은 신문이 친일 명단에 관한 사설을 실지 않았고, 보수신문들은 일제히 비판적인 내용의 사설을 실었다.

『문화일보』는 '친일인명사전 균형감각 의심스럽다'라는 사설에서 "일

부 인사의 거명을 통해 대한민국의 정체성과 역사적 정통성을 깎아내
리는 저의가 무엇인지를 묻지 않을 수 없게 한다. 우리는 민간단체의
'명단'에서 노무현 정부 시절에 예각화 한 자학(自虐)사관의 일단을 다
시 짚어볼 수 있다"고 비판했다(『문화일보』, 2008.4.30). 『중앙일보』도
'기준도 형평성도 잃은 친일 명단 발표'라는 사설에서 "특히 발표된 인
사 가운데 건국 과정과 그 이후에 나라를 발전시키는 데 공을 세운 분
이 많다. 이들을 몽땅 친일로 낙인찍는다면 대한민국의 정통성을 어떻
게 유지해 나갈 것인가"라고 지적하고는 "편찬위 주장대로 그것이 '학
술적 행위'가 되려면 구체적이고 적극적인 친일 행각이 확인된 경우만
명단에 올렸어야 옳다. 그렇지 않다면 이는 '정치적 행위'에 불과하다"
고 비판했다(『중앙일보』, 2008.4.30). 『문화일보』와 『중앙일보』는 친일
인명사전의 명단 발표가 대한민국의 '정통성'을 훼손했다며 '색깔론'과
'음모론'을 제기했다.

『조선일보』는 '일제하 조선인의 삶을 친일 · 반일의 잣대로만 잴 순
없다'라는 사설에서 일제강점기 "조선인 대부분의 삶은 친일과 반일 이
분법으로 나누기에는 너무나 복잡다단하다"고 하며 선정기준만을 문제
삼는 논조를 보였다(『조선일보』, 2008.5.1). 『조선일보』가 단순히 선정
기준만을 문제 삼는 수준의 논조를 보인 것은, 친일파 문제와 관련해
소극적으로 보도해왔던 기존 태도의 연장선상에 있던 것이다. 『동아일
보』도 '사(私)단체가 역사인물 낙인찍는 나라 또 있나'라는 "이 단체들
은 과거사 정리라는 명분을 내세우며 좌편향적 역사관으로 대한민국의
정통성을 훼손하고 있다는 의심을 받아왔다. 이번 발표는 자의적으로
과거를 향해 칼을 휘두르는 횡포나 다름없다"고 비판했다(『동아일보』,
2008.5.1).

『친일인명사전』 수록 예정 명단 발표에 대한 보수신문들의 보도에

대해 유일하게 반박하는 내용을 사설로 다룬 신문은 『경향신문』이었다. 『경향신문』은 '친일 사전에 잣대 들이대는 편협함'이라는 사설에서 다음과 같이 비판했다.

전문가들이 7년에 걸친 검증 결과에 대해 막연하게 정치적이라고 매도하는 것은 정치적일 뿐 역사적이지 못한 무교양주의의 소치다. 친일명단 공개에 대한민국 정체성과 가학사관(苛虐史觀)을 끌어들이는 것은 지난 허물에 대한 평가를 후손들에게 미루려는 비겁한 발상법이다. 진정 균형을 잃었다고 여긴다면 어떤 기준에 어긋났는지를 정교하게 따져 이의를 제기해야 옳다(『경향신문』, 2008.5.1).

『친일인명사전』과 반민족규명위의 보고서 발간이 가까워지면서 보수신문들이 더욱 적극적으로 보도하며 사설로도 자주 다루기 시작했다. 그중에서도 그동안 친일 문제에 관해 일부러 무관심한 척하던 『조선일보』가 가장 적극적으로 나섰다. 『조선일보』는 '장지연과 '시일야방성대곡'을 둘러싼 소동을 보며'라는 사설에서 반민족규명위가 장지연을 조사대상으로 선정했다가 취소한 것에 대해 "정권이나 권력이 역사적 인물에 대한 평가에 개입하고 대한민국 역사를 굴절된 시각으로 보는 특정 이념 성향의 학자와 시민단체가 편을 지어 자기들의 색깔로 역사를 개찬(改撰)하는 일을 언제까지 되풀이해도 되는 것인가를 생각할 때다"라고 하며 비판했다(『조선일보』, 2009.8.31). 『조선일보』는 이번에는 '노기남 대주교를 '친일반민족행위자'로 규정한 잣대'라는 사설에서, "위원회의 그간 행태와 관련, 일제의 강압(强壓)으로 똑같은 행동을 한 사람들을 놓고 좌파적 인물에 대해선 겉으론 친일 행동을 했지만 뒤로는 독립운동을 하거나 또는 독립운동 인사를 지원했다고 감싸면서, 우파적 인물에 대해서는 강요된 친일 행동만 거론하고 이들의 독립운동 또는

독립운동가 지원 사실에는 고의(故意)로 눈을 감은 채 '친일 반민족' 도
장을 찍어왔다는 비판이 계속됐었다고 주장했다(『조선일보』, 2009.9.18).

2009년 11월 8일에 4,389명의 친일파를 다룬『친일인명사전』이 발간
되면서 이전보다 더욱 거센 보수신문들의 반발이 쏟아져 나왔다. 『세
계일보』는 발간 전에 '가처분신청 잇따르는 친일인명사전'이라는 사설
에서 "광복 이후 이룬 큰 공로는 인정하지 않은 채 일제시대 행적만 보
고 지탄의 대상으로 간주하는 것은 역사 해석을 편협하게 하는 것이
다"라고 지적했다(『세계일보』, 2009.11.4). 『조선일보』는 '대한민국 정
통성 다시 갉아먹은 친일사전 발간대회'라는 사설에서 친일인명사전을
발간한 민족문제연구소에 대해 "조국 광복운동에 손가락 하나 담근 적
이 없는 정체불명의 인사들"이라고 거칠게 비판하고, 일부 정부 지원이
있었던 것에 대해 "아까운 국민 세금이 또 한 번 대한민국의 정통성을
갉아먹는 데 쓰인 꼴이다"라고 주장했다(『조선일보』, 2009. 11.9). 『동
아일보』도 '대한민국 정통성 훼손 노린 좌파 사관 친일사전'이라는 사
설에서 다음과 같이 주장했다.

> 우리 사회 내부에서 친일 논란의 불씨를 다시 지피려는 저의와 이 조직
> 의 정체가 궁금하다. (중략) 좌파사관(史觀)에 기울어진 인물들이 주류인
> 조직이 친일 여부를 심판하는 재판관처럼 행세하는 것부터 가당치 않다.
> 이 조직은 지난해 '친일명단'이란 것을 내놓은 뒤 마감 날짜를 정해 이의
> 신청을 받았고, 일부 인사들에 대해 아량이라도 베풀 듯 명단에서 제외시
> 켜 줬다. 무슨 자격으로 이런 권력을 휘두르는지 가소롭다. 이들이 궁극적
> 으로 노리는 것은 대한민국이 친일 청산을 못해 정통성이 북에 비해 부족
> 하다는 좌파사관의 확산으로 보인다. 대한민국의 정통성을 훼손하고 사회
> 분열을 조장하는 세력에 단호한 대처로 맞서지 않을 수 없다(『동아일보』,
> 2009.11.9).

『친일인명사전』을 발간한 민족문제연구소에 대해 『조선일보』는 '정체불명'이라고 표현했고, 『동아일보』는 '가소롭다'고 폄훼했다. 『조선일보』는 장면, 박정희, 장지연, 안익태, 노기남, 김성수, 현상윤, 백낙준, 백선엽, 정일권 등을 거론했고, 『동아일보』는 김성수, 박정희, 장지연을 거론하며 반발했다. 『중앙일보』는 발간 당시에는 사설을 싣지 않고 내부 필자들의 칼럼만을 실었다. 일주일 뒤에 『중앙일보』는 '서정주의 친일, 서정주의 시'라는 사설에서 『친일인명사전』에 포함된 서정주에 대해 변호하며 "친일인명사전은 편파성 등 많은 논란을 낳았다"고 지적했다(『중앙일보』, 2009.11.15).

반면 『친일인명사전』의 의미를 인정하는 사설을 실은 신문들도 있었다. 『한겨레』는 '반민특위 해체 60년 만에 나온 친일인명사전'이라는 사설에서 "이 사전의 취지는 "부일협력이라는 치욕스런 행위를 정확히 기록하고 이를 용감하게 대면해 미래로 나아가는 지름길로 삼는" 데 있다"고 하며 "어설픈 논리로 친일 행위 자체를 합리화하려 해서는 결코 용인받지 못할 것이다"라고 비판했다(『한겨레』, 2009.11.9). 『경향신문』도 '친일사전은 과거 단죄 아니라 미래를 위한 것'이라는 사설에서 "사전 편찬의 목적은 단순한 친일 심판에 있는 것이 아니다. 부끄러운 과거를 고해하고 되새김으로써 같은 일이 되풀이되지 않도록 한다는 데 더 큰 의미가 있다"고 하며 "사주 일가의 친일 전력이 드러난 보수신문이나 일부 극우단체에선 '국가 정통성 훼손' '형평성 상실' 운운하며 불편한 심기를 보이고 있는 모양이다"라고 비판했다(『경향신문』, 2009. 11.9). 『서울신문』도 '이제 친일의 어두운 과거를 물리자'라는 사설에서 "비록 불가항력적인 식민지 현실이었지만 선대의 과(過)가 있다면 있는 그대로 인정하고 공(功)은 더욱 가꿔 나가는 것이 후손의 도리라고 본다"고 하며 "더 이상 친일이라는 어두운 과거에 발목 잡혀 갈등을 되

풀이해선 안 된다. 민족사의 동통(疼痛)을 의연히 극복해야 한다"고 주
장했다(『서울신문』, 2009.11.9).

『친일인명사전』 발간에 대한 보수신문의 비판을 보고 다음 날에『경
향신문』은 '친일사전이 대한민국 '정통성'을 훼손했다니'라는 사설에서
다음과 같이 강력히 비판했다.

> 조선일보와 동아일보가 어제 사설을 통해 친일인명사전이 대한민국의
> 정통성을 훼손했다고 맹비난했다. 민족문제연구소가 8년간 작업 끝에 이
> 사전을 발간한 것에 대한 격앙된 반응이다. 이는 어느 정도 예견된 바다.
> (중략) 우리는 이번 사전 발간 논란을 통해 이 나라 보수파들이 친일 과거
> 를 때로는 부정하고 때로는 "그 시대에 태어나 살았다는 것 자체가 친일"
> 이라며 일반화하는 편리한 사고에 길들어 있음을 재확인한다. 가장 이해
> 하기 어려운 것은 국가 정통성을 걸고넘어지는 행태다. 과거사 청산을 논
> 하는 일에 느닷없이 정통성 문제를 꺼내는 이유는 무엇인가. 혹시 자신만
> 이 정통성이 있으며 또 정통성을 판단할 판관(判官)이라고 생각하는 것인
> 가. 아니면 그 정통성이란 것이 친일 전력자에게 있기라도 하다는 말인가.
> 착각해선 안 된다. 정통성에 대한 판단은 누가 독단적, 자의적으로 내릴
> 수 있는 것이 아니다. 하물며 친일의 어두운 과거에 대해 최소한의 반성
> 은커녕 온갖 궤변을 동원해 합리화하는 데 여념 없는 세력들에게 그럴 자
> 격이 없는 것은 분명하다(『경향신문』, 2009.11.10).

2009년 11월 27일에 『친일반민족행위진상규명보고서』가 발간되자
다시 한 번 보수신문들은 사설을 통해 비판했다. 『조선일보』는 '울 밑
에 선 봉선화야... 작곡가 홍난파의 경우'라는 사설에서 "규명위에서 홍
난파와 김기창을 적극적 · 주도적 · 중심적 친일반민족행위자로 단정한
조사관들과 그 가족의 역사가 홍난파와 김기창 삶보다 얼마나 당당한
것인지가 궁금하다"고 반문했다(『조선일보』, 2009.11.27). 『조선일보』는

다음 날에 다시 '외눈박이 친일반민족조사위의 발표를 보고'라는 사설
에서 "외눈박이 친일반민족행위진상규명위원회가 대한민국 수립 60년
이 지난 지금 대한민국을 만들고 지키고 키운 이들을 친일의 오명(汚
名) 속에 빠뜨려 파묻으려 하는 것은 과연 누구의 이익을 위해서이고
누구를 쓰러뜨리기 위해서인지 묻지 않을 수 없다"고 했다(『조선일보』,
2009.11.28). 『조선일보』는 '노 전(前) 대통령 묘소에 보고서 바친 친일
진상규명위원들'이라는 사설에서 "오늘의 대한민국 토대를 만든 '사람
들은 가혹하게 친일 인사로 낙인찍으면서도 좌파계열이거나 월북해
북한에서 고위직을 지낸 사람들 이름은 교묘하게 뺐다"고 비판했다
(『조선일보』, 2009.12.1). 『조선일보』는 '친일보고서 처리, 이 정부의
대한민국관(觀)이 달린 문제다'라는 사설에서는 "진상규명위는 발족 이
후 김일성 일파의 무장투쟁론을 정통으로 여기는 노선 위에 서서 다른
독립노선을 이단시하고 이들 세력에 대해 친일의 잣대를 가혹하게 휘
둘러 왔다"고도 했다(『조선일보』, 2009.12.16).

그동안 친일청산 문제에 대해 다른 보수신문에 비해 소극적인 보도
를 하던 『조선일보』가 이번에는 가장 적극적으로 나섰다. 『조선일보』는
『친일반민족행위진상규명보고서』에 대해 무려 4번이나 사설을 통해
비판했다. 반면 『동아일보』는 2번 사설로 다루었고, 『중앙일보』는 아
예 사설로 다루지 않았다. 『동아일보』는 '홍난파의 경우'라는 사설에서
"공과를 같이 놓고 판단해야 한다"고 하며, "친일규명위가 재단한 그 명
단 안에 '억울한 친일파'가 얼마나 들어있을지 걱정스럽다"고 했다(『동
아일보』, 2009.11.27.).

다음 날에 『동아일보』는 '좌편향 위원회가 건국세력을 친일로 낙인
찍었다'라는 사설에서 "건국세력은 흠만 찾아내고, 현 좌파세력이 떠받
드는 대표적인 인사는 공만 따진 이중 잣대다"라고 하며, "이 세상을

떠나 자기변호를 할 수도 없는 사람들에게 이런 식으로 친일 너울을 들씌운 행위야말로 역사의 심판을 받을 것이다"라고 비판했다(『동아일보』, 2009.11.28). 『국민일보』는 '친일 명단에 '앞잡이들'은 왜 없나'라는 사설에서 "이름 있는 정치인의 조상으로 헌병 오장이며 특고경찰 등의 과거가 드러난 자들은 규명위 보고서와 친일인명사전 어느 쪽에도 포함되지 않았다"고 하며 신기남, 김희선 등 민주당 의원 부모의 친일 행적을 비판하면서도 "판단은 후세에 맡기자. 죽은 사람들을 불러내어 산 사람들이 벌이는 싸움은 그만 끝내자"고 했다(『국민일보』, 2009.11.28).

『한겨레』만이 '일단락된 반민규명위 활동, 시민사회가 이어나가야'라는 사설에서 "반민규명위 활동의 종료가 곧 친일청산 작업의 끝이 돼선 안 된다"고 하며 "반민규명위의 한계를 극복하고 건강한 역사를 만들어가는 것은 국민 모두의 책임이다"라고 주장했다(『한겨레』, 2009.11.28). 반민족규명위의 보고서 발간 이후에도 친일파 청산을 위한 노력이 계속될 필요가 있음을 강조한 것이었다.

4. 역사교과서의 친일파 서술을 둘러싼 대립

1) 역사교과서 집필기준 '친일파 청산 노력' 삭제 논란

이명박 정권 출범 이후 친일파에 대해 '수세적' 변명을 하던 과거와 달리 '공세적인' 미화와 찬양이 나타났다(박한용, 2011). 이런 움직임은 역사교과서를 개편하려는 시도로 이어졌고 신문들 사이의 논쟁이 역사교과서를 둘러싸고 전개되었다. 뉴라이트 계열의 한국현대사학회가 2011년 5월 20일에 출범하면서 신문들의 반응은 엇갈렸다. 출범을 앞

두고 『조선일보』는 '한국현대사학회, 대한민국 참 역사상을 보여주라'
라는 사설에서 "국사학계의 한국 근·현대사 연구가 지난 수십 년 동안
'반(反)외세' '민중' '내재적 발전론'의 틀에 얽매여 있는 사이 인접 인
문·사회과학에선 한말과 일제시대, 대한민국사 연구의 새로운 성과들
을 쌓아왔다. 한국현대사학회는 이런 성과들을 토대로 대한민국 국민
의 참 역사상(像)을 제시해야 한다"고 주장했다(『조선일보』, 2011.5.10).
『동아일보』도 '현대사학회, 바른 역사 기술에 기여하기를'이라는 사설
에서 "대한민국의 유지와 지속적 발전이라는 차원에서도 현대사의 편
향성 극복은 미룰 수 없는 과제다. 현대사학회가 바른 역사의 정착을
위해 본격적 논의의 장을 열기 바란다"고 했다(『동아일보』, 2011.5.11).
『중앙일보』도 '현대사학회 출범, 올바른 역사 정립 계기로'라는 사설에
서 "현대사학회는 역사교과서의 문제점을 제기했던 학자들이 주축을
이룬 가운데 다양한 전공과 관점을 지닌 학자들이 대거 참석했기에 충
분히 문제를 풀어갈 역량을 갖추었다"고 주장하기도 했다(『중앙일보』,
2011.5.20). 『문화일보』는 '현대사학회의 발족과 자학사관의 청산'이라
는 사설에서 다음과 같이 주장했다.

　　대한민국 현대사를 세계사적인 맥락에서 새롭게 정립하기 위한 '한국현
　　대사학회'가 20일 창립기념 학술대회를 갖고 공식 발족한 것은 적잖은 의
　　미를 지닌다. 그동안 역사학계 일각이 객관적 사실까지 왜곡하면서 폄훼
　　해온 대한민국의 정체성과 역사적 정통성을 재확립할 뿐만 아니라 자학사
　　관(自虐史觀)과 수정주의사관 등을 깨끗이 씻어내겠다는 것이 출범 취지
　　이기 때문이다. (중략) 세계가 부러워하는 산업화와 민주화 과정 역시 자
　　랑스러워하긴커녕 '기회주의가 득세한 시대'라는 식으로 깎아내리는 잘못
　　된 풍조가 온존하고 있다. 객관적 사실에 기초해 대한민국 현대사를 재조
　　명하기 위해 출범한 한국현대사학회에 역사학계 안팎의 기대가 크다(『문
　　화일보』, 2011.5.20).

보수신문들이 일제히 한국현대사학회의 출범을 지지하면서 그 역할
에 대한 기대를 표명했다. 『경향신문』은 '현대사학회는 역사를 '이해'할
자세가 되어 있나'라는 사설에서 다음과 같이 비판했다.

현대사학회는 '대한민국 60년의 발자취를 사실과 진실 그대로 서술'할
것을 주장한다. 이러한 주장은 기존 한국현대사가들이 역사를 좌편향으로
왜곡했다는 '그들만의 판단'에 근거한 것이다. 역사가들이 자학사관(自虐
史觀)에 빠져 건국의 빛나는 성취를 홀대하고 있다는 주장이다. 고등학교
근·현대사 교과서가 반미·반시장적이고 친북·좌파적이라며 이념적 선
동을 했던 '교과서포럼'과 이 학회를 구분하기 힘들게 하는 지점이다. 역사
학의 아마추어 집단이란 비판을 의식해 구색맞추기 식으로 한국 현대사
전공자를 일부 끌어들였지만 교과서포럼을 학회로 포장만 달리한 게 아니
냐는 의심을 사고 있는 이유다. 현대사학회가 진정한 학회가 되려면 두
가지 태생적 한계를 극복해야 한다. 첫째는 학문과 정치의 착종이다. 기득
권 세력의 입맛대로 현대사를 왜곡하려는 학자들의 모임이라면 학회란 이
름이 걸맞지 않다. 둘째는 역사로서의 현대사와 역사교육으로서의 역사교
과서에 대한 혼돈이다. 진정으로 현대사를 이해하겠다는 것인지, 역사교
과서에 대한 이념의 굿판을 계속하겠다는 것인지가 분명치 않은 것이다
(『경향신문』, 2011.5.23).

뉴라이트 계열의 한국현대사학회가 식민지 근대화론의 논리를 역사
교과서에 반영하려고 하면서 논란이 커졌다. 중학교 역사교과서 집필
기준 발표를 앞두고 『경향신문』은 다시 '민주주의를 왜 자유민주주의
로 바꾸려 하나'라는 사설에서 "민주주의를 자유민주주의로 바꿔 친일
과 이승만·박정희 독재를 정당화할 수 있다고 여긴다면 시대착오다"
라고 비판하기도 했다(『경향신문』, 2011.8.15).
『중앙일보』는 '자유민주주 논란 집필자에게 떠넘기지 마라'는 제

목의 사설에서 "아이들에게 가르쳐야 할 공동체의 역사를 정치적 이념의 틀 속에 넣어 왜곡하는 일이 있어선 바람직한 역사교육을 기대할 수 없다"고 주장했다(『중앙일보』, 2011.10.22). 『동아일보』도 '대한민국을 격하하는 역사 집필진의 정체 뭔가'라는 사설에서 "국사학계는 대한민국 정체성과 정통성을 제대로 살리는 역사교과서를 제작하는 데 적극 나서야 마땅하다"고 주장했다(『동아일보』, 2011.10.25). 이런 보수신문들의 주장은 좌편향을 막는다고 하며 사실상 식민지 근대화론의 수용을 정당화한 것이었다.

결국 2011년 11월 7일에 교육과학기술부는 2013년부터 사용될 중학교 역사교과서 집필기준을 발표했다. 집필기준을 둘러싸고 갈등이 벌어졌는데, 기존 집필기준에 있던 "대한민국은 건국 이후 농지개혁을 추진하고 친일 청산에 노력하였음을 서술한다"는 문구가 삭제되었다는 소식이 알려지면서 반발이 커졌다. 『한겨레』는 이 부분에 대해 '역사 농단과 정권의 운명'이라는 사설에서 다음과 같이 비판했다.

> 학계의 전면적인 반발과 간절한 요청에도 아랑곳하지 않고, 이 정권은 자신과 이해를 같이하는 소수의 친일·수구 언론과 재계, 관변학자의 주장을 그대로 반영했다. (중략) 게다가 친일파 청산의 의지와 과정, 결과에 대한 기술을 집필기준에서 없앴다. 역대 독재정권과 그 부역자들은 대부분 그 뿌리를 친일파에 내리고 있었다. 이승만, 박정희 정권을 미화하려는 의도가 있는 게 아닌지 의심하지 않을 수 없는 까닭이다. 아마 가장 큰 수혜자는 한나라당의 유력한 대선후보인 박근혜 의원일 것이다(『한겨레』, 2011.11.8).

『경향신문』도 '개악된 역사교과서는 다시 바뀔 수밖에 없다'라는 사설에서 "교과부가 어제 최종 확정해 발표한 중학교 역사교과서 집필기준은 앞서 역사교육과정 개정안 고시를 강행할 때 보여준 몰역사성과 비민주성을 거듭 확인해주고 있다"고 강하게 비판했다(『경향신문』, 2011. 11.9). 반면 『동아일보』는 '바른 역사교육 이제 시작이다'라는 사설에서 "대한민국을 자학(自虐)하고 종북주의까지 횡행하는 우리 사회의 이념적 혼란은 1980년대 이후 자칭 진보 진영이라는 좌파세력의 역사 뒤집기 탓이 적지 않다. 새 역사교과서에서는 이런 왜곡을 모두 제거해야한다"고 주장했다(『동아일보』, 2011.11.9). 보수신문의 지원에도 불구하고 '친일파 청산 노력'이라는 표현은 다시 들어가는 것으로 결정되었고, 역사교과서 개정 논란은 일단락되었다(강성현, 2016, 23쪽).

2) 교학사 발행 교과서의 검정 통과 논란

박근혜 정권이 출범하고 2013년에 다시 역사교과서에 대한 논란이 벌어졌다. 『조선일보』는 '남로당식 사관, 아직도 중학생들 머릿속에 집어넣다니'라는 사설에서 "권 교수에 따르면 지금 중학교 역사교과서는 남로당 당수였던 박헌영이 해방 정국(政局)을 공산 계열인 '진보·좌익·인민 진영'과 대한민국 임시정부 등이 중심인 '반동·우익·친일파 진영' 사이의 투쟁으로 본 역사 인식을 계승하고 있다는 것이다"라고 비난했다(『조선일보』, 2013. 5.31). 『문화일보』도 '교육현장의 역사왜곡 바로잡겠다는 박대통령의 의지'라는 사설에서 "박근혜 대통령이 역사를 왜곡하는 교육 현장의 일탈을 바로잡겠다는 단호한 의지를 천명한 것은 주목할 만하다"고 하며, "종북 교육의 심각성이 지적된 지 오래지만, 여전히 교정되지 않고 있는 것이 현실이기 때문이다"라고 하며 친일 청산 노력을 색깔론으로 비판한 것에서 나아가 새로운 역사교육을 할 필요성이 있다고 주장하기 시작했다(『문화일보』, 2013.6.18).

2013년 8월 30일에 국사편찬위원회 검정 심의를 통과한 '뉴라이트 성향의 고교 한국사 교과서'를 둘러싼 논란이 벌어졌다. 위안부 문제에 대한 서술에서 오류가 드러나고, 친일파를 미화하는 내용이 포함돼 있었기 때문이다. 『경향신문』은 "식민지 근대화론에 기반을 둔 뉴라이트 역사관이 일제 식민통치와 독립운동, 박정희 정권이 체결한 한일협정 등 한·일 관계에 대해 허술하거나 균형을 잃은 기술로 귀결된 것이라는 의심을 지울 수 없다"고 비판했다(『경향신문』, 2013.9.2). 『한국일보』도 '뉴라이트 교과서 편향성 논란에 오류도 많다'라는 사설에서 다음과 같이 주장했다.

일본군 위안부 문제와 관련된 기술은 명백한 오류로 드러났다. 교학사 교과서는 1944년 여자정신대 근로령 발표 이후 위안부 강제동원이 이뤄진 것처럼 기술했다. 그러나 일본군 위안부는 1930년대부터 전국에서 마구잡이로 이뤄졌다는 게 학계와 피해자들의 증언을 통해 정설로 인정돼 있다. 이 대목을 집필한 이명희 공주대 교수는 "혼란이 있다면 시정할 수 있다"고 사실상 오류를 인정했지만 교과서의 신뢰가 훼손될 수밖에 없게 됐다. 일본이 상투적으로 주장해온 식민지 근대화론을 반영한 흔적도 곳곳에 눈에 띈다. "일제의 식민지지배가 지속될수록 근대적 시간관념은 한국인에게 점차 수용되어 갔다"고 서술한 부분이 대표적이다. 친일반민족행위가 드러난 육당 최남선, 인촌 김성수 등을 일방적으로 미화하고, 대표적 친일파인 박흥식 화신백화점 사장과 김연수 경성방직 창업주의 기업 활동을 독립운동인 것처럼 왜곡한 것도 우려를 자아내는 대목이다(『한국일보』, 2013.9.5).

『경향신문』은 '이런 교과서로 국사 교육 강화하겠다는 건가'라는 제목의 사설에서 "국사 교육 강화가 결국은 친일 행각과 반민주·독재 정당화, 민주화 운동 폄하 등 '뉴라이트 역사관'을 확산시키기 위한 의도 아니냐는 의구심마저 불러일으킨다"고 했다(『경향신문』, 2013.9.5). 『한겨레』도 '오류투성이 역사교과서에 환호하는 새누리당'이라는 사설에서 "자신들의 구미에 맞는 발언이라면 그 말이 역사적 사실관계가 맞는지 틀리는지, 친일 사관에 물들어 항일·민주화운동을 폄하하든 말든 상관하지 않는 새누리당 의원들의 저열한 인식수준을 잘 보여준다"고 비판했다(한겨레』, 2013.9.11).

교학사 교과서의 친일 미화 주장이나 위안부 관련 사실 오류에 대한 비판이 쏟아져 나오자 보수신문들의 옹호 주장이 나오기 시작했다. 『동아일보』는 '교학사 교과서 협박은 학문·출판 자유 침해'라는 사설에서 '좌파 역사학계'가 "자극적인 용어를 동원하여 이 교과서가 친일과 독재를 미화하고 있다는 방향으로 여론몰이를 한다"고 주장했다(『동아일보』, 2013.9.12). 『문화일보』도 '한국사 교과서, 우편향 오류도 좌편향 왜곡도 안된다'라는 사설에서 "사실이 아닌 내용의 서술로 북한 정권의 역사 왜곡마저 거의 그대로 추종하기까지 하는 일부 좌편향 교과서들과 달리 교학사 교과서엔 돋보이는 점이 많은 것도 사실이다"라고 강변했다(『문화일보』, 2013.9.12). 『중앙일보』도 '교과서 오류 있다고 살해 협박까지 당하나'라는 사설에서 "좌파 인사들이 이 교과서에 대해 우편향 교과서, 일본 극우 성향의 후소샤(扶桑社) 교과서보다 더 친일 교과서라고 꼬리표를 붙이며 공격한다고 하더라도 검정 기준에 부합해 검정 절차를 통과하는 교과서는 발행될 수 있다"고 주장했다(『중앙일보』, 2013.9.13). 보수신문들은 계속 교학사 교과서를 옹호하다가 『동아일보』는 '교학사 핑계대지 말고 7종 교과서 오류 수정하라'는 사설에서 "교학사 교과서가 친일이라면 이들도 같은 비판에서 자유롭지 못하다"라고 하며 다른 교과서까지 물고 들어가 비판하기도 했다(『동아일보』, 2013.10.1). 『동아일보』가 보수신문 중에서도 유독 적극적으로 교학사 교과서를 변호했던 것은 이 교과서에 김성수를 미화하는 내용이 상당히 길게 들어가 있었기 때문일 것이다(심용환, 2015, 259~263쪽).

보수신문과 새누리당의 교학사 교과서 옹호에 대한 비판들이 다시 나왔다. 『한겨레』는 '친일·독재 미화 교과서 살리려고 '물타기'한 교육부'라는 사설에서 "이 교과서는 친일파의 행위와 이승만·박정희 전 대통령의 독재를 노골적으로 미화하는 등 역사교과서로서 허용될 수 있는 자율성의 범위를 벗어났다는 비판이 많았다"고 하며, "부실·역사왜곡 교과서 문제를 좌우 이념 논란으로 치환하려 한 교학사 교과서 저자들과 새누리당 등 여권의 뜻이 그대로 관철되고 있는 셈이다"라고 비판했다(『한겨레』, 2013.10.23). 『경향신문』도 '역사교과서도 유신체제로 되돌리겠다는 건가'라는 사설에서 "최근의 교과서 논란을 일으킨 것은 교육부와 이른바 '엉터리' 뉴라이트 교과서다. 멀쩡한 기존 교과서를 '좌편향'이라고 공격하고 부실·오류·편향·왜곡투성이 교과서로 말썽을 일으킨 데서 문제가 시작됐다"고 주장했다(『경향신문』, 2013.11.7).

교학사 교과서에 대한 보수신문들의 변호는 계속되었다. 『동아일보』는 '한국사 교과서 '선택과 교육 내용' 모두 중요'라는 사설에서 "검정 절차를 정상적으로 통과한 교학사 교과서를 '친일 독재 미화 교과서'로 몰아붙인 것은 악의적인 공격이었다. 교과서 8종 모두에서 일본군 위안부에 대해 잘못된 서술이 발견됐으나 역사학계는 교학사 교과서만을 '친일'이라며 문제삼았다"고 반박했다(『동아일보』, 2013.12.31). 『조선일보』는 '교학사 집단 짓밟기가 바로 역사교육 현장의 실상이다'라는 사설에서 '좌파 일각에선' 일찍부터 "교학사 교과서에 친일 독재 미화 딱지를 붙이기 위해 있지도 않은 사실을 만들어 선동"했다고 주장했다 (『조선일보』, 2014.1.8). 보수신문들은 교학사 교과서 채택을 막는 움직임에 대해 강력하게 비판하며, 교학사 교과서 살리기에 나섰다.

교학사 교과서를 채택하는 학교가 많지 않자, 『한겨레』는 '교사·학부모가 거부한 친일·독재 미화교과서'라는 사설에서 "친일과 독재를 미화한 교학사 역사교과서를 선택한 고등학교가 전체의 1% 미만인 것으로 나타났다. 이 교과서를 적극 옹호한 정부·여당에 대해 학교 현장에서 냉정한 심판을 내린 것으로 볼 수 있다"고 비판했다(『한겨레』, 2014.1.2). 『경향신문』도 '교육당국이 자초한 '교학사 교과서 거부 파동'이라는 사설에서 "학교 현장의 교학사 교과서 거부는 당연한 일이다. 친일과 독재를 합리화하고 독립운동사와 민주화운동을 폄하하는 등의 편향적 서술을 문제 삼기 이전에 사실 오류와 내용 부실이 심각하게 지적됐던 터다"라고 주장했다(『경향신문』, 2014.1.4). 친일과 독재를 미화했다는 사실뿐만 아니라 오류가 많았다는 사실이 교학사 교과서를 선택하지 않는 데 큰 영향을 주었다.

『동아일보』는 '교학사 교과서를 학교서 밀어낸 좌파 사학의 획일주의'라는 사설에서 "친일과 독재를 미화한 오류투성이 교과서"라는 비난이 있지만, "근현대사의 중요 이슈들을 나름대로 균형감을 갖고 비판적으로 기술했다"고 주장했다(『동아일보』, 2014.1.6). 일선 고등학교에서 거의 선택되지 않는 교학사 교과서를 옹호하기 위한 노력은 다른 7종의 교과서에 대한 비난으로 나타났다. 보수신문들은 일부 교과서에서 '친일 인사가 발굴한 영웅'이라고 하며 유관순을 다루지 않은 것을 비판하며 기존 교과서가 좌편향에 빠져 이런 문제점을 드러냈다고 주장했다. 『동아일보』의 사설 '유관순과 김원봉'(『동아일보』, 2015. 8.19), 『문화일보』의 사설 '유관순 열사 배제한 한국사 교과서 좌편향의 심각성'(『문화일보』, 2014.8.27), 『조선일보』의 '유관순마저 '친일파가 만든 영웅'으로 몰아가는 사람들'(『조선일보』, 2014.8.28), 『중앙일보』의 사설 '유관순 뺀 교과서로 우리 역사를 가르친다니'(『중앙일보』, 2014.8.19)

등이 모두 역사교과서를 비판했다. 보수신문들은『친일인명사전』명단 발표 당시 장지연이 포함된 것을 빌미 삼아 비판했듯이, 이번에는 유관순이 다루어지지 않았다는 것을 이유로 교학사 교과서 이외의 다른 교과서들을 공격했다.

교학사 역사교과서를 둘러싼 논쟁에서 보인 보수신문들의 대응은 기존 교과서의 좌편향을 바로잡겠다는 명분을 내세웠지만 결과적으로는 친일을 정당화하는 행위가 되고 말았다. 교학사 교과서가 친일의 실상을 제대로 다루지 않으면서 친일파에 대해 변명하거나 옹호했기 때문이다(김정인, 2016, 134~135쪽). 보수신문들은 일제강점기 김성수의 행적을 변호하는 교학사 교과서의 내용처럼 자신들의 친일 행적을 정당화하는 내용 때문에도 적극적으로 교학사 교과서를 편들고 나설 수밖에 없었을 것이다(심용환, 2015, 256~265쪽).

3) 역사교과서 국정화를 둘러싼 대립과 갈등

박근혜 정부와 여당은 2013년 교학사 교과서 파동 이후 강력한 반대로 논의조차 되지 않던 역사교과서의 국정화를 2015년 8월부터 다시 추진하기 시작했다. 『한겨레』는 '역사교과서 국정화는 북한 흉내내기다'라는 사설에서 "친일파가 누구인지, 초대 대통령을 어떻게 평가할지도 집권세력이 마음대로 할 문제가 아니다"라고 하며 "국정교과서를 강행함으로써 민주주의 제도를 훼손하고 독재시대로 회귀하는 역사적 과오를 저지르지 않기를 바란다"고 했다(『한겨레』, 2015.8.10). 역사교과서의 국정화에 대한 반대는 기본적으로 독재국가에서만 교과서를 국정화한다는 이유 때문이었지만, 나아가서는 국정화를 통해 '친일과 독재를 미화'할 것이라는 염려도 있었기 때문이다. 실제로 가장 큰 쟁점이 되었던 것은 '대한민국 정부 수립' 대신에 '대한민국 수립', '민주주의' 대신에 '자유민주주의'라는 표현을 사용하려는 것이었다. 또한 친일파에 관한 서술 축소에 대한 우려의 목소리도 나왔다.

역사교과서 국정화에 대해서는 보수신문들도 문제가 있다는 인식을 보여주었다. 보수신문들 은 역사교과서의 국정화에는 반대하면서도 기존 야당과 역사학자들의 반대에도 문제가 있다고 주장했다. 『조선일보』는 '역사교과서 국정화, 대통령 설명 아직 부족하다'라는 "좌파 진영은 국정화에 대해 친일과 유신을 미화하려는 것이라는 등의 이유로 반대하고 있다. 좌파단체들은 장외 집회를 예고하고 있고, 야당에서는 예산 및 각종 법안과 연계하겠다는 말도 나오고 있다. 이런 상황에서 대통령이 왜 이런 결정을 하게 되었는지 밝힌 것은 적절했다고 할 수 있다'고 했다(『조선일보』, 2015.10.14). 『동아일보』도 "야권이 비판하고 국민이 걱정하는 문제에 박 대통령이 정면으로 나서 "독재나 친일 미화 교과서는 절대 없을 것"이라고 약속하는 방안도 있을 것이다. 그 전에 기존의 좌편향 교과서에 대한 검정을 강화해 바로잡는 작업부터 착수하는 것이 바른 순서다"라고 주장했다(『동아일보』, 2015.10.19). 『중앙일보』는 '역사교과서를 이념과 정쟁으로 변질시키지 말라'라는 사설에서 다음과 같이 주장했다.

새정치연합은 교과서가 국정화되면 유신시대처럼 친일과 독재를 미화한 국사교과서의 재판이 될 것이라고 주장한다. 그러나 언론의 비판과 시민단체의 감시가 보장된 민주화 시대엔 설득력 없는 논리다. 현행 검인정 교과서들이 대한민국에는 지나치게 엄격하고 북한에는 관대하게 기술함으로써 편향성 논란을 자초한 현실을 직시해야 한다(『중앙일보』, 2015.10.16).

『조선일보』는 '역사교과서를 '이념 전쟁' 수렁에서 구해내야 한다'라

는 사설에서 문재인 대표가 위안부 할머니들의 수요 집회에 참석한 것
을 두고 "문 대표가 이 자리에 간 것은 위안부 할머니들을 이용해 역사
교과서 국정화에 '친일'이라는 색깔을 씌우려는 의도였을 것이다. 이
역시 역사교과서는 뒷전이고 정치적 계산만 한 결과다"라고 하며 "야
당은 아직 집필도 하지 않은 교과서를 놓고 '친일·유신 옹호 교과서'
가 될 것이라고 무책임하게 선동하고 있다"고 비판했다(『조선일보』,
2015.10.16). 『조선일보』는 '정치쇼 하지 말고 교과서 내용으로 논쟁해
야'라는 사설에서 "지금까지 야당은 '국정교과서=친일·독재교과서'라
는 선동적 논리만 펴고 있다. 지금 세상에 친일·독재교과서를 만들
사람도, 그럴 이유도 없다는 것은 야당도 잘 알 것이다"라고 비판했다
(『조선일보』, 2015.10.27). 역사교과서 국정화에는 보수신문 중에 『조선
일보』가 가장 적극적인 입장을 보였다. 이 시기에 교육부 역사교육지
원팀은 역사교과서 국정화를 추진하기 위해 '우호언론'에 기사 및 칼럼
의 게재를 요구했는데, 실제로 『조선일보』에 "교육부가 원고를 작성하
여 제공하면서 기고자를 섭외"해준 칼럼이 게재되었다(역사교과서 국
정화 진상조사위원회, 2018, 48쪽).

　진보신문들의 반박도 이어졌다. 『경향신문』은 '기어코 유일 사관을
강요하려는 박근혜 대통령에게'라는 사설에서 "이(승만–인용자) 대통
령이 3·15부정선거 등 반민주적 행각을 벌이고 친일파 청산을 소홀히
했다고 지적한 것마저 부정적 서술이라고 규정한다면 정말 어이없는
일이다"라고 주장했다(『경향신문』, 2015.10.12). 박근혜 정부가 역사교
과서의 국정화를 계속 추진하던 상황에서 『한겨레』는 '궤변과 비논리
로 일관한 대통령 국회 연설'이라는 제목의 사설에서 다음과 같이 비판
했다.

　박 대통령은 "국정화로 역사 왜곡이나 미화가 있지 않을까 우려하지만, 그런 교과서가 나오는 것은 저부터 좌시하지 않을 것"이라고도 했다. 친일·독재 미화에 대한 우려를 의식한 발언이다. 하지만 믿기 어렵다. 박 대통령은 2008년 5월 뉴라이트 계열 교과서포럼이 제작한 '대안교과서 한국 근·현대사' 출판기념회에서 축사를 했다. "우리 청소년들이 왜곡된 역사 평가를 배우고 있다고 생각하면 전율하지 않을 수 없다. 이 책의 출판은 중요한 의미가 있고, 그 자체로 역사에 기록될 것"이라고 찬사를 보냈다. 이 대안교과서는 식민지 근대화론을 토대로 일제강점기를 기술하고, 박정희 전 대통령의 5·16 쿠데타를 "근대화 혁명의 출발점"으로 미화했다. 당시 축사가 진심이라면, 어제 약속은 거짓이다(『경향신문』, 2015.10.27).

　반대 여론에도 불구하고 박근혜 정부는 2015년 11월 3일에 역사교과서 국정화 고시를 했다. 보수신문들은 역사교과서의 국정화를 현실로 받아들여야 한다는 듯한 논리를 펼치며 야당과 역사학자들에 대한 비판을 강화했다. 『조선일보』는 '이제 역사교과서 시안 보고 판단할 수밖에 없다'라는 사설에서 "대한민국을 친일·독재·분단 세력이 이끌어온 나라처럼 가르치는 교과서로는 자라나는 세대에게 역사교육이 목표로 하는 애국심을 길러줄 수 없다"고 주장했다(『조선일보』, 2015.11.4). 『중앙일보』도 '교과서 국정화가 국정 블랙홀이 돼선 안 된다'라는 사설에서 "우선 정부는 독재·친일을 미화하지 않고 객관적이고 수준 높은 교과서를 만들겠다는 다짐이 실현되도록 제작과정 전반을 공개하고 국민의 동의를 구해야 한다"는 입장을 밝혔다(『중앙일보』, 2015.11.4). 　『동아일보』는 '결국 불붙은 이념전쟁… 문재인은 건국을 어떻게 보는가'라는 사설에서 "문 대표는 담화 첫머리에서 "친일은 친일이고, 독재는 독재"라는 말로 아직 나오지도 않은 국정교과서가 친일과 독재를 미화할 것으로 기정사실화 했다"고 하며 "엄밀히 말하면 이번 교과서 논란의 본질은 친일과 독재가 아니다. 본질은 대한민국 건국을 긍정적으로 평가하는 역사 인식과 대한민국 건국을 부정적으로 평가하는 역사 인식의 충돌이다"라고 주장했다(『동아일보』, 2015.11.5). 이와 같은 역사교과서 국정화는 '국정화를 통한 뉴라이트 역사관의 제도화'라거나 (신은희·장수명, 2016), 보수세력의 '저강도 쿠데타'(이남주, 2015)라는 비판을 듣기도 했다.

박근혜 정부가 역사교과서 국정화를 밀어붙이는 것에 대한 반대 목소리도 더 커졌다. 『한국일보』는 '교과서 국정화 왜 이리 급하게 몰아붙이나'라는 사설에서 "정부는 친일과 독재를 미화하는 교과서는 절대 만들지 않겠다고 밝혔다. 하지만 지금까지 정부의 행태를 보면 신뢰가 가지 않는다"라고 했다(『한국일보』, 2015.11.4). 『경향신문』도 '박근혜·김무성·황우여·황교안·김정배, 똑똑히 기억하겠다'라는 사설에서 "황 총리는 뉴라이트가 만든 교학사 교과서를 소위 '올바른 교과서'로 지목했다. 일제의 쌀 수탈을 쌀 수출로 미화하고 친일 기업가의 활동을 독립운동으로 덧칠한 교과서를 올바르다고 한다면 향후 국정교과서의 방향과 내용을 짐작하기 어렵지 않다"고 지적했다(『경향신문』, 2015.11.4). 『한겨레』도 '황 총리의 궤변에 담긴 국정화의 본질'이라는 사설에서 "정부의 역사교과서 국정화 논리는 모두 궤변에 불과하고 실제 목적은 친일·독재 미화에 있음도 확인됐다"고 비판했다(『한겨레』, 2015.11.4).

2016년 11월 28일에 국정 역사교과서 현장 검토본이 나오면서 다시 신문들 사이에 논전이 벌어졌다. 『한겨레』는 '예상대로 '박정희 미화' 교과서, 즉각 폐기하라'라는 사설에서 "독립운동 관련 대목을 줄였을 뿐만 아니라 '친일파'의 친일 행적 서술을 대폭 줄인 것도 박정희의 친일 행적과 무관하지 않을 것이다"라고 비판했다(『한겨레』, 2016.11.29).

『경향신문』도 '국가의 미래인 학생의 생각을 지배하려는 박정희 교과
서'라는 사설에서 "친일파를 친일 세력으로 완화하고 친일 관련 서술을
줄인 것도 이해가 안 된다"고 비판했다(『경향신문』, 2016.11.29). 『한국
일보』도 '친일·독재 미화 확인된 국정교과서를 왜 고집하나'라는 사설
에서 "항일 독립운동의 의미를 축소하고 친일·독재를 미화할 것이란
우려도 기우가 아니었다"라고 하며 "친일파 기술 부분은 대폭 축소돼
'친일파' 대신 '친일 인사'란 말로 물러났고, 친일파의 행적도 구체적 친
일 행위는 설명하지 않고 뭉뚱그려 기술했다"고 비판했다(『한국일보』,
2016.11.29).

이와 반대로 보수신문들은 현장 검토본을 옹호했다. 『동아일보』는
'좌편향 벗어난 역사교과서... 그래도 국정화는 무리다'라는 사설에서
국정화를 무리하다고 하면서도, "현행 역사교과서 중 상당수는 대한민
국을 친일·분단·독재세력이 이끌어 온 '실패의 역사'처럼 표현하거나
북한의 선전을 무비판적으로 인용해 균형잡힌 역사 인식을 교육하는
데 미흡한 것이 사실이다"라고 하며, 검토본이 "좌편향적 문제를 털어
낸 점도 평가할 만하다"고 주장했다(『동아일보』, 2016.11.29). 『중앙일
보』는 '논란 거센 국정 역사교과서 밀어붙일 일 아니다'라는 사설에서
국정화를 밀어붙이지 말라고 하면서도, 검토본에 "이승만·박정희 독
재와 친일파 행적이 명시"되었다고 변호하기도 했다(『중앙일보』, 2016.
11.29). 『동아일보』와 『중앙일보』는 검토본이 좌편향을 벗어났다고 하
면서도, 문제점도 적지 않기 때문에 국정화는 무리라고 보았지만, 『조
선일보』는 '좌편향 역사교육 바꿀 가능성 보여준 새 역사교과서'라는
사설에서 검토본을 높게 평가하는 주장을 했다.

좌파들은 새로 나올 국정 역사 교과서에 대해 "친일·독재 미화 교과서

가 될 것"이라고 공격해왔다. 그러나 뚜껑을 열어보니 그동안 검정 교과서
들이 깎아내렸던 우리 현대사의 긍정적 부분을 강조하고 그 그늘에 대해
서도 비중 있게 서술하려 한 노력이 눈에 띈다. 개방 사회의 장점을 살려
시장경제를 발전시키고 그 결과 형성된 중산층의 시민의식이 민주화를 진
전시켰다는 것이 검토본이 서술하는 현대사의 뼈대다. 정부가 1년 전 역
사 교과서 국정화를 추진한 것은 기존 검정 교과서들의 좌(左)편향을 더
이상 두고 볼 수 없다는 여론 때문이었다(『조선일보』, 2016.11.29).

　　2017년 1월 31일에 국정 역사교과서 최종본을 공개하자 또 다시 신
문들 사이에 논전이 벌어졌다. 『한겨레』는 '수정 시늉에만 그친 박근혜
교과서'라는 사설에서 교육부가 수정했다고 하지만 "시늉에 그쳤을 뿐
박정희 미화, 친일파 축소 등 근본 문제는 그대로였다. '밀실' 집필과
'꼼수' 수정으로 밀어붙인 '편향' 교과서가 국민에게서 버림받고 폐기될
운명에 처한 것은 당연한 결과다"라고 비판했다(『한겨레』, 2017.2.1).
『경향신문』도 '국회는 국정화 금지 추진하는데 최종본 내고 맞서는 정
부'라는 사설에서 "교육부가 공개한 국정 역사교과서 최종본은 친일·
독재를 미화해 '함량 미달의 부실 교과서'로 판정받은 현장검토본의 틀
에서 벗어나지 않았다"고 주장했다(『경향신문』, 2017.2.1). 『세계일보』조
차도 '교과서 파동… 어떻게 역사 가르칠지 고민해야'라는 사설에서 "어
제 공개된 국정 역사교과서 최종본은 친일파의 친일 행위와 일본군 위
안부 등에 관한 서술을 강화했지만 반대 여론은 여전하다"고 했다(『세
계일보』, 2017.2.1).
　　반면에 『중앙일보』는 '역사교과서, 콘텐트로 경쟁하고 학교에 선택
권을'이라는 사설에서 "지난 해 11월 검토본 당시 지적됐던 친일파와
위안부 기술을 강화"했다고 하며, 이제 학교에 "선택권을 보장해주는
대책이 절실하다"고 주장했다(『중앙일보』, 2017.2.1). 교육부가 국정교

과서와 검정교과서를 모두 허용하고 선택하도록 했으니 이제는 학교의 선택에 맡기자는 것이었다. 『동아일보』도 '대한민국 수립 지킨 국정교과서 최종본, 자율채택에 맡겨야'라는 사설에서 "비록 태생적 한계는 분명하나 국정교과서는 좌편향 역사교육을 바꿀 수 있다는 점에서 일선 학교들의 평가를 받았다"고 하며 "교과서 선택을 학교의 몫으로 넘겨야 한다"고 주장했다(『동아일보』, 2017.2.1). 『조선일보』도 '국정교과서와 질로 승부할 자신 없으면 도태돼야'라는 사설에서 "친일파 청산의 한계와 새마을운동의 문제점을 분명히 하고 자기들 주장을 받아들여 '대한민국 수립'을 '대한민국 정부 수립'으로 쓰는 것까지 허용하겠다는 게 어떻게 '몇 글자 고친 수준'이라는 것인지 이해할 수 없다"고 비판했다(『조선일보』, 2017.2.1). 보수신문들은 친일파 서술 등에 약간의 수정만 했을 뿐임에도 이를 강조하고 이제는 학교의 선택에 맡기자고 주장하며 친일파 논의를 회피하려고 했다. 2017년 5월에 문재인 정권이 출범하면서 국정교과서는 배포와 동시에 폐지되었지만, "그 교과서에 담겼던 역사인식이나 역사상은 여전히 건재"하다는 것이 큰 문제였다(지수걸, 2018, 67쪽).

5. 친일파 청산 논쟁과 친일 정당화의 논리

2000년대 이후 친일파 청산 움직임이 활발해지자 각 계기마다 신문들 사이의 갈등과 대립이 벌어졌다. 친일파 청산을 주장하는 신문들과 친일파 청산을 비판하는 신문들이 중요한 계기마다 논조의 대립을 보였다. 과거에는 친일파 청산을 위한 움직임이 별로 없었기 때문에 친일파 문제를 중심으로 논쟁이 크게 벌어지지 않았지만 2000년대 이후

시민사회뿐만 아니라 국회에서도 다양한 활동이 나타나면서 신문들이
사설로 자신의 입장을 밝히며 논쟁을 벌였다. 2000년대에는 『친일인명
사전』 발간이나 반민족규명위의 활동처럼 친일파 청산을 위한 활동들
로 논쟁이 벌어졌다면, 2010년대에는 친일을 정당화하려는 교학사 교
과서나 역사교과서 국정화를 둘러싸고 논전이 벌어졌다. 1990년대 말
이후 '언론전쟁'이라고 할 정도로 심각해졌던 신문 간 대립이(강명구,
2004) 2000년대 이후 친일파 문제 등 과거사 청산을 두고 벌어진 '역사
전쟁'의 영역으로까지 확대되었던 것이다(김정인, 2016).

　『한겨레』, 『경향신문』, 『서울신문』 등이 친일파 청산을 지지하는 논
조를 보였다면, 『조선일보』, 『중앙일보』, 『동아일보』 등은 줄곧 친일파
청산을 반대하고 비판하는 논조를 보였다. 세 신문은 단순히 보수라서
가 아니라 방응모, 홍진기, 김성수 등의 전 사주가 친일파로 『친일인명
사전』이나 『친일반민족행위진상규명보고서』에 이름이 실렸기 때문이
었다. 『한국일보』, 『국민일보』, 『세계일보』, 『문화일보』의 논조는 사안
에 따라 비교적 유동적인 경향을 보였지만, 『한국일보』가 친일파 청산
을 지지하는 경우가 많았다면, 『문화일보』는 친일파 청산을 비판하는
쪽에 가까웠다. 과거에 한국 신문보도의 이념적 차이가 주로 경제적
가치 배분, 사회적 가치 문제, 정치 이념의 문제 등에서 나타났다면(최
현주, 2010), 친일파 청산 움직임이 활발해지면서 친일 문제를 둘러싸
고도 신문의 이념적 차이가 명확하게 드러났다.

　보수신문들이 친일파 청산을 비판하며 내세우는 논리는 전혀 새로
운 것이 아니었다. 친일청산 주장의 내용에 대해서는 '전민족공범론 ·
공과론 · 인재론 · 희생론 · 생계론' 등으로 반론을 펼쳤고, 친일청산 주
장의 주체에 대해서는 '용공색깔론 · 자격론 · 정치적 음모론' 등으로 비
판했다(조세열, 2010, 288~289쪽). 과거에 침묵하거나 소극적 대응만 하

던 보수신문이 친일파 청산 움직임이 일어나자 적극적으로 대응에 나서면서 과거와는 다른 모습을 보여주기도 했다. 특히 보수신문들은 친일 문제에 대해 변명하거나 회피하는 것을 넘어서서 '건국절' 제정처럼 친일을 정당화할 수 있는 논리로까지 나아갔다.

3·1운동 100주년이 지난 지 얼마 안 된 시기인 2019년 3월 14일에 나경원 자유한국당 원내대표가 반민특위로 인해 국민이 분열됐다고 주장해 비판을 받았다. 국가보훈처의 '친일 독립유공자 가려내기' 작업을 비판하는 과정에서 나온 발언이었다. 그러나 다음 날 중앙종합일간지 10개사 중에 이를 보도한 신문은 『경향신문』, 『서울신문』, 『한겨레』, 『한국일보』 등 네 신문뿐이었다. 보수 신문인 『조선일보』, 『중앙일보』, 『동아일보』는 물론이고 『국민일보』, 『세계일보』, 석간인 『문화일보』도 전혀 보도하지 않았다(『미디어오늘』, 2019.3.15). 나경원 자유한국당 원내대표에 대한 거센 비판 속에 보수신문들은 대체로 침묵을 지켰다.

『반일종족주의』에 관한 보도는 보수신문의 친일 문제에 대한 태도를 가늠할 수 있는 시금석이었다. 『반일종족주의』 발간 후 한동안 이 책에 관한 중앙일간지의 보도가 없었던 것은, 이 책들의 주장이 기존의 상식과 가치에 반한다고 보았기 때문일 것이다. 『조선일보』는 이선민 선임기자의 '종족적 민족주의를 넘어 시민적 민족주의로'라는 칼럼을 실었는데, 『반일종족주의』에 대해 일부 문제점을 지적하면서도 '역사적 퇴행성을 폭로'하는 '야심찬 기획'이라고 추켜세웠다(『조선일보』, 2019.7.31). 『동아일보』는 김순덕 대기자의 '조국의 반일종족주의'라는 칼럼을 실었고(『동아일보』, 2019.8.13), 『중앙일보』는 이현상 논설위원의 '반일종족주의를 위한 변론'이라는 칼럼을 게재했는데(『중앙일보』, 2019.8.16), 두 글은 조심스럽게 접근하긴 했지만 결국 책을 변호하는 내용을 담았다. 『중앙일보』에 실린 송호근 포스텍 교수의 칼럼 '한국사학자카이텐'은 『반일종족주의』에 대해 "무모하고 섬뜩했다"고 비판했는데, 보수신문으로서는 이례적이었다(『중앙일보』, 2019.8.19). 『반일종족주의』에 대해 보수신문들은 사설로 잘 다루진 않았지만, 칼럼을 통해 변호하거나 기사를 통해 사실상 그 입장을 대변해 주었다. 보수신문들은 『반일종족주의』에 대해 비판이 쏟아지는 현실에서도 침묵하지는 않았다는 점에서 '나경원의 반민특위 국민 분열' 발언 때와는 다른 모습을 보였다.

과거에 거의 모든 국민이 친일파 청산을 당연한 것으로 생각하던 것과는 달리 이제 친일파를 옹호하고 식민지지배를 미화하는 사람들까지 나오기 시작했다. 친일파 청산 주장과 이에 대한 변명이 대립하는 것이 아니라 아예 친일에 대한 비판과 옹호가 논쟁하는 구도가 만들어지기도 했다. 할린(Hallin, 1986)의 표현을 빌려 설명하자면, 친일을 정당화하는 것이 '일탈의 영역'에서 '논쟁의 영역'으로까지 변화하고 있다. 이런 변화는, 친일 문제가 정치적 대립에 휩쓸리면서 나타난 현상이라고 치부할 수도 있겠지만, 본질적으로는 친일파에 대한 역사적 청산의 실패가 가져온 결과라고 보는 것이 타당할 것이다. 또한 이런 변화에는 친일 혐의로부터 자유롭지 못한 보수신문의 보도는 물론 종합편성채널이나 일부 유튜버의 활동도 영향을 주었다. 특히 보수신문 사주들의 친일 행위가 공인되고 서훈까지 박탈당한 것이 준 충격도 작용했을 것이다. 일본의 역사 왜곡이 계속되고 있음에도 일부 언론이 식민지지배를 미화하고 친일 행위를 옹호하고 있는 현실에서 친일 언론에 대한 역사적 청산은 아직도 절실한 과제이다.

참고문헌

1. 저서

강동진(1980). 『일제의 한국침략정책사』. 서울: 한길사.

강동진(1987). 『일본 언론계와 조선(1910-1945쪽)』. 서울: 지식산업사.

강옥희·이순진·이승희·이영미(2006). 『식민지시대 대중예술인 사전』. 서울: 도서출판 소도.

강준만(1999). 『조선일보 공화국』. 서울: 인물과 사상사.

강창일(2002). 『근대 일본의 조선 침략과 대아시아주의』. 서울: 역사비평사.

계초전기간행회(1980). 『계초 방응모전』. 서울: 조선일보사.

계훈모 편(1979). 『한국언론연표』. 서울: 관훈클럽신영연구기금.

고명식 외(1987). 『대기자 홍박』. 서울: 세문사.

고영민(1987). 『해방정국의 증언』. 서울: 사계절.

곽복산(1955). 『신문학 개론』. 서울: 서울신문학원 출판부.

광복회(2002). 『친일반민족행위자 명단』. 서울: 도서출판 우삼.

국사편찬위원회(1972). 『고종시대사』 6. 서울: 탐구당.

국사편찬위원회(1999). 『통감부문서』 1-10. 과천: 국사편찬위원회.

김규환(1959/1978). 『일제의 대한(對韓) 언론·선전 정책』. 서울: 이우출판사.

김근수(1980). 『한국잡지사』. 서울: 청록출판사.

김기진(1988). 『김팔봉 문학전집』 Ⅱ. 서울: 문학과 지성사.

김달수(1988). 『태백산맥』 상. 서울: 도서출판 연구사.

김동명(2006). 『지배와 저항, 그리고 협력』. 서울: 경인문화사.

김동선(2014). 『미군정기 『서울신문』의 정치성향 연구』. 서울: 도서출판 선인.

김동현 외(2020). 『조선·동아 100년을 말한다』. 서울: 재단법인 자유언론실천
재단.

김민철(2006). 『기억을 둘러싼 투쟁』. 서울: 아세아문화사.

김민환(2001). 『미군정기 신문의 사회사상』, 서울: 나남출판.

김상태 편역(2001). 『윤치호 일기』. 서울: 역사비평사.

김상태 편역(2013). 『물 수 없다면 짖지도 마라』. 서울: 산처럼.

김성호(1997). 『한국방송인물지리지』. 서울: 나남출판.

김성호(2013). 『한국 아나운서 통사』. 서울: 나남출판.

김영희(2009). 『한국사회의 미디어 출현과 수용: 1880-1980』. 서울: 커뮤니케이
션북스.

김용진·박중석·심인보(2018). 『친일과 망각』 개정증보판. 서울: 다람.

김을한(1956). 『인생잡기』. 서울: 일조각.

김을한(1960). 『사건과 기자』. 서울: 신태양.

김을한(1971). 『신문야화』. 서울: 일조각.

김을한(1975). 『한국신문사화』. 서울: 탐구당.

김재용(2004). 『협력과 저항』. 서울: 소명출판.

김정인(2009). 『천도교 근대 민족운동 연구』. 서울: 한울.

김정인(2016). 『역사전쟁 ─ 과거를 해석하는 싸움』. 서울: 책세상.

김종준(2010). 『일진회의 문명화론과 친일활동』. 서울: 신구문화사.

김중순(1996). 『문화 민족주의자』. 서울: 일조각.

김학민·정운현 편(1993). 『친일파 죄상기』. 서울: 학민사.

다지리 히로유끼(2006). 『이인직 연구』. 서울: 국학연구원.

동아일보사(1975). 『동아일보사사』 권1. 서울: 동아일보사.

동아일보사(1985). 『인촌 김성수의 사상과 일화』. 서울: 동아일보사.

동아일보사(2000). 『민족과 더불어 80년 ─ 동아일보 1920-2000』. 서울: 동아일보사.

동아자유언론수호투쟁위원회(2005). 『자유언론: 1975~2005 동아투위 30년 발자
취』. 서울: 해담솔.

문영희·김종철·김광원·강기석(2014a). 『동아일보 대해부』 1. 서울: (사)안중근

평화연구원.

문영희·김종철·김광원·강기석(2014b). 『조선일보 대해부』 1. 서울: (사)안중근 평화연구원.

민족문제연구소(2004). 『일제협력단체사전-국내 중앙편』. 서울: 민족문제연구소.

민족문제연구소(2009). 『친일인명사전』 1·2·3. 서울: 민족문제연구소.

박성환(1953). 『신문과 기자』. 서울: 희망사.

박용규(2015a). 『식민지 시기 언론과 언론인』, 서울: 소명출판.

박용규(2015b). 『한국의 언론인, 정체성을 묻다』. 서울: 논장.

박용규·김영희·장신·우형진(2008). 『우리나라 신문의 뉴스콘텐츠 디지털화 현황과 그 활용방안에 관한 연구』 (조사연구보고서 2008-3). 서울: 신문발전위원회.

박용규·채백·윤상길(2019). 『3·1운동과 항일지하신문』. 서울: 한국언론진흥재단.

박찬승(1992). 『한국 근대 정치사상사 연구』. 서울: 역사비평사.

박찬승(2010). 『민족·민족주의』. 서울: 소화.

반민족문제연구소(1993). 『친일파 99인』 1·2·3. 서울: 돌베개.

반민족문제연구소(1994). 『청산하지 못한 역사』 1·2·3. 서울: 도서출판 청년사.

백두산(2013). 『윤백남 선집』. 서울: 현대문학.

백 철(1976). 『속 진리와 현실』. 서울: 박영사.

변은진(2013). 『파시즘적 근대체험과 조선 민중의 현실인식』. 서울: 도서출판 선인.

서영희(2003). 『대한제국 정치사 연구』. 서울: 서울대학교 출판부.

서중석(2004). 『배반당한 한국민족주의』. 서울: 성균관대학교 출판부.

성준덕(1955). 『한국신문사』. 서울: 신문학회.

송건호(1990). 『한국현대언론사』. 서울: 삼민사.

순성추모문집 발간위원회 편(1975). 『순성 진학문 추모문집』.

신용하(2004). 『한말 애국계몽운동의 사회사』 서울: 나남출판.

심용환(2015). 『역사전쟁-권력은 왜 역사를 장악하려 하는가?』. 서울: 생각정원.

심원섭(2017). 『아베 미쓰이에(阿部充家)와 조선』. 서울: 소명출판.

심지연(1986). 『해방정국 논쟁사』 Ⅰ. 서울: 도서출판 한울.

안병훈(2017). 『안병훈 회고록-그래도 나는 또 꿈을 꾼다』. 서울: 기파랑.

안종화(1962). 『한국영화측면비사』. 서울: 춘추각.

역사교과서 국정화 진상조사위원회(2018). 『역사교과서 국정화 진상조사 백서』.

오소백(1954). 『신문기자가 되려면』 증보판. 서울: 세문사.

우승규(1956). 『신문독본』. 서울: 한국일보사.

우승규(1978a). 『나절로 만필』. 서울: 탐구당.

유광렬(1969). 『기자 반세기』. 서울: 서문당.

유민영(2006). 『한국 인물연극사』 1. 서울: 태학사.

유병은(1991). 『단파방송 연락운동』. 서울: KBS 문화사업단.

유병은(1998). 『초창기 방송시대의 방송야사』. 서울: KBS 문화사업단.

윤병석(2004). 『3·1 운동사』 증보판. 서울: 국학자료원.

이강수(2003). 『반민특위 연구』. 서울: 나남출판.

이덕근(1986). 『산있고 물있고』. 서울: 호서문화사.

이동욱(1996). 『계초 방응모』. 서울: 방일영 문화재단.

이범경(1994). 『한국방송사』. 서울: 범우사.

이 연(2013). 『일제강점기 조선언론통제사』. 서울: 박영사.

이인섭(1911). 『원한국일진회역사』 권 3-7. 서울: 문명사.

이중연(2003). 『황국신민의 시대』. 서울: 혜안.

이진원(2004). 『이혜구』. 서울: 한국문화예술진흥원.

이해창(1971). 『한국신문사연구』. 서울: 성문각.

이혜구(1970). 『만당 문채록』, 서울: 사단법인 한국국악학회.

이혜구(2007). 『만당 음악편력』. 서울: 민속원.

인촌기념회(1976). 『인촌 김성수전』. 서울: 인촌기념회.

인촌기념회(1991). 『평전 인촌 김성수－조국과 겨레에 바친 일생』. 서울: 동아
     일보사.

임종국(1966). 『친일문학론』. 서울: 평화출판사.

임종국(1982). 『일제 침략과 친일파』. 서울: 청사.

임종국(1991). 『실록 친일파』. 서울: 돌베개.

임성욱(2019). 『조선정판사 위조지폐 사건 연구』. 서울: 신서원.

장 신(2021). 『조선·동아일보의 탄생』. 고양: 역사비평사.

장영민(2020). 『한국 방송의 성장과 미국의 대한 선전』. 서울: 도서출판 선인.

전명혁(2006). 『1920년대 한국사회주의운동연구』. 서울: 도서출판 선인.

정교·김우철 역(2004). 『대한계년사』 권9. 서울: 소명출판.

정운현 편(2009). 『풀어서 본 반민특위 재판기록』 Ⅲ. 서울: 선인.

정운현(2011). 『친일파는 살아 있다』. 서울: 책보세.

조영수(2004). 『따로 또 같이－조선일보 친일 반민족 행위에 대한 민간법정』. 서울: 우리신학연구소.

조용만(1985). 『울 밑에 핀 봉선화야』. 서울: 범양사출판부.

조용만(1986). 『세월의 너울을 벗고』. 서울: 교문사.

정주수(2003). 『창씨개명연구』. 서울: 동문.

정진석(1975). 『일제하 한국언론투쟁사』. 서울: 정음사.

정진석(1990). 『한국언론사』. 서울: 나남.

정진석(1995). 『인물 한국언론사』. 서울: 나남출판.

정진석(2005). 『언론조선총독부』. 서울: 커뮤니케이션북스.

정진석(2012). 『전쟁기의 언론과 문학』. 서울: 소명출판.

조선일보 반민족·반통일 행위에 대한 민간법정 추진위원회(2002). 『조선일보 반민족·반통일 행위에 대한 민간법정 백서』. 서울: 인물과 사상사.

조선일보 사사편찬위원회(1970). 『조선일보 50년사』. 서울: 조선일보사.

조선일보사 60년사 편찬위원회(1980). 『조선일보 60년사』. 서울: 조선일보사.

조선일보사 70년사 편찬위원회(1990). 『조선일보 70년사』 제1권. 서울: 조선일보사.

조선일보사 80년사사 편찬실(2000). 『조선일보 80년사』 상. 서울: 조선일보사.

조선일보사 90년사사 편찬실(2010). 『조선일보 90년사』. 서울: 조선일보사.

조선일보사(2020). 『조선일보 100년사』 상. 서울: 조선일보사.

조선일보허위·왜곡보도대책위원회(1999). 『조선일보를 해부한다』. 서울: 조선일보 허위·왜곡보도대책위원회.

조선자유언론수호투쟁위원회(1993). 『자유언론 내릴 수 없는 깃발: 조선투위 18년 자료집』. 서울: 두레출판사.

주섭일(2005). 『프랑스의 나치 협력자 청산』. 서울: 사회와 연대.

채   백(2008). 『사라진 일장기의 진실』. 서울: 커뮤니케이션북스.

최기영(1991). 『대한제국시기 신문연구』. 서울: 일조각.

최덕교(2004). 『한국잡지백년』 1 · 2 · 3. 서울: 현암사.

최민지(1978). 『일제하 민족언론사론』. 서울: 일월서각.

최병렬(2011). 『보수의 길, 소신의 삶』. 서울: 기파랑.

최수일(2008). 『개벽 연구』. 서울: 소명출판.

최시중(1986). 『인촌 김성수 — 겨레의 길잡이, 시대의 선각자』. 서울: 동아일보사.

최   열(2006). 『조선근대미술의 역사』. 서울: 열화당.

최유리(1997). 『일제 말기 식민지 지배정책연구』, 서울: 국학자료원.

최   준(1960). 『조선신문사』. 서울: 일조각.

최흥조(1952). 『민주국민당의 내막』. 부산: 삼팔사.

친일반민족행위진상규명위원회(2008). 『친일반민족행위관계사료집』 I -XVI. 서울:
        친일반민족행위진상규명위원회.

친일반민족행위진상규명위원회(2009a). 『친일반민족행위진상규명보고서』 I. 서울:
        친일반민족행위진상규명위원회.

친일반민족행위진상규명위원회(2009b). 『친일반민족행위진상규명보고서』 II. 서울:
        친일반민족행위진상규명위원회.

친일반민족행위진상규명위원회(2009c). 『친일반민족행위진상규명보고서』 III. 1~4:
        친일반민족행위연구. 서울: 친일반민족행위진상규명위원회.

친일반민족행위진상규명위원회(2009d). 『친일반민족행위진상규명보고서』 IV. 1~19:
        친일반민족행위연구. 서울: 친일반민족행위진상규명위원회.

친일인명사전 편찬위원회(2009). 『친일인명사전』 1 · 2 · 3. 서울: 민족문제연구소.

한국방송공사(1977). 『한국방송사』. 서울: 한국방송공사.

한국방송공사(1987). 『한국방송 60년사』. 서울: 한국방송공사.

한국방송공사(1997). 『한국방송 70년사』. 서울: 한국방송공사.

한명근(2002). 『한말 한일합방론 연구』. 서울: 국학자료원.

한윤형(2010). 『안티조선운동사』. 서울: 텍스트.

허   종(2003). 『반민특위의 조직과 활동』. 서울: 도서출판 선인.

황민호(2005). 『일제하 식민지 지배권력과 언론의 경향』. 서울: 경인문화사.

황 현·이장희 역(2008). 『매천야록』하. 서울: 명문당.

京城鐘路警察署(1938). 「朝鮮日報社ノ非國民的行爲」.

國民協會本部(1921). 『國民協會史』第一.

國民協會宣傳部(1931). 『國民協會運動史』.

宮田節子(1985). 『朝鮮民衆と皇民化政策』. 이형랑 역(1997). 『조선민중과 황민화
    정책』. 서울: 일조각.

德富蘇峰(1982). 『日本人の自傳 5. 蘇峰自傳』. 東京: 平凡社.

細井肇(1910). 『現代漢城の風雲と名士』. 京城: 日韓西房.

松田利彦(1995)·김인덕 역(2004). 『일제 시기 참정권 문제와 조선인』. 서울: 국
    학자료원.

日本放送協會, 『ラジオ年鑑』각 연도판.

朝鮮放送協會, 『朝鮮放送協會事業報告書』1932년판, 1935년판, 1936년판, 1937년
    판.

朝鮮總督府, 『朝鮮總督府統計年報』각 연도판.

津川 泉(1993/1999). 『JODK, 사라진 호출부호』. 서울: 커뮤니케이션북스.

黑龍會(1966). 『日韓合邦秘史』上·下. 東京: 株式會社 原書房.

Bell, A. & Garrett, P.(1998), *Approaches to Media Discourse*, 백선기 역(2004), 『미
    디어 담론』, 서울: 커뮤니케이션북스.

Hallin, D.(1986). *The Uncensored War: The Media and Vietnam*. New York:
    Oxford University Press.

Robinson, M.(1988), *Cultural Nationalism in Colonial Korea*, 1920~25, 김민환 역
    (1990), 『일제하 문화적 민족주의』, 서울: 나남.

2. 논문 및 잡지 기사

간당학인(1923). 「매일신보는 어떠한가?」. 『개벽』, 1923년 7월호, 52~55.

강명구(2004). 「한국 언론의 구조 변동과 언론전쟁」. 『한국언론학보』 48권 5호, 319~348.

강명숙(2001). 「1920년대 초반 동아일보에 나타난 자치에 관한 인식」. 『역사와 현실』 41호, 281~313.

강성현(2016). 「21세기 '친일 담론' 전개의 맥락과 성격에 대한 역사적 고찰」. 강원대학교 대학원 석사학위논문.

강영수(1948a). 「해방 이후 남조선 신문인 동태」. 『신문기자수첩』(앵2~6쪽). 서울: 모던출판사.

강영수(1948b). 「해방직후 신문계 생태」. 『신문기자수첩』(앵7~16쪽). 서울: 모던출판사.

강영수(1976). 「반 트럭 타고 임상시찰이 큰 나들이」. 『신문평론』 1976년 8월호. 한국신문연구소 편(1978). 『언론비화 50편』(421~436쪽). 서울: 한국신문연구소.

강현두(1983). 「한국방송사에 관한 일고」. 『방송연구』 1983년 가을호, 129~137.

강혜경(2011). 「일제말기 조선방송협회를 통해 살펴 본 방송통제」. 『한국민족운동사연구』 69권, 305~344.

곽 근(1996). 「윤백남의 삶과 소설」. 『동악어문논집』 32집, 403~427.

권태철(1996). 「일제하 한국 방송의 전개 과정과 성격에 관한 연구」. 서울대학교 대학원 석사학위논문.

김기진(1975). 「'기자물' 안 들려고 애쓴 18년」. 『신문평론』 1975년 5월호. 한국신문연구소 편(1978). 『언론비화 50편』(209~223쪽). 서울: 한국신문연구소.

김기진(1976). 「인물론-횡보 염상섭」. 『신문평론』 1976년 7월호. 한국신문연구소(1981). 『한국언론인물지』(358~367쪽). 서울: 한국신문연구소.

김도형(1992). 「일제 침략 초기의(1905-1919) 친일 세력의 정치론 연구」. 『계명사학』 3집, 1~63.

김동민(1999). 「역사가 말하는 조선일보의 진실」. 『조선일보를 아십니까』(65~90쪽). 서울: 개마고원.

김동인(1935). 「상구고독(媰嫗孤獨) 현 민간신문」. 『개벽』 1935년 3월호, 36~43.

김민철(2010). 「지연된 정의 : 두 개의 보고서」. 『황해문화』 2010년 가을호, 90~117.

김민환(1993). 「일제시대 언론사의 시기구분」. 『언론과 사회』 제1호, 56~60.

김성경(2004). 「인종적 타자의식의 그늘」. 『민족문학사 연구』 124호, 126~158.

김성호(2006). 「경성방송의 성장 과정에 관한 연구」, 광운대학교 대학원 박사학위논문.

김소운(1973). 「월치 사건과 "조선엔 처녀가 없다" 문제화」. 『신문평론』 1973년 11월호. 한국신문연구소 편(1978). 『언론비화 50편』(61~75쪽). 서울: 한국신문연구소.

김승구(2009). 「중일전쟁기 김용제의 내선일체 문화운동」. 『한국민족문화』 34집, 57~89.

김승태(2000). 「1930년대 일제의 기독교계 학교에 대한 신사참배 강요와 폐교 전말」. 『한국근현대사연구』 14집, 71~90.

김승환(2004). 「친일문학의 자발성에 대하여. 『실천문학』 74권, 420~436.

김언호(2019). 「나의 『해방 전후사의 인식』 만들기, 역사정신 체험하기」. 『반민특위의 역사적 의미를 다시 묻는다』(225~261쪽). 파주: 한길사.

김용제(1978). 「고백적 친일문학론」. 『한국문학』 1978년 8월호, 252~281.

김우룡(1989). 「한국방송사의 재조명」. 『현대사회와 커뮤니케이션이론』(399~428쪽). 서울: 나남.

김우송(1948). 「정치적 도구로서의 친일파 지위」. 『세계일보』 1948.9.10, http://db.history.go.kr/item/level.do?levelId=dh_008_1948_09_10_0020

김원주(2000). 「어머니의 수기」. 성혜랑 편. 『등나무집』(11~98쪽). 서울: 지식나라.

김유원(1986). 「민족지 논쟁에 대한 비판적 고찰 – 조선·동아의 민족지 주장을 중심으로」. 『청암 송건호선생 화갑기념논문집』(389~408쪽). 서울: 두레.

김윤희(2009). 「동양담론 그리고 주권 – 정부 – 인민 관계의 균열과 전복 – '정합방' 청원에 대한 찬반논쟁을 중심으로」. 『대동문화연구』 제68집, 333~364.

김윤희(2013). 「대한제국 언론매체의 정치기획과 안중근」. 『아시아문화연구』

제32집, 69~97.

김을한(1950). 「현재 쩌나리즘 비판－신문인의 분기를 촉함」. 『신경향』 1950년 3월호, 31~33.

김을한(1973). 「일제의 남면북양·산금정책의 내막」. 『신문평론』 1973년 5월호. 한국신문연구소(1978). 『언론비화 50편』(19~34쪽). 서울: 한국신문연구소.

김재영(2010). 「『대한민보』의 문체 상황과 독자층에 대한 연구」. 『현대문학의 연구』 제40호, 265~308.

김재용(2002a). 「친일문학의 성격 규명을 위한 시론」. 『실천문학』 65권, 160~185.

김재용(2002b). 「전도된 오리엔탈리즘으로서의 친일문학」. 『실천문학』 66권, 51~76.

김재용(2003). 「멸사봉공으로서의 친일파시즘 문학」. 『실천문학』 69권, 394~412.

김종철(2013). 「언제까지 박정희와 함께 살아야 하나」. 『1975 유신독재에 도전한 언론인들 이야기』(342~359쪽). 서울: 인카운터.

김진두(1995). 「1910년대 매일신보의 성격에 관한 연구」. 중앙대 대학원 박사학위논문.

김진섭(1992). 「요천 고영한」. 『한국언론인물사화』 8·15전편(하)(126~131쪽). 서울: 사단법인 대한언론인회.

김형균(1976). 「'민족반역자' 돈과 바꾸려던 모 재벌」. 『신문과 방송』 1976년 7월호. 한국신문연구소 편(1978). 『언론비화 50편』(403~420쪽). 서울: 한국신문연구소.

김형섭(2008). 『국민문학』의 서지 및 성격 고찰. 『일어일문학』 39집, 157~176.

남상일(1975). 「고종 승하 때 덕수궁 출입기자」. 『신문과 방송』 1975년 6월호. 한국신문연구소 편(1978). 『언론비화 50편』(225~239쪽). 서울: 한국신문연구소.

노용무(2002). 「친일시와 식민담론. 『국어교육』 109호, 445~469.

노정팔(1986). 「일제하의 방송」. 『방송연구』 1986년 겨울호, 31~43.

다지리 히로유끼(1996). 「국민신보에 게재된 소설과 연극기사에 관한 연구」. 『민족문화 연구』 제29호, 83~115.

단 경(1946). 「신문계도 진보적 노선으로」. 『춘추』 1946년 2월호, 72~76.

대한민국국회사무처(1988). 제144회 국회 문교공보위원회회의록 제16호(1988.12.14).

동전생(1946). 「동아일보」. 『신천지』 1946년 5월호, 74~75.

류보선(2003). 「친일문학의 역사철학적 맥락」. 『한국 근대문학 연구』 7호, 8~40.

류종렬(2013). 「이주홍의 일제 말기 일문 작품 연구」 1. 『한국문학논총』 제65집, 477~512.

류종렬(2014). 「이주홍의 일제 말기 일문 작품 연구」 2. 『한중인문학연구』 제44집, 179~205.

류종렬(2015). 「이주홍의 일제 말기 일문 만화 연구」. 『한중인문학연구』 제48집, 127~151.

류종렬(2016). 「일제 말기 이주홍의 만문만화 연구(1) －『家政の友』와 『半島の友』 을 중심으로」. 『한국문학논총』 제74집, 393~428.

만담자(1932). 「조선의 신문들을 도마에 올려놓고」. 『제일선』 1932년 9월호, 62~66.

목춘산인(1927). 「평림의 평림, 신문의 신문(기(其) 1)」. 『신민』 1927년 6월호, 38~44.

무명거사(1931). 「조선신문계 종횡담」. 『동광』 1931년 12월호, 76~80.

문연경·최혜실(2008). 「일제 말기 김영팔의 만주 활동과 연극 『김동한』의 협화 적 기획」. 『민족문화사 연구』 38권, 305~337.

문영주(2007). 「일제 말기 관변잡지 『家庭の友』(1936.12~1941.3)와 ‘새로운 부인’」. 『역사문제 연구』 17집, 179~202.

문일웅(2020). 「구마모토 국권당(熊本國權黨)의 『한성신보』 창간과 그 의도」. 『역 사문제연구』 44집, 173~212.

박광현(2008). 「검열관 니시무라 신타로(서촌진태랑)와 조선어문」. 『흔들리는 언 어들』(385~411쪽). 서울: 성균관대학교 대동문화연구원.

박기성(1991). 「한국방송사」. 방송문화진흥회 편, 『한국방송총람』(15~527쪽). 서 울: 나남.

박선영(2011). 「이인직의 사회철학과 ‘친일’의 함의」. 『사회와 역사』 제89호, 193~231.

박수연(2003). 「내재성 부재의 주체와 문학적 종착지」. 『친일문학의 내적 논리』 (51~83쪽), 서울: 역락.

박수현(2006). 「전시파시즘기(1937-1945) 조선 지식인의 체제협력 양상과 논리－

신문·잡지의 친일 글을 중심으로」.『한국민족운동사연구』46집, 159~198.

박수현(2011).「한국 민주화와 친일청산 문제」.『기억과 전망』24호, 130~166.

박순애(2005).「조선총독부의 라디오 정책」.『한중인문학연구』15권, 263~282.

박용규(1988).「미군정기 한국 언론구조의 형성과정에 관한 연구」. 서울대학교 대학원 석사학위논문.

박용규(1994).「일제하 민간지 기자 집단의 사회적 특성의 변화과정에 관한 연구」. 서울대학교 대학원 박사학위논문.

박용규(1995).「언론과 일제 잔재 청산―3·1절, 광복절 사설 분석을 중심으로」,『신문과 방송』1995년 8월호, 42~46.

박용규(1998).「구한말 일본의 침략적 언론활동」.『한국언론학보』43권 1호, 149~183.

박용규(2000).「한국 초기 방송의 국영화 과정에 관한 연구」.『한국언론학보』44권 2호, 93~123.

박용규(2001).「일제 말기(1937-1945)의 언론통제 정책과 언론구조 변동」.『한국언론학보』46권 1호, 194~228.

박용규(2007).「미군정기 언론인 단체들의 특성과 활동」.『한국언론학보』51권 6호, 135~162.

박용규(2010).「일제하 라디오방송의 음악프로그램에 관한 연구」.『언론정보연구』47권 2호, 134~172.

박용규(2017).「문인기자 박팔양의 생애와 언론 활동」.『한국언론학보』61권 6호, 87~116.

박용규(2018).「1920년 조선어 민간신문 창간의 배경과 과정」.『한국언론학보』62권 5호, 107~135.

박용규(2019).「3·1운동기 항일지하신문의 친일파 비판」.『언론정보연구』56권 4호, 240~281.

박윤진(2007).「대일본부인회 조선본부의 결성과 활동(1942-1945)」.『한국문화연구』13집, 185~221.

박인식(2006).「일제하 3대 민간지인 시사신문 허가일 재규명: 1919년 12월호 알려진 것보다 한 달 앞서」.『신문과 방송』2006년 3월호, 44~47.

박종린(2008). 「『공영』을 통해 본 대동동지회의 활동과 친일 논리」. 『역사와 현실』 69호, 75~102.

박철규(2002). 「미군정기 부산지역 정치사회단체의 조직과 활동에 관한 연구」. 동아대학교 대학원 박사학위논문.

박한용(2011). 「수구세력과 이명박 정부의 역사 범죄의 재구성」. 『내일을 여는 역사』 45집, 15~47.

박헌호(2005). 「1920년대 전반기 『매일신보』의 반-사회주의 담론 연구」. 『한국문학연구』 29권, 35~78.

박 환(2009). 「일제강점기 한글신문의 변모양상 – 친일과 민족」. 『한국민족운동사연구』 58집, 153~204.

방학진(2005). 「친일인명사전 수록 예정자 발표와 언론보도」. 『신문과 방송』 2005년 10월호, 60~63.

백두산(2013). 「윤백남과 식민지 조선의 대중문화 기획」. 『윤백남 선집』(461~471쪽). 서울: 현대문학.

백운선(1948). 「사진반 기자 눈물의 기록」. 『신문기자수첩』(매3~9). 서울: 모던출판사.

백 철(1976). 「일본의 이중 얼굴과 보호색의 대결」. 『신문평론』 1976년 3월호. 한국신문연구소 편(1978). 『언론비화 50편』(349~364쪽). 서울: 한국신문연구소.

서영희(2008). 「『국민신보』를 통해 본 일진회의 합방론과 합방정국의 동향」. 『역사와 현실』 69호, 19~45.

서재길(2006). 「JODK 경성방송국의 설립과 초기 연예방송」. 『서울학연구』 27집, 147~173.

서재길(2007). 「한국 근대 방송문예 연구」. 서울대학교 대학원 박사학위논문.

서재길(2011). 「식민지 말기의 매체 환경과 방송 잡지 『방송지우』의 성격」. 『근대서지』 3호, 179~195.

성기석(1979). 「나의 방송시절」(1). 『신문과 방송』 1979년 11월호, 34~43.

성주현(2009). 「1930년대 이후 한글신문의 구조적 변화와 기자들의 동향」. 『한국민족운동사연구』 58호, 153~204.

송건호(1963). 「신문 논설의 변천」. 『민족과 자유와 언론』(161~195쪽). 서울: 일
조각.

송건호(1974). 「한국언론의 어제와 오늘」. 『씨알의 소리』 1974년 4/5월호. 송건
호전집 간행위원회(2002). 『송건호 전집』 8권(117~125쪽), 서울: 한길사.

송영호(1979). 「나의 방송시절」. 『신문과 방송』 1979년 7월호, 70~76.

송지영(1948). 「나의 견습기자 시대 ― 올챙이기자 시절」. 김사림 편, 『신문기자
수첩』(죽14~16). 서울: 모던출판사.

신경석(1980). 「잊을 수 없는 초창기의 방송인들」. 『신문과 방송』, 1980년 9월호,
52~57.

신은희 · 장수명(2016). 「역사 교과서 국정화 과정에 대한 신제도주의적 분석」.
『교육정치학연구』 제23집 제4호, 135~164.

신 철(1923). 「소위 팔방미인주의인 조선일보에 대하야」. 『개벽』 1923년 7월호,
45~49.

심철기(2018). 「1907년 이후 『제국신문』의 성격과 의병 인식」. 『역사와 경계』
107호, 125~165.

아아생(1923). 「조선일보의 정체」. 『개벽』 1923년 7월호, 49~52.

아정생(1947). 「신문인론」. 『신문평론』 2호, 66~68.

안종묵(1997). 「황성신문의 애국계몽운동에 관한 연구」. 한국외국어대학교 대학
원 박사학위논문.

오기영(1947a). 「언론과 정치」. 『신천지』 1947년 1월호, 15~24.

오기영(1947b). 「각계 인사가 말하는 신문에 대한 불평과 희망 ― 사실에 충실하
라」. 『신문평론』 1947년 4월호, 23.

오민석(2018). 「낡은 신화의 베개에서 코를 고는 사람들」. 『중앙일보』, 2018.2.10,
24면.

오승진(2007). 「해방 직후 좌우 언론인의 연대와 분열 ― 『자유신문』을 중심으로」.
서강대학교 대학원 석사학위논문.

오오야 치히로(2006). 「잡지 『내선일체』에 나타난 내선 결혼의 양상 연구」. 연
세대학교 대학원 석사학위논문.

오익환(2019). 「반민특위의 활동과 와해」. 『반민특위의 역사적 의미를 다시 묻

는다』(67~223쪽). 파주: 한길사.

오청원(1993). 「윤백남의 생애」. 『93년 12월의 문화인물: 윤백남 작품세계』(5~20쪽). 서울: 문화체육부.

우승규(1947). 「조선신문계 전망」. 『백민』, 1947년 5월호, 19~26.

우승규(1948). 「신문계의 금석(今昔)」. 『민주조선』, 1948년 4월호, 12~17.

우승규(1978b). 「동아 입사 위해 30년 동안 '우향 입방아'」. 『신문과 방송』 1978년 3월호. 한국신문연구소 편(1978). 『언론비화 50편』(693~706쪽). 서울: 한국신문연구소.

원지연·조영순(2018). 「친일 보도에 대한 말뭉치 분석」. 『언어과학』 25권 2호, 107~128.

유건호(1963). 「조선일보사(抄)」. 『민족과 자유와 언론』(251~271쪽). 서울: 일조각.

유봉영(1973). 「독립운동 초지 굽혀 몸담은 '조선 36년'」. 『신문평론』 1973년 9월호. 한국신문연구소 편(1978). 『언론비화 50편』(51~59쪽). 서울: 한국신문연구소.

유해룡(1981). 「나의 방송 시절」. 『신문과 방송』 1981년 6·7월호, 47~52.

윤길구(1958). 「방송은 즉 나의 생활 전부」. 『방송』 1958년 5월호, 한국방송사료보존회(1994). 『한국방송사료집』 제4집, 258~261.

윤상길(2011). 「'식민지 공공영역'으로서의 1910년대 《매일신보》」. 『한국언론학보』 55(2), 56~76.

윤석년(1989). 「한국방송사 기점 논쟁에 관한 일 고찰」. 『수선논집』 14집, 337~347.

윤성상(1965). 「3전짜리 팥죽 한 그릇에 구국의 필봉」. 『신문평론』 1965년 4월호. 한국신문연구소 편(1978). 『언론비화 50편』(7~18쪽). 서울: 한국신문연구소.

윤진현(2013). 「김정진 희곡의 사랑과 연애·결혼 양상 연구」. 『한국학 연구』 12집, 89~118.

윤효정(2019). 「쟁점으로 보는 역사-신간회 어떻게 볼 것인가」. 『내일을 여는 역사』 76호, 50~60.

이기훈(2009). 「1920년대 언론매체와 소통공간」. 『역사학보』 제204집, 1~43.

이길용(1948). 「일장기 말소사건」. 『신문기자수첩』(매3~9). 서울: 모던출판사.

이남주(2015). 「역사쿠데타가 아니라 신종쿠데타 국면이다」. 『창작과 비평』 2015년 겨울호, 2~8.

이민영(2012). 「윤백남의 연극개량론 연구」. 『어문학』 116집, 353~378.

이상경(2014). 「『대한신문』과 이인직」. 『어문학』 126호, 337~369.

이상길(2010). 「1920-1930년대 경성의 미디어 공간과 인텔리겐치아」. 『언론정보
　　　연구』 47권 1호, 121~169.

이상돈(1976). 「동아 폐간, 사중구생의 심경」. 『신문평론』 1976년 1월호. 한국신
　　　문연구소(1978). 『언론비화 50편』(315~329쪽). 서울: 한국신문연구소.

이상철(1983). 「한국방송사 연구방법의 문제점」. 『방송연구』 1983년 겨울호, 134~
　　　143.

이서구(1958). 「내가 겪은 방송사」. 『방송』 1958년 8월호, 한국방송사료보존회(1992).
　　　『한국방송사료집』 제2집, 29~32.

이서구(1958). 「염문ㆍ기행ㆍ만화」. 『신태양』 1958년 6월호, 173~179.

이석훈(1935). 「경성방송국은 어떠한 곳, 무엇을 하는 곳인가?」. 『조광』 1935년
　　　12월호, 190~194.

이원영(1974). 「신익희씨의 정치자금 3백원과 성토」. 『신문평론』 1974년 3월호.
　　　한국신문연구소 편(1978). 『언론비화 50편』(89~103쪽). 서울: 한국신문연
　　　구소.

이유형(1978). 「나의 기자 시절」. 『신문과 방송』 1978년 11월호, 73~78.

이준식(2005). 「일제하 친일 언론 문제 인식의 현황과 과제」. 『한국언론정보학
　　　회 세미나 자료집: 일제하 언론과 과거사 청산』, 1~16.

이준식(2015). 「뒤늦은 국가 차원의 친일청산」. 『법과 사회』 49호, 33~67.

이지원(2008). 「『삼천리』를 통해 본 친일의 논리와 정서」. 『역사와 현실』 69호,
　　　135~164.

이철호(2013). 「친일 인사 서훈 취소 소송에 관한 관견」. 『국가법 연구』 9집 2호,
　　　145~165.

이태훈(2001). 「1920년대 초 자치청원운동과 유민회의 자치 구상」. 『역사와 현
　　　실』 39호, 69~99.

이태훈(2003). 「1920년대 전반기 일제의 '문화정치'와 부르조아 정치세력의 대응」.
　　　『역사와 현실』 47호, 3~35.

이태훈(2007). 「『공영』-1920년대 전반 친일세력의 고민과 세계관」. 『역사문제 연구』 17호, 235~256.

이태훈(2008). 「『시사평론』을 통해 본 국민협회의 근대국가 인식과 참정권 청원론」. 『역사와 현실』 69호, 103~133.

이태훈(2010). 「일진회의 '보호통치' 인식과 '합방'의 논리」. 『역사와 현실』 78집, 347~380.

이헌종(1990). 「친일파 문제에 대한 연구현황과 과제」. 『친일연구』 제1집, 학민사, 112~144.

이   현(1979). 「나의 방송 시절」. 『신문과 방송』 1979년 9월호, 61~70.

이현종(1966). 「구한말 정치 · 사회 · 학회 · 회사 · 언론단체 조사자료」. 『아세아학보』 2집, 57~107.

이형식(2016). 「경성일보 · 매일신보 사장 시절(1914.8-1918.6)의 아베 미쓰이에(阿部充家)」. 『사총(史叢)』 87집, 151~197.

이형식(2017). 「제국의 브로커' 아베 미쓰이에(阿部充家)와 문화통치」. 『역사문제연구』 37호, 433~479.

이혜구(1939). 「라디오계」. 『조선문예연감』(61~64쪽). 서울: 인문사.

이희정(2011). 「1920년대 식민지 동화정책과 『매일신보』 문학연구」. 『어문학』 112집, 351~379.

이희정(2017). 「일제 말기(1937-1945) 『매일신보』 문학의 전개양상-미디어적 전략과의 상관성을 중심으로」. 『한국 문학이론과 비평』 21권 2호, 205~229.

임경석(2008). 「3 · 1운동기 친일의 논리와 심리-『매일신보』를 중심으로」. 『역사와 현실』 69집, 47~74.

임동욱(2002). 「동아일보 격려 광고의 사회적 의미」. 『너마저 배신하면 이민갈거야』(19~62쪽). 서울: 도서출판 월간 말.

임동욱(2005). 「친일 명단 발표와 언론 보도」. 『한국언론정보학회 세미나 자료집』, 17~28.

임동욱 · 이용준(1991). 「일본제국주의와 조선어방송」. 『저널리즘』 1991년 겨울호, 194~225.

임중빈(2002). 「역사 바로잡는 친일숙정 언론전」. 『순국』 2002년 4월호, 56~73.

장성규(2009). 「1940년대 전반기 한국어 소설 연구-『춘추』 소재 작품을 중심으로」. 『국제어문』 47집, 67~95.

장 신(2003). 「일제하의 요시찰과 『왜정시대 인물사료』」, 『역사문제연구』 제11호, 143~177.

장 신(2004). 「1922년 잡지 신천지 필화사건 연구」. 『역사문제연구』 13호, 319~347.

장 신(2007). 「대정친목회의 내선융화운동」. 『대동문화연구』 제60집, 361~392.

장 신(2010). 「일제하 동아・조선일보의 친일과 친일문제 인식」. 『조중동과 과거청산』(15~19쪽). 서울: 포럼 진실과 정의・민주언론시민연합.

장 신(2018). 「연세대 소장 조선신문 한글판 해제」. 『근대서지』 18, 116~129.

장신・임동근(2017). 「1910년대 매일신보의 쇄신과 보급망 확장」. 『동방학지』 제180집, 317~352.

장용경(2003). 「일제 식민지기 인정식의 전향론. 『한국사론』 제49집, 231~290.

장행훈(1986). 「1945년 프랑스 언론인 정화」. 『신문연구』 1986년 여름호, 235~251.

전봉관(2010). 「친일 정치가로서 이인직의 위치와 합방 정국에서 그의 역할」. 『한국현대문학연구』 31호, 3~33.

전영경(1963). 「동아일보사(抄)」. 『민족과 자유와 언론』(367~409쪽). 서울: 일조각.

전영표(2001). 「파인의 『삼천리』와 『대동아』지의 친일성향 연구」. 『출판문화학회보』 9권 1호, 32~48.

전은경(2008). 「창씨개명과 『총동원』의 모성담론의 전략」. 『한국현대문학연구』 26호, 357~389.

정갑천(1980). 「나의 방송 시절」. 『신문과 방송』 1980년 11월호, 42~47.

정광현 외(1949). 「기자좌담회」. 『일선기자의 고백』(11~25쪽). 서울: 모던출판사.

정대철(1998). 「해방후 조선・동아일보의 속간 지연에 관한 고찰」. 『한양대 사회과학논총』 제17집, 547~577.

정비석(1976). 「어용신문의 우국기자들 일 패망 점쳐」. 『신문평론』 1976년 10월호. 한국신문연구소 편(1978). 『언론비화 50편』(449~460쪽). 서울: 한국신문연구소.

정우택(1935). 「초대기자 회상록」. 『개벽』 1935년 3월호, 62~68.

정운현(1990). 「민족정기와 친일파 연구」. 『친일연구』 제1집, 학민사, 145~160.

정운현(1991). 「독립유공자 다시 선정해야 한다」. 『역사비평』 13호, 84~98.

정운현(1992). 「친일파 보도와 한국 언론」. 『친일연구』 제2집, 학민사, 54~61.

정운현(1993). 「언론계의 친일 인맥」. 『친일파』 제3집, 학민사, 11~49.

정진석(1996). 「파인 김동환과 『삼천리』」. 『신문연구』 63호, 210~241.

정혜영(2007). 「1930년대 종합대중잡지의 '대중적 공유성'의 의미」. 『현대소설연구』 35호, 139~155.

정호웅(1993). 「해방공간의 자기비판소설 연구」. 서울대학교 대학원 박사학위논문.

정희정(2000). 「『대한신문』의 만화에 대한 연구」. 홍익대학교 대학원 석사학위논문.

조규태(2009). 「1930년대 한글 신문의 조선문화 기사와 조선문화 운동론」. 『한국민족운동사연구』 61집, 215~256.

조성운(2007). 「1920년대-30년대 조선총독부의 언론정책과 『매일신보』」. 수요역사연구회 편. 『식민지 동화정책과 협력 그리고 인식』(13~26쪽). 서울: 두리미디어.

조성운(2015). 「해방 이후 고등학교 한국사 교과서의 신간회 서술 변천」. 『역사와 실학』 57호, 419~456.

조세열(2010). 「『친일인명사전』 편찬의 쟁점과 의의」. 『역사비평』 91호, 269~297.

조용만(1977). 「일본패망과 매일신보와 자치위」. 『신문과 방송』 1977년 6월호. 한국신문연구소 편(1978). 『언론비화 50편』(573~587쪽). 서울: 한국신문연구소.

조원환(1978). 「빨갱이 속 파수 세우고 판 다시 짜던 나날」. 『신문과 방송』 1978년 5월호. 한국신문연구소 편(1978). 『언론비화 50편』(723~733쪽). 서울: 한국신문연구소.

조유경(2016). 「태평양 전쟁기(1941-1945) 『半島の友』의 표지 이미지 연구」. 이화여자대학교 대학원 석사학위논문.

조풍연(1975). 「부끄러운 기자 생활... 단련만은 소득」. 『신문평론』 1975년 10월호. 한국신문연구소 편(1978). 『언론비화 50편』(277~289쪽). 서울: 한국신문연구소.

조항래(1984). 「일진회 연구」. 중앙대학교 대학원 박사학위논문.

지수걸(2018). 「국정 역사교과서의 박정희 신화 연구」. 『역사교육』 148집, 35~73.

지승준(2011). 「일제시기 참정권 연구-국민협회·동민회·시중회 계열을 중심
으로」. 중앙대학교 대학원 박사학위논문.

진학문(1975). 「나의 문화사적 교류기」. 순성추모문집 발간위원회. 『순성진학문
추모문집』(76~77쪽).

채만식(1948/2014). 「민족의 죄인」. 『레디메이드 인생: 채만식 대표작품집 2』
(450~511쪽). 서울: 애플북스.

채 백(2000). 「개화기의 신문경영」. 『한국 언론산업의 역사와 구조』(3~44쪽).
서울: 연암사.

채 백(2016). 「친일 청산에 대한 미군정기 『동아일보』와 『조선일보』의 보도
태도」. 『한국언론정보학보』 79호, 196~225.

채 백(2018). 「반민특위에 대한 『동아일보』와 『조선일보』의 보도 태도」. 『한국
언론정보학보』 88호, 182~210.

채 백(2020). 「민족지 신화의 생성과 굴절」. 『한국언론정보학보』 102호, 217~245.

채호석(2008). 「1930년대 후반 문학의 지형연구-인문평론의 폐간과 국민문학
의 창간을 중심으로」. 『외국문학연구』 29호, 383~429.

최금동(1978). 「피 끓는 기사에 경성대 총장 등 낙엽 신세」. 『신문과 방송』, 1978년
6월호. 한국신문연구소 편(1978). 『언론비화 50편』(735~747쪽). 서울: 한국
신문연구소.

최상원·한혜경·송인덕(2010). 「1937년 일본군의 중국 난징 점령 관련 한국언론
의 보도태도-『동아일보』와 『조선일보』를 중심으로」. 『언론학연구』 14권
1호, 189~219.

최수일(2010). 「『조광』을 어떻게 연구할 것인가」. 『민족문학사연구』, 44호, 372~
394.

최수일(2012). 「『조광』에 대한 서지학적 고찰」. 『민족문학사연구』 49호, 317~338.

최수일(2014). 「잡지 『조광』의 목차, 독법, 세계관」. 『상허학보』 40집, 113~145.

최원식(1998). 「1910년대의 친일문학의 근대성」. 『아시아문화』 14호, 61~131.

최주한(2012). 「이광수의 친일문학을 다시 생각한다-『방송지우』 및 『일본부인』

(조선판) 소재 조선어 단편을 중심으로」.『근대서지』6호, 539~638.

최주한(2016).「박문서관과 이광수」.『근대서지』13호, 87~106.

최 준(1947).「당파신문의 운명.『신문평론』2호, 62~63쪽.

최 준(1962).「일진회의 언론활동 분석」.『중앙대학교 논문집』7집, 177~196.

최 준(1981).「친일지 대한신문 한글판고」.『신문연구』33호, 108~115.

최현주(2010).「한국신문보도의 이념적 다양성에 대한 고찰」.『한국언론학보』
      54권 3호, 399~426.

최혜주(2009).「1930년대의 한글 신문에 나타난 총독정치」.『한국민족운동사연
      구』58집, 23~71.

하정일(2003).「한국 근대문학 연구와 탈식민」,『민족문학사 연구』23집, 10~36.

한국방송사료보존회(1994).『한국방송사료집』제4집: 방송인 문록(文錄)Ⅱ(1930~
      1970의 자료에서). 서울: 한국방송사료보존회.

한도연 · 김재용(2003).「친일문학과 근대성」,『친일문학의 내적 논리』(33~49쪽),
      서울: 역락.

한상도(2010).「3 · 1운동 직후『자유신종보』간행을 통해 본 국내 독립운동계의
      동향」.『한국근대사연구』52집, 81~108.

한종민(2019).「1930년대『동아일보』의 인적 구성과 변동」.『민족문화연구』84호,
      559~598.

함태영(2002).「방송과 친일의 만남」.『민족문학사연구』21권, 299~313.

허용구(2017).「방응모 재판 고찰」.『법률신문』2017.11.9.

현 철(1920).「비평을 알고 비평을 하라」.『개벽』1920년 12월호, 92~104.

홍종욱(2009).「1930년대의『동아일보』의 국제정세 인식－사회주의 및 전체주
      의 관련 기사를 중심으로」.『한국민족운동사연구』58집, 73~116.

황민호(2007).「1920년대 초 독립군의 활동과『매일신보』」. 수요역사연구회 편.
      『식민지 동화정책과 협력 그리고 인식』(29~62쪽). 서울: 두리미디어.

京城鐘路警察署(1938).「朝鮮日報社ノ非國民的行爲」(국사편찬위원회 한국사 데
      이터베이스).

多菊和郎(2009).「放送受信料制度の始まり」. Communication & Society 19. 江戸

川大學. 189~208.

別所義博(1981/2006). 「조선방송협회의 추억」. 『JODK, 조선방송협회 회상기』 (1~21쪽). 서울: 커뮤니케이션북스.

篠原昌三(1927). 「京城放送局設備の槪要」. 『ラヂオの日本』, 1927년 4월호, 4~10.

篠原昌三(1933). 「朝鮮の文化とJODK」. 『ラヂオの日本』, 1933년 10월호, 6~10.

日本放送協會(1930). 「調査, 植民地 事情-朝鮮の放送事業」. 『調査月報』 3卷 1號, 36~40.

日本放送協會(1933). 「朝鮮放送協會融資ノ件」.

朝鮮放送協會(1933). 「朝鮮放送事業ニ關シ援助懇請ノ件」.

Shin, G. W. & Robinson, M.(1999), "Rethinking Colonial Korea", In G. W. Shin & M. Robinson (Eds.), *Colonial Modernity in Korea* (pp.1~18), Cambridge: Harvard University Press.

찾아보기